交通强国新时代城市综合交通智能化体系建设系列丛书
住房和城乡建设部 2019 年科学技术计划项目"5G+智能网联与非网联混合交通群体控制装备 Dyna-RH 系统及关键技术研究和应用"（编号：2019-K-172）、住房和城乡建设部 2020 年科学技术计划项目"智能网联设施与智能网联汽车管控平台关键技术及应用"（编号：K20200692）联合资助出版

智能网联汽车 V2X 与智能网联设施 I2X

关金平　朱耿鹏　陈乙周　万　玉　关志超　主　编

陈乙利　黎忠华　副主编

电子工业出版社

Publishing House of Electronics Industry

北京·BEIJING

内 容 简 介

在智能网联汽车发展战略上,全世界呈现两条技术路线:一条是由美国主导的"单车感知"智能网联汽车路线;另一条是由中国引领的"网联感知"智能网联汽车路线。本书分析并研究了智能网联汽车与智能网联设施融合的中国路线,包括绪论、智能网联汽车理论方法、智能网联设施要素集成、移动边缘计算与 5G 网络切片技术、智能网联汽车与智能网联设施车路协同 5 章。本书从智能网联汽车的车视角、智能网联设施的路视角及智能车路协同互联互通和孪生映射的整体技术视角,研究了不同维度、不同视角智能网联汽车与智能网联设施间彼此交织、场景交融的新交通模式下城市交通与区域交通的科学技术理论方法。

本书为交通运输工程一级学科、交通规划与管理/交通管理与控制二级学科、交通信息工程、智能交通三级学科研究方向的专业技术参考书,可作为相关专业硕士、博士研究生的参考教材,也可作为政府部门、科研机构、行业企业及专业工程技术人员的参考资料。

未经许可,不得以任何方式复制或抄袭本书之部分或全部内容。
版权所有,侵权必究。

图书在版编目(CIP)数据

智能网联汽车 V2X 与智能网联设施 I2X / 关金平等主编. —北京:电子工业出版社,2022.11
(交通强国新时代城市综合交通智能化体系建设系列丛书)
ISBN 978-7-121-44507-1

Ⅰ. ①智… Ⅱ. ①关… Ⅲ. ①汽车-智能通信网 Ⅳ. ①U463.67

中国版本图书馆 CIP 数据核字(2022)第 208920 号

责任编辑:王 群　　文字编辑:赵 娜
印　　刷:天津千鹤文化传播有限公司
装　　订:天津千鹤文化传播有限公司
出版发行:电子工业出版社
　　　　　北京市海淀区万寿路 173 信箱　　邮编:100036
开　　本:787×1092　1/16　印张:20.5　字数:525 千字
版　　次:2022 年 11 月第 1 版
印　　次:2022 年 11 月第 1 次印刷
定　　价:200.00 元

凡所购买电子工业出版社图书有缺损问题,请向购买书店调换。若书店售缺,请与本社发行部联系,联系及邮购电话:(010)88254888,88258888。
质量投诉请发邮件至 zlts@phei.com.cn,盗版侵权举报请发邮件至 dbqq@phei.com.cn。
本书咨询联系方式:xuqw@phei.com.cn。

作者简介

关金平 美国麻省理工学院智能交通实验室研究员（智能车路协同、未来交通全息感知与数字孪生解析、客货智能主体建模与仿真方向），美国麻省理工学院时代实验室博士后（城市规划与交通出行行为政策、老龄交通与长寿经济、自动驾驶汽车影响方向），中国科学院博士后（大数据、云计算、边缘计算、深度学习方向），中国同济大学与美国加利福尼亚大学伯克利分校联合培养博士（交通运输规划与管理专业，交通模型体系、交通行为与政策、交通大数据研究方向）。

本科毕业于中山大学经济地理与城乡区域规划专业，后直博保研到中国同济大学与美国加利福尼亚大学伯克利分校作为联合培养博士，博士生导师分别是同济大学原副校长、学科首席科学家杨东援教授，美国加利福尼亚大学伯克利分校工学院土木与环境工程系交通研究中心主任、2009年美国布什总统奖获得者、青年科学家Joan Walker教授，对第一主流模型——离散选择模型做出突出贡献的2000年诺贝尔经济学奖获得者、国际交通模型名师Daniel McFadden教授；研究员合作教授是美国MIT ITS Lab主任、对第二主流模型——基于活动的出行模型做出突出贡献且荣获2005年国际交通出行行为研究终身成就奖、2007年世界运输研究学会朱尔斯·杜布伊奖、2011年IEEE交通科学突出贡献奖、2017年运筹学和交通科学罗伯特·赫尔曼终身成就奖的国际交通模型名师Moshe Ben-Akiva教授。

在美国加利福尼亚大学伯克利分校联合培养博士（3年）、麻省理工学院博士后/研究员（5年）、哈佛大学交通行为学与心理学系研究员（与麻省理工学院同期）的三阶段学习与科研工作中，取得了以下重要科研成果。

1. 提出新交通模式下城市交通建模仿真流程再造理论方法

智能网联汽车（Intelligent Connected Vehicles，ICV）、出行即服务（Mobility as a Service，MaaS）、自动按需出行（Automatic Mobility on Demand，AMoD）、智能车路协同系统（Intelligent Vehicle Infrastructure Cooperative Systems，IVICS）等自动、共享、按需、集成的新交通模式供给侧变化影响城市交通分析与出行预测，需要构建基于活动的出行模型，以及构建城市级与城市群由小规模测试到全网络运行的近期、中期、远期多智能主体系统（Multi-Agent System，MAS）一体化决策交通模型体系支撑，创建交通建模仿真流程再造理论方法。

智能网联汽车 V2X 与智能网联设施 I2X

2. 提出长寿经济与动态可达性、服务设施吸引力建模仿真关键技术

全球人口进入老龄化周期，通过开展多维度、多视角、多层次、多模式交通动态可达性与服务设施吸引力的分析研判，运用离散选择模型方法，探讨人口老龄化趋势及老龄群体对新技术、出行、储蓄、住房、健康、死亡等认知的交通系统模型，关注长寿经济及老龄群体出行行为，以及无人驾驶对交通出行、城市空间结构的影响等问题，提出大数据环境交通出行兴趣点动态可达性、服务设施吸引力基于潜在变量高阶段离散选择模型的交通建模仿真关键技术。

3. 解决特大城市、城市群交通建模仿真实证决策推演平台问题

在中国快速城市化进程跨周期发展期、美国等发达国家快速城市化发展后期郊区化、逆城市化进程精细调节的不同特征背景下，城市交通系统及其面临的挑战因城市和国家而异，关注全球城市的多样性，研究差异化的全球各类城市交通出行创新问题。采用64个城市指标信息中的9个主导因素，即地铁、快速公交（BRT）、自行车共享、发展、人口、可持续性、拥堵、蔓延和网络密度，基于识别因子把全球城市划分为12种类型。通过交通建模仿真，探讨了不同交通模式和交通网络下城市出行及供需关系，使用场景分析来衡量颠覆性新技术在每个原型城市中的潜在影响。城市交通建模仿真成果经过对新加坡等全球13个大城市的研究，最终实证测试结果涵盖了出行者本身（公众）、城市交通系统（政府）、出行服务提供商（行业、企业）层次的综合指标体系，使城市总体出行效率提高了35%以上。

主持麻省理工学院与哈佛大学合作科研项目、麻省理工学院与福特联盟技术攻关项目；参加美国联邦公路管理局（Federal Highway Administration）探索性高级研究计划项目；参加美国国家科学基金会（National Science Foundation）常规面上项目；主持美国国家科学基金会教职人员早期职业发展项目（Faculty Early Career Development Program，类似中国的国家自然科学基金优秀青年科学基金项目）及美国加利福尼亚大学伯克利分校等7个国家/地区联合国际合作项目；参加中国科学院战略性先导科技专项，科技部国家重点基础研究发展计划（973计划）项目；参加国家自然科学基金委员会面上项目、国家科技支撑计划重点项目；主持住房和城乡建设部科技计划项目10项。发表SCI等论文43篇，并受邀在顶级国际会议宣讲论文26次，出版专著3部，获授权发明专利1项，拥有PCT 6项，获省部级一等奖2项、二等奖2项。获2018年麻省理工卓越多元化贡献奖1项。担任交通运输部"智能车路协同关键技术与装备行业研发中心"学术委员会副主任。

作者简介

陈乙周 深圳榕亨实业集团有限公司董事、总经理，广东省城市道路智能交通控制与仿真工程技术研究中心主任，深圳市交通控制与仿真工程中心轮值主任，深圳市智能装备和智能控制系统工程企业技术中心主任，深圳市地方领军人才，教授级高级工程师，深圳市罗湖区政协委员、菁英人才。连续十年主要参加住房和城乡建设部科技计划项目 10 项，主要参加深圳市政府科技计划项目 5 项。发表论文 5 篇，出版专著 3 部。取得发明专利、实用新型专利、软件著作权等 100 余项。获国家科技进步二等奖 1 项，住房和城乡建设部鲁班奖 1 项，华夏科学技术奖一等奖、二等奖各 1 项，中国智能交通协会科学技术奖二等奖 1 项，全国交通运输企业创新成果二等奖 1 项，深圳市科学技术奖 1 项。2020 年度被评为深圳市新时代"深圳百名创新奋斗者"创新人物。

深圳市人力资源和社会保障局博士后创新实践基地交通学科导师，中国科学院深圳先进技术研究院研究生培养深圳榕亨实业集团有限公司实训基地硕士生导师，清华大学深圳研究生院研究生联合培养基地交通与物流学科导师，同济大学人才培养与产学研合作基地交通运输工程学科导师，哈尔滨工业大学人才培养与产学研合作基地计算机工程技术学科导师，深圳大学交通运输工程专业人才培养与产学研合作基地导师，深圳职业技术学院人才培养与产学研合作基地交通与汽车学科导师。

在城市交通与区域交通信息化、智能化、智慧化、数字化新基建领域中，主持研究与研制了智能交通管理与控制系列技术、产品、系统、工程，研发了外场、内场、平台、服务一体化智能交通系统，主要包括智能交通信号控制系统、交通违章执法系统、城市交通诱导系统、停车诱导系统、智慧交通仿真平台、智能交通设备信息管理、交通安全驾驶监测管理系统、智能交通设施等十七大产品板块，涉及产品型号 200 多种。其中，智能交通信号控制系统及产品设备在一线城市信号控制器品牌市场的占有率为 8.4%，位居全国第四（数据来源：《2018 年中国道路交通信号机市场研究报告》）。

进入新交通模式时代，积极主动开展新交通模式智能网联汽车、智能网联设施、智能车路协同、出行即服务（MaaS）、共享出行（合乘、出租、单车）、元宇宙等关键技术与产品及系统的探索研究工作。

作 者 简 介

关志超 同济大学交通运输工程、交通运输规划与管理、交通信息工程与智能车路协同研究方向工学博士,教授级高级工程师。深圳市综合交通运行指挥中心总工程师,深圳市交通控制与仿真工程中心主任,广东省智能车路协同管理与控制工程中心主任,交通运输部智能车路协同关键技术及装备行业研发中心执行主任。国务院科技专家委员会专家、国家奖励办评审专家、国家"863"计划现代交通领域专家、国家重大专项计划专家、国家国际间合作专项专家、交通运输部信息化专家、工业和信息化部产业化专家、中国智能交通协会常务理事/城市交通领域专家、中国勘察设计协会专家、中国电信集团公司行业专家;深圳市智能交通行业领军人才、菁英人才、学科带头人、享受政府特殊津贴专家;清华大学、同济大学、武汉大学、哈尔滨工业大学(深圳)、深圳大学等高校兼职教授,中国科学院深圳先进技术研究院特聘研究员。

主持智能交通领域1000万元以上科研计划与系统工程项目40余项,其中,国家"十一五"科技支撑计划配套项目1项;住房和城乡建设部、交通运输部、科学技术部、工业和信息化部、海关总署、国防科工委等科技计划项目29项。在国内外核心期刊上发表论文70余篇,在国际学术会议上宣读论文30余次,出版专著8部,参编高等学校交通信息工程系列教材20部,获国家省部级奖16项、深圳科技创新奖8项。

在深圳城市交通与区域交通领域取得重要科研成就,将新一代信息技术与人工智能技术引入交通领域,主持创建"深圳市综合交通运行指挥中心"交通大数据云平台设计、建设、服务;创建城市交通仿真可视化在线推演平台:

(1)面向政府部门构建的交通规划、建设、管理一体化决策支持可视化在线推演平台——平台即服务(PaaS)。

(2)面向交通运输行业创建的管理与控制业务技术支持系统集成——软件即服务(SaaS)。

(3)基于人本需求的近期、中期、远期第五代交通模型与人因工程心理库存构建的公众出行交通信息服务平台——出行即服务(MaaS)。

(4)构建实时动态分布式与共享式城市交通数据库群,分析挖掘技术中台、业务中台、数据中台、人工智能中台数据并汇聚到大数据云计算平台。基于数字孪生交通大数据平台体系构建城市交通设施即服务(IaaS)环境。创建交通规划设计、建设评价、运行管控等辅助决策支持分析研判理论方法。采用城市交通大脑运行监测、动态模型、在线仿真、管控评价等技术手段,将传统交通系统封闭的、静态的、历史的决策支持技术提升到新交通系统开放的、动态的、数字化的转型模式，形成心力、体力、能力聚合一体的跨周期发展与逆周期优化的理论方法。2000年开始创建城市交通智能化决策支持流程再造新方法，拉开深圳交通开放、动态、在线交通大数据云平台决策支持序幕，历时20年政府投资1亿元创建深圳城市交通仿真体系并取得重大经济效益和社会效益，在30多年的交通规划、建设、管理一体化决策支持上为政府节约资金超过1000亿元。

序

PREFACE

开发智能网联汽车的根本不是汽车，而是为了人们可以高效、安全、便捷地出行。智能车路协同作为智能网联汽车与智能网联设施的最终目标，是当今国内外智能交通领域的前沿技术和必然发展趋势，是提高效率、优化能耗、降低排放的有效手段，将从根本上改变传统道路交通的发展模式，重构新一代智能交通系统。在智能网联与非网联、自动驾驶与有人驾驶混合交通模式中，"新四化"（电动化、网联化、智能化和共享化）的发展改变了交通系统内部诸元素的耦合关系。

交通运输是国民经济中基础性、先导性、战略性、引领性产业和重要的服务性行业，是可持续发展的重要引擎。据不完全统计，截至 2021 年年底，全国铁路营业里程 15.0 万千米，其中，高铁营业里程 4 万千米；全国公路总里程 528.07 万千米，其中，高速公路里程 16.91 万千米；全国公路桥梁 91.28 万座、总长 6628.55 万千米；全国内河航道通航里程 12.77 万千米；全国港口生产用码头泊位 20867 个，其中，万吨级及以上泊位 2659 个；颁证民用航空机场 248 个；全国拥有铁路机车 2.2 万台，拥有公路营运汽车 1231.96 万辆，拥有水上运输船舶 12.59 万艘，拥有城市公共汽电车 70.94 万辆，拥有城市轨道交通配属车辆 5.73 万辆，拥有巡游出租汽车 139.13 万辆；全年完成邮政行业业务 10.9 亿件，快递业务量 1083.0 亿件；全国城市公共汽电车运营线路 75770 条，运营线路总长度 159.38 万千米，公交专用车道 18263.8 千米，城市轨道交通运营线路 275 条，运营里程 8735.6 千米；全年完成城市客运量 993.84 亿人次；全年完成交通固定资产投资 36220 亿元。2021 年年底，全国机动车保有量达 3.95 亿辆，其中，汽车 3.02 亿辆；机动车驾驶人员达 4.81 亿人，其中，汽车驾驶人员 4.44 亿人。

随着自动驾驶和智能网联技术的逐渐成熟，传统人工驾驶车辆（MV）、网联人工驾驶车辆（CV）、非网联自动驾驶汽车（AV）和网联自动驾驶汽车（CAV）之间的混合运行交通模式已经成为常态。本书第一作者关金平通过在美国加利福尼亚大学伯克利分校，以及美国麻省理工学院、哈佛大学的科研工作积累，在国际交通模型大师（第一主流模型——离散选择模型体系代表人 Daniel McFadden 教授，第二主流模型——基于活动的出行模型体系代表人 Moshe Ben-Akiva 教授）的指导下，深入开展了新交通模式——智能网联汽车 V2X

智能网联汽车 V2X 与智能网联设施 I2X

与智能网联设施 I2X 理论方法、关键技术和测试验证的应用研究，为解决未来交通建模仿真等关键问题研究提供了支撑，具有较高的科学水平和很大的科学价值，值得一读。

清华大学交通与物流学部主任、教授、博导

2022 年 5 月 1 日

前 言
FOREWORD

  2019年9月，中共中央、国务院印发《交通强国建设纲要》；2020年2月，由11个部委联合印发《智能汽车创新发展战略》；2020年3月，中央政治局会议提出新基建；2020年5月，两会发布的《政府工作报告》提出"两新一重"；2020年12月，党的十九届五中全会通过《中共中央关于制定国民经济和社会发展第十四个五年规划和二〇三五年远景目标的建议》；2021年10月，中共中央、国务院印发《国家标准化发展纲要》等。这些重要文件均对自动驾驶行业发展进行了非常有针对性的指导，这是国家战略层面对自动驾驶的推进，对加快建设交通强国做出专门部署，提出明确要求。智能网联汽车与智能网联设施走向产业落地已是板上钉钉的事，智能车路协同商业价值不言自明。伴随着技术的演进发展，交通工具——汽车正在向高性能、新能源、自动驾驶等更高领域发展，道路交通基础设施也经历了低等级公路、高速公路、信息化、智能化、智慧化、数字化的演化进程，一个绿色可持续、数字化综合交通运输体系已经成为人、车、路协同发展的主攻方向。

  这种新交通模式将重塑交通出行体验，通过人、车、路、云之间车联与路联数据的互联互通，实现智慧出行服务、智能网联汽车、智能网联设施、智能车路协同等新一代智能交通核心体系基础建设。我们基于"智能车路协同关键技术与装备行业研发中心""智能车路协同系统创新人才培养示范基地"和"智能车路协同管理生产设施（国家）科普基地"的国家级"三位一体"建设，走在中国智能网联汽车、智能网联设施、智能车路协同领域前列，成为国家智能车路协同行业的先锋。

  汽车产业是国民经济支柱产业之一，一辆车要实现真正意义上的出行，绝对不是孤立个体能够实现的，应该与道路交通设备、设施环境相关联，这也是智能网联汽车与智能网联设施互联互通的一体化思想的体现。车联网和车路协同都强调汽车通过通信接收道路环境信息，提高驾驶的安全性和效率。车联网从车的角度、车路协同从道路的角度分别阐述车的智能化联网。无线通信网络是连接车联网各个节点的传输纽带，是车联网应用广泛落地的基础之一。5G技术已经实现商用落地，对于汽车智能网联的发展具有重要的推动作用。智能车路协同，实质上是把车和路看成一个整体；车路协同侧重的是路把感知到的信息传递给车，至于车是人开，还是根据路侧设备的提示自动驾驶，则依赖于车路协同和自动驾驶的必然联系。智能路侧设施采集所有车的信息，并上报到一个统一的城市交通数据

智能网联汽车 V2X 与智能网联设施 I2X

中心，由城市交通数据中心根据这些数据进行分析并加以应用。这个城市交通数据中心是城市交通的云脑。

在车路协同环境下，智能网联汽车可以在不同的自动化水平上发展，让自动驾驶变成一种可落地的现实。智能网联设施的车路协同由"路"来"告诉"车周边的情况，如何打造智慧的路，其本质就是对道路及相关基础设施进行数字化建设与提升，以便智能网联汽车这个主体的"大脑"能结合这些数字化信息进行更高效的决策和控制。对道路需要用到的信号灯、指示牌标志、标线等进行数字化转型，把先进的设备安装在道路上，由道路上的设备进行感知；对道路本身、道路环境进行识别，即对道路参与主体的位置、速度及运动方向进行识别；对道路上发生的异常事件进行识别。从智能车路协同项目的示范成果来看，通过核心操作系统将车载终端主要任务进行一体化集成是一条可靠路径。借助操作系统的基础作业和软硬件协同能力，实现车与车、车与路之间的互联，承担硬件数据融合等车路协同的特定需求。

智能车路协同是智能网联汽车 V2X 与智能网联设施 I2X 一体化发展的必然结果，在这一过程中，无论人开车还是自动驾驶汽车，驾驶员或自动驾驶汽车算法都通过"眼观六路、耳听八方"，做出驾驶动作，保持车距，根据信号灯等道路设施环境进行停车、开车、转弯等车辆管控反应。而单车自动驾驶发展一段时间后，被证实有着不可避免的局限性，只在车上装摄像头、激光雷达、毫米波雷达等传感器，让车能感知到周围的情况，然后自动做出反应，这是远远不够的。单车自动驾驶对于交通效率和安全性的提升仍然不足，这正是当前智能网联汽车 V2X 行业强调"聪明的车"加"智慧的路"和"强大的网"需要紧密结合的原因，迫切需要智能车路协同支撑智能网联汽车与智能网联设施一体化协同发展。

《智能网联汽车 V2X 与智能网联设施 I2X》的内容正好反映这一特性要求，本书的主要内容包括绪论、智能网联汽车理论方法、智能网联设施要素集成、移动边缘计算与 5G 网络切片技术、智能网联汽车与智能网联设施车路协同 5 章。本书从智能网联汽车的车视角、智能网联设施的路视角及智能车路协同互联互通和孪生映射的整体技术视角，研究了不同维度、不同视角智能网联汽车与智能网联设施间彼此交织、场景交融的新交通模式下城市交通与区域交通的科学技术理论方法。

中国目前是世界上规模最大的汽车产销国，高速公路里程数也已位居全球第一。将如此庞大的车流与路侧基础设施连接起来，自然可以大幅度提升交通效率与交通安全性，但这也极大地提高了车端、路侧端与通信端间协同部署、协同决策的技术难度。从政府、自动驾驶公司、科技巨头们在推动车路协同大规模落地普及的情况来看，车路协同背后是交通行业的智能化过程，链接智慧城市、大数据和云服务，是数个场景交汇、融合的大市场，如果将视野放至车路协同产业链的全局，要做好车路协同和智慧交通，还需要车企、通信设备厂商、网络运营商、高精地图厂商、激光雷达等传感器厂商，甚至道路基础设施建设部门等多方的合力参与。车路协同和智慧交通的崛起既受政策和技术驱动，也是市场驱动下的结果。未来交通人本需求、智能网联汽车、智能网联设施、出行即服务、共享合乘与拼车、自动按需出行等新交通模式不断创新发展，将极大地改变我们的交通生活业态，相信在新一代智能交通系统体系这个庞大的市场中，每个参与者都能凭借自身优势各得所需。

编　者

2022 年 10 月于深圳湾畔

第1章 绪论 /1

1.1 智能网联汽车创新战略 /2
    1.1.1 加快建设交通强国发展部署 /3
    1.1.2 全面构建中国智能汽车体系 /7
    1.1.3 建设数字化转型网联设施 /12
    1.1.4 智能网联汽车迈进创新时代 /20
1.2 智能网联汽车与智能网联设施 /26
    1.2.1 智能车路协同科学研究路线 /26
    1.2.2 国内外智能网联汽车的启示 /35
    1.2.3 智能汽车网联设施协同创新 /55
    1.2.4 智能网联汽车产业发展趋势 /67

第2章 智能网联汽车理论方法 /82

2.1 智能网联汽车全息感知 /82
    2.1.1 智能网联汽车传感器监测体系 /83
    2.1.2 智能网联汽车驾驶与仿真建模 /90
    2.1.3 传感器深度融合关键技术难点 /95
    2.1.4 高维特征可视化交通场景识别 /99
2.2 智能网联汽车规划决策 /103
    2.2.1 自动驾驶规划决策限制极限 /104
    2.2.2 智能网联汽车常用路径规划 /110

智能网联汽车 V2X 与智能网联设施 I2X

  2.2.3 多源融合状态解析技术 / 118
  2.2.4 多层地图模型与车道级规划 / 121
 2.3 智能网联汽车控制执行 / 132
  2.3.1 重构整车电子电控体系架构 / 133
  2.3.2 智能驾驶功能软件平台设计 / 139
  2.3.3 智能汽车驾驶人员安全接管 / 143
  2.3.4 智能网联汽车性能综合评价 / 147

第 3 章 智能网联设施要素集成 / 153

 3.1 智能网联设施数字化转型 / 154
  3.1.1 数字化转型关键技术及领域 / 155
  3.1.2 人-车-路-网-云要素协同 5G 网联 / 157
  3.1.3 智能网联设施场景覆盖实验 / 162
  3.1.4 智能网联设施交通分级标准 / 168
 3.2 智能网联设施数据解析 / 183
  3.2.1 道路交通机动车辆冲突分析 / 183
  3.2.2 虚拟交通发展决策支持模式 / 191
  3.2.3 智能网联设施信号机管控接口 / 196
  3.2.4 新交通模式交通建模与仿真 / 201
 3.3 智能网联设施人因管控 / 206
  3.3.1 构建主流信号人因工程管控平台 / 207
  3.3.2 国内外道路交叉口通行规则特征 / 209
  3.3.3 智能汽车与驾驶员、行人博弈决策 / 215
  3.3.4 智能网联设施未来交通洞察 / 229

第 4 章 移动边缘计算与 5G 网络切片技术 / 235

 4.1 智能网联汽车与智能网联设施移动边缘计算 / 235
  4.1.1 智能网联汽车体系结构特征 / 237
  4.1.2 智能网联汽车要素优化方法 / 240

4.1.3　智能网联设施 5G 网络重构 / 243

  4.1.4　智能网联移动边缘计算扩展 / 247

4.2　智能网联汽车与智能网联设施 5G 网络切片解析 / 251

  4.2.1　5G 通信网络切片数字化转型 / 252

  4.2.2　5G 通信网络切片超高带宽 / 257

  4.2.3　5G 通信网络切片超低时延 / 261

  4.2.4　5G 通信网络切片海量连接 / 262

  4.2.5　5G 通信网络切片编排部署 / 264

第 5 章　智能网联汽车与智能网联设施车路协同 / 270

5.1　智能网联汽车与智能网联设施设计 / 272

  5.1.1　智能汽车与网联设施一体化融合 / 272

  5.1.2　智能网联汽车与智能网联设施评价 / 278

5.2　智能网联汽车与智能网联设施实践 / 285

  5.2.1　深圳市智能网联汽车道路测试规划 / 286

  5.2.2　深圳市中心城区智能车路协同管控 / 288

  5.2.3　深圳市福田智能网联公交协同管控 / 290

  5.2.4　深圳市主干路——新洲路智能化协同管控 / 292

  5.2.5　深圳新国际会展中心智能公交管控 / 293

  5.2.6　深圳市智慧宝安智能车路协同管控 / 295

  5.2.7　深圳市坪山新区智能车路协同管控 / 298

  5.2.8　深圳市外环高速智能车路协同管控 / 303

参考文献 / 308

第 1 章

绪　论

今天，我们正在开启一场伟大的交通革命，它将彻底改变人类出行与运输的生活方式。智能网联汽车的出现让通勤通学更安全、顺畅；电动汽车让车辆更环保、节能；飞行出租车与管道磁悬浮列车将数小时的交通时长缩短到几分钟，实现城市群空中交通更便捷、高效；高带宽、低时延、多并发处理能力的 5G 通信连接推动自动驾驶与无人机所覆盖的大规模交通网络成为现实，交通全面覆盖更公平、可达；互联网电子商务与移动蜂巢机器人改变出行需求，实现客货携手，让生活更舒适、惬意。种种迹象表明：未来交通已经到来！

车联网（Internet of Vehicles，IoV）源于物联网，即车辆物联网，是以行驶中的车辆为信息感知对象，借助新一代信息通信技术，实现车与 X（人、车、路、网、平台等）之间的网络连接，提升车辆整体的智能驾驶水平，为用户提供安全、环保、公平、舒适的驾驶感受与交通服务，同时提高交通运行效率，提升社会交通服务的智能化水平。

智能网联汽车（Intelligent Connected Vehicle，ICV）定义为智能汽车或自动驾驶汽车，是指车联网与智能车的有机联合，搭载先进的车载传感器、控制器、执行器等装置，并融合现代通信与网络技术，实现车与人、车、路、网、平台等智能网联化设施信息交换共享，实现安全、环保、高效、公平、舒适行驶，最终可替代人操作的新一代汽车。国际自动机工程师学会（Society of Automotive Engineers International，SAE International）给出了自动驾驶汽车的 5 个自动化等级：独立驾驶、辅助驾驶、部分自动化、高度自动化、完全自动化。

智能车路协同（Intelligent Vehicle Infrastructure Cooperative，IVIC）是智能交通系统的最新发展方向。其采用无线通信和新一代互联网技术，将交通系统四要素——出行者（人）、运载工具（车）、交通设施（路）、管控平台（环境）有机结合起来，形成人、车、路、环境一体化的交通协同管控体系；全方位实施车与人、车、路、网、平台等的实时信息交互

智能网联汽车 V2X 与智能网联设施 I2X

通信，并在全时空动态交通信息采集与融合处理的基础上，开展车辆主动安全控制和道路协同管理，保证交通安全，提高通行效率，减少城市污染，从而形成安全、高效和环保的道路交通系统。

1.1 智能网联汽车创新战略

2020 年 2 月，国家发展和改革委员会、中央网络安全和信息化委员会办公室、科学技术部、工业和信息化部、公安部、财政部、自然资源部、住房和城乡建设部、交通运输部、商务部、国家市场监督管理总局 11 个国家部委联合印发《智能汽车创新发展战略》（以下简称《战略》）。这是从顶层设计角度，进一步明确汽车产业在"新四化"历史机遇下的发展方向，强调里程碑时间节点的具体要求，极大地推动了中国汽车产业智能化、网联化的快速发展。

1. 抓住新机遇

不失时机地发布《战略》，就是要迎接新一轮全球科技革命带来的机遇与挑战，抓住汽车智能化、网联化和共享化的发展新机遇，使中国汽车产业转型升级，成为新产业的引领者。

2. 构建新优势

《战略》通过顶层设计，赋能技术突破与创新，能够形成中国在"汽车+AI、汽车+IoT、汽车+5G、汽车+ICT、汽车+ITS、汽车+软件"等领域的重大技术发展优势，形成中国标准的智能网联汽车产业体系，不仅为中国汽车产业高质量发展注入强劲的新动能，也将为世界汽车产业的转型升级贡献中国智慧。

3. 创造新供给

《战略》提出构建协同开放的智能汽车技术创新体系。智能汽车产业将广泛融合先进感知传感器、决策执行电控系统、人工智能芯片、人机交互器件、路侧感知设施、智能交通系统、5G-V2X 信息通信、智慧城市、智能共享出行、数据增值服务等新产业。智能汽车产业与交通系统、能源体系、城市布局与社会生活紧密结合，不仅将打破传统汽车领域的产业链、技术链和价值链，还将促进产业间深度交叉融合，形成全新的、十万亿级的、对未来产生深远影响的新型产业生态体系，实现汽车产业从数量增长型向质量效益型转变，从自身独立发展向多元融合发展转变，从传统要素驱动向科技创新驱动转变。

4. 建设智能汽车强国

《战略》旨在促进汽车产业转型升级，鼓励智能汽车高质高效发展，以推动产业融合发展为途径，开创新模式，培育新业态，提升产业基础能力和产业链水平，满足人民日益增长的美好生活需要。同时，《战略》也提出了加强组织实施、完善扶持政策、强化人才保障、深化国际合作、优化发展环境五项保障措施，既有整体的战略考量，又有较强的针对性、时效性和可操作性，考虑全面，实操性强。

1.1.1 加快建设交通强国发展部署

交通是兴国之要、强国之基。习近平总书记强调："要建设更多更先进的航空枢纽、更完善的综合交通运输系统，加快建设交通强国。"党的十九届五中全会通过的《中共中央关于制定国民经济和社会发展第十四个五年规划和二〇三五年远景目标的建议》（以下简称《建议》），对加快建设交通强国做出专门部署，提出明确要求。

1.1.1.1 增强加快建设交通强国的责任感、紧迫感

《建议》提出，加快建设交通强国，完善综合运输大通道、综合交通枢纽和物流网络，加快城市群和都市圈轨道交通网络化，提高农村和边境地区交通通达深度。这是党中央立足国情、着眼全局、面向未来做出的重大部署，标志着交通强国建设迈上了新征程。我们要深刻认识加快建设交通强国的重要意义，进一步增强责任感和紧迫感。

1. 实现第二个百年奋斗目标的重要支撑

交通现代化是国家现代化的重要标志。中国幅员辽阔、人口众多，资源、产业分布不均衡，特殊国情决定必须建设一个强有力的交通运输体系。中华人民共和国成立70多年来，交通运输从"瓶颈制约"发展到"基本适应"，基础设施、运输服务规模均位居世界前列，我国已成为名副其实的交通大国，正在加快向交通强国迈进。交通运输的快速发展，显著改变了中国的城乡面貌，有力支撑全面建成小康社会。乘势而上加快建设交通强国，率先在交通运输领域实现现代化，建成现代化综合交通体系，必将为社会主义现代化强国建设提供坚强支撑。

2. 构建新发展格局的战略任务

交通运输是国民经济中基础性、先导性、战略性产业和重要服务性行业，在构建新发展格局中具有重要地位和作用。构建新发展格局，要求以供给侧结构性改革为战略方向，以扩大内需为战略基点，推动经济布局优化和区域协调发展，完善现代产业和流通体系，加快推动更高水平对外开放，这些都亟须交通运输发挥"先行官"作用。加快建设交通强

智能网联汽车 V2X 与智能网联设施 I2X

国要紧扣构建新发展格局目标，着力建设现代化高质量综合立体交通网络，畅通现代流通体系和国际物流供应链体系，提高运输效率、降低物流成本，努力使交通运输成为现代产业体系协调国民经济发展的有力引擎、内外经济循环相互促进的重要纽带、产业链供应链安全稳定的保障基石，助力筑牢国民经济循环底盘。

3. 满足人民日益增长的美好生活需要的必然要求

随着中国社会主要矛盾发生变化，人民群众出行模式和货物流通方式正发生深刻变革。多层次、多样化、个性化的出行需求和小批量、高价值、分散性、快速化的货运需求特征更加明显，"绿色共享"成为重要出行方式，货物运输的可达性和时效性要求更高。这都要求交通运输供给必须加快从"走得了"向"走得好"转变，显著提升运输服务的效率和品质。加快建设交通强国要聚焦人民对美好生活的需要，着力打造一流设施、一流技术、一流管理、一流服务，努力做到让广大人民群众享有更便捷的交通运输，获得更加公平、更有效率的交通服务，不断增强人民群众的获得感、幸福感、安全感。

4. 顺应中国进入新发展阶段的客观需要

当前和今后一个时期，中国发展仍然处于重要战略机遇期，但机遇和挑战都有新的发展变化。加快建设交通强国是顺应高质量发展、抢抓新机遇、应对新挑战的客观需要。中国交通运输发展的内部条件和外部环境正发生深刻、复杂变化。面对国际上新一轮科技革命和产业变革加速演变，智慧交通、绿色交通、共享交通成为各国培育交通发展新优势的重要发力点。向内看，中国已进入高质量发展阶段，但发展不平衡、不充分的问题仍然突出，主要表现为基础设施网络化水平不高、关键技术装备创新能力不足、综合运输效率不高等。加快建设交通强国要对标世界先进水平，努力破解发展难题，持续深化交通运输供给侧结构性改革，努力实现更高质量、更有效率、更加公平、更可持续、更为安全的发展。

1.1.1.2 全面落实加快建设交通强国的重点任务

中共中央、国务院于 2019 年 9 月印发《交通强国建设纲要》和《国家综合立体交通网规划纲要》。"十四五"时期，要紧盯《建议》部署的各项任务，抓住重点领域、关键环节，找准着力点和突破口，推动交通强国建设开新局、上台阶。

1. 推进基础设施网络化

中国围绕交通基础设施布局完善、立体互联，统筹铁路、公路、水运等规划建设，加快建设综合运输通道、枢纽和网络体系，着力打造发达的快速网、完善的干线网、广泛的基础网，构建贯通主要经济板块的国家综合立体交通网主骨架。优化完善综合运输通道布局，补齐内河水运、中西部铁路等短板，以推进实施川藏铁路、西部陆海新通道等一批战略性、基础性重大工程项目为牵引，推进综合立体交通网提质扩容。提升城市群都市圈交通承载能力，推进京津冀、长三角、粤港澳大湾区和成渝地区双城经济圈等交通一体化，形成以轨道交通和高速公路为骨干的多节点、网格化、全覆盖布局，打造一批国际性、全国性综合交通枢纽。完善城乡融合的交通基础设施网络，深入推进"四好农村路"建设，推动农村公路连片成网并向进村入户倾斜，提高城乡交通运输公共服务均等化水平。加快沿边抵边公路建设，提高边境地区交通通达深度。

2. 推进物流运输便利化

中国围绕加快形成"全球123快货物流圈"，以提质、降本、增效为导向，促进交通物流融合发展，加快完善现代物流体系，形成内外联通、安全高效的物流网络。持续优化运输结构，推进大宗货物及中长距离货物运输向铁路和水运有序转移，推动多式联运发展，发挥铁路货运优势，加强高铁货运建设。加强国际航空货运能力建设，推进世界级港口群、机场群、中欧班列集结中心等物流枢纽建设，建立储备充足、反应迅速、抗冲击能力强的应急物流体系，完善转运体系和地面服务网络，推动现代国际物流供应链发展。完善城乡末端配送网络，加快县乡村三级物流体系建设，畅通农产品和消费品双向流通渠道。发展物流服务新模式，推进无人配送、分时配送、共同配送等先进物流组织方式，推动冷链物流发展，提高物流效率，降低物流成本。

3. 推进出行服务便捷化

中国围绕加快形成"全国123出行交通圈"，加大绿色、安全、便捷等高品质出行服务供给，努力实现运输服务便捷舒适、经济高效。构筑多层次客运服务体系，发展以高铁、航空为主体的区际快速客运服务，提升城市群都市圈公共客运服务水平，深入推进城市交通拥堵综合治理，加快推进城乡客运服务一体化。打造一体化旅客出行链，依托综合客运枢纽，实现多种交通方式的有效衔接，发展旅客联程运输，鼓励引导绿色出行。拓展多样化客运服务，鼓励和规范定制客运、网约车等新模式发展，打造基于移动智能终端技术的服务系统，实现出行即服务（MaaS）。

4. 推进交通装备自主化

中国瞄准世界科技前沿，把握智能化、绿色化等趋势，推进交通运输装备先进适用、完备可控。强化装备动力系统研发，突破高效率、大功率发动机装备设备关键技术。加强新型运载工具研发，推进特种装备研发应用，推广新能源、智能化、数字化、轻量化交通装备及成套技术设备。发展智慧交通，推动大数据、云计算等新技术与交通行业深度融合，用新技术为传统交通基础设施赋能，争当新基建主力军。

5. 推进交通运输治理现代化

中国坚持政府、市场、社会等多方协作，打造协同高效、良法善治、共同参与的交通运输治理新格局。加强法治引领，加快铁路、公路、水路等领域"龙头法"和相应配套法规制修订，推动形成系统完备、相互衔接的综合交通法规体系。深化铁路、公路、航道、空域管理体制改革，推进投融资改革，建立与交通强国目标任务相适应的体制机制。健全市场治理规则，深入推进"放管服"改革，优化营商环境，构建统一开放、竞争有序的现代交通市场体系。鼓励社会组织参与行业治理，拓展公众参与交通治理渠道，全方位提升交通参与者文明素养，引导文明出行。

1.1.1.3 加快建设交通强国需把握好关键问题

加快建设交通强国是一项涉及观念行为、体制机制变革的重大战略任务，需要进一步发挥中国社会主义制度优势，充分用好各方面资源，调动各方积极性，形成全社会共同参与的新模式与新格局。

1. 坚持服务大局

加快建设交通强国，既要交通自身强，更要支撑国强民富。要坚持以人民为中心的发展思想，自觉服从服务于大局，围绕国家重大战略和构建新发展格局等，打通"大动脉"，畅通"微循环"，持续提高服务能力，更好地满足国家经济社会发展需要，建设人民满意交通。坚持适度超前规划建设，发挥好交通运输在建设现代化经济体系、乡村振兴、新型城镇化等方面的先行引领和支撑保障作用，在国家现代化建设进程中率先实现交通运输现代化。

2. 坚持远近结合

加快建设交通强国是一项长期战略任务，既要着眼长远、久久为功，又要立足当前、干在当下。"十四五"时期，要全面落实《建议》部署的各项任务，聚焦交通运输发展不平衡不充分的突出问题，在完善综合立体交通网等方面持续攻坚发力。瞄准 2035 年远景目标，落实好《国家综合立体交通网规划纲要》，做好研究论证、项目储备等工作，确保交通强国建设行稳致远。

3. 坚持协同高效

中国经济已转向高质量发展阶段，更加注重结构优化和整体效能提升。一方面，要根据各地资源禀赋条件和空间特征，宜水则水、宜空则空、宜陆则陆，发挥比较优势，统筹做好交通强国铁路、公路、水运等"篇章"。另一方面，要加快由各种交通方式相对独立发展向更加注重融合发展转变，平衡好各种运输方式，强化衔接协调、深度融合，完善现代化综合交通体系，提升综合运输效率。

4. 坚持深化改革

改革创新是交通运输事业发展的动力之源，必须贯穿于加快建设交通强国全过程。持续深化改革，坚持试点先行、典型引路，鼓励有条件的地方和企业率先开展交通强国试点，形成一批可推广、可复制的典型成果，以点带面、纵深推进。坚持守正创新，发挥中国交通运输探索形成的多方面优势，持续推进理念、技术、制度、政策等创新，推进交通运输治理体系和治理能力现代化，为加快建设交通强国提供坚实保障。

5. 坚持中国特色

加快建设交通强国必须立足国情、放眼世界，走开放发展、互利共赢之路。科学把握中国人口分布、产业布局、城乡区域差异等现实国情，用好超大规模市场优势，因地制宜地选择发展模式和路径，集中力量办好自己的事，走中国特色交通强国之路。同时，要对标世界一流水平，善于借鉴国际先进理念和经验，用好两个市场、两种资源，深化对外交流合作，形成国际合作和竞争新优势，不断提升交通运输国际竞争力和影响力。

1.1.2 全面构建中国智能汽车体系

《战略》为智能汽车指明了全球化产业发展的战略方向，中国拥有全世界最大的汽车市场，汽车产业体系完善，品质质量逐步提升，关键技术不断突破，发展基础较为扎实，具备智能汽车发展的战略优势；提出了主要战略任务是构建跨界融合的智能汽车产业生态体系，培育新型市场主体，整合资源优势，鼓励整车企业逐步成为智能汽车产品供应商，鼓励人工智能、互联网等科技企业发展成为自动驾驶系统解决方案服务技术集成商。

中国标准的智能汽车体系里既有传统汽车企业，又有新势力造车企业。近年来，传统汽车企业面临智能化、网联化的转型难题，正在经历转型期的"阵痛"。《战略》为传统汽车企业迎接新一轮全球科技革命提供了机遇，指明了方向。传统汽车企业只有抓住汽车智能化、网联化和共享化的发展新机遇，才能转型升级，实现从自身独立发展向多元融合发展的转变，从传统要素驱动向科技创新驱动转变，从而成为新产业的引领者。与传统汽车企业相比，以新技术应用为特征的新势力造车企业较早涉猎智能汽车领域，近几年依靠人工智能等新技术，取得了突破性发展。此外，新势力造车企业在产品设计、市场营销、用户体验、商业模式的应用等方面，也比传统汽车企业更为先进，但在汽车安全与性能及造车经验等方面与传统汽车企业的差距较大。

智能汽车作为未来交通的智能化载运工具要实现真正落地，为交通运输提供安全、精准、智能的服务，还需汽车行业与相关行业的共同努力。因此，在《战略》的指导下，

智能网联汽车 V2X 与智能网联设施 I2X

新势力造车企业与传统汽车企业应结束"各自为战"的局面，通过双方合作避免低效的重复建设，智慧合作、创新融合，与相关行业打开共赢局面，共同推进智能汽车发展，为全面建成中国标准的智能汽车体系而努力。

1.1.2.1 交通设施智能化建设步入快车道

中国提出构建先进完备的智能汽车基础设施体系，推进智能化基础设施规划建设，建设覆盖全国的车用高精度时空基准服务能力，建设覆盖全国路网的道路交通地理信息系统。具体任务包括制定智能交通系统发展规划，建设智慧道路及新一代国家交通控制网；分阶段、分区域推进道路基础设施的信息化、智能化和标准化建设；推动 5G 与车联网协同建设；充分利用已有北斗卫星导航定位基准站网，推动全国统一的高精度时空基准服务能力建设；开发标准统一的智能汽车基础地图等。

基础设施智能化建设的全面开展，导航定位、高精地图、5G 相关企业，以及为智能交通基础设施、智能交通管理设施建设提供相关产品的智能交通企业都将迎来广阔的市场前景。北斗卫星导航系统作为中国自主发展的卫星定位导航系统，在维护国家信息安全上具有重要的意义，且随着基础设施智能化建设的加速，其将会得到更广泛的应用。作为自动驾驶重要支持的高精度地图技术，由于地图行业涉及国家机密，一直受到国家政策的保护。

随着智能汽车体系的建设，国家越来越重视地图行业的发展。今后国家在继续鼓励地图行业发展的同时，必将严格市场准入、资质审查。在政策利好的环境下，会有越来越多的竞争者涌入高精度地图领域，高精地图赛道也将越发拥挤，如何脱颖而出将是这些企业面临的挑战。在 5G 技术领域，中国处于国际领先地位，智能汽车是 5G 技术的主要应用场景之一，5G 将对实现智能汽车提供极大的支持。

智能汽车发展的推进，需要中国建成全覆盖、无死角的 5G 基站网络，最终形成全球最大的应用市场。智能交通基础设施、智能交通管理设施的加速建设，为提供相关产品的智能交通企业带来了提速机遇，同时，智能交通企业也将借助不同应用的差异性，促进自身技术、产品、解决方案的系统集成创新。

1.1.2.2 智能车路协同支撑智能汽车研发

《战略》揭示构建协同开放的智能汽车技术创新体系，需突破关键基础技术研发，完善测试评价技术，开展应用示范。

中国智能车路协同相关研发还停留在协同感知水平，实现协同决策和协同控制，并向一体化迈进，还有许多问题亟待解决。问题伴随着机遇，政、产、学、研、用各界将有更多的机会协同合作，共同推进智能车路协同落地。智能汽车研发需要智能车路协同可视化推演平台的支撑，需要智慧出行即服务（MaaS）与智能网联汽车（V2X）、智能网联设施

（I2X）、智能车路协同（IVIC）等系统工程的集成实践，需要新一代智能交通系统建设的基础环境提供应用空间和服务场景。

科研院所、高等院校应从多学科交叉与融合出发，研发新技术、改进现有技术，为智能车路协同落地发展提供基础理论支持；汽车制造企业应与相关行业合作，从交通运载工具智能化方面寻求突破；交通基础设施建设企业应牢牢抓住道路智慧化建设的机遇，推动传统建设项目升级为包含智能化技术产品的新型智慧交通建设，为智能交通系统建设赋能增值，有力推进既有道路信息化、智能化改造和智慧道路新建；智能化道路基础设施相关产品的智能交通企业应紧跟智能车路协同相关技术发展步伐，实现技术攻关、创新推广应用，依托智慧交通建设和改造，为交通基础设施建设企业提供解决方案，发展成为智慧城市交通系统方案的提供商；自动驾驶示范区和测试区应完善试验条件，为智能车路协同落地提供完备的试验能力和手段，建立健全的测试基础数据库，并将测试数据分析挖掘研判等成果与相关行业共享，共同突破技术难题。只有各界统一目标、协调步伐、协同合作，才能实现智能车路协同的真正推广应用，为智能汽车提供强有力的支撑。

1.1.2.3　5G 通信网络信息安全迫在眉睫

《战略》要求构建全面高效的智能汽车网络安全体系，到 2025 年，车用无线通信网络（LTE-V2X）实现区域覆盖，新一代车用无线通信网络（5G-V2X）在部分城市、高速公路逐步开展应用。

智能车路协同的落地需要通信技术提供稳定、安全、可靠的支持，智能汽车的实际应用要求人-车-路-云之间的信息实时、精确、协同互联互通，通信网络注定要在智能汽车体系建设中扮演重要角色。近几年来，以 5G 为代表的通信技术日新月异，信息的实时性、准确性得到了大幅提高，但在安全性方面做得还远不够。随着智能汽车产业的快速发展，通信行业必将获得更大的发展空间，同时也将面临更多的挑战，尤其是在网络安全方面的挑战，因为信息网络安全问题不仅会影响交通安全，更可能危害社会与国家的安全。信息网络安全需求迫在眉睫，而信息网络安全整体还处于快速发展的初期，存在重技术、轻管理，且技术应用缺乏系统性等方面的问题。

面对智能网联汽车技术与产业化应用，5G 通信网络有增强移动宽带、低功耗大连接、低时延高可靠三大应用场景，安全变得尤其重要。在这几大应用场景中，对增强移动宽带来说，需要更好的安全处理性能，使用户体验速率达到 1GHz；它需要支持外部网络二次认证，能更好地与智能网联汽车业务结合在一起；需要解决目前发现的已知漏洞的问题。对低功耗大连接来说，需要轻量化的安全机制，以适应功耗受限、时延受限的车联网设备的需要；需要通过群组认证机制，解决海量车联网设备认证时所带来的信令风暴的问题；需要抗 DDoS 攻击机制，应对由于设备安全能力不足而被攻击者利用，对网络

智能网联汽车 V2X 与智能网联设施 I2X

基础设施发起攻击的危险。对于低时延高可靠来说，需要提供低时延的安全算法和协议，要简化和优化原有安全上下文的交换、密钥管理等流程，支持边缘计算架构，支持隐私和关键数据的保护。

传统的通信企业需要投入更多的人力、财力，研发智能汽车等交通相关的通信安全技术，从而实现转型升级或扩展业务领域；而拥有交通背景的智能交通企业，将凭借自身的交通专业知识及对行业需求的深入理解，寻求通信技术领域的发展合作，从而扩展业务领域和提升竞争力。一个行业的发展，并不能依靠某个企业的一己之力，只有传统的通信企业和智能交通企业的通力合作，才能集中力量突破瓶颈，建立系统、安全的智能网联汽车通信体系，推进智能汽车科研与产业化平稳发展。

1.1.2.4 法律法规标准规范产业健康有序发展

《战略》提出构建系统完善的智能汽车法规标准体系，并从健全法律法规、完善技术标准规范和推动认证许可 3 个层面做出了部署。

道路交通网络的畅通、安全、减排是智能交通系统致力解决的重点交通难题，是交通管理与控制学科永恒不变的主题，而智能汽车的落地应用正是提升道路交通安全、提高出行通行效率、促进节能减排的有效途径和手段。因此，相关法律法规、技术标准及认证管理体系建设也成为中国交通管理领域关注的热点和工作重点。明确智能汽车安全责任主体认定，完善智能汽车道路交通违法违规行为取证和处置、安全事故追溯和责任追究相关规定，建立权责统一的智能汽车事故责任认定相关机制，研发智能汽车交通违法取证、交通事故仿真推演等配套技术和规范，制定智能汽车事故责任认定标准，都将是交通规划与管理部门未来急需完成的艰巨任务。只有健全与智能汽车应用场景相适应的交通管理与控制法律法规，才能规范智能汽车行业并促进其技术与产业化健康发展，才能为智能汽车参与下的城市交通与区域交通安全和畅通保驾护航。

发展智能汽车是趋势，也是一项宏大的系统工程，任重而道远。正如《战略》所强调的，中国特色社会主义制度和国家治理体系能够集中力量办大事，这就是实现《战略》各个发展阶段目标最可靠的体制机制保障。智能汽车领域相关立法工作略显滞后，智能网联汽车发展正逐渐引起国内外政府及行业的广泛关注。需要全面梳理总结国内外智能汽车行业的立法现状，并对当前中国部分城市所发布的方案细则进行分析，着重关注智能汽车发生交通事故后的责任划分问题，并最终给出未来中国在智能汽车法律体系建设方面的发展意见。

《战略》的发布给智能交通行业带来了新机遇、新发展、新目标、新挑战。中国智能交通行业除了自身的稳步发展，还需要和所有智能汽车体系建设的参与者建立合作，智能交通企业应积极推进技术创新、完善产品方案，为智能汽车体系建设贡献力量，同时扩展业务领域、提升业务能力、增强企业竞争力，为走向世界打下更坚实的基础。

智能网联汽车技术与产业将实现以下 3 个阶段的发展。

第一阶段为 2015—2020 年，从 0 到 1，集成层级的技术组成自适应巡航/道路巡航控制/停车（ACC/LCC/Parking）辅助驾驶的功能，同步完成汽车电子/电气架构的数字化和数据化变革。行业格局："贪吃蛇"，都想要吃"整个大饼"；"割韭菜"的还是外国一级供应商。供应链：卖家市场，硬件很贵，一枝独秀。

第二阶段为 2021—2025 年，开放式平台+自主研发，追求价格更加可控的硬件，包括传感和计算设备，更加开放的多边合作。行业格局：多边合作、雨后春笋；供应链：更多供应链选择，包括芯片、传感器、软件模块和子功能。在此阶段，高级驾驶辅助系统（ADAS）"本土化"逐步进行。

第三阶段为 2026—2030 年，技术可差异化和个性化服务，受益于更加理智的合作模式和供应商，技术供应商开始聚焦在自己的核心 IP，定制生产合作（OEM）聚焦在研发差异化和定制化的功能，进一步形成自己独特的服务；在此期间，技术品牌的车企开始逐步形成。供应链：本土化服务有望形成体系，有能力跟国外供应商展开竞争。

1.1.2.5　交通运输主管部门加速推进

2020 年 12 月，交通运输部发布《关于促进道路交通自动驾驶技术发展和应用的指导意见》，提出到 2025 年，自动驾驶基础理论研究取得积极进展，道路基础设施智能化、车路协同等关键技术及产品研发和测试验证取得重要突破；出台一批自动驾驶方面的基础性、关键性标准；建成一批国家级自动驾驶测试基地和先导应用示范工程，在部分场景实现规模化应用，推动自动驾驶技术产业化落地。

1. 落实交通强国建设等重大战略的需要

2017 年国务院发布的《新一代人工智能发展规划》，将自动驾驶作为人工智能技术先行落地领域之一。2019 年，中共中央、国务院印发《交通强国建设纲要》，明确提出加强自动驾驶研发，大力发展智慧交通，加速交通基础设施网、运输服务网、能源网与信息网络融合发展等要求。2020 年以来，党中央多次就加快"新基建"做出部署，自动驾驶作为重要应用场景，得到了高度关注。《智能汽车创新发展战略》也提出"出台促进道路交通自动驾驶发展的政策"等任务。

2. 推动前沿技术赋能交通运输高质量发展的需要

自动驾驶是新一代信息技术与交通运输融合发展的产物，有望成为重塑道路交通系统形态的先导因素。自动驾驶技术可实现良好的经济效益和社会效益。

（1）可以提高交通安全水平。据统计，在道路交通事故中，由驾驶员人为因素导致的事故占 90%以上。自动驾驶技术可以减少由于疲劳驾驶、注意力不集中、操作失误等人为因素导致的交通事故。

（2）可以提升道路资源利用率。自动驾驶技术可以缩短行车过程中车辆间的距离，有效提高道路通行能力。

（3）可以促进绿色低碳发展。通过让车辆尽量保持匀速行驶，减少制动和加速次数，降低能耗和排放。

（4）将自动驾驶技术应用于港口、场站、工地等作业时间长、劳动强度大的场景，可以改善人员工作条件，并且可以 24 小时运行，大大提高生产效率。

（5）自动驾驶可以更好地满足特定人群的个性化出行、疫情防控非接触式物流等需求。

3. 促进国内技术和产业发展的需要

自动驾驶涉及汽车制造、电子芯片、移动通信、人工智能等产业，是未来诸多新兴产业融合发展的重要领域。中国自动驾驶起步较晚，但发展动能强劲，技术和产业体系不断健全。围绕自动驾驶，汽车制造商、科技公司、通信企业等交叉合作，涌现出一大批创新企业，积极开展研发和测试，一些企业已在北京、上海、深圳、长沙等地面向公众提供自动驾驶出行体验服务；科研院所、标准化组织、行业协会加强协同，做好支撑。2019 年，交通运输部启动了交通强国建设试点工作，社会各方积极响应，围绕自动驾驶、车路协同等主题布局相关项目。

4. 主动把握全球科技和产业变革机遇的需要

发达国家和地区高度重视自动驾驶技术在提升国家竞争力中的作用，持续优化法规政策环境，鼓励自动驾驶技术研发和应用。例如，美国自 2016 年以来，已发布四版自动驾驶政策，2020 年又特别提出，要确保美国在自动驾驶技术方面的领导地位；欧盟于 2018 年发布《通往自动化出行之路：欧盟未来出行战略》，提出了自动驾驶产业化发展的时间表；德国出台了《自动和联网驾驶战略》，将保持自动驾驶领先地位视为"国家持续发展和繁荣的基础"；日本提出了《自动驾驶制度整备大纲》，明确自动驾驶发展目标和主要推进措施，并于 2019 年颁布了《道路运输车辆法》修正案，为自动驾驶商业化部署提供法规支撑。此外，英国、荷兰、加拿大、新加坡、韩国等国家也积极完善政策法规，支持自动驾驶发展。我国应借鉴相关经验，主动适应新一轮科技变革，对标前沿领域，不断提升自主创新能力。

1.1.3 建设数字化转型网联设施

2020 年 3 月，中共中央政治局常务委员会召开会议指出，要加快 5G 网络、数据中心等新型基础设施建设进度，"新基建"由此诞生。新基建主要包括 5G、大数据中心、人工智能和工业互联网等七大领域。与传统基建不同，新基建各领域更关注产业技术前瞻性，以及中国的核心技术供给能力，旨在加速数字产业化，且全国各省份纷纷出台新基建行动计划。

聚焦"新网络、新要素、新生态、新平台、新应用、新安全"六大方向，北京市、上海市、深圳市、广州市等基本建成具备网络基础稳固、数据智能融合、产业生态完善、平台创新活跃、应用智慧丰富、安全可信可控等特征，具有国际领先水平的新型基础设施，对提高城市科技创新活力、经济发展质量、公共服务水平、社会治理能力形成强有力支撑。

1.1.3.1 建设新型网络基础设施

新型网络基础设施主要包括以下内容。

1. 5G 网络

扩大 5G 建站规模，加大 5G 基站选址、用电等支持力度，2020 年北京实现 5G 基站新增 1.3 万个，累计超过 3 万个，实现五环内和北京城市副中心室外连续覆盖，五环外重点区域、典型应用场景精准覆盖。2020 年 8 月，深圳市完成 4600 多个 5G 基站建设，实现国内首个城市独立组网的 5G 网络环境全市域覆盖，加速推进 5G 独立组网核心网建设和商用。加强 5G 专网基础设施建设，在特殊场景、特定领域鼓励社会资本参与 5G 专网投资建设和运营。深入推进试点示范工程，推动 5G+VR/AR 虚拟购物、5G+直播、5G+电竞等系列应用场景建设，推进 5G 改造，丰富"5G+"垂直行业应用场景。支持 5G 射频芯片及器件检测与可靠性平台、5G+AIoT 器件开放创新平台、5G+超高清制播分发平台等一批产业创新平台建设，着力构建 5G 产业链协同创新体系，培育一批 5G 细分领域龙头企业。

2. 千兆固网

积极推进千兆固网接入网络建设，以光联万物的愿景实现"百千万"目标，即具备用户体验过百兆，家庭接入超千兆，企业商用达万兆的网络能力。推进网络、应用、终端全面支持 IPv6，推动 3D 影视、超高清视频、网络游戏、VR/AR 等高带宽内容发展，建设千兆固网智慧家居集成应用示范小区，促进千兆固网应用落地。

3. 卫星互联网

推动卫星互联网技术创新、生态构建、运营服务、应用开发等，推进创新型企业协同发展，探索财政支持发射保险补贴政策，围绕星箭总装集成、核心部件制造等环节，构建覆盖火箭、卫星、地面终端、应用服务的商业航天产业生态，优化和稳定"南箭北星"空间布局。

4. 车联网

加快建设可以支持高级别自动驾驶（L4级别以上）运行的高可靠、低时延专用网络，加快实施自动驾驶示范区车路协同信息化设施建设改造。搭建边缘云、区域云与数据中心云三级架构的云控平台，支持高级别自动驾驶实时协同感知与控制，服务区级交通管理调度，支持智能交通管控、路政、消防等区域级公共服务。以高级别自动驾驶环境建设为先导，打造国内领先的智能网联汽车创新链和产业链，逐步形成以智慧物流和智慧出行为主要应用场景的产业集群。

5. 工业互联网

加快国家工业互联网大数据中心、工业互联网标识解析国家顶级节点建设，开展工业大数据分级分类应用试点，支持在半导体、汽车、航空等行业累计建设标识解析二级节点。推动人工智能、5G等新一代信息技术和机器人等高端装备与工业互联网融合应用，培育具有全国影响力的系统解决方案提供商，打造智能制造标杆工厂，形成服务京津冀、长三角、粤港澳大湾区等的辐射全国产业转型升级的工业互联网赋能体系。

6. 政务专网

提升政务专网覆盖和承载能力。以集约、开放、稳定、安全为前提，通过对现有资源的扩充增强、优化升级，建成技术先进、互联互通、安全稳定的电子政务城域网络，全面支持IPv6协议。充分利用政务光缆网和政务外网传输网资源，为高清视频会议和高清图像监控等流媒体业务提供高速、可靠的专用传输通道，确保通信质量。

1.1.3.2 建设数据智能基础设施

数字智能基础设施主要包括以下内容。

1. 新型数据中心

遵循总量控制，聚焦质量提升，推进数据中心从存储型到计算型的供给侧结构性改革。加强存量数据中心绿色化改造，鼓励数据中心企业高端替换、增减挂钩、重组整合，促进存量的小规模、低效率的分散数据中心向集约化、高效率转变。着力加强网络建设，推进网络高带宽、低时延、高可靠化提升。

2. 云边端设施

推进数据中心从"云+端"集中式架构向"云+边+端"分布式架构演变。探索推进氢燃料电池、液体冷却等绿色先进技术在特定边缘数据中心试点应用，加快形成技术超前、规模适度的边缘计算节点布局。研究制定边缘计算数据中心建设规范和规划，推动云边端设施协同、健康、有序发展。

3. 大数据平台

落实大数据行动计划，强化以"筑基"为核心的大数据平台顶层设计，加强高价值社会数据的"统采共用、分采统用"，探索数据互换、合作开发等多种合作模式，推动政务数据、社会数据的汇聚融合治理，构建北京城市大脑应用体系。编制完善公共数据目录，统一数据接入规范标准，完善目录区块链的运行和审核机制，推进多层级政务数据、社会数据的共享开放。加强城市码、"健康宝"、电子签章、数据分析与可视化、多方安全计算、移动公共服务等共性组件的集约化建设，为各部门提供基础算力、共性组件、共享数据等一体化资源能力服务，持续向各区及街道、乡镇等基层单位赋能，逐步将大数据平台支撑能力向下延伸。建设完善、统一的公共数据资源开放平台，汇聚并无条件开放政务、交通、城市治理等领域数据 3000 项以上，支撑交通、教育、医疗、金融、能源、工业、电信及城市运行等重点行业开展大数据及人工智能应用。

4. 人工智能基础设施

支持"算力、算法、算量"基础设施建设，支持建设人工智能超高速计算中心，打造智慧城市数据底座。推进高端智能芯片及产品的研发与产业化，形成超高速计算能力。加强深度学习框架与算法平台的研发、开源与应用，发展人工智能操作系统。支持建设高效、智能的规模化柔性数据生产服务平台，推动建设各重点行业人工智能数据集 1000 项以上，形成智能、高效的数据生产与资源服务中心。

5. 区块链服务平台

培育区块链技术龙头企业、骨干企业，形成研发创新及产业应用高地。建设城市区块链重点企业名单库，做好服务和技术推广。建设政务区块链支撑服务平台，面向各部门提供"统管共用"的区块链应用支撑服务。围绕民生服务、公共安全、社会信用等重点领域，探索运用区块链技术提升行业数据交易、监管安全及融合应用效果。结合自由贸易试验区建设，支持开展电子商务、电子交易及跨境数字贸易的区块链应用，提高各类交易和数据流通的安全可信度。

6. 数据交易设施

研究盘活数据资产的机制，推动多模态数据汇聚融合，构建符合国家法律法规要求的数据分级体系，探索数据确权、价值评估、安全交易的方式路径。推进建立数据特区和数据专区，建设数据交易平台，探索数据使用权、融合结果、多方安全计算、有序分级开放等新交易的方法和模式。

智能网联汽车 V2X 与智能网联设施 I2X

1.1.3.3 建设生态系统基础设施

生态系统基础设施主要包括以下内容。

1．共性支撑软件

打造高可用、高性能操作系统，从技术、应用、用户 3 个方面着手，形成完备产业链和生态系统。支持建设数据库用户生态，推动数据库底层关键技术突破。支持设计仿真、EDA、CAE 等工业领域关键工具型软件开发，培育多个保障产业链安全的拳头产品。加强高端 ERP、运维保障等管理营运类软件产品研发，优化大型企业智能化办公流程。布局面向金融、电信等行业领域的云计算软件，支撑超大规模集群应用，发展地理信息系统等行业特色软件，加快短视频、直播、在线教育、线上医疗等互联网新业态应用产品研发，培育数字经济增长动能。

2．科学仪器

聚焦高通量扫描电镜、高分辨荧光显微成像显微镜、质谱色谱联用仪、分子泵等科学仪器短板领域，发挥北京怀柔科学城大科学等装置平台优势和企业创新主体作用，攻克一批材料、工艺、可靠性等基础前沿、共性关键技术，突破核心器件瓶颈。推进高端分析仪器、电子测量仪器与云计算、大数据等新一代信息技术融合发展。聚焦分析仪器、环境监测仪器、物性测试仪器等细分领域，支持发展一批隐形冠军企业和专精特新企业，优化科学仪器产业生态。

3．中试服务生态

发挥产业集群的空间集聚优势和产业生态优势，在生物医药、电子信息、智能装备、新材料等中试依赖度高的领域推动科技成果系统化、配套化和工程化研究开发，鼓励聚焦主导产业，建设共享产线等新型中试服务平台，构建共享制造业态。依托重点科研机构、高等学校、科技型企业、科技开发实体面向产业提供中试服务，推动各类创新载体提升中试服务能力，构建大网络、多平台的中试服务生态。

4．共享开源平台

提升底层软硬件协同研发能力，建设"两中心三平台"信创应用生态。支持搭建支持多端多平台部署的大规模开源训练平台和高性能推理引擎，形成面向产业应用、覆盖多领域的工业级开源模型库。鼓励企业研发、运营开源代码托管平台，支持基于共享平台开展共享软件、智能算法、工业控制、网络安全等应用创新，促进形成协同研发和快速迭代的创新生态。推动国家北斗创新应用综合示范区建设，打造"北斗+"融合应用生态圈。

5. 产业园区生态

以市场为导向，夯实园区发展基础。鼓励园区建设优化协同创新服务设施，为园区企业提供全方位、多领域、高质量的服务。围绕信创、5G+8K、工业互联网、网络安全、智能制造等重点行业领域，建设一批特色鲜明的产业园区。推进京津冀产业链协同发展，支持产业园区合作共建。加强国际交流合作，高水平规划建设产业合作园区。

1.1.3.4 建设科创平台基础设施

科创平台基础设施主要包括以下内容。

1. 重大科技基础设施

以国家实验室综合性国家科学中心建设为牵引，打造多领域、多类型、协同联动的重大科技基础设施集群。加强已运行重大科技基础设施统筹，加快高能同步辐射光源、综合极端条件实验设施、地球系统数值模拟装置、多模态跨尺度生物医学成像设施、空间环境地基综合模拟装置、转化医学研究设施等项目建设运行。聚焦材料、能源、生命科学等重点领域，积极争取"十四五"重大科技基础设施项目落地实施。

2. 前沿科学研究平台

突出前沿引领、交叉融合，打造与重大科技基础设施协同创新的研究平台体系，推动材料基因组研究平台、清洁能源材料测试诊断与研发平台、先进光源技术研发与测试平台等首批交叉研究平台建成运行。围绕脑科学、量子科学、人工智能等前沿领域，加快推动量子信息科学研究院、脑科学与类脑研究中心、智源人工智能研究院、应用数学研究院等新型研发机构建设。

3. 产业创新共性平台

打造梯次布局、高效协作的产业创新平台体系。在集成电路、生物安全等领域积极创建1~2家国家产业创新中心，在集成电路、氢能、智能制造等领域探索组建1~2家国家级制造业创新中心，积极谋划创建国家技术创新中心。继续推动完善市级产业创新中心、工程研究中心、企业技术中心、高精尖产业协同创新平台等布局。

4. 成果转化促进平台

支持一批创业孵化、技术研发、中试试验、转移转化、检验检测等公共支撑服务平台建设。推动孵化器改革完善提升，加强评估和引导。支持新型研发机构、重点实验室、工程技术中心等多种形式创新机构加强关键核心技术攻关。培育一批协会、联盟型促进机构，服务促进先进制造业集群发展。

智能网联汽车 V2X 与智能网联设施 I2X

1.1.3.5 建设智慧应用基础设施

智慧应用基础设施主要包括以下内容。

1. 智慧政务应用

深化政务服务"一网通办"改革，升级一体化在线政务服务平台，优化统一申办受理，推动线上政务服务全程电子化。以北京为例，截至 2020 年年底，市级 80%、区级 70%依申请政务服务事项实现全程网上办结。建设完善电子证照、电子印章、电子档案系统，支持企业电子印章推广使用，拓展"亮证"应用场景，最大限度地实现企业和市民办事"无纸化"。加快公共信用信息服务平台升级改造，推动信用承诺与容缺受理、分级分类监管应用。拓展服务广度、深度，大力推进政务服务事项的掌上办、自助办、智能办。例如，北京依托市民服务热线数据，加强人工智能、大数据、区块链等技术在"接诉即办"中的应用，建设在线客服与导办、办事管家、用户个人空间及全市"好差评"等系统。加快建设智能政务服务大厅。建设城市大脑，形成"用数据说话、用数据决策、用数据管理、用数据创新"的服务管理机制。

2. 智慧城市应用

聚焦交通、环境、安全等场景，提高城市智能感知能力和运行保障水平。实施智慧交通提升行动计划，开展交通设施改造升级，构建先进的交通信息基础设施。推进人、车、桩、网协调发展，制订充电桩优化布局方案，增加老旧小区、交通枢纽等区域充电桩建设数量。建立机动车和非道路移动机械排放污染防治数据信息传输系统及动态共享数据库。建设"一库一图一网一端"的城市管理综合执法平台，实现市、区、街三级执法联动。完善城市视频监测体系，提高视频监控覆盖率及智能巡检能力。

3. 智慧民生应用

聚焦医疗卫生、文化教育、社区服务等民生领域，扩大便民服务智能终端覆盖范围。支持智能停车、智慧门禁、智慧养老等智慧社区应用和平台建设。建设全市互联网医疗服务和监管体系，推动从网上医疗咨询向互联网医院升级，开展可穿戴等新型医疗设备的应用。进一步扩大电子健康病历共享范围，推动医学检验项目、医学影像检查和影像资料互认。建设完善连通各级医疗卫生机构的"疫情数据报送系统"。支持线上线下智慧剧院建设，提升优秀文化作品的传播能力。支持教育机构开展云直播、云课堂等在线教育。基于第三代社保卡发放民生卡，并逐步实现多卡整合，推进深度应用。

4. 智慧产业应用

推动"互联网+"物流创新工程，推进现代流通供应链建设，鼓励企业加大 5G、人工智能等技术在商贸物流设施领域的应用,支持相关信息化配套设施建设,发展共同配送、无接触配送等末端配送新模式。建设金融公共数据专区,支持首贷中心、续贷中心、确权融资中心建设运行。支持建设车桩一体化平台,实现用户、车辆、运维的动态全局最佳匹配。打造国内领先的氢燃料电池汽车产业试点示范城市。推进制造业企业智能升级,支持建设智能产线、智能车间、智能工厂。探索建设高精尖产业服务平台,提供运行监测、政策咨询、规划评估、要素对接等精准服务。

5. 传统基础设施赋能

加快公路、铁路、轨道交通、航空、电网、水务等传统基建数字化改造和智慧化升级,助推京津冀基础设施互联互通。开展前瞻性技术研究,加快创新场景应用落地,率先推动移动互联网、物联网、人工智能等新兴技术与传统基建运营实景的跨界融合,形成全智慧型的基建应用生态链,打造传统基建数字化全国标杆示范。着力打造传统基建数字化的智慧平台,充分发挥数据支撑和能力扩展作用,实现传统基建业务供需精准对接、要素高质量重组和多元主体融通创新,为行业上下游企业创造更大的发展机遇和更广阔的市场空间。

6. 中小企业赋能

落实国家"上云用数赋智"行动,支持互联网平台型龙头企业延伸服务链条,搭建教育、医疗、餐饮、零售、制造、文化、商务、家政服务等细分行业云。建设一批细分行业互联网平台和垂直电商平台,培育一批面向中小企业的数字化服务商。鼓励各类专业服务机构企业上云,支持中小企业服务平台和双创基地的智能化改造,打造中小企业数字赋能生态。

1.1.3.6 建设可信安全基础设施

可信安全基础设施主要包括以下内容。

1. 基础安全能力设施

促进网络安全产业集聚发展,培育一批拥有网络安全核心技术和服务能力的优质企业。支持操作系统安全、新一代身份认证、终端安全接入、智能病毒防护、密码、态势感知等新型产品服务的研发和产业化,建立完善、可信的安全防护基础技术产品体系,形成覆盖终端、用户、网络、云、数据、应用的多层级纵深防御、安全威胁精准识别和高效联动的安全服务能力。

2. 行业应用安全设施

支持开展5G、物联网、工业互联网、云化大数据等场景应用的安全设施改造提升,围绕物联网、工业控制、智能交通、电子商务等场景,将网络安全能力融合到业务中,形成

智能网联汽车 V2X 与智能网联设施 I2X

部署灵活、功能自适应、云边端协同的内生安全体系。鼓励企业深耕场景安全，形成个性化安全服务能力，培育一批细分领域安全应用服务特色企业。

3. 新型安全服务平台

综合利用人工智能、大数据、云计算、物联网、智能感知、区块链、软件定义安全、安全虚拟化等新技术，推进新型基础设施安全态势感知和风险评估体系建设，整合形成统一的新型安全服务平台。支持建设集网络安全态势感知、风险评估、通报预警、应急处置和联动指挥于一体的新型网络安全运营服务平台。

1.1.4 智能网联汽车迈进创新时代

1.1.4.1 中国标准智能网联汽车体系

《战略》明确了建设智能汽车强国的建设目标、分阶段实现中国标准智能汽车体系的战略愿景及构建技术创新体系等六大重点任务。智能汽车规模化应用示范、城市交通基础设施智能化建设、5G-V2X 等新一代无线通信网络应用、智能汽车统一云控平台建设、智慧化出行即服务应用等都将迎来发展机遇期，并将影响未来城市交通与区域交通发展。

当今世界正经历百年未有之大变局，新一轮科技革命和产业变革方兴未艾，《战略》展现了建设中国标准智能汽车和实现智能汽车强国的战略目标，并围绕技术、产业、设施、法规、监管、网络六大方面进行了任务部署，必将全面指导中国智能汽车产业发展。

1. 注重跨界融合，引导创新资源集聚

智能汽车不仅限于汽车领域，通信、新硬件、互联网等企业不断融入，同时新模式的冲击亟须政策法规、标准规范的创新完善，多专业融合、多部门协同势在必行。《战略》刻画了"构建跨界融合的智能汽车产业生态体系"，引导各企业优势联动，初步确立智能汽车产品提供商、关键系统集成供应商等市场分工。

2. 强调应用示范，筑牢商业落地基础

智能汽车应用示范有利于探索新技术应用模式、验证技术体系、提升公众认知度，是各行业未来工作的重点。《战略》明确开展特定区域智能汽车测试运行及示范应用，推动有条件的地方开展城市级智能汽车大规模、综合性应用试点，进而支撑环境感知、决策控制等系列技术验证。

3. 重视车路协同，加快基础设施升级

要充分结合中国人口密度大、交通环境复杂的国情，聪明的车与智能的路建设协同发展，加快推进智慧交通、智慧城市规划设计前期工作。《战略》关注智能交通系统和智慧城

市相关设施建设取得积极进展的建设目标，要求制定智能交通发展规划，以期为智能网联汽车与智能车路协同提供强有力支撑。

4. 重视技术突破，塑造产业创新能力

智能汽车产业不仅需要新技术与汽车的深度融合，还需要新技术的自身创新突破，做好技术创新引领和支撑是重中之重。《战略》号召把技术创新放在推进工作的首位，开展基础前瞻技术开发，要求智能计算平台、云控基础平台、车路交互等共性交叉技术取得突破，为产业协同创新提供核心支持。

1.1.4.2 智能网联汽车体系架构分析

随着《战略》的稳步推进，智能汽车必将以更大规模的应用落地、更完善的技术生态、更智能的出行服务加速走向社会生活，现有的政策法规、管理制度、技术体系、出行理念等面临迫切的适应性优化需求。

1. 智能汽车由技术探索转向应用落地，管理制度与政策法规亟须加快完善

1）未来 5 年将迈向商业化落地，交通新模式将挑战现有交通管理机制

预计到 2025 年，实现自动驾驶汽车在特定环境下的市场化应用。多模式、多场景应用示范必不可少，但法律法规暂不完善、职责边界不清晰，规划局、交通运输局、交通警察局（交通管理局）、城市管理行政执法局等多部门协同管理机制有效性不高，面向新模式主动调整协作机制亟待推进。

2）为规模化应用示范保驾护航，大力推动应用示范管理政策深化

2019 年，国内部分城市已制定面向应用示范的智能汽车扩大化测试政策，设置了应用场景、应用条件等限制性示范条件；2020 年，智能网联汽车在北京、上海、深圳初试商业运营收费。《战略》为应用示范管理政策补充和完善提供了依据，将促进应用示范管理政策深化。

3）智能汽车作为全新的交通元素，成为法律法规监管盲区

智能汽车是新型交通参与要素，将重塑人、车、路之间的关系，已有法律法规难以满足新变化的需求，如《道路交通安全法》亟待修订优化，同时数据安全、数据管理将成为关注重点，其相关立法的需求更迫切。

4）智能汽车发展将从单城作战模式转为区域合作模式

2025 年，中国标准智能汽车体系基本形成，当前国内各个城市各自发展智能网联汽车产业，构建各自汽车产业生态体系，需要整合优势资源、加强区域合作是智能汽车发展趋势。

智能网联汽车 V2X 与智能网联设施 I2X

5）未来智能汽车市场化、商业化将对现行交通需求管理政策造成冲击

未来智能汽车呈现电动化、共享化趋势，智慧出行即服务理念的深入将极大地改变居民出行模式，或将减少城市小汽车保有量，道路空间或将重构，届时将影响小汽车增量调控、停车收费、拥堵收费、交通限行等系列需求管理政策。

2. 智能汽车跨界融合促使汽车产业和交通技术发生变化

1）汽车产业将重新洗牌，迫使相关企业转型升级

以自动驾驶系统为核心的智能汽车逐渐实现规模化应用，精密感知设备、AI算法、通信网络将占据主导，整个汽车生态将迎来重构，传统车企不得不加速技术升级与新型产业链改造，做好技术协同；互联网科技企业需加大与硬件设备厂商合作，谋求提高自动驾驶软件系统适应性，企业转型升级迫在眉睫。

2）基础设施智慧化促使现有标准规范升级

2025年，智能交通系统相关设施建设将取得积极进展，智能汽车市场化应用对道路标志/标线/标识的识别、车端及路侧设备之间信息交互提出了新要求，现有道路基础设施标准将不再适用，亟须升级调整。

3）智能汽车将倒逼道路交通基础设施规划建设方法升级

智能汽车是通过大数据应用实现智能技术创新的产物，传统的交通规划理论方法无法实现全局化的全流量的精细化分析，当前基础设施规划建设方法没考虑未来智能汽车的数据需求、功能需求，亟须研究升级道路设施规划建设理论技术方法。

3. 智能汽车共享化、网联化、电动化将改变公众出行理念，引发劳动就业变革

智能汽车将促使公众转变出行理念，随着智能汽车大规模市场化应用，出行将由单一的空间移动转变为集办公、娱乐、休憩等于一体的旅行体验，共享出行、绿色出行成为主流模式，公众对一站式个性化出行的需求将大幅提升。

4. 智能汽车将引发传统交通从业人员职业转变

智能汽车技术的发展将会影响现有劳动力市场，其作为新业态在带来新的岗位需求的同时，传统的卡车司机等职业可能出现大量的失业人员，相关交通从业人员的职业将发生转变。

1.1.4.3 智能车路协同——交通强国的加速器

1. 智能车路协同的组成与技术

车路协同系统由车辆单元、路侧基础设施、交通信息控制中心、无线通信系统等组成。其基本原理为车辆单元自带传感器，利用车载智能技术实现对车辆行驶状态（位置、车速、加速度、方向、油耗等有关工作状态）、行人及非机动车情况、道路环境状况（道路线形、

路面状况）等相关信息的采集，并利用车载通信技术将这些信息传送给路侧基础设施。

车载智能设备可根据数据分析结果对车辆行驶环境和状态进行安全预警，辅助驾驶员对车辆行驶状态进行控制。

路侧基础设施利用路侧智能技术实现对道路气象环境、道路交通状态及行人和非机动车对象的检测。同时，将收集到的通信范围内所有车辆信息，利用无线通信系统发送到交通信息中心。

交通信息中心利用交通信息发布与控制技术完成对道路相关信息的采集处理及对道路交通状态的指标分析，进行包括时空资源分配计算、全局最优路径规划、编队效率最优化等工作，并将数据存储更新到数据库，交通信息中心将更新后的数据发送给路侧基础设施。每个车辆单元都可从附近的路侧基础设施获取数据，并结合自身传感器采集的信息进行辅助决策。

路侧通信技术可实现路侧基础设施与其他可交互设备的信息传输。车载通信技术实现车-车（V2V）、车-路（V2X）、车-云（V2N）间的感知交互功能，配合路侧基础设施的感知技术使超视距感知、特殊环境全息感知变成现实，为多车间的智能协作提供了重要支撑。车路协同技术的应用可实现对交通拥堵和突发事故的预警，以及道路交通的实时诱导，宏观上实现对路网内车流的控制与管理，提高路网的通行效率和安全水平。

2. 智能车路协同的主要难点

科技部在2011年印发了《关于863计划现代交通技术领域智能车路协同关键技术研究主题项目立项的通知》，由清华大学牵头，参加单位包括北京交通大学、同济大学、北京航空航天大学、国家ITS研究中心等十余所高校和科研院所组成项目课题组。时至今日，大规模用于日常出行的智能交通技术只有地图导航和电子不停车收费（Electronic Toll Collection，ETC），很多方向仍然需要技术突破。

1）各类技术高度整合和资金的大量投入

车路协同不只是车辆单元与路侧基础设施（V2X）的协同，也是车-车（V2V）、车-云（V2N）、人-车（V2P）的协同，其背后涉及包括云计算、大数据、深度学习等多项技术。同时，车路协同也面临改造成本问题。据推算，每千米车路协同改造费用约为100万元。2019年年底，中国公路总里程已达484.65万千米、高速公路里程达14.26万千米，均居世界第一位，这意味着粗算下来整个车路协同的改造成本将是万亿级。因此，想要主导车路协同，就需要主导方具有非常雄厚的经济实力，以及技术和资源的整合能力。

2）车路协同标准体系不完善

车路协同应用于高速行驶的车辆，要求车辆单元与路侧基础设施保持不间断通信。同时，行驶中的车辆要不断切换与不同路侧基础设施的联系，就要保证车辆单元与路侧基础

智能网联汽车 V2X 与智能网联设施 I2X

设施低时延、高可靠、快速连接。这一切都建立在 5G 技术之上。在 5G 还没有普及的情况下，车路协同距离行业标准的确定及商用尚需时日。2020 年，公共安全行业标准《道路交通车路协同信息服务通用技术要求》的征求意见稿已公布，但相关的车路协同标准还需继续制定和完善。由于标准的不健全，5G 通信技术公司、自动驾驶技术公司、智能交通技术公司等企业只能边研发边观望，各家企业研发的产品也难以组成一个完整的生态。

3）高精度定位导航

为了避免高速行驶车辆的碰撞，最关键的技术就是获取车辆单元的实时位置、速度、行驶方向等。因此，低成本、实时动态、高可靠性的"亚米级"定位是必须满足的条件。目前，很多商业化产品还无法满足全天候的低成本、高精度要求。

虽然还有很多问题没有解决，但一大批车路协同项目已经在全国各地进行示范试点建设。2020 年 10 月，中国移动在 5G 自动驾驶峰会上启动了国家 5G 新基建车路协同项目，发布了全球最大的"5G+北斗高精定位"系统，通过 5G 网络实时提供亚米级高精度定位服务，构建全天候、全时段、全空间、全地理的精准时空服务体系，可应用于车辆管理、车路协同、自动驾驶、自动泊车等交通领域。

1.1.4.4　开启交通大国迈向交通强国新征程

1. 中国交通高质量发展新时代

交通运输是国民经济中基础性、先导性、战略性产业和重要的服务性行业，是推动可持续发展的重要支撑。中国正在从交通大国向交通强国迈进。

1）交通基础设施从"连线成片"到"基本成网"

整体上，中国综合交通网络规模和质量实现跃升，覆盖广度和通达深度不断提升。具体看，综合交通基础设施基本实现网络化。

2）运输服务从"走得了"到"走得好"

面对日益增长的运输需求，我国全面提升交通运输服务质量，持续优化运输结构，不断提高综合运输效率，有效降低物流成本，出行服务体系日益完善。2019 年，全社会完成客运量 176 亿人次，完成货运量 462 亿吨。网约车覆盖全国 400 多个城市，日均使用量超过 2000 万人次。共享单车日均使用量约为 4500 万人次；快递业务量完成 635 亿件，业务量跃居世界第一位。

3）交通科技从"跟跑"到"跟跑、并跑、领跑"并行

交通超级工程举世瞩目，装备技术取得重大突破。高速铁路、高寒铁路、高原铁路、重载铁路技术已经达到世界领先水平，特殊地质公路建设技术攻克世界级难题，超大型桥隧技术、港口航道技术及大型机场工程建设技术全球领先。

2. 以超常规的举措和力度推进交通扶贫

全面奔小康，关键在农村；农村奔小康，交通要先行。中国将交通扶贫作为服务全面建成小康社会、推进农业农村现代化、人民共享改革发展成果的重要支撑，全力消除制约农村发展的交通瓶颈，为广大农民脱贫致富奔小康提供坚实保障。坚持"四个优先"，即扶贫项目优先安排，扶贫资金优先保障，扶贫工作优先对接，扶贫措施优先落实，以超常规的举措和力度推进交通扶贫。

党的十八大以来，我国共安排车购税资金超过 1.46 万亿元，支持贫困地区公路建设，带动了全社会投资超过 5.13 万亿元；"十三五"期间，我国共安排了车购税资金 2476 亿元，支持"三区三州"的交通建设，约占同期交通扶贫投入的 30%。贫困地区"外通内联、通村畅乡、客车到村、安全便捷"的交通基础设施网络和服务体系基本形成，解决了出行难的问题。具体来看，党的十八大以来，我国新改建农村公路 208.6 万千米，其中贫困地区达到 110 万千米，实现了具备条件的乡镇和建制村全部通硬化路；打通了大动脉，贫困地区的县城基本实现了二级及以上公路覆盖；畅通了微循环，实现了具备条件的乡镇、建制村全部通客车、通邮政；打通了致富路，交通带动了特色产业、特色小镇蓬勃发展，增加了贫困地区造血功能。

3. 大力发展绿色交通

交通运输生态文明制度体系日益完善，节能降碳取得实效，环境友好程度不断增加。

党的十八大以来，我国积极贯彻绿色发展理念，坚持人与自然和谐共生，大力发展绿色交通，在能耗排放上做减法、在经济发展上做加法。

1）全面推进节能减排

严格实施能源消费总量和强度双控制度，着力提升交通运输综合效能。截至 2021 年年底，全国铁路电气化比例达到 73.3%，新能源公交车超过 70.94 万辆，新能源汽车保有量达 784 万辆。

2）强化资源集约、节约利用

推动交通资源利用方式由粗放型向集约型、节约型转变。高度重视和推进快递包装的绿色化、减量化、资源化、可循环，大力推进可循环中转袋替代一次性塑料编织袋，电子面单使用率达 98%。

3）强化大气与水污染防治

在沿海和长江干线等水域设立船舶大气污染物排放控制区，推动船舶使用清洁能源和加装尾气污染治理装备。加快老旧、高能耗、高排放营运车辆、施工机械淘汰更新，实施机动车排放检测与强制维护制度。

4）加大生态保护与修复力度

在建设中实行避让—保护—修复模式，推进生态选线选址，强化生态环保设计。推进长江非法码头、非法采砂整治。

1.2 智能网联汽车与智能网联设施

在智能网联汽车发展战略上，全世界呈现两条技术路线：

（1）美国主导的"单车感知"自动驾驶方案，正所谓聪明的车。

（2）中国引领的"网联感知"自动驾驶方案，也就是聪明的车+智慧的路。

两者的主要区别是：单车感知不依赖外界环境的额外传感单元部署，主要依靠车辆自身装配的感知系统进行车身周围环境信息的获取；而网联感知需要借助在路侧安装额外的传感器、通信单元，以实现降低车身感知、计算能力的技术与成本需求，拓展车辆的感知范围和精度，实现智能网联汽车与智能网联设施深度融合、协同发展。

1.2.1 智能车路协同科学研究路线

1.2.1.1 智能车路协同理念创新

新交通模式在新需求、新理念、新技术、新运具和新环境等方面有新的变化，新交通模式的车路协同理念要求如下：

（1）新需求。新冠肺炎疫情对人的出行产生了重大影响，以往的依赖大容量公共交通系统的出行模式受到了挑战，疫情严重期间许多人更愿意选择私人交通模式，特别是对于短途交通而言，步行和自行车的交通出行方式成了人们的首选。因此，新的形势需要交通运输系统具备弹性，能够适应各种情况的需求。

（2）新理念。交通运输发展的主要目标是提供安全、便捷、高效、绿色和经济的服务。随着人类社会的发展，环境污染的日益严重，可持续、绿色发展的理念将逐步成为新交通发展的理念。交通运输需要融合陆、海、空、铁、管道等各种运输方式，形成无缝连接的多式联运体系，发挥各种运输方式的长处，形成总体效率最大化。此外，随着中国城镇化进程的不断推进，城乡交通一体化发展、交通服务均等化等理念也不断被提到更加重要的位置。

（3）新技术。近年来科技发展不断加速，物联网、云（边缘）计算、大数据、数字交通、5G移动通信、人工智能等领域都有长足进步。特别是大数据技术对广泛布设的传感器采集的数据进行分析，为交通管理、科学决策提供了依据；5G网络的广泛布设为交通相关的通信搭建了良好的基础;人工智能迅速发展,机器学习取得长足进步,使得车路协同技术的推广成为可能。

(4)新运具。自行车和电动自行车在中国的普及率一直比较高,各个城市已经认识到自行车和电动自行车在解决"最后一公里"出行中的作用,开始制定政策和法规,将自行车和电动自行车纳入统一管理。另外,电动踏板车在英国和欧美一些国家已经逐步合法化上路,中国城市里也可见到电动踏板车的踪影,且已纳入监管。智能网联汽车在不同领域开始进入应用阶段,自动驾驶汽车在封闭的作业环境,如港口、矿山开始应用;自动驾驶出租汽车(带安全员)已经在部分城市的示范区开始试运行。中国时速 600 千米的磁浮列车成功试跑,已经着手进行广州到深圳段建设。超级高铁和火箭船等超前交通运载工具也在研发。

(5)新环境。新冠肺炎疫情期间,一些城市将定制公交进行改进,形成弹性公交的模式,为接送职工上下班提供了定制的公共交通服务。公共交通是解决大城市交通问题的根本出路,在新冠肺炎疫情威胁得到彻底消除之前,公共交通和疫情防控是需要持续关注的课题。以自行车、电动自行车、电动踏板车等微型交通工具形成的短距离微交通是全球受人青睐的交通方式。

1.2.1.2 智能车路协同国内外研究路线

智能车路协同管控是实现交通行为管理与诱导、智能车载终端、智能路侧设施、5G 等通信网络、智能车路协同平台"五位一体"架构设计的新探索,具有交通要素的实时化和信息化,海量信息的简明化和精准化,用户参与的主动化和协同化,服务组织的柔性化和绿色化等特点,在国内外交通运输行业监管、产业化等方面得到了高度重视与快速发展,是构建新一代智能交通体系架构设计的核心要素支撑。

(1)要素人:关注自动驾驶汽车算法、驾驶员、行人的人因工程行为管理与诱导系统。

(2)要素车:重构智能汽车电子与电气系统结构、智能车载终端系统。

(3)要素路:交通设施数字化转型新基建,智能路侧设施系统。

(4)要素环境:智能车路协同推演平台,交通大数据云计算平台,数据、业务、AI 边缘计算中台,区域交通和城市交通管理与控制决策可视化推演系统。

面对新一代智能交通系统体系架构,目前国内外主要沿着以下 3 条技术路线开展科学研究。

(1)第一条技术路线是人(智慧出行即服务)+环境(智能车路协同推演平台);

(2)第二条技术路线是车(智能网联汽车)+环境(智能车路协同推演平台);

(3)第三条技术路线是路(智能网联设施)+环境(智能车路协同推演平台)。

智能车路协同是一种交互,这种交互能够让交通参与方的意图得到非常精准的诠释,

智能网联汽车 V2X 与智能网联设施 I2X

不会只是靠猜测这辆车要发生什么样的行为，而是能够准确地实现全息感知，因此可做出准确的判断。除了交互能力，智能车路协同还能大幅增强智能网联汽车的感知能力。高清视频、毫米波雷达、激光雷达等传感器除了装在车上，还可以装在路灯杆上；车端、路端同时感知，则盲区最大化减少，可以提前预警视野之外的碰撞。

智能网联设施路端能够为智能网联汽车提供足够的决策依据甚至指令，使智能网联汽车本身发展的复杂度大大降低，成本也会大大降低。除了车端和路端的感知和通信设施，交通运输部门也在规划对道路本身进行数字化、智能化改造，以适应自动驾驶的需要。新一代智能交通体系架构如图 1-1 所示。

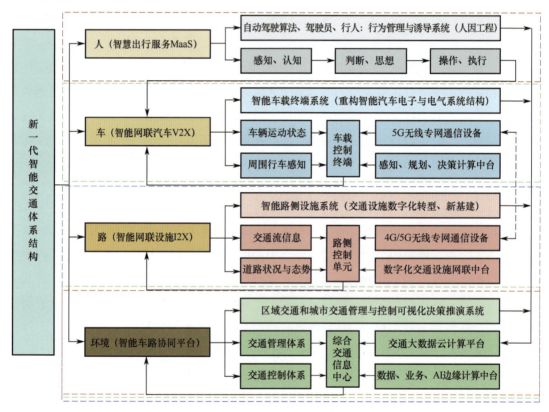

图 1-1 新一代智能交通体系架构

伴随着技术的演进发展，汽车正在向高性能、新能源、自动驾驶等更高领域发展，道路交通基础设施也经历了低等级公路、高速公路、数字化、智能化的演化进程，而绿色可持续、数字化、智能化已经成为人、车、路协同发展的共同目标。

1.2.1.3　新一代智能交通体系架构中的关键技术

2020 年 8 月 15 日，中国科协发布了 10 个对科学发展具有导向作用的科学问题，其中第 6 个就是"数字交通基础设施如何推动自动驾驶与车路协同发展"；同时也发布了 10 个对技术和产业具有关键作用的工程难题,其中第 7 个就是"无人车如何实现在卫星不可用条件下的高精度智能导航"。

智能网联汽车 V2X 领域中智能车载系统关键技术,智能网联设施 I2X 领域中智能路侧设施系统关键技术,智能车路协同管控平台领域中车-车、车-路协同信息交互技术和单车智能技术有很大的交集,但是对路面的全息感知还需要与路侧单元对路面的感知融合起来。

总之,符合完全自动驾驶需要的"智能汽车+智能化道路+智能车路协同"才刚刚开始。这些关键技术也正是未来构建新一代智能交通系统体系的核心支撑技术。新一代智能交通系统体系架构中的关键技术如图 1-2 所示。

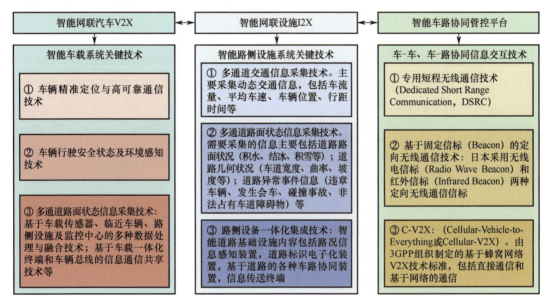

图 1-2　新一代智能交通系统体系架构中的关键技术

1.2.1.4　全球无人驾驶汽车市场格局与规划

从国际自动驾驶产业总体发展情况看,美国、德国全面领先,处于第一梯队,引领国际产业前沿。其中,美国以创新生态为引领,以科技进步为导向,处于全面领先地位;德国以大型车企为引领,整合全球资源,以全面商用为目标,处于战略高位。两者发展水平远远领先于日本、韩国、中国、英国等国家。

根据主要发达国家政府、汽车制造企业及互联网企业的计划或愿景,2020 年是自动驾驶汽车实用化的一个关键时间节点。美国、日本和欧洲诸多企业都不约而同地将 2020 年定为自动驾驶实用化年份。

1.2.1.5　全球无人驾驶汽车政策与规划对比

目前,除美国已经发布了比较完整的自动驾驶汽车法规外,其他国家对于自动驾驶、

智能网联汽车 V2X 与智能网联设施 I2X

智能网联相关政策标准的制定仍在进行当中。整体来看，各国在相关法规标准的制定上无外乎这几点：定义、分级、技术开发、汽车制造及各项安全法规和道路交通规则等，涵盖智能网联汽车发展的各个方面，这也决定了智能网联汽车发展必然是一个漫长的过程。

1. 美国

自 2010 年以来，美国在联邦层面出台了多个支持自动驾驶技术的战略性文件，并在各州积极进行立法，推动无人驾驶上路测试及相关工作。

1）联邦层面政策法规

美国高速公路交通安全管理局（NHTSA）于 2013 年发布了《对智能网联汽车管制政策的初步意见》，支持自动驾驶技术发展和推广，要求参与智能网联汽车测试的驾驶人应具有安全控制车辆的能力，企业应确保测试对其他道路使用者的安全风险降至最低，智能网联汽车由自动驾驶模式转换到人工驾驶模式的过程安全、简单、及时。NHTSA 不建议各州立法允许超出测试用途的智能网联汽车上路行驶。NHTSA 于 2016 年 1 月对自动驾驶技术的态度发生转变，提出"完全自动驾驶汽车在未来实现广泛部署将是可行的"。为进一步鼓励自动驾驶产业发展，美国交通运输部（DOT）于 2016 年 9 月发布了专门针对智能网联汽车的"联邦自动驾驶汽车政策"，认为此政策将"为自动驾驶安全部署提供政策框架，从而有效利用技术变革带来的优势"。

新政策主要包括 4 部分内容：

第一部分为"安全评估"，提出了供自动驾驶汽车设计、测试和应用的重点措施。

第二部分为"州政策样板"，涵盖了联邦与州在高度自动驾驶汽车监管方面的分歧与协调措施。

第三部分与第四部分均为"监管工具"，首先点明了 NHTSA 如何确保新技术应用的安全性，其次明确了"现代监管工具"的重要性，认为政策制定者应促进挽救生命的各项技术在智能网联汽车上的应用。

新政策发布后，NHTSA 发布了进一步细化新政策的执行文件，并特别指出，若出现自动驾驶系统危险情况下导致司机无法重新控制车辆的风险，NHTSA 将进行强制性召回处理。

2）州层面政策法规

美国一般由各州政府自行制定允许自动驾驶汽车测试及上路的法案规定，内华达州、加利福尼亚州、密歇根州、路易斯安那州、华盛顿特区等已纷纷出台相关法规。但是，绝大多数州政府依然不允许自动驾驶汽车上路行使，甚至开展上路测试。为避免各州因监管政策不一而阻碍自动驾驶技术应用和推广，美国监管部门于 2016 年 9 月发布联邦层级的新规，旨在明确联邦政府与各州政府在自动驾驶监管方面的权限和规则。

美国引入了 9 个州自动驾驶汽车的上路测试立法（分别为加利福尼亚州、佛罗里达州、密歇根州、内华达州、北达科他州、田纳西州、犹他州、华盛顿特区、亚利桑那州，其中，亚利桑那州以行政命令形式发布）的 16 部法案及行政命令已正式生效。

第一，允许智能网联汽车接入公共道路进行测试，简化智能网联汽车测试许可程序。美国通过智能网联汽车立法及提出智能网联汽车立法草案的州，其法案基本都包括了自动驾驶相关技术定义，并允许汽车企业在州内高速公路及公共道路进行测试。从测试许可要求来看，内华达州进一步明确了许可条件，简化了许可流程。该州颁发的测试许可证有地理类型和环境类型的划分，企业仅可在许可证允许的类型下进行相关测试工作。在企业希望扩大测试许可证范围时，仅需提供新的类型下的测试证明，无须进行额外 1 万千米的运行里程证明及其他测试经验证明。

第二，明确车辆原始制造商与自动驾驶技术提供商的责任。佛罗里达州、密歇根州自动驾驶立法均规定了车辆在被第三方改造为智能网联汽车后，车辆的原始制造商不对智能网联汽车的缺陷负责，除非有证据证明车辆在被改造为智能网联汽车前就已存在缺陷。

第三，开展完全无人驾驶等前瞻性领域立法。在推出自动驾驶测试规定的基础上，加利福尼亚州议会于 2016 年 1 月审议通过法案，授权 Contra Costa 运输管理机构实施完全无人驾驶汽车的试点项目，测试完全无人驾驶汽车。

佛罗里达州和密歇根州也分别于 2016 年 4 月和 9 月通过新的法案，删除了智能网联汽车中必须有驾驶员的规定，但要求研究人员在必要时能够迅速远程接管对车辆的控制，或者汽车自身必须能够停车或减速。

2. 德国

德国作为大众、戴姆勒和宝马等多家全球知名汽车厂商的发源地，也是世界上较早重视自动驾驶汽车并对其进行测试实验的国家之一。早在 2013 年，德国就允许博世的自动驾驶技术在德国国内进行上路测试，之后又有梅赛德斯-奔驰等公司相继得到德国政府批准，在德国高速公路、城市交通和乡间道路等多环境开展自动驾驶汽车的实地测试。2017 年 5 月，德国联邦参议院通过了首个自动驾驶相关法律，允许自动驾驶在特定条件下代替人类驾驶。

根据该法律要求，在德国公共道路上进行测试的自动驾驶汽车必须保留方向盘、油门和刹车等配置，还需全程有驾驶员坐于方向盘前，以便在紧急情况下能够第一时间接管操控。该法律还要求，进行公共道路测试的自动驾驶汽车必须装备类似飞机"黑匣子"的设备，用于记录测试过程中进行的全部操作数据。一旦发生事故，通过读取数据即可明晰交通事故责任。如果是在驾驶员驾驶的情况下发生事故，则由驾驶员承担交通事故责任；如果是自动驾驶系统原因引发的事故，则由汽车制造商承担责任。

3．英国

2015 年，英国政府创建了联网和智能网联汽车中心（Centre for Connected and Autonomous Vehicles），并且英国在格林威治（Greenwich）、布里斯托尔（Bristol）、考文垂（Coventry）和米尔顿凯恩斯（Milton Keynes）分 4 项进行了总价值达 3200 万英镑（包括 1900 万英镑政府拨款）的"无人驾驶车"试验项目。

2016 年 3 月，英国政府提出计划于 2017 年开始在高速公路上测试无人驾驶汽车。2016 年 7 月，英国商务部和运输部大臣公开表示，该国将清除束缚自动驾驶车的法规，其中包括交通规则，以及驾驶员必须遵守的政策法规。同时，英国政府还指出，高速交通法律法规将得到适当的修改，以确保在高速公路上改变车道、远程遥控停泊车辆的先进的驾驶辅助系统被安全使用。

英国正在就保险条例和汽车法规等方面进行各方商讨修订，以期实现自动驾驶汽车的上路行驶。而自动驾驶商业运作方面，英国 Adrian Flux 已经率先推出了针对自动驾驶汽车的保险政策，里面包含了多条自动驾驶汽车专属的保险条款。

4．日本

早在 2015 年 10 月，日本政府就酝酿针对自动驾驶汽车启动立法。

2016 年上半年，日本经济贸易产业省成立了一个研究小组，决定联手车企在地图、通信、人类工程学及其他领域开展合作，以实现到 2020 年在公共道路上测试自动驾驶汽车。

2016 年 5 月，日本已经制定了自动驾驶普及路线图，表明自动驾驶汽车（有司机）已在 2020 年允许上高速公路行驶。

法规方面，日本将放宽无人驾驶汽车与无人机的相关法律法规，于 2017 年允许纯自动驾驶汽车进行道路测试。

针对自动驾驶汽车引发事故的责任所属问题，日本警视厅已经开始进行法律层面的探讨，同时日本政府已修订《道路交通安全法》和《道路运输车辆法》等相关法规。

关于自动驾驶汽车发生事故的赔偿机制，日本的东京海上自卫队的火灾保险已经明确，从 2017 年 4 月起，把自动驾驶期间的交通事故列入汽车保险的赔付对象。

5．韩国

为推动自动驾驶汽车商用化，早在 2015 年，韩国政府就计划为自动驾驶汽车划定试运行特别区域，并在 2017 年开通专用试验道路，以及允许自动驾驶汽车在试验阶段搭载自动调向装置，同时计划制定相关零部件测试标准，开发专用保险商品。

2016 年 11 月，韩国相关道路交通法规的修订已经正式开始实施，修订后的新法规允许自动驾驶汽车在韩国范围内的公路上进行测试，已经有 8 辆自动驾驶汽车通过韩国交通运输部登记，获准在特定条件下上路测试。

6．新加坡

新加坡是一个在政策上对无人驾驶技术非常友好的国家，2015 年新加坡已允许无人驾驶车在允许范围内进行测试，同时新加坡也测试自动驾驶公交车，并计划开始试点自动驾驶轮椅项目。

2016 年 8 月，世界首个无人驾驶出租车 NuTonomy 在新加坡正式开始营运载客，乘客可以用智能手机免费预约体验。

7．法国

2014 年 2 月，法国公布了无人驾驶汽车发展路线图，计划投资 1 亿欧元进行无人驾驶汽车实地测试。

2016 年，法国政府实现了全国数千千米的道路联网，并推动道路交通法律法规的修订，以满足无人驾驶汽车上路的要求，并且向全球汽车生产商开放道路进行无人车试验。

2016 年 8 月，法国政府正式批准外国汽车制造商在公路上测试自动驾驶汽车，在此之前，法国政府只允许本土汽车公司在道路上测试自动驾驶系统技术。

8．荷兰

2014 年，荷兰就开始审议交通法律，以便在公路上开展大规模的自动驾驶卡车测试，从而让自动驾驶卡车在荷兰公路上送货。

2016 年 1 月，全球首辆自动驾驶摆渡车在荷兰上路，使荷兰成为第一个自动驾驶巴士上路的国家。

2016 年 7 月，奔驰自动驾驶大巴在荷兰上路测试，该大巴成功完成了 20 千米的行驶路程，创下新的测试纪录。而对于备受争议的特斯拉的 Autopilot 半自动驾驶系统，2016 年 7 月，荷兰政府认可了其安全性，允许其作为辅助驾驶系统使用。

9．瑞典

瑞典有关自动驾驶公共道路测试规范初稿已经于 2016 年 3 月完稿，进入政府审议和议会审议过程，2017 年生效，适用于各个自动驾驶水平的车辆，包括半自动驾驶、高度自动驾驶及完全智能网联汽车。在法律方面，在自动驾驶公共道路测试上瑞典已经有比较完善的法规，即自动驾驶汽车在瑞典上路测试需先获得测试许可，才能进行公共道路测试，测试单位必须递交公共道路申请，提出有可能的安全隐患，并且确保测试数据采集和保存符合国际相关法规要求，个人隐私信息受到保护。瑞典交通局负责监管所有智能网联汽车的公共道路测试。此外，瑞典国会已经启动了自动驾驶相关法律分析工作，2017 年修改国会

智能网联汽车 V2X 与智能网联设施 I2X

审议案，确保 2020 年自动驾驶汽车合法销售和使用。

10．芬兰

2016 年 7 月 15 日，芬兰交通安全局批准了无人驾驶公交车在芬兰上路，因为芬兰法律并没有特别要求机动车必须有驾驶员，这就为无人驾驶车合法上路扫除了障碍。

1.2.1.6 中国智能网联汽车的机遇与挑战

面对国内外智能网联汽车产业化的政策与规划，中国智能网联汽车产业化仍要把握机遇、迎接挑战。中国不仅要提出智能网联汽车的"网联感知"技术路线，还需要智能网联汽车与智能网联设施车路协同发展，同时要解决以下问题。

1．智能网联汽车相关标准与法规有待健全

中国智能网联汽车相关标准尚处于建设初期，标准体系与核心产品标准并不健全，需要完善智能网联汽车中国路线的相关标准，如《智能网联设施标准》等；标准制定权分散在交通、通信等多个部门，难以满足智能网联汽车快速发展的需求。

中国相关法律法规尚未针对自动驾驶汽车做出调整，《道路交通安全法》《公路法》《保险法》等都不涉及自动驾驶方面的内容，《网络安全法》《测绘法》《标准化法》等都存在不适应自动驾驶技术产业化的规定，自动驾驶汽车上高速公路测试等受法规限制。

2．产业链不完整，核心技术积累不足

智能网联汽车芯片、操作系统、计算平台等产业链核心环节缺失，高性能传感器、线控底盘、汽车 AI 等领域核心技术积累不足，研发投入比例偏低。在乘用车方面，整车企业相继发布具备高级辅助驾驶功能的车型，但自主集成能力弱，辅助驾驶配置多来源于国外供应商；在商用车领域，国标强制安装自动紧急制动（AEB）、车道偏离警告（LDW）等辅助驾驶安全系统，拉动高级驾驶辅助系统（ADAS）市场渗透率提升，但辅助驾驶配置的技术水平良莠不齐。

3．智能路网设施建设投资大、周期长

智能网联汽车需要人、车、路、云、网、图互联与协同发展，道路基础设施是网联化的重要基础，需要建设智能化基础设施网络、无线通信网络、高精度位置服务网络等各种基础设施网络。道路基础设施的智能化改造需要跨部门协调与跨产业协同，建设投资大、周期长，投资主体不明确，没有形成有效的商业模式，影响了建设进度。

4．商业模式不清晰、产业生态不健全

智能网联汽车如何运营还有一系列问题需要突破；高精度地图数据采集与应用的商业

模式不清晰；智能网联汽车测试场地存在建设投入高、利用率低、收入模式单一等问题；智能网联设施建设投入产出比不明确，影响投资者的积极性。

5. 社会对智能网联汽车的接受度需要检验

交通运输部计划 2025 年前实现营运车辆智能网联运行，无论是在城市交通领域，还是在区域交通领域，智能网联汽车的大规模应用将会带来深刻的社会结构改变，由此产生的伦理道德讨论、人因工程、社会安全、失业问题等将长期伴随智能网联汽车的发展，需要寻找有效的办法予以解决。

1.2.2 国内外智能网联汽车的启示

1.2.2.1 国内外智能网联汽车与智能网联设施分级

1. 美国对智能网联汽车的分级标准

美国汽车工程师学会（SAE）于 2014 年发布了自动驾驶汽车分级标准并被美国交通运输部采用，分为从无自动化至全自动化共 6 个等级。2018 年 12 月，该分级更新至 J3016™ 驾驶自动化等级。新标准变动较小，保留了各级别命名、编号、功能差异及起辅助作用的相关术语，同时做了术语、适用范围、低级别明确区分的优化。在 L0～L5 级中，L0～L2 级需要驾驶员处于驾驶状态，并时刻观察各种情况；L3～L5 级仅需要驾驶员坐在驾驶座上，其中 L3 级需要驾驶者必要时接管车辆。其具体区别如下：

（1）L0 级可支持自动紧急制动、视觉盲点提醒、车身稳定系统；

（2）L1 级具有车道偏离修正或自适应巡航功能；

（3）L2 级具有车道偏离修正和自适应巡航功能；

（4）L3、L4 级即为自动驾驶技术可以在有限制的条件下驾驶车辆，如 L3 级可在交通拥堵的情况下自动驾驶车辆；

（5）L4 级无须安装踏板、转向盘等装置；

（6）L5 级与 L4 级相似但可以在任何条件下进行车辆自动驾驶。

近年来，盲点监控、自适应巡航控制、车道偏离警告和自动紧急制动等新技术，提升了汽车的安全性。而自动驾驶汽车终将改变地面交通状况，改善交通安全情况。

2. 日本对智能网联汽车的分级标准

日本延续了美国的智能网联汽车的分级标准。2020 年 5 月 12 日，日本自动驾驶商业化研究会发布了 4.0 版《实现自动驾驶的相关报告和方案》。

（1）自动驾驶服务的实现和普及路线图：日本政府预计在 2022 年前后，能够在有限区域内实现只需远程监控的自动驾驶服务，到 2025 年，将这种自动驾驶服务扩大至 40 个区

智能网联汽车 V2X 与智能网联设施 I2X

域。这 40 个拟运行的区域，按照分类包含封闭空间、限定空间、机动车专用空间、交通基建适配化空间和混杂空间。日本规划中的 L4 级别车辆在运行时也有一定限制条件，如接受远程监控，车内仍留有乘务员看守，低、中、高速度限制等。要实现这些目标，不仅要考虑技术的发展，还要考虑制度制定、基础设施、成本等多方面的问题。该路线图将与公共和私营部门的利益相关方分享，共同实现路线图的目标。

（2）先进自动驾驶技术的测试验证：日本政府在 2020 年已实现无人自动驾驶服务，并实现了卡车在高速公路上的自动驾驶列队跟驰技术。

（3）政府部门与相关企业的合作：日本政府在与相关企业的合作方面，从地图建设、安全评价、企业协作 3 个方面设定技术计划。

3. 欧盟对智能网联汽车的分级标准

欧洲的道路交通咨询委员会 ERTRAC 每两年发布一个自动驾驶开发路线图，在其 2019 年发布的版本中，自动驾驶基础设施分级（ISAD）分为 A～E 共 5 个等级。其中 A～C 级为数字化基础设施：A 级为通过协同决策实现自动驾驶，B 级为协同感知，C 级为动态数字信息；D～E 级为便利基础设施，D 级仅能支持数字地图，E 级则无法支持。该版本还定义了智能网联汽车开发路径的 L0～L5 共 6 个等级：

（1）L0 级无自动驾驶，提供部分的警告功能；

（2）L1 级驾驶辅助，驾驶员监控驾驶环境，驾驶员和自动驾驶系统共同执行车辆的加减速和转向动作，动态驾驶任务的反馈主要由驾驶员完成；

（3）L2 级部分自动驾驶，主要由驾驶员监控驾驶环境，自动驾驶系统通过驾驶环境信息的判断执行加减速和转向动作，动态驾驶任务的反馈主要由驾驶员完成；

（4）L3 级有条件自动驾驶，监控驾驶环境的主体为自动驾驶系统，同时自动驾驶系统完成加减速及转向等驾驶操作，动态驾驶任务的反馈主要由驾驶员完成，根据自动驾驶系统的请求，驾驶员需提供适当的干预；

（5）L4 级高度自动驾驶，由自动驾驶系统监控驾驶环境完成驾驶操作，特定环境下自动驾驶系统会向驾驶员提出响应请求，驾驶员可以不进行响应；

（6）L5 级完全自动驾驶，在所有的驾驶模式下，包括监控驾驶环境、执行驾驶操作、对动态驾驶任务进行反应等均由自动驾驶系统负责。

4. 中国对智能网联汽车与智能网联设施的分级标准

2019 年 8 月，工业和信息化部（以下简称工信部）在官方网站上发布了《汽车驾驶自动化分级推荐性国家标准报批公示》，以期就《汽车驾驶自动化分级（报批稿）》向社会各界征求意见。在此之前，各自动驾驶相关企业主要以美国汽车工程师学会（SAE）的自动驾驶 6 个等级划分作为参考标准，所以这也就意味着中国将正式拥有自己的自动驾驶汽车分级标准。

《汽车驾驶自动化分级》以 5 个要素为主要依据，将自动驾驶汽车划分为 L0 级没有自动化、L1 级辅助自动化、L2 级部分自动化、L3 级条件自动化、L4 级高度自动化、L5 级完全自动化 6 个不同的等级。和 SAE 分级标准相比，两者在整体分级思路和分级划分标准上大体一致，且都把汽车的自动化程度划分为 6 个不同的等级。对每一等级自动驾驶汽车的具体界定，两种标准也大体相同，仅在某些方面存在一些区别。其中，中国版分级标准针对 L0 级至 L2 级自动驾驶，规定"目标和事件探测与响应"（监测路况并做出反应）由驾驶员及自动驾驶系统共同完成。而在 SAE 分级标准下，L0 级至 L2 级自动驾驶汽车的 OEDR（目标和事件检测，以及决策任务）则全部由驾驶员完成。对于自动驾驶的发展来说，国家标准的出台是自动驾驶技术实现大规模应用落地的关键前置条件，明确的标准有助于各类企业更有针对性地开展研发和技术部署的工作，进而促进各类自动驾驶汽车的量产与落地进程。

自动驾驶汽车为未来的出行提供了很多便利，如减少交通拥堵、减少尾气排放、减少停车的烦恼、降低运输成本等，也将为老年人和残疾人的出行带来便利。5 种自动驾驶级别与划分要素如下。

1）L0 级没有自动化

在这个级别上，驾驶员执行所有的操作任务，如转向、制动、加速或减速等。

2）L1 级辅助自动化

在这个级别上，车辆可以辅助一些功能，但驾驶员仍然可以执行加速、制动和周围环境的监测。

3）L2 级部分自动化

大多数汽车制造商目前都在开发这种级别的汽车，在这个级别上，汽车可以辅助转向或加速功能，并允许驾驶员从他们的一些任务中解脱出来。驾驶员必须随时准备好控制车辆，并且仍然负责大多数安全关键功能和所有环境监测。

4）L3 级条件自动化

从L2级到L3级及以上的最大飞跃是，从L3级开始，车辆本身控制着对环境的所有监测（使用像激光雷达这样的传感器）。驾驶员的注意力在这个水平上仍然很重要，但可以脱离制动等安全关键功能，在条件安全的情况下将其交给自动驾驶系统处理。许多当前的L3级车辆在车速低于 37 英里[①]/时的道路上行驶不需要人的关注。

---

① 1 英里=1609.344 米。

智能网联汽车 V2X 与智能网联设施 I2X

5）L4 级高度自动化

在 L4 级和 L5 级，车辆能够转向、制动、加速、减速、监控车辆和道路环境及响应事件，确定何时变道、转弯和使用信号。在 L4 级，自动驾驶系统将首先在条件安全时通知驾驶员，然后驾驶员才将车辆切换到该模式。它无法在更为动态的驾驶情况（如交通堵塞或并入高速公路）之间做出判断。

6）L5 级完全自动化

这种程度的自动驾驶绝对不需要人的关注。驾驶员无须踩油门、刹车或握方向盘，因为自动驾驶系统控制所有的关键任务、监测环境和识别独特的驾驶条件，如交通堵塞。

实际上，无论是 SAE 标准，还是《汽车驾驶自动化分级》，都是通过把汽车的自动化程度拆解为几项指标，并根据各项指标上的具体表现（是否满足该指标要求）对汽车的自动化级别进行判断，进而最终完成对自动驾驶汽车的级别界定。根据《汽车驾驶自动化分级》，汽车的自动驾驶等级将主要基于以下 5 个要素进行划分：

第一，自动驾驶系统是否持续执行动态驾驶任务中的车辆横向或纵向运动控制，即自动驾驶系统能否控制汽车转向或加减速。

第二，自动驾驶系统是否同时持续执行动态驾驶任务中的车辆横向和纵向运动控制，即自动驾驶系统能否同时对汽车的方向和加减速进行控制。

第三，自动驾驶系统是否持续执行动态驾驶任务中的目标和事件探测与响应，这一点可理解为自动驾驶系统是不是能够观测路况并根据路况做出相应的反应。

第四，自动驾驶系统是否执行动态驾驶接管任务，即当汽车出现故障或问题时，是否由自动驾驶系统接管并负责驾驶汽车。

第五，自动驾驶系统是否存在设计运行条件限制，即自动驾驶系统的工作条件是否有限制。

《汽车驾驶自动化分级》将汽车的自动化等级具体划分成 L0 级至 L5 级共 6 个等级。属于不同等级的自动驾驶汽车在可实现的驾驶功能、汽车驾驶任务的执行者和工作条件几个方面存在差异。

L1 级、L0 级自动驾驶车辆的自动驾驶系统虽然不能控制汽车的转向或加减速，但是具备一定的路况识别和反应能力，如能够在危险出现时提醒驾驶员。当出现故障时，汽车将由驾驶员负责接管，在驾驶员请求退出自动驾驶状态时，汽车能立即解除系统的控制权。此外，L0 级自动驾驶仅在某些条件下才能实现。按照上述规定，FCW（前部碰撞预警）和 LDW（车道偏离预警）功能都可归类于 L0 级自动驾驶。L1 级自动驾驶汽车和 L0 级自动驾驶汽车自动化程度基本一样，都属于有限制条件的自动驾驶，且当汽车出现故障时都需要驾驶员来控制车辆。不同之处在于，L1 级自动驾驶汽车的自动化系统能够在驾驶员的协助下，对车辆的方向或加减速进行控制。换言之，L1 级自动驾驶可具备 ACC（自适应巡航控制）或 LKA（车道保持辅助）功能。L3 级、L2 级自动驾驶（组合驾驶辅助）在自动驾驶系统所规定的运行条件下，车辆本身能够控制汽车的转向和加减速运动。在汽车出现故障时，驾驶员将负责执行汽车的驾驶任务。和 L1 级自动驾驶相比，L2 级自动驾驶将拥有 ICC（集成式巡航辅助功能，即同时具备自适应巡航控制功能和车道保持辅助功能）。L4 级、L3 级自动驾驶（有条件自动驾驶）汽车在自动驾驶系统所规定的运行条件下，车辆本身就能完成转向和加减速，以及路况探测和反应的任务。对于 L3 级自动驾驶汽车，驾驶员需要在系统失效或超过工作条件时对故障汽车进行接管。由此，属于 L3 级自动驾驶的汽车将有条件实现 TJP（交通拥堵辅助）功能。L4 级自动驾驶汽车仍属于有限制条件的自动驾驶，但是汽车的转向和加减速控制，路况探测和反应，以及汽车故障时的接管任务都能够由自动驾驶系统完成，不需要驾驶员参与。按照这一界定，无人出租车便属于 L4 级自动驾驶汽车。L5 级自动驾驶汽车和 L4 级自动驾驶汽车能够实现的基本功能相同，但 L5 级自动驾驶汽车不再有运行条件的限制（商业和法规因素等限制除外），同时自动驾驶系统能够独立完成所有的操作和决策。

5. 从国家层面助力自动驾驶创新发展

自动驾驶技术的研发和落地，不仅将带来汽车行业及相关产业链体系的重塑，也会给人们创造更加安全和舒适的出行方式。包括中国、美国、日本、韩国在内的全球多个国家都将自动驾驶技术作为发展智能交通系统的一个重要方向，从国家层面展开战略布局。在这种背景下发布《汽车驾驶自动化分级》国家标准可谓正当其时。国家标准的出台是自动驾驶技术实现大规模应用落地的关键前置条件，有了标准，各类企业才可以更有针对性地研发、部署技术，进而促进各类自动驾驶汽车的量产。

2019 年，中国公路学会自动驾驶工作委员会、自动驾驶标准化工作委员会发布了《智能网联道路系统分级定义与解读报告》，将交通基础设施系统分为 6 级。

1）I0（无信息化/无智能化/无自动化）

此级为传统道路信息管理方式，即交通基础设施与单个车辆系统之间无信息交互。

2）I1（初步数字化/初步智能化/初步自动化）

此级仍为传统道路信息管理方式，主要特征包括：智慧道路系统 I1 能够采集数字化交通基础设施静态数据并进行更新和存储，交通基础设施感知设备能实时获取连续空间的车辆和环境等动态数据，自动处理非结构化数据，并结合历史数据实现车辆行驶的短时、微观预测；各种类型数据之间无法有效融合，信息采集、处理和传输的时延明显；交通基础设施感知信息和预测结果可实时提供给车辆，辅助车辆自动驾驶，如提供信息服务和主动交通管理服务；交通基础设施向车辆系统进行单项传感。

智能网联汽车 V2X 与智能网联设施 I2X

3）I2（部分网联化/部分智能化/部分自动化）

交通基础设施具备复杂传感和深度预测功能，通过与车辆系统进行信息交互（包括 I2X），可以支持较高空间和时间解析度的自动化驾驶辅助和交通管理。除 I1 中具备的功能外，可以实现基础设施等静态数据在时空上的连续监测和更新；具备更高精度的车辆和环境等动态非结构化数据的检测传感功能；实现数据高度融合，信息采集、处理和传输的时延低；支持部分数据在车与车之间、车与基础设施之间的实时共享，提供深度分析和长期预测；有限场景内可以实现对智能网联汽车的接管和控制，实现限定场景的自动化驾驶和决策优化。其局限为：遇到特殊情况时，需要驾驶员接管智能网联汽车进行控制；无法从系统层面进行全局优化；主要实现驾驶辅助，需在有限场景内完成自动驾驶。

4）I3（基于交通基础设施的有条件自动驾驶/高度网联化）

高度网联化的交通基础设施可以在数毫秒内为单个智能网联汽车（自动化等级大于 L1.5 级）提供周围车辆的动态信息和控制指令，可以在包括专用车道的主要道路上实现有条件的自动化驾驶。

5）I4（基于交通基础设施的高度自动驾驶）

交通基础设施为智能网联汽车提供了详细的驾驶指令，可以在特定场景/区域（如预先设定的时空域）实现高度自动驾驶。遇到特殊情况时，由交通基础设施系统进行控制，不需要驾驶员接管。

6）I5（基于交通基础设施的完全自动驾驶）

交通基础设施可以满足所有智能网联汽车或自动驾驶汽车在不同场景下完全感知、预测、决策、控制、通信等功能，并优化部署整个交通基础设施网络，实现完全自动驾驶。完全自动驾驶所需的子系统无须在智能网联汽车设置备份系统。智能网联汽车提供全主动安全功能，遇到特殊情况时，由自动驾驶系统进行控制，不需要驾驶员参与。

1.2.2.2 美国的自动驾驶政策

2020 年 7 月 23 日，美国交通运输部发布《交通未来路径》政策建议书，指出"交通运输部的政策监管环境必须保持与快速发展的新技术同步，这样消费者才可以享有更大的安全利益，传统的被服务群体才有更多的机会使用交通。"同时，该政策建议书还提出"交通运输部将始终保持技术中立，不会在新技术中挑选商业上的赢家或输家。交通运输部欢迎有远见的人、实干家、利益相关者为解决当下交通问题提供方案。"

美国交通运输部自 2006 年起以近期、中期 5 年规划形式滚动编制 3 版计划。2006 年发布的《交通运输国家层面的新理念》的战略目标为安全、缓解拥堵、全球连通、环境管理、安全保障与准备响应和卓越。2012 年发布的《新一代交通运输》的战略目标为安全、良好维护、经济竞争力和环境可持续性。2018 年发布的《安全、设施、创新、责任》的战略目标为安全、设施、创新和责任。

美国交通运输部于 2017 年发布《超越交通 2045》（*Beyond Traffic 2045*），认为塑造未来交通要在自动时代中做出智慧、精明的抉择，为了避免最糟情景"从交通大拥堵到无解僵局"（From Gridlock to Deadlock）的出现，需要政府在客运、货运、适应性、品质和公平性方面的交通政策上做出改变。

（1）客运政策：提供基础设施承载能力，新建道路、桥梁与其他设施，高效维护现有设施，通过更好的设计与技术等组合方法有效利用现有设施。通过用地优化、远程办公与弹性工作、小型自动化车辆、收费等手段缓解交通拥堵，倡导公共交通、骑行与步行等绿色出行方式。

（2）货运政策：提高国家、地区与地方各级间的规划与协调能力，制定有效政策与投资计划以解决货运拥堵问题，鼓励以创新措施解决"最后一公里"货运配送问题。

（3）适应性政策：提高燃油效率，增加替代燃料，生产更清洁燃料，以实现运输减排。调整成本与激励措施，鼓励新发展模式，研究节能减排新技术；设计建设更具韧性的基础设施，以适应气候变化影响；避免在脆弱地点进行开发。

（4）品质政策：突破新技术、流程的规章制度障碍，研发支持新技术的基础设施并制定标准；收集、管理数据的安全系统将逐渐过渡为保护隐私的数据驱动的投资系统；支持与技术开发与应用相关的研究；高度重视安全。

（5）公平政策：优先考虑对具有紧迫需求的社区进行交通投资，确保地方社区可从中受益；协调交通与土地使用政策；为所有人提供可负担的交通服务。

智能网联汽车是指利用车载传感器、人工智能及计算机等技术接管部分或全部驾驶任务（例如，转向、制动及监视驾驶环境）的车辆。

1. 奥巴马时期的《自动驾驶政策 1.0》

《自动驾驶政策 1.0》于 2016 年 9 月 20 日由美国交通运输部颁布，正式采纳了美国汽车工程师协会的自动驾驶分级定义，适用于高度智能网联汽车（L3～L5 级），鼓励高度智能网联汽车使用智能网联技术。《自动驾驶政策 1.0》提出了一套自动驾驶设计、测试和部署的最佳实践指南，同时提出了建议各州采纳的示范性政策，确定当前联邦与州在监管自动驾驶方面的分工与协作简化审查流程，使交通运输部针对自动驾驶问题和豁免及时发布监管解释，为美国国家公路交通安全管理局确定了新的监管工具和监管结构。

2. 特朗普时期的《自动驾驶政策 2.0》与《自动驾驶政策 3.0》

《自动驾驶政策 2.0》于 2017 年 9 月 12 日由美国交通运输部颁布，呼吁行业、州和地

智能网联汽车 V2X 与智能网联设施 I2X

方政府及公众支持自动驾驶技术的部署，采纳了通过公众评论和国会听证会获得的反馈，以自愿为指导，鼓励最佳做法并优先考虑安全性。

《自动驾驶政策 3.0》于 2018 年 10 月 4 日由交通运输部颁布，其重新定义了"驾驶员"和"操作员"等术语，明确操控汽车者使用 5.9 GHz 频段，不再承认奥巴马政府认证的 10 个自动驾驶试验场，更新《统一交通控制手册》以满足自动驾驶的需求。

《自动驾驶政策 2.0》和《自动驾驶政策 3.0》要点如下：

（1）阐明了联邦政府在监管自动驾驶技术部署方面的局限性。

（2）解决自动驾驶技术对公路客货运输、公共交通、铁路、港口和船舶的影响问题，扩大交通运输部的监管范围。

（3）取代了《自动驾驶政策 1.0》中的政策。

（4）该政策整合了所有运输模式的自动化、驾驶系统 6 项自动化驾驶技术原理，具体如下。

- 各州应考虑的最佳做法；
- 以自愿行为代替强制；
- 加快国家公路交通安全管理局对豁免申请的决定；
- 提倡自动驾驶行业技术标准；
- 确立特朗普政府的《自动驾驶政策 3.0》。

3. 拜登时期的《自动驾驶政策 4.0》

《自动驾驶政策 4.0》于 2020 年 1 月 8 日在拉斯维加斯电子消费展开幕式上由美国交通运输部部长与白宫首席技术官共同发布，由美国国家科技委员会和交通运输部共同制定，总结了美国 38 个政府机构对自动驾驶技术开发和集成的相关活动。

《自动驾驶政策 4.0》涵盖的主要内容如下。

（1）美国政府自动驾驶技术原则。

① 保护用户与社区。

- 优先考虑安全性；
- 强调公共安全与网络安全；
- 确保隐私和数据安全；
- 增强出行能力与出行自由。

② 提倡有效市场。

- 保持技术中立；
- 保护美国的创新和创造力；
- 法规现代化。

③ 促进协作。
- 推广统一的标准和政策；
- 确保联邦机构间的协作；
- 改善整个运输系统的效能。

（2）美国政府为自动驾驶技术发展所做的努力。
- 先进制造；
- 人工智能与机器学习；
- 智能网联与通信频谱；
- 科学、技术、工程和数学教育；
- 科学、技术、工程和数学专业人才；
- 供应链整合；
- 量子信息科学。

（3）美国政府部门及其研究机构合作活动与机会。
① 美国政府在自动驾驶领域的协调与监管活动。
- 促进与政府的合作（与非联邦政府利益相关者的联系、联邦政府部门之间的协调）；
- 自愿共识标准和其他指导；
- 监管机构与自动驾驶；
- 税收、贸易和知识产权；
- 环境质量；
- 竞争、隐私和市场透明度。

② 美国政府为汽车领域创新者提供的资源。
- 联邦实验室、测试场与技术转让；
- 美国小企业管理局的资源；
- 美国专利商标局为发明者与企业家提供的资源；
- 其他政府资源。

4．美国《智能交通系统战略规划2020—2025》

《智能交通系统战略规划2020—2025》于2020年3月16日由美国交通运输部智能交通系统联合办公室发布，描述了愿景、任务、战略和研究目标。其涉及的领域主要包括：

- 新兴和使能技术；
- 网络安全；
- 数据访问和交换；
- 自动驾驶；

智能网联汽车 V2X 与智能网联设施 I2X

- 完整出行；
- 加速部署智能交通系统（评估、专业能力建设、架构和标准、通信）。

1.2.2.3 美国智能网联汽车现状与反思

美国车联网在政策推动、标准制定和频谱确定的背景下，在 26 个州开展试点示范，试点范围覆盖超过美国 50% 的州。典型代表是怀俄明州、纽约州、佛罗里达州的专用短程通信技术（DSRC）试点项目。与此同时，美国也开启基于蜂窝的 C-V2X 相关试点工作。

美国车联网产业发展和美国自动驾驶产业发展息息相关。网联（Connected Vehicle, CV）+自动驾驶（Automated Vehicle, AV）= 网联自动驾驶（Connected Automated Vehicle, CAV）是美国在自动驾驶领域重点打造的核心技术之一。在美国各州中，加利福尼亚州、密歇根州、俄亥俄州、佛罗里达州和亚利桑那州在网联自动驾驶方面位居前列。

盘点美国车联网产业情况，可以看到其发展中存在缺乏政策持续强力推进、标准摇摆和缺乏持续演进、试点示范规模不足、产业链协同发展不利、应用场景和商业模式探索深度不够等问题，对中国车联网产业发展有很好的借鉴作用。

1. 美国车联网政策

美国持续发布车联网相关政策。美国交通运输部于 2015 年发布《智能交通系统战略规划（2015—2019 年）》，汽车智能化和网联化是其核心内容。该规划是 2010—2014 年智能交通系统战略规划的升级版，美国智能交通系统战略已从单纯的车辆网联化，升级为汽车网联化与自动控制智能化的双重发展战略，其发展目标包括：

（1）提高车辆与道路安全性；
（2）增强交通移动性；
（3）降低环境影响；
（4）促进创新；
（5）支持交通系统信息共享。

美国交通运输部和国家公路交通安全管理局于 2016 年 9 月发布《联邦自动驾驶汽车政策指南》，规定新的自动驾驶汽车技术必须满足 15 个要点的安全评估，为自动驾驶技术提供了制度保障。美国多个州积极推进自动驾驶法规制定，已有加利福尼亚州、密歇根州、俄亥俄州、佛罗里达州、亚利桑那州、宾夕法尼亚州、弗吉尼亚州、马萨诸塞州、内华达州等及哥伦比亚特区颁布了自动驾驶法规，且各州对车企运用技术的限制做了不同规定。

美国交通运输部于 2018 年 10 月发布《自动驾驶汽车 3.0：为未来交通做准备》，基于《自动驾驶汽车 2.0：安全愿景》所提供的自愿性指南基础，支持将自动驾驶的安全、高效、可靠、经济集成到多模式跨界的地面运输系统中。其关键点包括：

第一，继续沿用 SAE 对自动驾驶汽车的分级，保持技术中立；

第二，在原有指南的基础上对自动驾驶的范围进行延伸，涵盖乘用车、商用车、公路运输和道路等交通系统；

第三，制定自动驾驶汽车开发阶段安全风险管理的概念框架，并期望交通运输部能够参与整个过程，与各方协同合作；

第四，修改特定安全标准，以适应自动驾驶汽车技术；

第五，允许自动驾驶汽车创新性设计，如方向盘、踏板、后视镜等可以不再强制安装。

2020 年 1 月，美国交通运输部发布的自动驾驶 4.0 计划，旨在确保美国在自动驾驶领域的技术领先地位。名为"自动驾驶 4.0——确保美国在自动驾驶技术方面的领导地位"的计划，由美国白宫和交通运输部共同发起。该计划将整合美国 38 个联邦部门、独立机构、委员会和总统行政办公室在自动驾驶领域的工作，为州政府和地方政府、创新者及所有利益相关者提供美国政府有关自动驾驶汽车工作的指导。

自动驾驶 4.0 计划还提出了发展自动驾驶汽车的联邦原则，主要包括 3 个核心领域：

（1）优先考虑安全性和技术保障；

（2）推动创新；

（3）确保一致的监管方法。

与此同时，自动驾驶 4.0 计划还提出了"实现自动驾驶的巨大潜力，需要行业合作伙伴、州和地方政府、学术界、非营利组织、标准制定组织和联邦政府之间的协作和信息共享。"近年来，盲点监控、自适应巡航控制、车道偏离警告和自动紧急制动等新技术，提升了汽车的安全性。而自动驾驶汽车终将改变地面交通，改善交通安全情况。

2. 美国车联网标准

全球车联网存在两大通信标准流派——专用短程通信技术（Dedicated Short Range Communications，DSRC）和基于蜂窝技术的车联网通信（Cellular Vehicle to Everything）。通过详细对比 DSRC 与 C-V2X 标准可以发现，美国 DSRC 标准由 IEEE 基于 WiFi 制定，并且获得通用、丰田、雷诺、恩智浦、AutoTalks 和 Kapsch TrafficCom 等支持。通用已经有量产车卡迪拉克 CTS 搭载 DSRC（由 Aptiv 提供系统，AutoTalks 提供模块，恩智浦提供芯片），丰田则在 2016 年就开始销售具备 DSRC 技术的皇冠和普锐斯，销量已经超过 16 万辆（由电装提供系统，瑞萨提供芯片）。

DSRC 标准化流程可以追溯至 2004 年，主要基于以下 3 套标准。

（1）标准 IEEE 802.11p：定义了汽车相关的"专用短程通信技术"的物理标准。

（2）IEEE 1609：标题为"车载环境无线接入标准系列（WAVE）"，定义了网络架构和流程。

智能网联汽车 V2X 与智能网联设施 I2X

（3）SAE J2735 和 SAE J2945：定义了消息包中携带的信息，包括来自汽车上的传感器信息，如位置、行进方向、速度和刹车信息。

美国高速公路安全管理局力推 DSRC，目标是为消费者提供安全、效率、便捷三大方面的优质服务。安全方面，中轻型车辆将避免 80% 的交通事故，重型车辆将避免 71% 的事故；效率方面，交通堵塞将减少 60%，短途运输效率将提高 70%，现有道路通行能力将提高 2～3 倍；便捷方面，停车次数将减少 30%，行车时间将降低 13%～45%，将实现降低油耗 15%。

3. 美国车联网频谱

1999 年，美国联邦通信委员会（Federal Communications Commission，FCC）为基于 IEEE 802.11p 的 ITS 业务划分了 5850～5925MHz 共计 75MHz 频率、7 个信道（每个信道 10MHz）的频率资源。其中，178 号信道（5885～5895MHz）为控制信道。每辆车都会在信道 172 中，以每秒 10～20 次的频率，交互 DSRC 基础安全信息。紧急信息则会在信道 184 中，以更高的优先级进行传播。每一条基础安全信息都包含两部分信息：第一部分信息是强制性信息，包括位置、速度、方向、角度、加速度、制动系统状态和车辆尺寸；第二部分信息是可选信息，如防抱死系统状态、历史路径、传感器数据、方向盘状态等。

4. 美国 DSRC 进展

1）整体进展

美国约有 10000 个城镇、城市、县和州购买、运营和维护交通基础设施设备。联邦政府提供资金，但不拥有任何基础设施。美国共有 35 万个交叉口，大约部署了约 5315 套 DSRC RSU，分布在 26 个州，覆盖美国 50% 以上的州，总共大约有 18000 套车载终端 OBU（包括前装设备和后装设备）。

2015 年 9 月，美国开始启动怀俄明州、纽约州、佛罗里达州的 DSRC 试点示范工作。2016 年 12 月完成第一阶段概念设计，2018 年 5 月完成第二阶段设计/建造/测试，目前已进入第三阶段运营和维护验证。

除此之外，美国网联自动驾驶开展效果最好的几个州，也在积极进行 DSRC 试点示范工作。加利福尼亚州拥有美国最大的自动驾驶试验场 GoMentum Station，其建立网联自动驾驶汽车交通信号灯实验室（CAV-SigLab），部署和维护交通信号灯机柜内部的交通信号控制器、交通冲突监控器、负载开关、基于视频探测和 DSRC/5G 技术的通信系统。

2014 年，在密歇根州建立车联网测试平台，涵盖连接底特律（Detroit）、安阿伯（Ann Arbor）、布赖顿（Brighton）和沃伦（Warren）的 94 号、96 号、696 号州际公路和美国 23 号公路走廊，全长约 125 英里，道路沿途部署超过 100 个 DSRC RSU。这条走廊贯穿了密歇根州汽车与技术发展的核心区域。

在俄亥俄州，俄亥俄州交通运输部与马里斯维尔市、本田合作，部署了世界上首个车联网全城覆盖的城市。马里斯维尔市的所有交通信号灯升级配备 DSRC，1500 辆车安装 DSRC 车载终端。另外，在 33 号公路都柏林（Dublin）和东利伯蒂（East Liberty）之间全长 35 英里的路段，同时开展网联自动驾驶汽车测试。

2）WYDOT 进展

怀俄明州沿 I-80 高速公路部署了大约 75 套 RSU、400 套 OBU，且主要部署在商用车辆，其中至少 150 辆为重型卡车，重点关注货物通过 I-80 东西走廊的高效和安全运输。

怀俄明州交通局（WYDOT）通过收集车辆数据、高速公路路况信息和天气数据，将减少 I-80 东西走廊内的恶劣天气相关事故（包括二次事故）和爆炸事故的数量，以提高安全性并减少事故延误。具体应用场景有 5 种，典型的应用场景包括现场天气影响预告（Spot Weather Impact Warning，SWIW）、工作区域的警告（Work Zone Warning，WZW）等。

WYDOT 的典型车载终端有 Onboard HMI 设备，通过该车载终端可以看到严重告警信息（例如，极端大雾天气、道路施工等）、普通告警信息（例如，雨雪天气等）、限速信息、前向碰撞预警、车辆速度信息等。

3）NYCDOT 的进展

纽约市交通局（NYCDOT）专注于通过部署 V2V 和 V2I 连接的车辆技术来提高城市中旅客和行人的安全性。NYCDOT CV 试点项目包括曼哈顿和布鲁克林区 2 个不同区域，部署了大约 353 套 RSU、8000 套 OBU。其中，曼哈顿大街（Manhattan Ave）200 套 RSU，曼哈顿路侧（Manhattan Cross）80 套 RSU，弗拉特布什大街（Flatbush Ave）30 套 RSU，罗斯福大街（FDR）8 套 RSU，机场、河流桥底、车站 36 套 RSU。OBU 包括 5850 辆安装后装车载设备（Aftermarket Safety Device）的出租车、1250 辆大都会交通管理局（MTA）公共汽车、400 辆 UPS 卡车、250 辆 NYCDOT 车队车辆、250 辆纽约市卫生部（DSNY）车辆。

纽约市交通局的项目关注在密集城市交通系统中典型的交叉口应用，会在多层次的行人、车辆、道路及商业和居民区混合使用，未来将成为在城市环境中大规模部署的典范。该项目的特色是通过车内行人警告和 V2I/I2V 检测人行横道上的行人通过情况，以减少车辆与行人的冲突，为大约 100 名视觉障碍的行人配备个人设备并提供语音告警，协助这些弱势交通使用者安全穿过信号交叉口街道。

4）坦帕市（美国佛罗里达州西部港市）测试进展

Tampa THEA 项目由坦帕-希尔斯堡高速公路管理局（THEA）牵头，旨在改善坦帕市中心的道路安全和交通拥堵状况。Tampa THEA 项目试点在区域的街道和塞尔蒙高速公路

智能网联汽车 V2X 与智能网联设施 I2X

上,部署 40 套 RSU、1620 套 OBU,大约覆盖 1600 辆汽车、10 辆公共汽车、10 辆线缆街道车和 500 名行人。Tampa THEA 项目的主要参与方包括坦帕市(COT)、佛罗里达州交通运输部(FDOT)和希尔斯堡地区区域交通运输部(HART)。

Tampa THEA 项目着力解决坦帕市中心高峰交通拥堵问题。通过上高速公路前检测和发出警告给驾驶员,来降低碰撞风险、提高通过交叉口的行人安全、提供公交信号优先权等。Tampa THEA 项目的典型车载终端有智能后视镜 HMI 设备,可显示前车紧急刹车信息、限速信息、车辆速度信息等。

5. 美国 C-V2X 进展

1)车企的选择

福特从技术、持续演进和商用 3 个角度进行评估,最终选择从 DSRC 转换成 C-V2X。从技术角度看,2018 年 4 月在华盛顿召开的 5GAA 会议上,福特发布了与大唐、高通的联合测试结果,给出 DSRC 和 LTE-V2X 实际道路测试性能。结果显示,在相同的测试环境下,通信距离在 400 米到 1200 米之间,LTE-V2X 系统的误码率明显低于 DSRC 系统,而且 LTE-V2X 的通信性能在可靠性和稳定性方面均明显优于 DSRC;从持续演进角度看,C-V2X 包含 Rel-14 LTE-V2X、Rel-15 LTE-eV2X 和向后演进的 NR-V2X,也比 DSRC 有明显优势;从商用角度看,DSRC 经过多年的测试与验证,可行性得到验证,同时网络、芯片等产业链相对成熟。但是 C-V2X 具备后发优势,5GAA 自 2016 年 9 月创立以来,已经有超过 120 家运营商、车企、芯片商、设备厂商等产业链各环节企业加入。

2019 年 3 月 26 日,福特表示计划于 2021 年在中国的福特车型中搭载 C-V2X 技术,到 2022 年在美国市场推出 C-V2X 车型。C-V2X 技术将与福特 Co-Pilot360™智行驾驶辅助系统相互协作,使车辆接收前方道路交通变化信息及预知传感器可接收范围以外的风险,从而提前发出预警,甚至可以在驾驶者未采取行动的情况下紧急制动。

总体来看,通用、丰田、雷诺、恩智浦、AutoTalks 和 Kapsch TrafficCom 等支持 DSRC 发展。福特、宝马、奥迪、戴姆勒、本田、现代、日产、沃尔沃、PSA Group、众多 Tier1、运营商移动、联通、AT&T、德国电信、KDDI、DOCOMO、Orange、Vodafone,以及华为、爱立信、大唐、高通、英特尔、三星等支持 C-V2X 演进。同时,不少企业选择二者兼顾。

2)基础设施建设情况

C-V2X 已经在加利福尼亚州圣迭戈和密歇根州底特律进行初步试验。2018 年,高通、福特、松下与科罗拉多交通运输部门(CDOT)合作,首次在科罗拉多州部署蜂窝 C-V2X。该项目的目的一方面是帮助拯救生命,因为配备此系统的车辆能够感知和识别行人、骑车人和其他连接的车辆;另一方面是帮助自动驾驶汽车优化燃油效率和整体操作体验。Kapsch TrafficCom 公司为 CDOT C-V2X 项目提供 100 套 RSU,Ficosa 提供 500 套 C-V2X OBU。

除此之外，犹他州政府也在跟进，至少还有 10 个潜在项目在立项讨论，其中包括与跨国公司/中立机构的合作。

6. 美国车联网发展反思

1）缺乏政策持续强力推进

美国希望在 2021 年达到 50%的新车安装 DSRC，2022 年达到 75%的新车安装 DSRC，2023 年开始 100%的新车安装 DSRC。目标虽然宏大，但缺乏政策强力推进。另外，美国多州积极制定自动驾驶法规，这帮助美国在自动驾驶领域取得迅速发展，但是在网联汽车方面，却出现了政策摇摆。之前美国政府大力支持 DSRC，奥巴马政府发布的提案要求车厂自 2021 年起必须逐步采用 DSRC。DSRC 因此取得先发优势，开始初期部署。一些车企及它们的芯片、软件和服务合作伙伴等也进行了大量投资。这些投资是对奥巴马政府对 DSRC 部署任务的反应，以确保及时提供大量 DSRC 设备。白宫和美国交通运输部门不会继续推进这项任务，即要求"新车配备专用的 DSRC 短程无线电设备，允许车辆发送一些数据，如汽车行驶数据、道路危险和天气条件等数据"。

美国政府对 DSRC 政策的不连续，将影响美国车联网产业的发展。因此，发展本国的车联网（V2X）产业，一定需要保持政策的连续性，持续强力推进车联网产业发展。

2）标准摇摆和缺乏持续演进

美国政府的态度是保持技术中立，让车企在 DSRC 和 C-V2X 之间自由选择。美国交通运输部门对推动 V2X 技术标准统一起到了反作用。产业界对此充满分歧，支持 DSRC 的通用和丰田，将 C-V2X 描绘成一个凶悍的"打墙洞野蛮人"形象，从频段分配等方面建议美国政府全力排斥 C-V2X。

DSRC 标准自制定以来，缺乏后续演进能力，尤其是和 C-V2X 具备清晰的向 5G 演进的能力相比。DSRC 标准组织 IEEE 意识到此问题，却直到 2018 年年底才提出了 IEEE 802.11 NGV，即 Next Generation V2X amendment（802.11bd）作为 DSRC 后续演进版本。这一标准的主要目标是提升适用范围和可靠性，并且关注对 DSRC 兼容能力的提升（NGV 可以和 DSRC 在相同频段共存，可以和 DSRC 设备通信）。但是 NGV 的相关标准制定工作才刚刚起步。美国对车联网标准的摇摆，以及 DSRC 本身缺乏后续演进能力，将制约美国车联网产业发展。因此，发展本国的车联网产业，需要旗帜鲜明地确立统一的标准，并持续投入后续标准的研究和制定工作。

3）试点示范规模不足

美国在怀俄明州、纽约州、佛罗里达州共投入联邦资金总额 4500 万美元，用于发展 DSRC。但是 DSRC 部署费用高昂，美国交通运输部估计，DSRC 要能全面使用，政府需要花费数十亿美元打造基础建设。除此之外，汽车还需装配车载设备才能使用 DSRC，美国

智能网联汽车 V2X 与智能网联设施 I2X

高速公路安全管理局预估，每辆车成本将因此增加 300 美元。

总体来看，美国 DSRC 试点示范虽然覆盖了 26 个州，但是绝大部分州只是小规模试点，政府的投入难以支撑 DSRC 进入大规模预商用阶段。因此，发展本国的车联网产业，需要政府前期有足够投入，带动产业进入良性发展轨道，让车联网试点示范真正转化出规模效应。

4）产业链协同发展不利

2019 年 4 月 26 日，丰田宣布暂停 2021 年开始为美国市场车型搭载 DSRC 的计划。而仅仅在一年前（2018 年 4 月），丰田才宣布计划在 2021 年开始在美国销售的新车上安装 DSRC。丰田做出这个决定主要基于两个方面的原因：一是没有看到其他汽车制造商做出同样的生产承诺，从而没有足够多的同盟共同建设基础设施，这将使丰田负担巨额的成本；二是 DSRC 无法获得专用的频段，无法保证技术运行的稳定性。丰田发布该声明对 DSRC 的支持者而言是一个重大打击，导致 DSRC 产业链协同发展不利。因此，发展本国的车联网产业，需要产业链各个环节协同发展，共同推进。

5）应用场景和商业模式探索深度不够

美国发展车联网最主要的诉求，是期望通过车联网解决现有交通中存在的问题。DSRC 应用场景集中在安全、效率、便捷三大方面。"在任何情况下，安全都是交通运输部的首要任务"。在美国交通运输的长期规划中，扩大公共运输的规模和效率、以卡车编队行驶为代表的新技术提升物流效率，是重要内容。但是正如在微信公众号"5G 行业应用"《5G 车联网产业发展的冷思考》一文中所提到的，车联网商业模式仍然处于设计阶段，尚需进行有效验证，主要存在用户需求不强烈、投资规模巨大、运营模式不清晰三大挑战。为了积极应对车联网商业模式上存在的挑战，需要政府和产业界共同探索。其中，可能存在的路径包括继续挖掘和深化信息服务类业务、特定商用场景先行先试、探索数据开放和运营。美国在这些方面的应用场景和商业模式探索深度不够。因此，发展本国的车联网产业，不能单纯依靠政府投资，需要产业界力量积极探索车联网可行的商业模式。

1.2.2.4 美国智能网联汽车分析和启示

本节从政策、典型试验场、典型公司 3 个方面分析美国网联自动驾驶现状，并提出对中国网联自动驾驶产业发展的启示：

（1）中国应该加强网联自动驾驶领域的综合性立法；

（2）中国自动驾驶试验场建设应该考虑"因地制宜，突出特色""多层级化，同步建设""多种场景，典型应用"；

（3）中国自动驾驶领域的科技公司和传统车企应该进行深入合作。

1. 美国自动驾驶政策

1）在国家政策层面上，美国自动驾驶政策立法走在世界的前列

美国交通运输部在 2015 年发布《智能交通系统战略规划（2015—2019 年）》；2016 年发布《联邦自动驾驶汽车政策指南》；2017 年发布《自动驾驶系统 2.0：安全愿景》；2018 年发布《自动驾驶汽车 3.0：为未来交通做准备》。美国从国家层面确定了 6 项自动驾驶原则：

- 安全作为优先考虑原则；
- 保持技术中立；
- 使规则现代化；
- 鼓励一个始终如一的监管和操作环境；
- 积极地为自动驾驶做准备；
- 保护并提升美国人所青睐的自由。

美国交通运输部正在实施 5 项核心战略：

- 让利益相关者和公众成为解决自动驾驶问题的召集人和领导者；
- 提供最佳实践和政策考量，以支持利益相关方更好地了解自动驾驶；
- 支持自愿的技术标准，通过与利益相关方及标准开发组织合作以支持技术标准和政策制定；
- 开展有针对性的技术研究，为决策提供参考；
- 规则的现代化。

在网联自动驾驶层面，美国联邦公路管理局正在进行一项研究，旨在衡量利用车联网技术实现网联自动驾驶带来自动驾驶汽车效率和安全性能的提高。而美国公路交通安全管理局提出车联网的目标是为消费者提供安全、效率、便捷三大方面的优质服务。

2）各州政策分析

除了国家层面，美国多州积极推进自动驾驶法规制定。其中，道路测试是自动驾驶汽车法律法规的核心。已有加利福尼亚州、密歇根州、俄亥俄州、佛罗里达州、亚利桑那州、宾夕法尼亚州、弗吉尼亚州、马萨诸塞州、内华达州及华盛顿州颁布了道路测试法规。按照上路测试是否需要许可，以及是否需要安全驾驶员同行这两条基本原则，可以分为三大类：

第一类采取上路许可的原则，即需要申请测试许可，但是不强制需要安全驾驶员同行；
第二类采取普遍授权的原则，即不需要申请测试许可，也不需要安全驾驶员同行；
第三类采取循序渐进的原则，即需要申请测试许可，也需要安全驾驶员同行。

内华达州是全美国第一个接纳自动驾驶的州，早在 2011 年，该州便通过了自动驾驶汽车合法化的法律，颁布了一系列的相关管理法规，其中包括自动驾驶汽车概念的界定、申

智能网联汽车 V2X 与智能网联设施 I2X

请路测的流程等,并开始接受大家对于实地测试的申请。

加利福尼亚州在 2012 年 9 月,由州长杰里·布朗签署了允许自动驾驶汽车合法上路的 SB1298 法案。在之后的几年内,加利福尼亚州车辆管理局允许测试车辆在驾驶室内不设置安全驾驶员的情况下上路。

密歇根州、佛罗里达州、宾夕法尼亚州和加利福尼亚州、内华达州类似,采取上路许可的原则。而俄亥俄州、亚利桑那州、弗吉尼亚州、华盛顿州采取普遍授权的原则,准许在州内任何公共道路上测试自动驾驶汽车,包括在驾驶室内不设置安全驾驶员;还准许传统汽车厂商及科技型公司在州中任何公共道路上开展车辆共享等商业运营服务,甚至还允许企业将自动驾驶汽车销售给用户。美国另外一些州则采取循序渐进的原则,如马萨诸塞州。

2. 美国自动驾驶典型试验场

美国有 60 多个自动驾驶试验场。2017 年 1 月 19 日,美国交通运输部指定了 10 个国家级"自动驾驶汽车试验场"。虽然美国交通运输部基于中立、客观的原则,认真考虑全美国所有州正在进行相关研究和测试活动的试验场,不会对各地的研发和测试活动进行褒贬评价,也不会特别偏向某一个或某几个自动驾驶试验场,最终在《自动驾驶汽车 3.0:为未来交通做准备》中取消了上述 10 个试验场。但是,这些试验场依旧是美国自动驾驶试验场的典型代表。这 10 个试验场是:

(1) Contra Costa Transportation Authority (CCTA) & GoMentum Station(康特拉科斯塔交通管理局,加利福尼亚州);

(2) San Diego Association of Governments(圣迭戈政府联合会,加利福尼亚州);

(3) American Center for Mobility (ACM) at Willow Run(位于 Willow Run 的美国移动中心,密歇根州);

(4) Central Florida Automated Vehicle Partners(佛罗里达州中部地区自动驾驶合作伙伴,佛罗里达州);

(5) City of Pittsburgh and the Thomas D. Larson Pennsylvania Transportation Institute(匹兹堡市和宾夕法尼亚州托马斯·D·拉尔森交通研究所,宾夕法尼亚州);

(6) Texas AV Proving Grounds Partnership(得克萨斯州自动驾驶汽车试验场合作伙伴,得克萨斯州);

(7) U.S. Army Aberdeen Test Center(美国陆军阿伯丁测试中心,马里兰州);

(8) Iowa City Area Development Group(爱荷华城市地区开发集团,艾奥瓦州);

(9) University of Wisconsin-Madison(威斯康星大学麦迪逊分校,威斯康星州);

(10) North Carolina Turnpike Authority(北卡罗来纳州收费公路管理局,北卡罗来纳州)。

3. 美国自动驾驶典型公司

DMV 评估自动驾驶技术实力较强的加利福尼亚州机车辆管理局（DMV），要求所有在该州测试自动驾驶汽车的汽车制造商、科技公司和初创公司都要提交年度报告，反映该公司当年自动驾驶行驶模式下的行驶里程、人工干预频率/车内驾驶员接管次数（Disengagements）。Disengagements 是由于系统故障或交通、天气和道路出现特殊情况，自动驾驶汽车需要脱离自动驾驶模式（接受人工干预），并交给驾驶员控制。Disengagements 可以作为间接判断自动驾驶技术好坏的标准，即技术越好，接管干预次数越少；技术越差，接管干预次数越多。2015 年，只有 7 家公司向 DMV 提交报告，涉及 71 辆车；2016 年，有 11 家公司、103 辆车；2017 年，有 19 家公司、235 辆车；到了 2018 年，有 48 家公司、496 辆车。测试里程方面也是如此，2017 年只有 815963 千米，2018 年达到 3258074 千米，增长近 300%。DMV 发布的《2018 年自动驾驶接管报告》披露了 48 家自动驾驶公司的数据，虽然不能完全说明各家公司的实力，但是可以作为参考。科技公司方面的排名是 Waymo、Zoox、Nuro、Pony.AI、Baidu、AIMotive、AutoX、Roadstar.AI、WeRide/JingChi、Aurora、Drive.ai、PlusAI、Nullmax、Phantom AI、NVIDIA、CarOne/Udelv、Qualcomm、Apple、Uber。车企方面的排名是 GM Cruise、Nissan、SF Motors、Telenav、BMW、Toyota、Honda、Mercedes Benz、SAIC。

Navigant Research 在 2019 年 3 月按照以下 10 个评分标准评估了自动驾驶企业的整体实力。

（1）愿景；

（2）进驻市场战略；

（3）合作伙伴；

（4）生产战略；

（5）技术；

（6）销售、营销和分销；

（7）产品性能；

（8）产品质量和可靠性；

（9）产品组合；

（10）持久力。

在层级象限的包括 Waymo、GM Cruise、Ford Autonomous Vehicles；在关联象限的包括 Aptiv、Intel-Mobileye、Volkswagen Group、Daimler-Bosch、Baidu、Toyota、Renault-Nissan-Mitsubishi Alliance、BMW-Intel-FCA、Volvo-Veoneer-Ericsson-Zenuity、Zoox、May Mobility、Hyundai Motor Group、Uber、NAVYA；在挑战象限的包括 Voyage、Tesla、Apple。

智能网联汽车 V2X 与智能网联设施 I2X

4．美国智能网联汽车的启示

对美国网联自动驾驶相关政策、典型试验场、典型公司的分析，对中国网联自动驾驶产业发展有相应的启示作用。

1）政策主导方面

中国自动驾驶技术发展与《公路法》《道路交通安全法》《网络安全法》《保险法》《测绘法》《民法典》等存在一定冲突。例如，《公路法》《公路安全保护条例》明确禁止将公路作为检验车辆性能的试车场地，《道路交通安全法》《道路交通安全法实施条例》明确禁止在高速公路测试车辆；《道路交通安全法》基于自然人作为驾驶主体判断交通事故责任人，不适用于自动驾驶；《道路交通安全法实施条例》《机动车交通事故责任强制保险条例》《机动车登记规定》使得自动驾驶汽车难以投保包括交强险在内的机动车保险。

2）路测规范方面

目前，中国仅北京、重庆、上海、深圳出台了自动驾驶汽车上路测试规范。因此，从美国网联自动驾驶的国家和地方政策分析得到启示，中国应该加强网联自动驾驶领域的综合性立法，使得中国的自动驾驶汽车道路测试，尤其是高速公路测试、城市道路测试、自动驾驶/远程驾驶测试、载客示范，以及商业化试运营等做到有法可依。

3）试验场方面

目前，中国各地正如火如荼地建设网联自动驾驶试点示范区和先导区，从美国网联自动驾驶典型试验场分析得到启示，中国试验场建设一定要避免一哄而上，而应重点考虑如下 3 个方面的要素。

（1）因地制宜，突出特色。

马里兰州美国陆军阿伯丁测试中心可以进行各种丘陵地形测试工作；而亚利桑那州的沙漠地区夏季炎热，可以进行高温条件下的车辆测试。中国各地试验场建设，应充分考虑因地制宜，突出各地自然条件、道路情况、交通情况。弗吉尼亚智能道路（Virginia Smart Road）已经具备制造雨、雪、冰、雾天气条件的能力。中国各地试验场建设，也应充分考虑模拟各类自然条件。

（2）多层级化。

佛罗里达州自动驾驶试验场是多层级化的典型代表，其采取高校模拟仿真测试+封闭测试场+公共交通环境三级模式。中国各地试验场建设，应充分考虑同步建设多层级化的试验场。另外，密歇根州的 MCity 与 ACM 两座试验场在功能定位上相辅相成。中国各地试验场建设，应充分考虑相互之间的协同性。

（3）多种场景。

美国交通运输部关注联运港口的自动驾驶技术等多种特定场景。除此之外，公共运输、货运物流、个人出行是网联自动驾驶技术三大典型应用。中国各地试验场建设，应充分考虑多种场景，验证各类典型应用。

4）自动驾驶公司方面

实现自动驾驶，一方面需要做算法、视觉和传感器的科技人才，以及科技公司的敏捷开发和快速迭代管理模式，另一方面也需要能解决汽车工业问题的产业人才，以及传统车企的产业链。因此，美国自动驾驶方面正在形成车企和科技公司联盟的格局。中国投入自动驾驶领域的科技公司和传统车企也应进行深入合作，加快自动驾驶落地。

1.2.3 智能汽车网联设施协同创新

当前，自动驾驶的技术瓶颈，不是感知设备的成本问题，不是获取信息的精度不够，也不是传输速度的快慢，而是人工智能算法的能力水平提升问题，即"自动驾驶大脑"还不够聪明。路侧设施只是将数据感知设备从车上转移到路侧，没有改变人工智能的自动驾驶算法的根本问题，多了一点数据也不能弥补大脑的智商不足。同时，路侧设施的建设与运营维护还存在投资不可能完成的艰巨任务，以及增加更多网络安全漏洞等难题。基于此，迫切需要通过智能车路协同管控可视化推演平台的服务能力，突破智能网联汽车的技术瓶颈。

自动驾驶的重点在于使车变得更智能，即单车智能，包括 Waymo、Tesla、Uber 等造车新势力及通用、梅赛德斯-奔驰等传统车企都是如此。车路协同实际上是人们发现单纯的智能车难以解决降低成本及确保安全等难题而选择的中国路线。从某种意义上说，自主智能驾驶不能承受之重任，必须由 V2X 来分担，车路协同既可以大幅降低成本，也可以提高效能。车路协同包括聪明的车+智慧的路。

1.2.3.1 聪明的车

聪明的车可以分为智能车（自主智能车）、网联车和智能网联车。车辆不但包括小客车、公交车、货车等，还包括物流配送车、微交通的电动自行车和电动踏板车。

1. 智能车

智能车也叫作自动驾驶车，也称单车智能驾驶，它通过自身携带的传感器，感知道路环境并通过自身的车载计算优化控制路径和控制车辆行驶。

2. 网联车

网联车通过车载通信单元接收路侧通信单元传来的路侧边缘计算决策的控制指令，以实现远程遥控车辆。因此，可以说网联车本身没有智能，它的智能水平完全取决于道路（边

智能网联汽车 V2X 与智能网联设施 I2X

缘计算）的智能水平。

3. 智能网联车

智能网联车具备自主智能驾驶能力，同时安装车载通信单元，可接收路侧通信单元传来的实时道路环境信息和控制指令，通过车载边缘计算（或完全接受路侧边缘计算的控制指令）控制车辆行驶。智能车、网联车和智能网联车性能对比如表 1-1 所示。

表 1-1　智能车、网联车和智能网联车性能对比

序号	类别	感知	通信	决策	功能模块
1	智能车	车载感知	—	车载自主计算	全息感知、规划和决策、控制执行
2	网联车	路侧感知	V2X	路侧边缘计算	感知、融合和预测、规划和决策、控制
3	智能网联车	路侧感知和车载感知	V2X	协同决策	感知、融合和预测、规划和决策、控制

4. 自动驾驶的业务场景应用

自动驾驶的业务场景包括基础业务场景和增强业务场景两个方面，两者都是借助人、车、路、云平台进行全方位连接和高效信息交互。C-V2X 从信息服务类应用向交通安全和效率类应用发展，并将逐步向支持实现自动驾驶的协同服务类应用演进，其旨在实现以下 4 个目标。

（1）提升行驶安全；

（2）提高交通效率；

（3）提供出行信息服务；

（4）支持实现自动驾驶。

提升行驶安全是 C-V2X 最重要的目的。通过 C-V2X 车载终端设备及智能路侧设备的多源感知融合，对道路环境实时状况进行感知、分析和决策，在可能发生危险或碰撞的情况下，为智能网联汽车提前获取预警信息，为车辆出行提供更可靠、安全、实时的环境信息。典型的 C-V2X 交通安全类应用有交叉口来车提醒、前方事故预警、盲区监测、道路危险状态提示等模式。

提高交通效率是 C-V2X 的重要作用。通过 C-V2X 增强交通感知能力，实现交通系统网联化与智能化，构建智慧交通体系；通过动态调配路网资源，实现拥堵提醒与优化路线诱导，为城市大运量公共运输工具及特殊车辆提供优先通行权限。通过智能车路协同管控决策，提升城市交通运行效率，进一步提高交通管理效率，特别是区域化协同管控的能力。典型的 C-V2X 交通效率类应用包括前方拥堵提醒、红绿灯信号播报和车速诱导、特殊车辆路口优先通行等。

提供出行信息服务是 C-V2X 应用的"重要职责",是全面提升政府监管、企业运营、人民出行水平的手段。C-V2X 信息服务类典型应用包括突发恶劣天气预警、车内电子标牌等。

车路协同是支撑自动驾驶落地的重要手段,通过本地信息收集、分析和决策,为智能网联汽车提供碰撞预警、驾驶辅助、信息提醒等服务,为自动驾驶提供辅助决策能力,提升自动驾驶的安全性,并降低车辆适应各种特殊道路条件的成本,加速自动驾驶汽车落地。

根据中国汽车工程学会发布的《合作式智能运输系统 车用通信系统应用层及应用数据交互标准》(T/CSAE 53—2017),车联网基础功能涵盖安全、效率和信息服务三大类 17 个基本业务场景应用。自动驾驶典型场景应用包括车辆编队行驶、远程遥控驾驶、自主泊车等,其中安全类的应用数量、种类最多,也是自动驾驶需要解决的最基本的问题。自动驾驶的基础业务场景应用功能如表 1-2 所示,自动驾驶的增强业务场景应用功能如表 1-3 所示。

表 1-2 自动驾驶的基础业务场景应用功能

序号	类别	通信方式	应用功能
1	安全	V2V	向前碰撞预警
2		V2V、N2I	交叉口碰撞预警
3		V2V、N2I	左转辅助
4		V2V	盲区监测、变道辅助
5		V2V	逆向超车预警
6		V2V-Event	紧急制动预警
7		V2V-Event	异常车辆提醒
8		V2V-Event	车辆失控预警
9		V2I	道路危险状态提示
10		V2I	限速预警
11		V2I	闯红灯预警
12		V2P、V2I	弱势交通参与者碰撞预警
13	效率	V2I	滤波车速引导
14		V2I	车内标牌
15		V2I	前方拥堵提醒
16		V2V	紧急车辆提醒
17	信息服务	V2I	汽车近场支付

表 1-3 自动驾驶的增强业务场景应用功能

序号	增强业务场景	通信模式	场景分类
1	协作式变道	V2V	安全
2	协作式匝道汇入	V2I	安全
3	协作式交叉口通行	V2I	安全
4	感知数据共享/车路协同感知	V2V/V2I	安全

智能网联汽车 V2X 与智能网联设施 I2X

（续表）

序号	增强业务场景	通信模式	场景分类
5	道路障碍物提醒	V2I	安全
6	慢行交通轨迹识别及行为分析	V2P	安全
7	车辆编队	V2V	综合
8	特殊车辆信号优先	V2I	效率
9	动态车道管理	V2I	效率
10	车辆路径引导	V2I	效率
11	场站进出服务	V2I	效率/信息服务
12	浮动车数据采集	V2I	信息服务
13	差分数据服务	V2I	信息服务

5．智能车分级

2020年3月，工信部发布《汽车驾驶自动化分级》推荐性国家标准，这项标准于2021年1月1日正式实施。《汽车驾驶自动化分级》是中国智能网联汽车标准体系的基础类标准之一，其中包括对驾驶自动化的定义、驾驶自动化分级原则、驾驶自动化等级划分要素、驾驶自动化各等级定义、驾驶自动化等级划分流程及判定方法、驾驶自动化各等级技术要求等。

汽车驾驶自动化功能划分为 L0～L5 共6个等级（见表1-4），其中最高级别的自动驾驶为完全自动驾驶，也就是驾驶自动化系统在任何可行驶条件下持续地执行全部动态驾驶任务和执行动态驾驶任务接管。

表1-4　驾驶自动化等级与划分要素的关系

分级	名称	车辆横向和纵向运动控制	目标和事件探测与响应	动态驾驶任务接管	设计运行条件
L0级	应急辅助	驾驶员	驾驶员及系统	驾驶员	有限制
L1级	部分驾驶辅助	驾驶员及系统	驾驶员及系统	驾驶员	有限制
L2级	组合驾驶辅助	系统	驾驶员及系统	驾驶员	有限制
L3级	有条件自动驾驶	系统	系统	动态驾驶任务接管用户（接管后成为驾驶员）	有限制
L4级	高度自动驾驶	系统	系统	系统	有限制
L5级	完全自动驾驶	系统	系统	系统	无限制

1.2.3.2　智慧的路

智慧的路包括感知、通信、决策、发布等功能。感知部分需要对道路上所有参与者、道路环境进行实时监测。通信部分解决车与道路的交互通信问题：一方面，网联车将自己的位置信息实时地传递给路侧通信单元；另一方面，路侧通信单元将处理好的警告或控制信息传递给网联车。决策部分通过路侧设置的边缘计算单元处理传感器采集的信息，生成高精度动态局部地图，实时对车辆警告或控制信息进行决策。智能网联设施 I2X 道路分级如表 1-5 所示。

表 1-5 智能网联设施 I2X 道路分级

道路分级	感知	决策	控制
I0	无	无	无
I1	数字化、网联化	无	无
I2	数字化、网联化、协同化	基于规则专家系统	单车控制
I3	数字化、网联化、协同化	基于规则专家系统、因果推理	单车控制
I4	数字化、网联化、协同化	基于规则专家系统、因果推理、行为预测	单车控制、协作控制
I5	数字化、网联化、协同化	基于规则专家系统、因果推理、行为预测	单车控制、协作控制、全域控制

1. 道路交通分级

2019 年，中国公路学会自动驾驶工作委员会、自动驾驶标准化工作委员会发布了《智能网联道路系统分级定义与解读报告》，将交通基础设施系统分为 6 级，如表 1-6 所示。

表 1-6 交通基础设施系统分级要素对比

分级	信息化（数字化、网联化）	智能化	自动化	服务对象
I0	无	无	无	驾驶员
I1	初步	初步	初步	驾驶员、车辆
I2	部分	部分	部分	驾驶员、车辆
I3	高度	有条件	有条件	驾驶员、车辆
I4	完全	高度	高度	车辆
I5	完全	完全	完全	车辆

当前，国内外调查结果显示，自动驾驶汽车发展路线普遍选择为中国路线。

智能网联汽车 V2X 与智能网联设施 I2X 协同关联性的主要区别是：

（1）单车感知不依赖外界环境的额外传感单元部署，主要依靠车辆自身装配的感知系统进行车身周围环境信息的获取；

（2）网联感知需要借助在路侧安装额外的传感、通信单元，以实现降低车身感知、计算能力的技术与成本需求，拓展车辆的感知范围和精度。

智能网联汽车 V2X 与智能网联设施 I2X 协同关联性如图 1-3 所示。

2. 智能车路协同结构

智能车路协同是采用车联网 C-V2X 等先进的无线通信技术，全方位实施车-车、车-路动态实时信息交互，并在全时空动态交通信息采集与融合的基础上开展车辆主动安全控制和道路协同管理，充分实现人、车、路的有效协同的智能交通系统。智能车路协同

智能网联汽车 V2X 与智能网联设施 I2X

架构如图 1-4 所示。

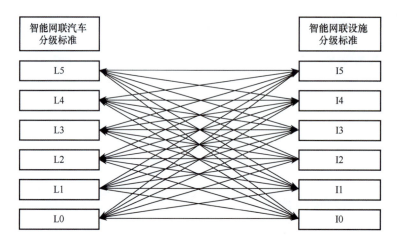

图 1-3 智能网联汽车 V2X 与智能网联设施 I2X 协同关联性

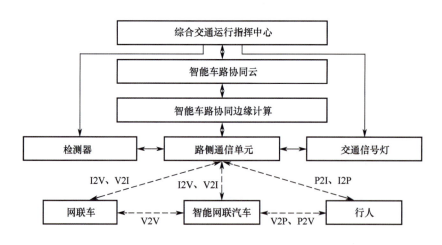

图 1-4 智能车路协同架构

3. 智能车路协同感知数据

智能车路协同感知在现有的智能交通感知设备的基础上，增加了更加精密的路侧感知设备、车载感知设备和 5G 移动大数据。路侧感知设备包括激光雷达、毫米波雷达和带目标识别功能的视频摄像机等；车载感知设备包括智能车辆安装的摄像机、激光雷达、毫米波雷达等设备，需要通过道路侧智能网联设施进行 V2I 交互，把信息实时上传到边缘计算节点，包括慢行交通的位置数据等。

4. 智能车路协同控制流程

智能车路协同控制流程结构如图 1-5 所示。

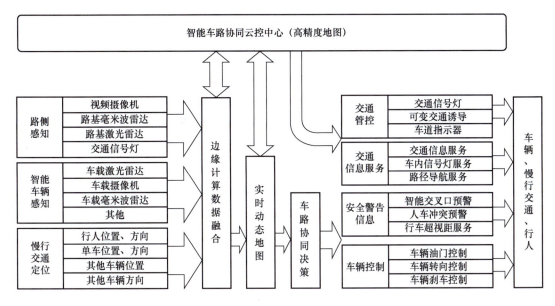

图 1-5 智能车路协同控制流程结构

智能车路协同控制流程主要包括以下几个方面。

（1）信息感知：一方面，利用路侧传感器感知路面所有交通要素，包括信号灯、机动车、非机动车、行人，甚至抛洒物的信息；另一方面，可通过 V2I 交互方式接收智能网联汽车的车载传感器采集的路面信息，统一传输到路侧边缘计算中心进行处理。

（2）感知数据融合：对各类数据进行实时融合处理，直接生成局部动态地图。

（3）车路协同决策：根据实时道路环境进行线路规划、车道规划、速度预测等；生成车辆行驶安全警告和车辆控制命令。

（4）安全警告和车辆控制：利用 I2V 向网联车发布安全警告信息和车辆控制命令。

5．智能车路协同分级

根据中国智能网联汽车发展技术路线，结合智能网联设施分级和智能网联汽车分级对智能车路协同（道路+车辆）进行分级，可分为 C0～C5 共 6 级。

（1）C0 级（无智能）：由驾驶员全权操控汽车，可以得到警告或干预系统的辅助。

（2）C1 级（初步智能）：通过驾驶环境对方向盘和加减速中的一项操作提供驾驶支持，其他的驾驶动作都由驾驶员进行操作。

（3）C2 级（部分智能）：通过驾驶环境对方向盘和加减速中的多项操作提供驾驶支持，其他的驾驶动作都由驾驶员进行操作。

（4）C3 级（有条件智能）：由车路协同自动驾驶系统完成所有的驾驶操作，根据系统要求，驾驶员需要在适当的时候提供应答。

（5）C4 级（高度智能）：由车路协同自动驾驶系统完成所有的驾驶操作，根据系统要求，驾驶员不一定需要对所有的系统请求做出应答，包括限定道路和环境条件等。

（6）C5 级（完全车路协同智能）：在所有驾驶员可以应付的道路和环境条件下均可以由车路协同自动驾驶系统自主完成所有的驾驶操作。

智能车路协同等级与智能网联汽车等级、智能网联设施等级结构关系如图 1-6 所示。

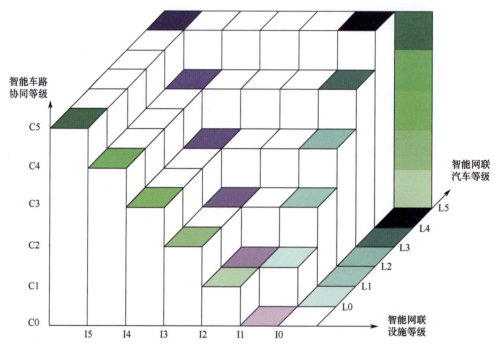

图 1-6　智能车路协同等级与智能网联汽车等级、智能网联设施等级结构关系

6. 智能车路协同优化配置

对于自动驾驶而言，聪明的车和智慧的路是不同的实现途径，因此建设途径和投资方向就有不同的选择。当然，采取道路和车辆两个方向齐头并进的建设方式，可以在最短的时间内取得实质性进展，但可能造成重复建设和投资较大的问题。另一个可能比较好的建设方式是重点建设智能道路，在路侧设置边缘计算能力，提高处理感知和决策水平，再通过 I2X 对网联车辆进行控制。通过车路协同可以大幅度降低自动驾驶汽车的门槛，单台车可以节省 50%～90%的购车费用。总之，智能车路协同是从车和路两个不同的角度创建整体解决自动驾驶汽车管控的技术方案。

1.2.3.3　智能网联汽车与智能网联设施协同

依托住房和城乡建设部 2018 年科学技术计划项目"智能车路协同关键技术研究及应用系统"（编号：2018-K8-019）、2019 年科学技术计划项目"5G+智能网联与非网联混合交通群体控制装备 Dyna-RH 系统及关键技术研究和应用"（编号：2019-K-172）、2020 年科学技术计划项目"智能网联设施与智能网联汽车管控平台关键技术及应用"（编号：K20200692）等科研与产业化应用试点示范项目，开展智能网联汽车与智能网联设施协同推进科研与产业化系统工程，总结编写了本书。智能网联汽车与智能网联设施协同推进科研与产业化技术路线创新理念如图 1-7 所示。

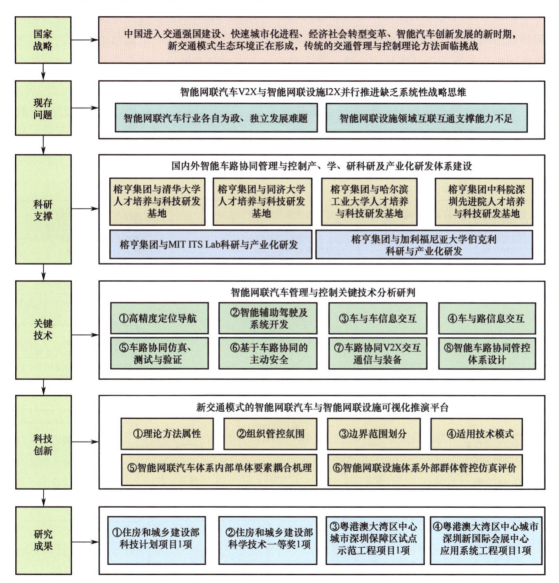

图 1-7　智能网联汽车与智能网联设施协同推进科研与产业化技术路线创新理念

智能网联汽车与智能网联设施的协同发展是未来实现自动驾驶及智慧交通的关键，基于 C-V2X 的智能网联汽车已经在标准、核心技术、产业推进等方面取得长足发展，具备了

智能网联汽车 V2X 与智能网联设施 I2X

产业化部署的能力。下一步,基于 C-V2X 的智能网联汽车与智能网联设施需要进一步探索优化政策环境,加强跨行业合作,推动形成深度融合、创新活跃、安全可信、竞争力强的智能网联新生态。

智能车路协同服务的需求可以从政府、企业和个人 3 个方面的需求进行分析。政府通过车路协同服务平台实现对交通运行进行实时监管、交通行业管理和交通规划管理;企业主要包括智能汽车研发企业和运营企业两大类,智能汽车研发企业可以通过车路协同提供的超视距信息服务、地图服务等为自动驾驶汽车提供更完备的服务,运营企业可以通过车路协同服务提高运营效率和安全性;个人现阶段可以得到车路协同的安全和交通诱导信息服务,远期当车路系统完善后可以实现车辆远程遥控和自动控制等服务。

智能网联汽车正在从以车载信息服务为主向支持辅助驾驶、自动驾驶、智慧交通的应用发展,智能网联汽车的 5G 网联通信也从车与网(V2N)向车与车(V2V)、车与路(V2I)、车与人(V2P)延伸发展。智能车路协同管控的需求与应用场景分析如图 1-8 所示。

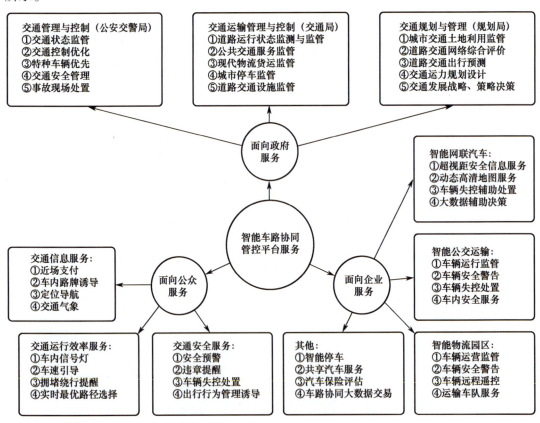

图 1-8 智能车路协同管控的需求与应用场景分析

随着智能网联汽车和 5G 通信网络技术的快速应用,智能网联汽车在车载服务阶段,车辆通过蜂窝网络与云端服务器进行通信,实现娱乐、定位、导航等应用;在辅助驾驶阶段,车辆通过与周围车辆、道路交通设施、行人、云端服务进行通信,获得周围车辆运行状态、路侧的交通信号控制、交通标志标线等信息,提升车辆的安全行驶能力;在自动驾驶和智慧交通阶段,实现人、车、路、云的全方位联通,在进行智能感知信息共享与交换的同时,发布部分决策信息,具备复杂环境全息感知、智能决策、协同管控、整体服务等功能,最终实现全天候自动驾驶和高度车路协同管控的智慧交通系统服务。

从全世界来看,现阶段的智能网联汽车无线通信技术主要包括两种,即以 IEEE802.11p 为基础的专用短程通信技术和基于蜂窝技术的车联网通信,美国、日本、欧盟等发达国家和地区非常重视车联网的发展,均开展了相关技术研究和测试验证工作。中国政府高度重视智能网联汽车相关技术和产业的发展,2020 年 2 月国家发展和改革委员会等 11 个部委联合发布《智能汽车创新发展战略》和"新基建"七大领域的体系建设等。总体来看,基于 LTE-V2X 的智能网联汽车端到端技术、产品、测试已经成熟,已经具备商用条件;而基于 5G-V2X 的智能网联汽车技术、标准、产品仍在积极推动之中,有待继续开展技术认证和测试工作。

借助于人、车、路、云平台之间的全方位关联和高效信息交互,C-V2X 目前正从信息服务类应用向交通安全和高效畅通类应用整体演变。辅助驾驶典型应用场景及需求的面向辅助驾驶阶段定义了 17 个 C-V2X 基础应用场景,重点面向信息交互,实现车辆、道路设施、行人等交通参与者之间的实时状态共享,辅助驾驶人员进行决策;根据自动驾驶典型应用场景及技术需求,5G 通信网络技术的更大数据吞吐量、更低时延、更高安全性、海量并发处理等特性,极大地促进了智能驾驶和智慧交通的协同发展。面向自动驾驶的增强型应用场景的研究,一方面,从基础典型应用场景的实时状态共享过渡到车与车、车与路、车与云的协同管控,增强了信息复杂程度,可实现协同自动驾驶与智慧交通的集成应用;另一方面,基于通信与计算机技术的提升,交通参与者之间可以实时传输高精度视频、传感器数据,甚至局部动态高精度地图数据,提高了全息感知精度与数据丰富程度。截至 2021 年年底,我国已定义了 29 个面向自动驾驶的增强型应用场景。

1.2.3.4 智能网联汽车与智能网联设施发展建议

1. 国内外智能网联汽车发展情况

第一阶段:2015—2020 年,由从 0 到 1 集成层级的技术组成自适应巡航/节能减排停车(ACC/LCC/Parking)辅助驾驶的功能,同步完成汽车电子/电气架构的数字化和数据化变革;行业格局:每个人都想要吃"整个大饼"。"割韭菜"的是外国一级供应商。供应链:多是卖家市场,硬件很贵,且一枝独秀。

第二阶段:2021—2025 年,开放式平台+自主研发,追求价格更加可控的硬件,包括

智能网联汽车 V2X 与智能网联设施 I2X

传感器和计算设备,更加开放的多边合作。行业格局:多边合作、雨后春笋("雷雨"劈死了很多不理智和不强壮的公司,存活下来的公司将沿着更加聚焦的技术方向发展)。供应链:更多供应链选择,包括芯片、传感器、软件模块和子功能。在第二阶段,ADAS"本土化"逐步进行。

第三阶段:2026—2030 年,技术可差异化和个性化服务;受益于更加理智的合作模式和供应商,技术供应商开始聚焦在自己的核心 IP,原始设备制造商则聚焦在研发差异化和定制化的功能,并进一步将功能形成自己独特的服务。技术品牌的车企开始逐渐形成。行业格局:百花齐放。供应链:本土化服务有望形成壁垒,有能力跟国外供应商平分秋色。

2. 加速智能网联汽车与智能网联设施协同推进发展战略的建议

1)进一步形成发展战略共识,更加明确顶层设计

自动驾驶是高新技术的载体,在发展过程中应该在各行各业达成整体发展共识,包括关键技术等方面的共识,完善顶层架构。

2)中国的智能网联汽车应适应本地属性、本地需求

中国方案的智能网联汽车包括以下 3 个方面:一是符合中国基础设施标准规范,包括道路基础设施标准、地图数据标准、V2X 通信标准、交通法规等;二是符合中国联网运营技术标准规范,即符合中国要求的智能网联汽车准入、联网运营监管、信息安全等标准;三是符合中国新体系架构汽车产品标准规范,包括智能终端、通信系统、云平台、网关、驾驶辅助系统、自动驾驶系统等标准。

3)构建智能网联汽车技术创新体系

重视和掌握智能网联汽车核心技术,加强关键零部件技术研发,才能解决核心技术问题。

4)构建适应中国方案的智能网联汽车产业链

中国方案的智能网联汽车是技术变革产品,不仅产品构型新,开发体系、产业链生态体系同样会发生变化,所以,针对这样一个未来新技术变革的产业,需要构建适应这种变革的中国方案的产业链,加快产业链布局,打造产业链聚集区。

5)推进智能基础设施建设,完善智能网联通信环境

中国的交通基础设施取得了长足进步,下一步需要进行智能基础设施建设,需要完善智能网联的通信环境,包括路面信息化的升级与智能设施建设的双同步,以及大数据的管理、服务、运营。

6)加强监管,保障智能网联汽车运行安全和国家信息安全

加快制定汽车信息安全标准和规范,推动中国汽车信息安全保障体系构建;加强对端-

网-云各环节的信息安全监管,建设国家智能网联汽车运行基础大数据运维及监管中心;优先解决智能网联汽车运行安全、用户数据安全、跨境数据安全及车联网应用数据安全问题。

7)统筹推进智能网联汽车测试、示范应用和产业推广

在政府有关部门的支持下,中国已经有多个智能网联汽车测试示范基地,但是测试评价方法不尽相同,未来希望做到统筹推进,建立统一的测试评价标准体系,为测试评价由封闭区域向开放道路过渡提供依据。

8)未来应将智能汽车移动出行与社会服务要素融合

为中国智能网联汽车产业发展建立新交通生态,为智能驾驶时代蓄积战略资源,从而从真正意义上实现智能网联汽车与智能交通、智慧城市的深度融合,使智能网联汽车实现共享和谐、绿色环保、互联高效、智能安全的目标。

1.2.4 智能网联汽车产业发展趋势

基于中国智能网联汽车与智能网联设施一体化协同发展的技术路线,高等级自动驾驶行业发展模式主要包含以下六大趋势。

1.2.4.1 趋势一:以场景为先导,自动驾驶全栈解决方案提供商将分批实现商业化

如今高等级自动驾驶已经逐渐从技术研究阶段演进至产品落地阶段,正处于稳定发展期。在中国,百度、阿里巴巴、腾讯、华为等企业的加入将此前一直"生长于"高校中的自动驾驶技术带到产业化大门前,越来越多的中国企业开始追随它们的脚步,加入自动驾驶"战局",共同探索落地应用路径。在此过程中,应用场景的重要性不断凸显。高等级自动驾驶技术还无法做到像人一样,能够适配任何驾驶场景。因此,选定1~2个应用场景开展科研技术攻关是如今大多数自动驾驶全栈解决方案提供商的商业化路径。

以道路是否开放为界线,主流应用场景包括园区、机场、矿区、停车场、港口、高速公路、城市道路等。依照各个场景下自动驾驶技术实现难度的不同,自动驾驶全栈解决方案提供商也将分批实现商业化,完成从技术研发到产品供应的飞跃。开放道路环境复杂,仍有较多"长尾问题"待解决,自动驾驶至少需要10年时间才能实现商业化。限定场景则因驾驶范围的限制,减少了异常情况的发生,而其车辆速度普遍不高、环境相对可控等特点,也使自动驾驶实现难度降低,相关企业将率先实现商业化。

1. 限定场景下,高等级自动驾驶技术率先实现商业化

限定场景是指某些具有地理约束的特定区域,该区域驾驶环境单一、交通情况简单,几乎没有或只有少量外界车辆和行人能够进入,如园区、机场、矿区、停车场、港口等。较开放道路场景而言,限定场景具有三大特点:

智能网联汽车 V2X 与智能网联设施 I2X

（1）车辆、行人种类和数量少；

（2）车辆行驶速度低；

（3）场景具有地理约束性。

限定场景下智能网联汽车分为无人行李车、无人配送车、无人清扫车、无人接驳车、自动驾驶公交车、自动驾驶宽体自卸车、自动驾驶矿山卡车、具有自动代客泊车功能的乘用车等类型。

虽然停车场也属于限定场景，但该区域内车辆类型以乘用车为主，与个人生命安全联系更为紧密，且国内法规暂未给予自动驾驶汽车在停车场内行驶的路权。因而，还没有中国企业在该领域实现试点运营，但目前百度、Momenta、长城、吉利等科技企业与自主车企都在研发该场景的自动驾驶解决方案。

全球首个针对自动代客泊车系统的许可来自德国巴登-符腾堡州。2019 年 7 月，该州有关部门批准戴姆勒和博世，在斯图加特的梅赛德斯-奔驰博物馆停车场日常使用自动代客泊车系统。

总之，限定场景自动驾驶正处于早期向中期发展的转变阶段。为保证安全和便于推广运营，矿区、港口等场景的智能网联汽车仍配备安全员。限定场景自动驾驶有望实现大规模试点运营、小规模商业化运营。由于产品的应用速度普遍快于标准出台速度，因此相关标准或许会出台，届时将迎来限定场景自动驾驶的规模运营和商业化起点。限定场景自动驾驶企业仍专注打磨产品，且更加注重运营，各企业竞争重点将完全由技术转向产品和运营。

1）产品方面

这一领域未来优秀的产品，必须满足 3 个特点，即稳定的性能、较低的成本、强大的场景复制能力。

2）运营方面

企业将更加注重产品细节和用户使用的便利性，与此同时，配送员、司机等传统职业也将被自动驾驶远程接管员、自动驾驶运维员、自动驾驶平台管理员等新角色取代。

2. 开放道路场景下，高等级自动驾驶技术商业化时间推迟

在自动驾驶的诸多应用场景中，开放道路无疑是最难的一个，该场景具有以下 3 个特点。

（1）无地理约束限制，进入该区域的行人和车辆种类数量多，行为类型更为丰富，且相对来说不可控，容易发生碰撞案例，对自动驾驶汽车技术要求高。

（2）车辆速度快，紧急情况出现时的制动难度大，安全性降低。

（3）该场景下车辆多为乘用车和商用车，配有驾驶位，当前阶段仍无法去掉安全员的角色。由于涉及人身生命安全，智能网联汽车需加装多种高性能传感器，其整体成本因此上升，量产难度大。

城市道路与高速公路是两个最常见的开放道路场景，前者典型产品为自动驾驶出租车（RoboTaxi），后者典型产品为自动驾驶卡车。开放道路场景自动驾驶目前尚处于早期发展阶段，自身技术尚不成熟，其大规模商业化时间在若干年以后。而对于开放道路场景自动驾驶企业而言，想要实现大规模商业化，技术完备、路权供给、供应链成熟、成本大幅降低这4点缺一不可。

未来几年，聚焦开放道路场景自动驾驶企业的重点仍是打磨技术，剩下的"长尾问题"需要企业花费更多耐心和精力去解决，以确保绝对安全。就资本层面而言，由于技术发展不及预期，2018年下半年之后，资本对高等级自动驾驶的热情普遍降低，这在开放道路自动驾驶企业身上体现得尤为明显。就企业自身而言，商业化时间过长，导致其此前几乎都是凭借大额融资维持运营，但目前单纯靠逐渐冷静下来的资本"输血"变得越来越困难。未来几年，"活下去"成为这类企业最重要的目标。为实现此目标，未来企业或会在研发开放道路自动驾驶的同时，探索更多商业化路径，"多条腿走路"或转型以先实现自我"供血"。

1.2.4.2　趋势二：更多自动驾驶非全栈解决方案提供商迎来发展机会

自动驾驶非全栈解决方案提供商逐渐受到关注。在自动驾驶技术发展过程中，全栈解决方案提供商率先出现，美国的Waymo和中国的百度是该领域两大代表企业。经过近几年的技术迭代，自动驾驶产业链逐渐由粗放式向精细式方向发展，自动驾驶非全栈解决方案提供商陆续出现，诸多关键技术模块也取得突破。过去，自动驾驶非全栈解决方案提供商内部环境等于初创，自动驾驶技术刚从实验室走到产业化大门前不久，仍处于发展初期阶段，各家对细分技术的要求并未统一，市场中缺少能提供部分自动驾驶解决方案的企业；对于外部环境，资本疯狂追逐自动驾驶技术，企业有足够的资金研发全栈解决方案。现在，自动驾驶非全栈解决方案提供商内部环境优化，经过近几年的发展，业界逐渐对部分自动驾驶的标准达成共识，且认识到了高等级自动驾驶技术的实现难度，自动驾驶非全栈解决方案提供商开始零星出现；资本市场渐冷，企业以现有资金储备和人才储备难以做到面面俱到，"抱团"成为趋势，自动驾驶非全栈解决方案提供商逐渐受到业界关注。

从产业链构成来看，目前自动驾驶执行层基本被国际供应商垄断，其拥有体系化的底盘控制系统，以及与主机厂的深度绑定关系，因而很难有初创企业能够位列其中。

感知层和决策层零组件供应链分散，企业类型丰富，初创企业相对容易切入，自动驾驶非全栈解决方案提供商主要集中于此。

智能网联汽车 V2X 与智能网联设施 I2X

1. 感知领域发展机会仍存

在自动驾驶产业链中，感知处于第一层级。任何车辆要实现自动驾驶，首先都要解决"在何位置、周边环境如何"的问题，以此为依据，进行下一步规划决策，随后再通过车辆的控制执行系统，完成整个自动驾驶流程。因而，感知一直备受自动驾驶业界关注。自动驾驶感知层分为环境感知与车辆运动感知。前者帮助自动驾驶车辆实现环境建模，包括摄像头、激光雷达、毫米波雷达、超声波雷达等传感器；后者为自动驾驶车辆提供速度、位置、姿态等信息，包括 MEMS、GNSS、IMU 等传感器。环境感知领域凭借较多的技术路线与庞大的市场规模，具有广阔的发展前景，如激光雷达和毫米波雷达在过去几年间一直是国内创业公司相对集中的两个领域。这方面有 3 点变化可能会为相关企业提供更多发展机会：

（1）激光雷达厂商正在由研发机械式激光雷达向研发固态激光雷达方向转变；

（2）毫米波雷达厂商试图用毫米波雷达取代激光雷达；

（3）新技术的应用使激光雷达和毫米波雷达两个领域机会仍存（如 FMCW 技术，主要采用该技术的 Blackmore 已被 Aurora 收购）。

由于感知层的摄像头、激光雷达、毫米波雷达、超声波雷达等传感器各有优缺点和适用场景，因此在高等级自动驾驶的实现过程中，多传感器融合成为必然趋势，也就是将各类传感器获取的数据信息集中在一起进行综合分析，以求更加准确地描述外部环境，为车辆进行决策打下基础。各类传感器能否有效融合，融合后数据是否准确，都对自动驾驶感知提出了新挑战。作为感知领域的关键零部件，激光雷达、毫米波雷达等将继续受到关注。但仅凭环境感知并不能保证智能网联汽车的绝对安全，2018 年 3 月，Uber 自动驾驶车在上路测试过程中撞死了一名行人，这起全球首例自动驾驶致行人死亡事故震惊业内外，事故主要原因之一便是自动驾驶车频繁更改目标识别结果。即便是低等级自动驾驶，也不能只凭借视觉传感器百分之百地正确感知周围环境，特斯拉 Autopilot 的多起事故就起因于此。因而，车辆运动感知同样重要。为更加精准地确定车辆自身位置，高精度定位模块作用逐渐凸显，并将变得不可或缺，其能达到厘米级的精度，可以为自动驾驶汽车精确理解自身定位提供帮助。

通常而言，高精度定位系统由 4G/5G 模块、RTK 接收机和惯性测量单元（IMU）组成，其工作原理如下：传统 GNSS 单点定位精度为米级，但在 RTK 技术的辅助下，GNSS 定位系统的精度可达动态厘米级，满足高等级自动驾驶需求。考虑到星况变化情况，仅靠 GNSS 仍无法应对多种极端场景。此时，IMU 作用凸显。其测量方法不依赖外界，在 GNSS 信号丢失的情况下，车辆依旧能够准确定位，短期精度较高。基于此，以 GNSS+IMU 的高精度定位传感器为基础，综合考虑周围环境特征的方案将越来越受欢迎。

2. 感知领域之外，更多细分产业链也存有机会

总体而言，感知层在过去几年吸引了业界诸多关注。但在感知层性能提高的同时，其后的决策层和执行层也越发受到关注。业界正在思考：车辆如何在感知正确性未达到100%的情况下，做出准确规划？从技术角度而言，自动驾驶决策层和执行层仍有诸多难题等待企业解决。但从新机会角度来看，执行层应用多被国外车企所把控，初创企业很难切入，而决策层与场景息息相关，企业也较难将其单独拆分后提供标准化产品。但它们的共同点在于，二者均需要大量数据作为支撑。尤其决策层，需要大量数据做行为预测与规划，不断训练自己的模型。因此，未来计算平台、场景测试、仿真平台等与数据相关的诸多细分领域，都将产生发展机会。

1.2.4.3 趋势三：车企更注重方案量产可能性，未来致力于实现部分 L3 级自动驾驶技术量产

面对自动驾驶技术，车企经历了从不信任到逐步重视的心理过程，目前市场上各大主流车企都在该领域有所布局。

不感兴趣：2014—2015 年，百度成立自动驾驶事业部，开始研发自动驾驶技术。由于企业基因不同，拥有百年发展历史的车企对科技公司的业务并不感兴趣，此时发布的战略多与智能网联有关。

重新审视：2016—2017 年，上汽在其前瞻技术论坛上提出"电动化、智能化、网联化、共享化"的新四化布局，这遂即成为各家车企追求的目标。与此同时，小马智行、主线科技、禾多科技等一众自动驾驶公司诞生，车企开始重新审视自动驾驶技术并对这项代表未来的新技术进行跟进。

制定战略：在奥迪 2017 年发布全球第一款量产的 L3 级自动驾驶汽车新款 A8 后，北汽、上汽、长安等国内主流车企陆续公布更加聚焦于自动驾驶领域的战略规划。百年以来，车企凭集成和制造经验，始终在汽车产业链中占据主导地位。但来势汹汹的自动驾驶浪潮似乎正在改变这一格局：零部件企业以图像识别、高精度地图等技术为切入点，试图占领"高地"；互联网巨头嗅觉敏锐，早早踏上自动驾驶的研发之路；自动驾驶初创企业虽然体量尚小，但经过几年的成长，大多已在技术方面取得较大进步，实力不容小觑。

来自四面八方的威胁使车企惊觉，如果不及时顺应浪潮做出改变，就有沦为自动驾驶企业"代工厂"的危险。交通智能化浪潮下车企地位会发生怎样的变化？自动驾驶的主导者：抓住浪潮机遇，及时转变角色，投入人力、物力、财力，主导推动自动驾驶技术发展。自动驾驶的企业代工厂：无法掌握自动驾驶核心技术，错失浪潮机遇，沦为单纯制造商，能否在变革中生存下去，是每一家车企都要面临的问题，传统车企必须"求变"。一方面，与科技企业携手探索自动驾驶技术；另一方面，在企业内部组建研发团队，制定自

智能网联汽车 V2X 与智能网联设施 I2X

动驾驶战略规划。但极度焦虑与对技术发展的乐观预估，使车企最初的自动驾驶战略规划都较为激进。

2017 年，北汽与百度签署战略合作协议，计划借助后者的人工智能核心技术，于 2019 年前后量产 L3 级自动驾驶车，2021 年前后量产 L4 级自动驾驶车。但在 2018 年发布的"海豚+"战略中，北汽表示，正全面推进 L2/L2.5 级智能驾驶规模化量产应用，2022 年之前实现 L3 级智能驾驶规模化量产。

经过近几年的实际探索，车企自身掌握了一些高级驾驶辅助系统（ADAS）技术，也逐渐明晰高等级自动驾驶技术的量产难度，于是陆续重新调整战略规划，变得更加务实。具体表现有两种：第一，更愿意将已掌握技术先应用在现有产品中，通过二者结合的方式，完成迭代升级，为用户创造价值，并增强自身产品的科技感属性。第二，更偏向于自动驾驶渐进式路线，不再一味追求 L4/L5 级自动驾驶的实现，未来几年将重点研发部分 L3 级自动驾驶功能，如半波片（HWP）、涡轮喷气推进（TJP）、自动代客泊车（AVP）系统等，力求早日实现部分功能的量产，以此作为新车卖点。

1. 大多数车企已实现 L2 级量产，目光瞄向更高等级

当前，国内主流车企大多已经推出 L2 级自动驾驶量产车型。根据 SAE 分类，在该等级自动驾驶开启的情况下，驾驶员仍需要时刻观察行驶情况，主动对汽车进行制动、加速或转向操作，以确保行驶安全。车道保持辅助（LKA）、全点可定址（APA）、自适应巡航（ACC）、自动制动系统（AEB）都是常见的 L2 级自动驾驶功能。

2018 年起，大批国内自主品牌 L2 级自动驾驶乘用车开始上市，如长安 CS55/CS75、长城 F7/VV6、吉利缤瑞/缤越/博越 GE、上汽 Marvel X 等车型。从渗透率来看，若以"各级别自动驾驶车型数量/当年上市的全部车型数量"作为 L1/L2 级自动驾驶车历史渗透率的评估标准，到 2019 年年底，L2 级自动驾驶车的市场渗透率已经历起步阶段，上升为 3.3%，临近渗透率迅速提升的曲线拐点。从指导价来看，L1 级自动驾驶车的相对配置成本已在 2017 年下降至 0.06 万元，L2 级自动驾驶车的相对配置成本为 4.88 万元，成本较高，售价也相对较高，溢价能力初显。在实现 L2 级自动驾驶车 2021 年量产后，车企们纷纷将目光瞄向更高等级 L3/L4 级自动驾驶技术的量产。

不同于互联网公司和自动驾驶全栈解决方案提供商，车企为保持品牌竞争力，必须及时推出具备自动驾驶功能的量产汽车，无法如前者一样，只专注技术研发而不考虑量产问题，因而 L3 级自动驾驶车成为车企的"折中选择"。奥迪于 2017 年推出全球首款 L3 级自动驾驶量产车型第四代 A8，但迫于法规问题，实际使用时，A8 的 L3 级功能并不能完全开启。此前，沃尔沃、福特等国外车企均表示会越过 L3 级，直接研发 L4/L5 级自动驾驶车。但与国外车企不同，中国车企多选择"渐进式路线"，即一边先实现 L3 级自动驾驶车量产，

另一边研发 L4/L5 级自动驾驶技术。

2. L4 级自动驾驶技术难量产，非车企现阶段研发重点

对于车企而言，当前 L4 级自动驾驶技术的量产存在以下几个难点。

第一是安全：传统车企的基因决定其将安全放在首位，任何一起安全事故都会对车企产生毁灭性打击。除软件层面的评判标准外，车企也更在意车辆硬件方面的功能安全。

第二是成本：短期内，L4 级自动驾驶产业链不会成熟，零部件成本高昂，难以达到车企量产条件。

第三是技术：目前，大多数车企的自动驾驶技术还停留在 L2 级水平，短期内无法实现从 L2 级到 L4 级的飞跃。

第四是路权：政府路权未放开，L4 级自动驾驶短期内无法投入使用。

面对科技互联网公司和自动驾驶全栈解决方案提供商都难以企及的 L4 级自动驾驶技术，意在量产的大多车企选择将其暂时搁置。从各家车企的规划来看，2021 年大多数国内自主车企开始"L3 级自动驾驶量产"实施。

3. 未来几年，车企将重点研发部分 L3 级自动驾驶技术

在国家层面，与大多数国内车企实现 L3 级智能网联汽车量产的目标相比，国家层面的预期则更晚一些，预计 2025 年实现规模化量产。在产业层面，由于尚未实现大规模量产，目前产业界对 L3、L4 级自动驾驶技术的定义并不十分明晰，消费者更对其功能状况不甚了解。在车企层面，作为量产主导方的车企，拥有某一级的某项特定功能后，甚至就宣称自家技术达到该级标准，以此作为卖点，增强科技感属性。依据技术可量产与用户需求两大指标，交通堵塞导航（Traffic Jam Pilot，TJP）和高速公路试验（High Way Pilot，HWP）成为两种常见的 L3 级自动驾驶研发方向，这也将成为国内车企未来几年的研发重点。在技术可量产方面，与 L4 级自动驾驶相比，L3 级自动驾驶的成本和技术实现难度都更低。在用户需求方面，目前，上下班通勤拥堵和长途旅行驾驶疲劳覆盖了 80% 的人和 80% 的出行场景，是乘用车用户存在的两大痛点。

2020 年 2 月，国家发展和改革委员会、中央网络安全和信息化委员会办公室、工业和信息化部等 11 个部委联合印发的《智能汽车创新发展战略》中指出，有条件自动驾驶（L3 级）汽车在 2025 年达到规模化量产，比两年前征求意见稿中的实现时间推后 5 年。根据此前规划，2020 年 3 月，广汽宣布 Aion LX 将搭载首个可交付应用的中国版高精度地图，实现 L3 级自动驾驶功能，2020 年 7 月初正式交付。同月，长安也宣布搭载 L3 级自动驾驶系统的车型"UNI-T"正式量产。但根据长安展示的自动驾驶功能，UNI-T 能够实现 TJP 功能，暂不能实现 HWP 功能，因而不能称之为严格意义上的 L3 级自动驾驶。由于目前法规

智能网联汽车 V2X 与智能网联设施 I2X

对 L3 级并没有严格意义上的限定范围，因而 L3 级自动驾驶多由车企进行定义。此外，针对乘用车用户的高频使用场景——停车场，吉利、广汽、长城等诸多车企也制定了自动代客泊车系统发展战略，其中，广汽与博世合作研发，吉利、长城等车企自建团队研发。

未来，企业希望高等级自动驾驶汽车增加营收。由于全程无人参与，因此该功能理论上应属于特定场景 L4 级自动驾驶技术，应用落地时间比 TJP 和 HWP 更晚一些。未来几年，车企将跟进研发。自动代客泊车系统适用于停车场入口/出口到停车位之间的特定区域，全程无人参与。驾驶员在手机上发出停车命令后，车辆能自动从下车区驶入停车场内，并找到车位停车；驾驶员在手机上发出取车命令时，车辆能自动回到上车区。目前，戴姆勒、博世等国外企业推出的自动代客泊车系统解决方案大多依赖场端改造，需要在场端部署激光雷达等传感器，成本较高，不适宜量产。对此，博世正试图将激光雷达换成双目摄像头，以降低成本。

1.2.4.4 趋势四：政府关注自动驾驶，未来与企业探索多种合作模式

纵观历史，诸多新兴行业在早期发展阶段，都需要政府的大力扶持，为行业做一次"冷启动"，自动驾驶这项新兴技术也不例外。毕马威在 2018 年 1 月发布的《自动驾驶汽车成熟度指数报告》中指出，衡量自动驾驶汽车成熟度有 4 项标准：政策和立法、技术和创新、基础设施建设、消费者接受度。其中，政策和立法、基础设施建设这两项标准的主导者都是政府，足以看出政府在自动驾驶发展道路上占据至关重要的地位。具体而言，通过相关政策法规的出台及各项基础设施的建设，政府在自动驾驶技术的发展道路上起到指引方向和给予路权两大关键作用。

（1）指引方向：政府出台相关政策法规，明确自动驾驶落地应用时间、地点、责任界定等，指引技术发展方向。

（2）给予路权：政府进行基础设施建设，如建立测试场、开放公共道路测试路段等举措，给予自动驾驶汽车一定路权，促进技术迭代。

自 2015 年起，中国政府开始出台相关政策法规，将自动驾驶技术发展纳入国家顶层规划，以求抢占汽车产业转型先机，强化国家竞争实力。2015—2020 年，我国发布多项相关政策，关注点从智能网联汽车细化至自动驾驶汽车。2020 年年初，我国相继出台《智能汽车创新发展战略》与《汽车驾驶自动化分级》两项方案，进一步明确自动驾驶的战略地位与未来发展方向。在国家战略方针的指导下，各地方政府也相继出台自动驾驶相关政策。从类型来看，地方政府政策主要围绕开放公共道路测试路段和建立智能网联示范区两方面展开。2017 年 12 月，北京率先出台了中国第一部自动驾驶车辆路测规定《北京市关于加快推进自动驾驶车辆道路测试有关工作的指导意见（试行）》及《北京市自动驾驶车辆道路测试管理实施细则（试行）》，随后，上海、深圳、重庆、长春、天津、肇庆等城市也陆续

出台相关政策。到 2019 年年底，国内共有 25 个城市出台自动驾驶测试政策；江苏、广东、湖南、河南、海南（征求意见）5 个省份发布省级自动驾驶测试政策。2021 年，除政策外，地方政府与自动驾驶相关企业还在探索更多合作模式。2022 年，住房和城乡建设部与发展和改革委员会联合发布《"十四五"全国城市基础设施建设规划》，提出"两大任务，四大行动"，以加速推动智能网联汽车与智能网联设施产业化发展。

地方政府与自动驾驶相关企业之间的合作主要集中在智能网联示范区层面，随着示范区普遍进入大规模建设阶段，更多城市参与其中，二者关系将更为密切。此外，多个地方政府也在税收、土地、基建等方面给予相关企业一定优惠待遇，同时与后者共同探索更多合作模式。在此过程中，商业模式为自动驾驶出租车的相关企业更加需要政府"帮助"。此类企业大多即将发展至载人试运营阶段，开始涉及人身安全，且对路权有更大需求，因此这类企业与地方政府"捆绑"更为紧密。

目前，比较主流的合作模式是相关企业与地方政府共同成立合资公司，合力运营自动驾驶出租车。在某些地方，合资公司中也有当地车企和出行公司的身影。

未来，自动驾驶相关企业、地方政府、出行公司之间的联系将更为紧密，合资公司的运营模式或将在更多地方被复制。

1. 各地政府与相关企业围绕智能网联示范区展开合作

目前，地方政府与自动驾驶相关企业的合作主要集中在智能网联示范区层面，政府为企业提供自动驾驶路测场地。

2016 年 6 月，"国家智能网联汽车（上海）试点示范区"封闭测试区在上海安亭投入运营，这是工业和信息化部批准的首个智能网联汽车示范区。到 2019 年年底，该测试区拓展至安亭镇全域，以及外冈镇，覆盖面积达到 100 平方千米，增加高速公路测试场景。2020 年，该测试区覆盖面积达到 150 平方千米，测试车辆已经达到万辆级。上海建成智能网联示范区的几年间，各地智能网联示范区数量逐年攀升，并呈现加速增长状态。从示范区类型来看，地市级智能网联示范区数量增长最快。

针对自动驾驶技术，政府与企业都希望其能早日实现商业化。从政府角度来看，其参与到自动驾驶行业中具有必要性：限定场景的自动驾驶小车，如无人清扫车、无人小巴等，涉及政府公共事业，理应有政府参与其中；开放道路场景自动驾驶车，如 RoboTaxi、自动驾驶卡车等，涉及人民生命安全，更是政府需要进行管控的行业。在政府参与到自动驾驶行业中后，这项新兴技术也能为当地添加科技感，带来更多资本和商业机会。

从企业角度来看，出于技术迭代的需要，自动驾驶相关企业需要获得政府许可，以进行实际道路测试，在此过程中，企业必须与政府建立联系。政府不但可以为企业提供路权，也可以为企业提供资金和基础设施建设支持。因而，二者合作具有必然性。

智能网联汽车 V2X 与智能网联设施 I2X

据不完全统计，国内各省份已建有智能网联示范区 50 余个，覆盖所有一线城市及部分二线城市，涵盖城市道路、高速公路、隧道、封闭园区等多个场景。以中国七大行政区域划分，华南地区示范区数量最多，其次是中南和西南地区。在政府颁发路测牌照方面，到 2020 年年底，国内共有近 40 家企业获得了地方政府颁发的自动驾驶路测牌照，科技企业与传统车企数量基本一致。2021 年年底，全国已完成 46 个城市自动驾驶测试区建设，9 个省份已完成智慧高速公路试点建设。百度于 2018 年开始与长沙政府合作，基于 Apollo 开放平台，二者携手共建"自动驾驶与车路协同创新示范城市"，将长沙打造为"自动驾驶之城"。通过与百度的合作，长沙也获得了"国内首个自动驾驶之城"的称号；而依靠长沙政府，百度于 2019 年 6 月一次性获得 45 张"载人测试"自动驾驶牌照，正式开启大规模自动驾驶出租车测试。2020 年年初，百度更是中标重庆永川区"西部自动驾驶开放测试基地"建设项目，将在此地建设车路协同测试示范区，并提供一整套支持 L4 级自动驾驶的车路协同系统整体解决方案。

2. 未来探索多种合作模式

随着各地政府陆续和企业达成合作，未来双方的合作将更加深入。针对路测细则和示范区两大合作重点，会发生以下几点变化。

1）自动驾驶路测细则方面

已建立智能网联示范区的城市将优先出台自动驾驶路测细则，2020 年起呈"小爆发"态势。地方政府一般先建立智能网联示范区，再出台自动驾驶路测细则，因此目前拥有示范区的城市数量多于出台政策的城市数量。2017 年北京发布自动驾驶路测细则之后，上海、重庆、杭州等已建立示范区的城市陆续跟进。2020 年后，出台路测细则的城市数量继续提升，并逐渐向二、三、四线城市扩展。地理位置相邻的地方政府将针对自动驾驶道路测试进行互认合作。由于各地政府路测细则并不统一，因此企业需要在多地获取牌照进行路测，呈"割裂"态势，区域测试协同存在壁垒。地理位置相邻的地方政府完全可以开展互认合作，规划测试行为，共享测试数据和结果。

2）智能网联示范区方面

二、三、四线城市将成为智能网联示范区的建设主力。国内所有一线城市及部分二线城市都已建成示范区，未来将逐步向二、三、四线城市扩展。已拥有示范区的城市或将在市内建立更多示范区，由点及面，同时进一步放开测试路段。从各地政府对智能网联示范区的规划来看，诸多地方级测试点将于 2023 年前完成示范区基础设施建设和改造。同一城市建立的示范区越多，其由试点扩展至区域的可能性就越大。2019 年起，地方政府除在政策和示范区两方面给予企业帮助外，也在与后者共同探索更多深入合作模式，如双方成立合资公司共同运营自动驾驶出租车。2019 年 4 月，百度与长沙先导产业投资有限公司、湖南湘江智能科技创新中心有限公司联合成立湖南阿波罗智行科技有限公司,进一步推动自动驾驶和车路协同技术在长沙落地。自动驾驶企业文远知行"试水"合资公司模式,与科学城(广州)投资集团有限公司、华南最大出租车公司广州市白云出租汽车集团,共同成立合资公司文远粤行,以探索自动驾驶出租车的运营。相较于其他自动驾驶场景,自动驾驶出租车的商业前景广、落地时间长、资金消耗大、技术迭代慢,因而更需要政府的支持。百度副总裁、智能驾驶事业群组总经理李震宇曾表示,政府在自动驾驶技术发展过程中的作用远超想象,他提出"三位一体"的合作模式——科技公司、整零车企、政府三者进行通力合作。今后,这也将成为大多数自动驾驶出租车公司与政府之间的主力合作模式。随着技术的迭代发展,未来自动驾驶出租车公司与政府或许还将在更多层面进行合作。

1.2.4.5 趋势五:资本对自动驾驶技术呈观望态度

中国资本对自动驾驶持观望态度。中国创投圈对自动驾驶技术的关注始于 2014 年,彼时百度宣布研发自动驾驶技术,并试图实现该技术的商业化落地。随后,诸多人才出走百度,各自成立自动驾驶初创公司,市场上的投资标的开始变多。巨头的入局,一定程度上是在"革车企的命",其与后者存在博弈关系,而有一定机会胜出的初创公司也吸引了投资方的目光。此后短短 6 年间,资本对自动驾驶的看法经历了开始关注、疯狂追逐、逐渐冷淡 3 个阶段。资本将站在新角度重新审视这项技术。

资本更关心商业化落地的可能性与进程。2018 年下半年开始,中国自动驾驶圈已经开始感受到资本的阵阵寒意,企业融资难度加大。发展至 2019 年,业界更有"自动驾驶进入资本寒冬"的说法传出。从资本角度而言,这种现象背后最直接的原因就是投资方募集规模的大幅下降。

投资方风险意识增强,不再一味追逐自动驾驶风口,开始回归理性。其对自动驾驶的关注重点由最初的团队人才背景、商业前景,变为企业现阶段技术发展进程、商业模式落地的可行性。一个不能忽视的事实是,自动驾驶企业此前对商业化的预期一向偏高,吸引大量资本进入,估值飙升。但 3 年时间过后,大多数企业并没有完成当时定下的计划,其技术仍在迭代中,不甚成熟。同时,过高的估值导致资本难以继续加持。

未来几年,单纯"讲故事"已不足以吸引资本加入,资本将更加关注有商业落地苗头的自动驾驶相关企业,如已在某些区域实现试运营、具有自我造血能力的限定场景自动驾驶全栈解决方案提供商,已为多家客户供货的激光雷达、毫米波雷达企业等。而在自动驾驶不断发展的过程中,拥有新技术思路的企业也将引起资本注意。

1. 资本对开放道路场景自动驾驶相关企业给予关注

从高等级自动驾驶中的限定道路和开放道路两个场景来看,发展初期,后者显然更受

智能网联汽车 V2X 与智能网联设施 I2X

资本关注,其往往在成立初期(几个月内)就完成第一轮融资,此后吸金不断,短短几年就成长为"独角兽"企业。例如,2016 年成立的图森未来,成立当年便完成 5500 万元的 A 轮融资,2019 年,该自动驾驶货运卡车公司已完成 D 轮融资,估值超过 10 亿美元;同样是 2016 年年底成立的小马智行,成立 3 个月内便完成 9900 万美元的天使轮融资,2020 年年初小马智行获得丰田加持的 B 轮融资,估值高达 30 亿美元。但随着技术发展及商业化落地的进展,资本对这类企业的关注度降低,转而将更多目光投放到限定道路场景自动驾驶全栈解决方案提供商身上。

从 2015 年起,开放道路场景自动驾驶全栈解决方案提供商的融资次数逐渐升高,2017 年达到峰顶,是当年限定道路场景自动驾驶解决方案提供商的 2 倍。随后两年,融资事件逐渐变少。此时,限定道路场景自动驾驶提供商则开始得到资本青睐。这符合新兴技术发展从新概念出现到市场投机,再到泡沫破裂,最后回归理性的规律。

2. 资本正在观望自动驾驶技术发展进程

近几年,由于资本对企业的关注点发生变化,高等级自动驾驶行业融资事件发生次数呈现下降态势。与此前对自动驾驶出租车的疯狂追逐不同,目前资本更钟爱限定道路场景的高等级自动驾驶解决方案提供商,关注点由企业"讲故事"和人才团队,转向"故事"和计划的完成度、团队人才和试运营状况。2019 年,限定道路场景自动驾驶企业融资次数为 13 次,超过开放道路场景自动驾驶企业的融资次数。在这一年,踏歌智行、慧拓、易控智驾等矿区场景自动驾驶企业,主线科技、畅行智能等港口场景自动驾驶企业均完成新一轮融资。2020 年年初,专注研发限定场景自动驾驶的驭势科技也宣布获得博世投资;无人物流车已在香港国际机场和五菱工厂内实现常态化运营。就开放道路场景自动驾驶企业而言,资本呈现向头部企业聚集的现象。虽然该场景下自动驾驶短期内无法实现商业化落地,但仍有资本进行加码。即便在新冠肺炎疫情肆虐全球的 2020 年年初,小马智行仍宣布获得来自丰田的融资。

自动驾驶圈并未进入所谓的"资本寒冬",资本仍对自动驾驶抱有期待,对其的认知也逐步加深。在国家暂未放开相关政策的情况下,资本规避风险的意识本能提升。从另一个角度而言,即便业界此前对技术期望值过高,但多数企业业务正在稳步发展,如专注物流场景的驭势科技,专注矿区场景的踏歌智行、慧拓等企业均已进入商业化前夜。随着企业试运营的逐步开展,其技术将在试运营过程中逐步迭代走向成熟,与此同时,当自动驾驶车的应用数量增加后,其成本也将迎来下降空间。就限定场景自动驾驶相关企业而言,投资方仍会对其进行加码,但就开放道路场景自动驾驶企业而言,活跃其中的"玩家"更多为产业投资者。但不论投资方身份如何,未来几年,资本将围绕市场空间、业务快速扩展的可能性、商业模式 3 个角度考量自动驾驶相关企业。

1.2.4.6 趋势六：车路协同技术迅速发展，将成为高等级自动驾驶背后的驱动力

基于中国采用的 C-V2X 技术路线，国内已基本完成 LTE-V2X 标准体系建设和核心标准规范建设，政府和企业两方也正在推动 LTE-V2X 的产业化进程。该技术可以将"人–车–路–云"等交通要素有机地联系在一起，保证交通安全，提高通行效率。从演进阶段来看，车路协同分为协同感知、协同决策和协同控制 3 个阶段，目前中国仍处于协同感知阶段。

在 5G 技术不断发展的情况下，LTE-V2X 正在向 5G-V2X 方向转变。根据国际电信联盟组织（ITU）发布的数据，5G 能实现 1 毫秒的端到端时延、10Gbps 的吞吐量和每平方千米 100 万个连接数。这种低时延、高可靠和高速率的特性对车路协同的发展有极大的促进作用，能够进一步提高车路的信息交互效率，保证高等级智能网联汽车的安全。

2019 年，由 3GPP 制定的 5G R15 标准已冻结，接下来 5G-V2X 将通过 Uu 技术试验，来验证 5G 网络对 e-V2X 部分业务场景的支持能力。

1. 车路协同对高等级自动驾驶技术的意义

V2X 在高等级自动驾驶中具备 6 项要素：车侧单元、路侧智能基础设施、路侧单元、路侧边缘计算单元、路侧信息提示单元和云控管理服务平台。相较于单车智能，V2X 增加了路端和云端部署，能够有效降低单车智能技术的难度。

（1）路端：通过路端设备感知周围交通静态、动态信息，结合车路数据，进行精准分析，再实时传输回车端，形成路侧决策。由于在路侧装有感知设备，车端硬件成本得以降低，同时能够解决超视距、恶劣天气影响等问题，保证高等级自动驾驶安全。

（2）云端：通过收集大量数据，训练自动驾驶算法，同时可支持全局信息存储和共享，互联互通业务流，对自动驾驶车实施路径优化。

2. 政府与企业共同参与，加速车路协同发展

过去单车智能的打造与智慧道路的建设均由相关单位从单个环节入手，独自进行研发，呈"割裂"态势，车路协同能有效将二者结合在一起，不仅有助于高等级自动驾驶的实现，也符合中国交通强国的大方向。因而，车路协同备受关注，政府与企业都参与其中。

（1）政府方面：国家相关部门陆续出台了《推进智慧交通发展行动计划》《数字交通发展规划纲要》《车联网（智能网联汽车）产业发展行动计划》《推进综合交通大数据发展行动纲要（2020—2025 年）》等多项政策；工业和信息化部向中国移动、中国联通等颁发 5G 牌照，并组织成立"国家智能网联汽车创新中心"，引导车路协同发展；地方政府加速智能网联示范区的道路改造计划，开启智能网联汽车应用试点。

（2）企业方面：国家三大电信运营商开设车联网应用平台试点；百度、腾讯、阿里巴巴、滴滴、华为等互联网企业研发车路协同路侧平台和中心平台；一汽、上汽、东风等车

智能网联汽车 V2X 与智能网联设施 I2X

企开展车路协同应用测试；中国交建中咨集团、启迪云控等企业探索应用平台的建设与运营；此外，高新兴、中兴、大唐、国汽智联、星云互联等诸多芯片模组厂商、终端设备提供商、安全厂商和位置服务提供商均参与其中。

在政府和企业的联合推动下，车路协同在最近几年得到快速发展。在2018年11月中国汽车工程学会年会暨展览会（SAECCE）期间，华为、大唐、高通、金溢科技、星云互联、东软睿驰、上汽、长安、北汽、吉利等多家企业联合展示了世界首例"跨通信模组、跨终端、跨整车"的互联互通，成为推动中国C-V2X大规模应用部署和产业生态体系构建的重要一步。

从路侧基础设施建设进度来看，各地政府大多都已建立智能网联示范区，并着手改造示范区道路，部署车路协同路侧设备。由于投资大、进程慢，未来几年，路侧基础设施建设还将持续。

从应用类型来看，目前车路协同技术有智慧路口、智慧矿山、自动代客泊车、高速公路车辆编队行驶4个典型应用场景。在各路"玩家"的努力下，车路协同将率先在以上场景中实现应用。

从配套技术来看，由于高等级自动驾驶技术离成熟期较远，车路协同与自动驾驶的结合应用，还将在智能网联示范区或特定路段小范围进行。作为更多依靠基础设施建设的技术，车路协同的大爆发还需等待自动驾驶技术的进一步成熟。

3. 部分基于车路协同的自动驾驶场景将率先实现应用

根据技术特性和应用成熟度两个维度，可将C-V2X支持实现的车联网应用大致分为4个象限。其中，技术特性指该应用从测试试验验证样品到可量产产品之间还存在较大技术难度；应用成熟度指产业链、运用模式、管理制度和商业模式的成熟程度。据此划分，其中的L5级自动驾驶、车辆编队行驶、封闭环境自动驾驶、停车场自主泊车为C-V2X支持的高等级自动驾驶场景。

从应用成熟度来看，四者由高到低分别为：封闭环境自动驾驶>车辆编队驾驶>停车场自动泊车>L5级自动驾驶。

从技术特性来看，四者由易到难分别为：封闭环境自动驾驶<停车场自动泊车<车辆编队行驶<L5级自动驾驶。

从综合视角来看，封闭环境自动驾驶将在四者中最先实现应用，其次是车辆编队驾驶和停车场自动泊车，最后为L5级自动驾驶，其实现时间远远超过10年。

在以上自动驾驶场景中，车路协同能够发挥其"上帝之眼"的作用，通过路侧传感器感知车辆信息，并回传与车辆进行信息交互。对于园区、矿区等封闭环境自动驾驶而言，其区域固定且面积不大，路端设备相对容易部署，自动驾驶汽车的行驶路线也可以进行提前规划，实现难度相对较低。目前，已有多家企业初步实现测试试点应用，该场景可在 3 年内扩大应用范围，逐渐转向常态化。但对于车辆编队驾驶、停车场自动泊车、L5 级自动驾驶而言，由于大多为乘用车，且相关法规缺失，未来几年内或会进行示范应用，但暂时不会投入运营。

4. 车路协同的主要工作仍将集中在基础建设方面

自 2016 年起，中国各地开始建设智能网联示范区，并有意识地增加示范区路侧设备的部署，供自动驾驶汽车路测及探索车路协同技术。国家层面正大力进行基础设施建设。2020 年 3 月，工业和信息化部发布《关于推动 5G 加快发展的通知》，提出要促进"5G+车联网"协同发展，明确将车联网纳入国家新型信息基础设施建设工程，促进 LTE-V2X 规模部署。基础设施的改造是一项长期的系统性工程，其不仅需要汽车、通信、科技等多类企业与政府不同部门之间的配合，还需要投入大量资金。以高速公路为例，保守假设每千米高速公路的智能化改造费用为 100 万元，中国 14.26 万千米的高速公路总体需投入 1426 亿元经费，更不必说目前中国已近 500 万千米的公路里程。此外，铺设完成后，后期设备的升级与维护也是一大挑战。因此，即便在 2016 年就已开始基础设施的建设改造，根据中国智能网联汽车产业创新联盟（CAICV）、IMT-2020（5G）推进组 C-V2X 工作组、中国智能交通产业联盟（C-ITS）、中国智慧交通管理产业联盟（CTMA）联合发布的《C-V2X 产业化路径和时间表研究白皮书》，2020 年仍被认为是 C-V2X 产业化的"导入期"，此后在经历 4 年的"发展期"后，才能进入"高速发展期"。从这个角度来看，未来几年，车路协同的主要工作仍将集中在基础建设层面，并将配合基础设施建设开展小范围应用试点。

路端之外，车端也需要配置相应设备，才能实现与路端协同应用。国家工业信息安全发展研究中心发布的《中国汽车企业与新一代信息技术融合发展报告》提出，中国 2020 年的智能网联汽车渗透率已经达到 51.6%，未来几年间，该渗透率也将不断提升，为未来车路协同应用做准备。

技术支持端，5G 和自动驾驶的成熟程度同样重要。在车路协同方面，公路智能化改造引发较多关注，但这在很大程度上属于基础建设层面的内容，技术若想实现产业化，需要上层应用的成熟相配合。尤其是 5G 的低时延和高可靠性，使其成为实现高等级自动驾驶的必要条件。未来，只有二者有效配合才能实现技术的最终应用。

第 2 章

智能网联汽车理论方法

智能网联汽车时代，重构新型电子与电气架构至关重要，传统汽车电子与电气系统缺陷明显，已很难满足未来汽车软件的需要。电子与电气架构（Electrical/Electronic Architecture，EEA）是集汽车的电子与电气系统原理设计、中央电器盒设计、连接器设计、电子与电气分配系统设计等于一体的整车智能化解决方案。通过 EEA 的设计，可将动力总成、驱动信息、娱乐信息等车身信息转化为实际电源分配的物理布局、信号网络、数据网络、诊断容错、能量管理等的电子与电气完整解决方案。智能网联汽车中重构电子与电气架构要重点关注以下几个方面的性能：

（1）智能网联汽车全息感知；
（2）智能网联汽车规划决策；
（3）智能网联汽车控制执行。

2.1 智能网联汽车全息感知

智能网联汽车的关键技术包括全息感知、精准定位、决策与规划、控制与执行、高精度地图与车联网、自动驾驶汽车测试与验证技术，其中，全息感知、决策与规划、控制与执行环节涉及人工智能的深度应用。全息感知可以理解成汽车利用传感器套件对车身周围的动态和静态对象进行 3D 虚拟现实重构。在这套全息感知技术体系及关键软、硬件设备的支持下，自动驾驶汽车可通过车载摄像机、激光雷达、毫米波雷达等传感器来感知周围环境，实时动态监测周边的环境变化，并依据所获取的信息进行决策判断，形成安全、合理的路径规划。在规划好路径之后，汽车执行系统会控制车辆沿着规划好的路径完成驾驶。

自动驾驶的核心技术体系可概括为感知、决策与执行关系结构。全息感知、决策与规则、控制与执行的关系结构如图 2-1 所示。

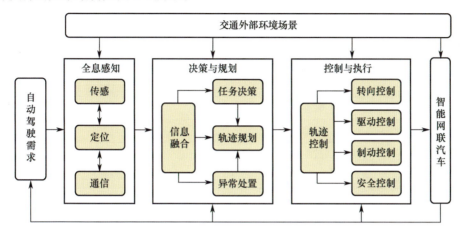

图 2-1　全息感知、决策与规划、控制与执行的关系结构

（1）全息感知系统被称为"中层控制系统"，负责感知周围的环境，并进行环境信息与车内信息的采集与处理，主要涉及道路边界监测、车辆检测、行人检测、设施检测等技术。

（2）决策与规划系统被称为"上层控制系统"，负责路径规划和导航，通过执行相应的控制策略，代替人类做出驾驶决策，实现智能汽车的驾驶。

（3）控制与执行系统被称为"底层控制系统"，负责汽车的加速、刹车和转向，主要由电子制动、电子驱动及电子转向 3 部分构成，实现智能汽车的运行控制。

通过"感知、决策与执行" 3 个系统的分工协作，责任明确地控制汽车运行，可以令智能汽车具备理论上"自动行驶"的条件。

2.1.1　智能网联汽车传感器监测体系

自动驾驶系统是一个复杂的系统。为了实现从 A 地到 B 地的驾驶过程，在自动驾驶汽车的实际使用中，需要自动驾驶系统完成全息感知、决策与规划、控制与执行三大任务，主要包括感知系统中常用的感知技术及其原理、定位系统、高精度地图及车联网技术的相关知识，同时建立起决策与规划系统的相关算法。

全息感知、决策与规划、控制与执行是自动驾驶的 3 个环节，感知环节采集周围环境的基本信息，也是自动驾驶的基础。自动驾驶汽车通过传感器来感知环境，所用到的传感器主要包括摄像机、毫米波雷达和激光雷达。多种传感器在多方面的性能对比如表 2-1 所示。

智能网联汽车 V2X 与智能网联设施 I2X

表 2-1　多种传感器在多方面的性能对比

性能内容	激光雷达	毫米波雷达	摄像机	GNSS/IMU
远距离测量能力	优	优	优	优
分辨率	良	优	优	优
低误报率	良	优	一般	优
温度适应性	优	优	优	优
不良天气适应性	较差	优	较差	优
灰尘/潮湿适应性	较差	优	较差	较差
低成本硬件	较差	优	优	良
低成本信号处理	较差	优	较差	良

智能网联汽车全息感知系统的主要内容包括：

（1）自动驾驶分级；

（2）自动驾驶对传感器的需求；

（3）Pony Alpha 自动驾驶传感器系统；

（4）激光雷达；

（5）视频摄像机；

（6）毫米波雷达；

（7）全球卫星定位及惯性测量传感器；

（8）传感器系统的时间同步；

（9）传感器系统的集成度设计；

（10）传感器的选型与评估。

2.1.1.1　自动驾驶监测与定位

从自动驾驶的 L0 级到 L5 级，最重要的变化是从需要人类完全驾驶这辆车过渡到人类完全不需要驾驶这辆车。每一级的增加就是一个跃变，逐渐解放手和脚，甚至连眼睛也不需要再盯着路面。从操作方式来讲，从 L0 级到 L5 级就是一个逐渐释放人类作用域的过程。

1. 车道线检测

车道线检测是智能车辆辅助驾驶系统中必不可少的环节，快速、准确地检测车道线在协助自动驾驶路径规划和偏移预警等方面尤为重要。常见的车道线检测方案主要是基于摄像头及传统计算机视觉的检测，随着自动驾驶技术的逐步发展，基于激光雷达等高精度设备的车道线检测算法也被提出。传统计算机视觉的车道线检测主要依赖高度定义化的手工特征提取和启发式方法。根据提取特征的不同，可以将基于道路特征的检测方法进一步分为基于颜色特征、纹理特征和多特征融合的检测方法。

2. 车辆定位

车辆定位是让自动驾驶汽车获取自身确切位置的技术，在自动驾驶技术中定位担负着相当重要的职责。车辆自身定位信息获取的方式多样，涉及多种传感器类型与相关技术，如卫星导航定位、惯性导航定位及多传感器融合定位等。

卫星导航定位系统是星基无线电导航系统，以人造地球卫星作为导航台，为全球海、陆、空的各类军民载体提供全天候、高精度的位置、速度和时间信息。全球卫星导航系统（Global Navigation Satellite System，GNSS）有美国的 GPS、俄罗斯的 GLONASS、中国的北斗卫星导航系统（BDS）及欧盟的伽利略（Galileo）系统。

GNSS 定位主要解决两个问题：一是观测瞬间卫星的空间位置，二是测量站点卫星之间的距离。空间位置即 GNSS 卫星在某坐标系中的坐标，首先要建立适当的坐标系来表征卫星的参考位置，而坐标又往往与时间联系在一起，因此，定位是基于坐标系统和时间系统来进行的。GNSS 利用基本三角定位原理，分别以 3 颗卫星的位置为圆心，3 颗卫星与地面某点的距离为半径作球面，球面交点即为地面用户位置。

差分 GNSS 的基本原理是在一定地域范围内设置一台或多台接收机，将一台已知精密坐标的接收机作为差分基准站，基准站连续接收 GNSS 信号，并与基准站已知的位置、距离数据进行比较，从而计算出差分校正量，减小甚至消除 GNSS 中用户站由于卫星时钟、卫星星历、电离层延迟与对流层延迟所引起的误差，提高定位精度。

2.1.1.2 自动驾驶对传感器的需求

自动驾驶发展到 L4～L5 阶段的时候，人的大脑被完全解放，在驾驶过程中，人不需要再时刻准备接管车辆。对于传感器的依赖越来越多，在实质及形式上需要更多高质量、不同类型的传感器来辅助。同时，在高级别的自动驾驶系统中，传感器的数量也变得越来越多。多传感器融合的感知系统可以有效应对现实世界中的光照、天气、路况等各种复杂条件，并且在安全方面形成冗余设计。激光雷达、可见光相机、毫米波雷达及超声波传感器中，没有哪一个传感器是可以被完全依赖的，每个传感器在当前阶段都有其弱项，需要其他传感器来补足。

2.1.1.3 Pony Alpha 自动驾驶传感器系统

自动驾驶传感器系统的需求设计主要关注以下几个方面。
（1）自动驾驶汽车通常有 3 个激光雷达：一个位于车顶，360 度兼顾整车；其余两个

智能网联汽车 V2X 与智能网联设施 I2X

短距离激光雷达位于车身两侧,负责转弯保护及盲区检测。也可以有 4 个雷达:侧向的两个辅助探测两边的路况及进行转弯保护;车辆前、后的两个可以覆盖比较长的距离。

(2)在自动驾驶汽车周围有 4 个广角摄像头,可以 360 度覆盖视野;在前视区域还安装了一个中距相机和一个远距相机,分别覆盖不同距离上的检测和识别。

(3)另外,还有长距雷达来适应高速公路、各种天气和路况上车辆行驶的需求。传感器系统设计具有普适性,几乎所有车型都可以使用多表代换密码传感器系统。

2.1.1.4 激光雷达

激光雷达又称光学雷达,是一种先进的光学遥感技术。激光雷达可以用于测量物体距离和表面形状,其测量精度可达厘米级。激光雷达还可以联合 GNSS/IMU 与高精度地图等手段进行加强定位。一方面,通过 GNSS 得到初始位置信息,再通过惯性测量单元(Inertial Measurement Unit,IMU)和车辆的编码器(Encoder)配合得到车辆的初始位置;另一方面,将激光雷达的 3D 点云数据,包括几何信息和语义信息进行特征提取,并结合车辆初始位置进行空间变化,获取基于全局坐标系下的矢量特征。

激光雷达利用激光进行探测,其使用的是红外光。使用红外光的优势在于,首先,进行扫描探测时红外光不会对人的视觉产生干扰;其次,由于红外光探测技术在通信等方面已经得到广泛应用,技术相对成熟,成本也比较低;最后,红外光在大气中的传播比较稳定,基本不会受到干扰,而且太阳的频谱分布 1550 纳米波段的红外光相对能量要小一些,对红外系统的影响也会小一些。激光雷达的原理是:通过一个发射器射出一束光到物体上,然后反射回来,通过时间差,结合光速来进行距离探测。通常在实践中会运用一些特殊手段来克服由于光速太快而导致的对时钟的高负荷依赖。

1. 机械式激光雷达

机械式激光雷达的两边有两个旋转机构,利用这两个旋转机构,首先主要实现在水平视场角上拥有 360 度视线,其次利用倾斜反射镜的不断转动实现垂直方向上的扫描。机械式激光雷达是自动驾驶早期使用的,因为其使用了比较好的激光发射器件,所以通常具有高信噪比的特点,但是因为其旋转机构的特点,通常封装较大,质量较重。其旋转机构的可靠性比较差,产品的一致性也比较差。现役的雷达通常都是混合式的,即在垂直方向上采用多通道设计,但是在 360 度水平方向上还是使用这种旋转的扫描机构。

2. 固态 LiDAR

固态 LiDAR 是未来的发展趋势,固态 LiDAR 一方面有利于降低成本,另一方面有利于提高稳定性。它主要包括 3 种类型:网衬 MEMS LiDAR 实际上是通过使用 MEMS 技术来控制扫描镜,进而实现一定角度上的扫描功能;光扫描激光雷达 Flash LiDAR 的模式比较像手机上的相机,使用面阵光传感器的光学成像来取代旋转扫描结构;机械式、混合式 LiDAR 主要运用在短距离、光学相控阵(Optical Phased Array,OPA)模式下。

3. LiDAR 的 4 个发展方向

(1)成本降低:随着越来越多研究者的加入和新技术的演进,LiDAR 的成本必然会降低。

(2)LiDAR 的性能提升将体现在视场角和分辨率、信噪比、雨雪天气的抗干扰、相互间防干扰及可靠性 5 个方面。

(3)固态 LiDAR 的应用将是自动驾驶汽车向外感知发展的重要方面。

(4)LiDAR 将满足高级别自动驾驶的安全功能需求。

2.1.1.5 视频摄像机

视频摄像机的工作原理如下:首先是采集图像,将图像转换为二维数据;然后,对采集到的图像进行模式识别,通过图像匹配算法识别行驶过程中的车辆、行人、交通标志等。与其他传感器相比,无人车上配置的视频摄像机采集到的数据量远大于 LiDAR 产生的数据量,可以获得最接近人眼获取的周围环境信息。视频摄像机识别行驶过程中的车辆、行人、交通标志等可以实现的功能如表 2-2 所示。

表 2-2 视频摄像机识别行驶过程中的车辆、行人、交通标志等可以实现的功能

自动驾驶辅助功能	视频摄像机位置	实现功能
车道偏离预警(LDW)	前视	当前视视频摄像机检测到即将偏离车道线时,会发出警报
前向碰撞预警(FCW)	前视	当前视视频摄像机检测到与前车距离过近,可能发生追尾时,会发出警报
交通标志识别(TSR)	前视、侧视	识别前方道路两侧的交通标志
车道保持辅助(LKA)	前视	当前视视频摄像机检测到车辆即将偏离车道线时,就会向控制中心发出信息,然后由控制中心发出指令,及时纠正行驶方向
行人碰撞预警(PCW)	前视	前视视频摄像机会标记前方道路行人,并在可能发生碰撞时,及时发出警报
盲区监测(BSD)	侧视	利用侧视视频摄像机,将后视镜盲区内的影像显示在驾驶舱盲区内
全景泊车(SVP)	前视、侧视、后视	利用车辆四周获取的影像,通过图像拼接技术,输出车辆周边的全景图
泊车辅助(PA)	后视	泊车时将车尾的影像显示在驾驶舱内,预测并标记倒车轨迹,辅助驾驶员泊车
驾驶员注意力监测	内置	安装在车内,用于监测驾驶员是否处于疲劳、闭眼、打哈欠、吸烟等注意力不集中的状态

根据不同自动驾驶功能的需要,视频摄像机的安装位置也有所不同,主要分为前视、

智能网联汽车 V2X 与智能网联设施 I2X

环视、后视、侧视及内置。若实现全部自动驾驶功能至少需要安装 6 个视频摄像机。安装视频摄像机有如下几点要求。

（1）高动态：在较暗环境及明暗差异较大时仍能实现识别，要求视频摄像机具有高动态的特性。

（2）中低像素：为了降低对图像处理器的性能要求，视频摄像机的像素并不需要非常高。目前 30 万～120 万像素就可以满足要求。

（3）角度要求：对于环视和后视，一般采用 135 度以上的广角镜头，前视视频摄像机对视距要求更高，一般采用 0～55 度范围的镜头。

2.1.1.6 毫米波雷达

毫米波就是电磁波，毫米波雷达通过发射无线电信号并接收反射信号来测定车辆与物体间的距离，其频率通常在 10～300GHz 之间。与厘米波导引头相比，毫米波导引头体积小、质量轻、空间分辨率高；与红外、激光、电视等光学导引头相比，毫米波导引头穿透雾、烟、灰尘的能力强；另外，毫米波导引头的抗干扰性能也优于其他微波导引头。毫米波雷达具有全天候、全天时的工作特性，且探测距离远、探测精度高，被广泛应用于车载距离探测，如自适应巡航、碰撞预警、盲区探测、自动紧急制动等。毫米波雷达的测距和测速原理都基于多普勒效应。

雷达技术最早运用于军事领域，利用无线电信号来对物体的位置和速度做检测。随着自动驾驶的兴起，雷达在自动驾驶系统中的应用越来越多。雷达分为短距雷达、中距雷达和长距雷达，长距雷达覆盖距离可以达到 250 多米。同相机比，天气、环境和光照条件对雷达的限制很小。如果是为了检测单一物体，则发送调试好的信号，信号会在一定时间后返回，通过解析信号可以检测物体；如果物体与相对位置没有变化，则发出和返回的信号就没有变化，通过计算可以得出是固定频率的信号；如果是检测多个物体，且都有回波，则通过傅里叶变化可以解算出多个静态物体；如果是检测有相对运动的物体，则其回波信号会发生变化，通过解析信号可以测量物体运动的速度。毫米波雷达的特性包括以下几点：

（1）无机械运动部件，可靠性高，相对成本低；

（2）具有较好的距离分辨率，但是水平角分辨率较差；

（3）可以提供距离、速度和方位角的信息，但是无高度信息；

（4）受天气条件影响小，不受光照影响，长距离探测可达 250 米；

（5）与光学传感器相比，毫米波雷达可穿透某些物体（如前、后保险杠）。

智能网联汽车的毫米波雷达系统结构如图 2-2 所示。

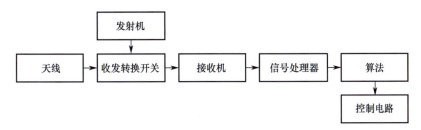

图 2-2　智能网联汽车的毫米波雷达系统结构

2.1.1.7　全球卫星定位及惯性测量传感器

全球导航卫星系统（GNSS）和惯性测量单元（IMU）是为高级别的自动驾驶汽车提供所需要的高精度定位服务的。在这种情况下，需要知道准确位置来与地图匹配，从而判断车辆位置。GNSS&IMU 融合方案是比较流行的自动驾驶系统定位方案，因为 GNSS 的数据刷新有一定的周期（如 10 毫秒），但是 IMU 的采样率非常高，所以当在城市里遇到一些问题而导致 GNSS 出现定位不准确等问题时，可以利用 IMU 在一定程度上维持定位的准确性。IMU 可以提供车辆的动态信息，并在一定情况下计算相对位置的变化。单纯使用 GNSS 定位时，位置精度并不高，所以才采用定位参考站技术来实现更高精度的位置计算。另外，在定位中很重要的是通过感知定位，与高精度地图的静态物体相匹配。综合了上述定位手段的定位系统才会比较可靠。

2.1.1.8　传感器系统的时间同步

雷达信息主要是点云数据，不同的颜色表示不同的位置信息。相机只有平面数据，单一地基于相机数据或激光雷达的点云数据去做识别都有局限性，两者结合可以得到一个更可靠的结果。为了能够让点云匹配到图像信息，需要保证两者数据的时间同步性，进而将两者数据融合识别。

传感器的时间同步，从 GNSS 定位信息开始就能够提供一个比较准确的时间信息。到导航框中后，会对它的信息进行解析，提供每秒脉冲数（PPS）信号，以及提供每秒的时钟，再加上通用分组无线业务（General Packet Radio Service，GPRS）的定位和时间信息，最后传输到雷达和中央计算机。雷达在做扫描的时候，会将扫描信息和时间戳信息提供给中央计算机，之后中央计算机会将信息传输给接收总线（PSPU），PSPU 会根据触发角和时间戳信息来触发相机的曝光。相机曝光后，PSPU 会将时间添加进每一帧的数据中，中央计算机还会通过点对点（Peer to Peer，PTP）的方式将时间信息传送给雷达，这样雷达和相机的时间就可以匹配，传感器系统所有数据的时间戳信息也可以保持一致。

2.1.1.9 传感器系统的集成度设计

要不断提升传感器系统的集成度,因为低集成度会导致连线众多、维护麻烦、可靠性低、美观度差、难以规模化等问题。提升传感器系统集成度要努力的方向如下:

(1)感应塔(Sensor Tower):从结构、走线上更好地将车顶的传感器集成到一起。

(2)接线盒(Nbox):集成 4G/5G、Switch、LiDAR 和 GNSS/IMU,把这些子模块的供电、数据集成起来,走线也会少很多。

(3)接收总线(PSPU):集成所有相机的供电、控制、时间同步及图像数据的接收和后处理。

(4)配电装置(PDU):给计算机和传感器系统提供统一的电源。更多的设备还在开发中。

2.1.1.10 传感器的选型与评估

从需求出发(如定位),选择相机或雷达,确认采用什么样的传感器。被选的传感器通过数据分析和验证,以及通过自己的静态测试和动态测试来不断完善。例如,在某些情况下传感器表现得更好,而在某些情况下表现得不好。传感器并不急于规模化部署,会逐步基于静态测试和动态测试结果来进行小批量部署。传感器的选型评估和保护既是一个工程问题,也是一个商务问题,一个适用的传感器同样需要解决供应和价格的问题,从而达到量产或规模化部署。传感器选型与评估的流程是:需求分析→特别的补充分析→静态测试(标准环境下的主/客观测试)→动态测试(实际道路上的主/客观测试)→环境/可靠性测试→小批量装车测试→逐步实现规模化部署。

2.1.2 智能网联汽车驾驶与仿真建模

先进驾驶辅助系统(ADAS)可以协助驾驶员提高行车的安全性和驾驶舒适性,被认为是提升出行效率、解决交通事故频发问题的有效措施。先进驾驶辅助系统依靠传感器采集车辆行驶四周的环境信息,并根据环境目标威胁而做出横向、纵向控制,可有效降低发生道路交通事故的概率。传统的场地测试以假人、假车、环境模拟器等测试设备构建有限测试场景,测试决策控制算法的合理性和控制算法与车辆匹配的优劣关系重大。先进驾驶辅助系统连续感知、决策、执行,全天候持续运行,传统测试评价手段已难有效覆盖自动驾驶新特征。先进驾驶辅助系统在开发过程中,每一阶段的功能和性能测试评价将通过多样化的试验结果相互组合印证,需要进行实车道路测试、公开道路测试、功能安全测试、信息安全测试和仿真测试等。

2.1.2.1 驾驶辅助系统功能及传感器原理

驾驶辅助系统的主要构成装备包括毫米波雷达、摄像机、360 度环视系统、超声波雷达，利用驾驶辅助系统，可以实现自动泊车（APA）、自适应巡航（ACC）、紧急制动（AEB）、盲区监测（BSD）、车道保持辅助（LKA）、交通拥堵辅助（TJA）等功能。激光雷达主要安装在更高级别的自动驾驶汽车上。车载传感器感知前方道路上的障碍物、车道线、交通限速标志、行人等信息；使用摄像机和毫米波雷达获取前方目标的相对距离、相对速度，通过决策与控制系统实现自适应巡航、紧急制动、交通拥堵辅助功能；摄像机可识别前方道路车道线，计算车辆与车道线的相对位置和车道线的曲率半径，结合车辆的底盘转向特性，实现车道保持功能。

1. 毫米波雷达目标识别原理

车载毫米波雷达主要分为脉冲式和连续调频式，由于脉冲信号近距离探测目标时对硬件计算速度要求较高，因此不适用于车载近距离探测目标的需求。连续调频毫米波雷达采用雷达波调制的方式发送探测电磁波，通过调制发射电磁波信号与雷达天线接收到的目标反射信号进行混频，利用傅里叶变换算法对混频信号进行解析，可解析出雷达与目标的相对距离和相对速度，并根据雷达接收天线阵列参数计算出相对角度信息。

2. 视频摄像机目标识别原理

作为 ADAS 的核心传感器之一，视频摄像机需要最大限度地适应不同的光照条件，能够更加快速、精确地感知路况信息，并加强对图像噪点的抑制。视频摄像机的光感原件识别外界图像信息并转化为电信号，根据编码协议编码图像信号，通过低电压差分信号（LVDS）传输方式将图像传输至图像处理芯片（ECU），经过图像信号质量处理后，再传递至图像处理单元（GPU），利用深度学习或机器学习算法识别图像中不同层次的目标（道路、行人、车辆、障碍物）。视频摄像机目标识别的效果依赖于深度学习样本的类型和数量，因此深度学习目标识别的样本需要不断迭代和更新。

3. 超声波雷达探测原理

超声波传感器发射出超声波，由接收传感器接收经障碍物反射回来的超声波，根据超声波反射接收的时间差，由控制单元内的 CPU 换算成距离。超声波雷达在速度很高情况下的测量距离有一定的局限性，这是因为超声波的传输速度很容易受到天气情况的影响，在不同的天气情况下，超声波的传输速度不同，且传播速度较慢，因此当汽车高速行驶时，使用超声波测距无法跟上汽车车距的实时变化，误差较大。超声波散射角大，方向性较差，在测量较远距离的目标时，其回波信号会比较弱，影响测量精度，但超声波在短距离情况下具有非常大的优势,被广泛应用于自动泊车的车位探测及行车盲点辅助。

4. 激光雷达探测原理

激光雷达是以发射激光束的方式探测目标位置、速度等特征量的雷达系统,其由激光发射机、光学接收机、转台和信息处理系统等组成。激光雷达将电脉冲变成光脉冲发射出去,光学接收机再把从目标反射回来的光脉冲还原成电脉冲,根据光线的飞行时间获得单点的相对距离,并根据激光雷达基础坐标系计算目标点云在坐标系的位置。激光雷达可直接生成带有坐标位置的点云信息,在多线激光雷达照射下可形成多点外轮廓,采用聚类分析、语义分割、深度学习等目标分类识别技术,建立车辆四周的道路、障碍物、行人、车道线、车辆、交通标志等数字化模型,并直接应用于驾驶辅助系统的控制决策。

2.1.2.2 驾驶辅助系统硬件仿真

1. 系统架构

典型的驾驶辅助系统硬件仿真测试平台架构主要由场景建模工作站、雷达目标模拟器、超声波雷达信号注入、视频暗箱、视频注入系统、先进驾驶辅助系统——图像处理芯片(ADAS-ECU)、驾驶模拟器、车辆动力学模型组成。

硬件仿真典型数据传递流程如下:

(1)场景软件将各个虚拟传感器模型检测目标信号输出至对应传感器模拟器。

(2)各个模拟器子系统采用物理信号仿真的方式与真实传感器进行联合仿真。

(3)传感器通过 CAN 总线/备选将采集到的目标信息输入 ADAS-ECU。

(4)ADAS-ECU 根据实时系统模拟输入车速等信息,驾驶模拟器输入转向盘转角、油门踏板、加速踏板信号等信息,结合传感器目标、车道线识别结果进行综合决策。

(5)ADAS-ECU 输出决策控制命令至实时运行的车辆动力学模型,执行 ACC、AEB、LKA、TJA、APA 等控制。

(6)车辆动力学模型执行相应动作,计算出各个车轮的位置坐标(x, y, z),并将车速、减速度、转向盘转角等信息反馈至场景软件。

(7)场景软件更新场景数据,完成新一帧的数据仿真。

2. 雷达目标模拟器

雷达目标模拟器是毫米波雷达射频信号仿真方案的关键部件。雷达目标模拟器通过射频天线接收端接收雷达信号后,采用傅里叶变换算法对该雷达波信号进行时域、频域分析,解析雷达波信号特征,再根据场景软件中雷达模型传递的被模拟目标的速度、距离、雷达截面积(RCS)值,通过射频信号技术对回波延时、多普勒频移、信号增益/衰减进行操作,从而完成雷达目标信号的速度、距离、RCS 值的模拟。

分析连续两束正弦波调制的雷达波信号，若物体保持静止，则对采集到的时域信号进行傅里叶变换后的结果会在相同的频率 f 位置出现峰值。雷达目标模拟器模拟距离为 D 的物体，通过计算出发射信号与接收信号的时间差，实现模拟目标距离 D。若物体移动速度为 v，则连续两次信号解析的结果存在相位差，结合两束波发射的时间间隔，计算出所需的相位差，并将信号的相位进行偏移，以模拟目标速度。

雷达目标模拟器的工作频段、瞬时带宽应大于等于被测雷达参数，模拟目标 RCS 值的范围代表模拟目标种类的丰富程度，而最近的目标模拟距离直接影响测试场景的搭建。雷达目标模拟器在实际应用过程中的主要性能参数如表 2-3 所示。

表 2-3 雷达目标模拟器在实际应用过程中的主要性能参数

参数	指标	作用
工作频段/GHz	76～81	雷达工作频段
瞬时带宽/GHz	≥1	信号调制带宽
模拟目标RCS值/dBsm	−20～85	模拟目标类型
模拟目标最小距离/m	≥1.8	交通拥堵辅助/紧急制动
模拟目标最大距离/m	≥300	自适应巡航/紧急制动

雷达目标模拟器对每个雷达目标的模拟都需要配置独立通道进行信号处理，模拟目标的数量与成本成正比，同时单方向上模拟目标的数量过多，会造成信号干扰。单方向上模拟目标与实际道路行驶时雷达探测到的目标相比，模拟目标的数量较少，不能真实反映汽车在道路上行驶时所处的复杂电磁波环境。而对于双方向运动多目标模拟，将雷达目标模拟器的收发天线置于环形导轨上，通过驱动电机来驱动收发天线沿导轨运动，从而实现不同方向的雷达模板动态运动模拟，但受限于机械结构设计，能模拟的方向目标有限。

3. 视频注入

场景仿真软件构建虚拟场景并进行视景渲染，通过显卡输出视频流，通过 HDMI/DVI 与上位机的显卡通道相连，将采集到的视频流输入视频注入模块进行处理，处理完的信号通过 ECU 适配板输出给视频摄像机。视频注入摄像头仿真的优点如下：

（1）可测试强光或逆光情况下控制算法的反应；

（2）可测试多目标、360 度环视系统；

（3）可以通过对视频注入板卡进行编程，实现图像信号级、像素级的故障注入；

（4）可实现低时延、高保真的摄像头仿真测试。

4. 测试场景建模软件

场景建模软件与车辆动力学软件联合仿真可实现闭环，能够将车辆动力学模型与交通

智能网联汽车 V2X 与智能网联设施 I2X

场景很好地融合起来,进而弥补车辆动力学软件在真实交通场景建模、路网系统建模及交通状况控制方面的不足。场景建模软件具有强大的道路环境交通仿真能力,主要包括以下几点:

(1)复杂路网建模,包含异形交叉路口、转弯、坡度、超高及路边建筑(隧道、桥梁等);

(2)具有强大的交通仿真和交通规则仿真能力,包含交通流模拟、行人干扰;

(3)多种天气模式渲染(雨、雪、雾、沙尘暴等),包含动态实时光影、HDR 渲染和路面渲染;

(4)采用开放的标准和接口,非常适合与第三方软件进行联合集成仿真;

(5)传感器仿真能力,包括理想传感器和复杂传感器,可以获得目标的对象表或模拟传感器的点云数据。

商用场景软件的功能都较为相近,性能的区别不够明显。各个场景软件都支持网络硬盘 Opendrive 格式和操作指令 Openscenario 格式的道路网络与场景格式化导入。在场景软件中建立起各个传感器的物理模型,通过目标列表直接注入 ADAS-ECU,可实现快速决策、控制算法验证,与传感器目标物理信号模拟方式相结合,可满足驾驶辅助系统算法开发不同层级的需求。

2.1.2.3 未来测试技术发展预测

1. 传感器

通过全方位的 360 度环视、多雷达系统、高精度定位等自主感知信息获取车辆有限距离的外部环境信息,结合 5G 车路协同技术实现远距离的路径规划、事故早报等功能,为高度自动驾驶应用奠定技术基础。智能网联汽车是多系统协调、多技术融合的整体,同时存在多方面的风险,需要多维度、多视角的测试评价以达到置信程度的要求。

2. 测试技术挑战

传感器数量、类别的增多给整套自动驾驶系统的硬件仿真测试带来巨大的技术挑战。一般情况下,一辆自动驾驶汽车有 6 个毫米波雷达、1 个激光雷达、6 个摄像头、1 个惯导传感器、1 套车路协同设备,若对所有传感器配置对应的物理信号仿真模拟器,会带来多模拟器硬件实时仿真协调性挑战和多实时系统之间任务解包、任务分配、信号输出与反馈之间的同步性问题,挑战现有的测试模型和框架。

针对常见的视觉、雷达、GNSS 仿真,已经有经过大量验证的可实施方案。对于环视系统和前视摄像头,采用视频流注入的方式是较优的解决方案,而激光雷达单帧仿真的点云数量巨大,采用物理仿真的方式很难实现实时、准确仿真。不同的激光雷达结构形式各异，采用激光雷达目标模拟器方式存在较大的技术难度和通用性问题，因此针对激光雷达仿真，采用点云数据直接注入目标控制器。

受制于雷达目标模拟器的仿真原理，1个雷达仿真子系统能仿真的雷达目标数量较少，正常雷达检测到的道路上目标至少小于 8 个，因此采用信号延时的雷达仿真方式存在一定局限性。未来针对雷达目标模拟器采用阵列式的多目标模拟暗箱，利用电信号高速控制雷达信号收发与目标仿真计算，至少可实现 16 个不同方向及运动目标的模拟。同时，在场景软件中建立起毫米波雷达模型，将场景中背景目标材质的雷达反射特性进一步细化，传递给雷达目标模拟器进行目标仿真，贴近真实的雷达环境。

2.1.3 传感器深度融合关键技术难点

随着越来越多自动驾驶汽车难题的出现，挑战难度越来越大。汽车工业正在将传感器融合作为应对日益增加的自动驾驶汽车所需的复杂性和可靠性的最佳选择，为汽车内部如何管理和利用来自多个设备的数据奠定了基础。要求自动驾驶汽车在长寿命内具有零磁场故障的高可靠性，同时这些车辆还必须在所有天气和驾驶条件下都安全，车辆需要以可承受的成本进行此操作。因此，传感器融合已成为人们关注的焦点。

雷达用于在相当远的距离上检测、定位和跟踪物体。激光雷达使用光来测量范围（可变距离），以生成其周围区域的 3D 图像，视觉传感器捕获穿过镜头的光子以生成"图像"，该图像不仅可以帮助监测，而且可以识别物体、交通标志和行人。实时操作对于 AV/ADAS 系统至关重要，主要挑战之一是每个传感器捕获的数据"同步"以提取准确和相关的信息。每个传感器用来捕获信息的技术是不同的，必须深入了解每种模式的工作方式，才能有效地"融合"这些多样化的数据集。

2.1.3.1 激光雷达与摄像机融合

基于单目视觉的感知系统以低成本实现了令人满意的性能，但却无法提供可靠的 3D 几何信息。双目相机可以提供 3D 几何信息，但计算成本高，且无法在高遮挡和无纹理的环境中可靠工作。此外，基于视觉的感知系统在光照条件复杂的情况下鲁棒性较低，这限制了其全天候的感知能力。而激光雷达不受光照条件的影响，且能提供高精度的 3D 几何信息，但其分辨率和刷新率低，成本高昂。

摄像机-激光雷达融合感知，就是为了提高性能与可靠性并降低成本。这并非易事，摄像机通过将真实世界投影到摄像机平面来记录信息，而激光雷达点云则将几何信息以原始坐标的形式存储。就数据结构和类型而言，激光雷达点云是不规则、无序和连续的，而图像是规则、有序和离散的，这就造成了图像和点云处理算法方面的巨大差异。

自动驾驶汽车中的感知模块负责获取和理解其周围的场景，其输出直接影响下游模块

智能网联汽车 V2X 与智能网联设施 I2X

（如规划、决策和定位），感知的性能和可靠性是整个自动驾驶系统的关键。通过摄像机-激光雷达融合感知来加强其性能和可靠性，改善智能网联汽车在复杂场景下的感知（如城市道路、极端天气情况等）能力。图像和点云融合的趋势如下。

（1）2D 到 3D：随着 3D 特征提取方法的发展，在 3D 空间中定位、跟踪和分割对象已成为研究的热点。

（2）单任务到多任务：一些近期的研究结合了多个互补任务，如对象检测、语义分割和深度完成，以实现更好的整体性能并降低计算成本。

（3）信号级融合到多级融合：早期的研究经常利用信号级融合，将 3D 几何图形转换到图像平面以利用现成的图像处理模型，近期的模型则尝试在多级融合图像和激光雷达点云（如早期融合、晚期融合）利用时间的上下文建模。

1. 与性能相关的开放研究

（1）加入几何约束（Encoding Geometric Constraint）技术。与其他三维数据源（如来自立体相机或结构光的 RGB-D 数据）相比，LiDAR 有更长的有效探测范围和更高的精度，可提供详细而准确的 3D 几何形状信息。几何约束已成为图像和点云融合流程中的常识，其提供了额外信息来引导深度学习网络实现更好的性能。将点云以 RGB-D 图像的形式投影到图像平面似乎是最自然的解决方法，但是点云的稀疏性会产生空洞。深度补全和点云上采样可以在某种程度上解决该问题。除此之外，利用单眼图像预测深度信息，以及在连续帧之间引入自我监督学习，也有望缓解这个问题。但是，如何将这种几何信息加入融合流程中仍是当前研究实践中尚需解决的问题。

（2）加入时间上下文（Encoding Temporal Context）技术。还有一些工程问题阻碍了自动驾驶汽车的实际部署，如 LiDAR 与摄像头之间的时间不同步、LiDAR 的低刷新率导致车速高时的点云变形，以及 LiDAR 传感器的测距误差。这些问题将导致图像与点云、点云与实际环境之间的不匹配。根据深度补全方面的经验，可以采用连续帧之间的时间上下文来改善姿态估计，从而改善特征融合的性能，并使得下游的标头网络受益。在自动驾驶过程中，准确估算周围车辆的运动状态至关重要，时间上下文有助于获得更平滑、更稳定的结果。此外，时间上下文可能有益于在线自校准。因此，应对加入时间上下文进行更多的研究。

在深度学习网络结构设计上，需要回答点云的最佳深度学习网络结构是什么？对于图像处理，卷积神经网络是最佳选择，并已被广泛接受，但点云处理仍然是一个开放的研究问题。同时，没有点云深度学习网络的设计原则被证明是最有效的。大多数传感器融合网络都是基于对应图像的网络结构，或基于经验、实验来进行设计的。因此，采用神经网络结构搜索的方法可能会带来进一步的性能提升。

在无监督或弱监督的学习框架中，人工标注图像和点云数据既昂贵又耗时，这限制了当前多传感器数据集的大小。采用无监督或弱监督的学习框架，可以使网络在更大的未标记/粗标记的数据集上进行训练，从而提升性能。

2. 与可靠性相关的开放研究

（1）与传感器无关的融合框架。从工程角度来看，自动驾驶汽车的冗余设计对其安全至关重要。尽管将 LiDAR 和摄像头融合在一起可以改善感知性能，但是也会带来信号耦合问题。如果在工作时有一条信号路径失效，那么整个流程都可能会发生故障，并影响下游模块。这对于在安全关键环境中运行的自动驾驶汽车而言是不可接受的。这一问题可以通过加入能接受不同传感器输入的多个融合模块，或异步多模数据、多路径的融合模块来解决，但最佳解决方案仍有待进一步研究。

（2）全天候/光线下的工作能力。自动驾驶汽车需要在所有天气和光照条件下工作。然而，数据集和方法主要集中在具有良好照明和天气条件的场景上，这会导致在现实世界中表现不佳，其光照和天气条件要求更加复杂。

（3）对抗攻击和极端状况（Adversarial Attacks and Corner Cases）。针对基于图像的感知系统的对抗已被证明是有效的，这对自动驾驶汽车构成了严重危险。在这种情况下，可以进一步探索如何利用 LiADR 的准确 3D 几何信息和图像来共同识别这些攻击。

由于自动驾驶汽车需要在不可预测的开放环境中运行，因此也必须考虑感知中的极端案例（Edge Cases）。在设计感知系统时，应该考虑到不常见的特殊障碍物，如奇怪的行为和极端的天气，以及打印并粘贴在大型车辆上的人和物体（车体广告）及穿着怪异服装的人，利用多模数据传感器来识别这些极端情况，可能会比用单模数据传感器更有效、可靠和简单。在这个方向上的进一步研究可以帮助提高自动驾驶的安全性和加快其商用速度。

3. 与工程有关的开放研究

（1）传感器在线自校准。摄像机和 LiDAR 融合的前提是摄像机和 LiDAR 之间的精确校准，其中，包括摄像机内部参数和摄像机与 LiDAR 之间的外部参数。但很难做到校准参数一直准确，即使在对摄像机和 LiDAR 进行了完美的校准之后，在车辆机械振动、热量等因素的影响下，其校准参数也会随时间变化而变得不准确。由于大多数融合方法对校准误差极为敏感，这会严重削弱其性能和可靠性。此外，校准过程大多需要从头进行，所以不断地人工更新校准参数既麻烦又不切实际。然而，这个问题因在已发布的数据集中不太明显而受到的关注较少。尽管如此，仍然有必要研究摄像机和 LiDAR 在线自校准的方法。最近的一些研究采用了运动引导和无目标自校准技术，在这个重要方向上应该进行更多研究。

（2）传感器时间同步。明确来自多个传感器数据帧的确切时间对于实时传感器融合至关重要，这将直接影响融合结果。LiDAR 和摄像机具有不同的刷新率，并且每个传感器都有自己的时间源；感知系统的许多部分（数据传输、传感器曝光时间等）都可能发生不可控制的时间延迟。缓解该问题的方法：增加传感器刷新率以减小时间偏差；使用 GPS PPS 时间源与主机保持同步，并且由主机将时间戳同步请求发送到每个传感器，以使每个传感器在同一时间轴上；如果传感器可以由外部信号触发，则带有晶振的特定电路硬件可以记录精确的时间戳，该时间戳可几乎同时触发每个传感器。

2.1.3.2 深度融合的关键技术

1. 深度补全

激光点云的稀疏性极大地制约了 3D 感知算法并使之复杂化。深度补全是旨在通过将稀疏的、不规则的深度数据，加上采样密集规则的数据来解决问题的技术。基于摄像机-激光雷达融合感知的方法通常利用高分辨率图像来引导深度上采样，并采用编码器-解码器（encoder-decoder）架构。

大多数研究使用单目图像来引导深度补全。这些方法认为图像的颜色、材质等信息包含几何信息，故可以将其作为深度上采样的参考。与单目图像相比，由立体摄像机的视差计算得到的几何信息更丰富、更精确。在深度补全任务上，立体摄像机和激光雷达在理论上更具互补性，应该能从中计算出更密集、更准确的深度信息。在实际应用中，立体摄像机的有效距离范围有限（与激光雷达的有效距离不匹配），且其在高遮挡、无纹理的环境中不可靠（如部分城市道路），这使其不太适用于自动驾驶。

2. 3D 目标识别

3D 目标检测旨在 3D 空间中定位、分类并估计具备方向性的目标边界框（bbox）。有两种主要的目标检测流程：双阶段（Two-stage）和单阶段（Single-shot/One-stage）。基于多阶段的模型大体由候选框阶段（Proposal Stage）和 3D 目标边界框回归阶段（3D bbox Regression）组成。在候选框阶段，检测并提出所有可能包含感兴趣对象的区域。在 3D 目标边界框回归阶段，根据候选区域的特征对区域进行进一步甄别，该模型的性能受到每个阶段的限制。单阶段模型只包含一个阶段，其通常以并行方式处理 2D 和 3D 信息。

1）基于 2D 候选区域（2D Proposal）的多阶段模型

这部分模型首先基于 2D 图像语义生成 2D 候选区域，使其能利用现成的图像处理模型。这种方法利用 2D 图像目标检测器生成 2D 候选区域，将其投影回 3D 点云空间中，形成 3D 搜索空间，并在这些 3D 搜索空间内进一步完成 3D bbox 的回归检测。这其中有两种可以将 2D 候选区域转换到 3D 点云空间的投影方法。一种方法是将图像平面中的边界框投影到 3D 点云，从而形成一个锥形的 3D 搜索空间。另一种方法是将点云投影到图像平面，点云逐点与对应的 2D 语义信息联系起来。但在点云中，远处的或被遮挡的物体通常只由少量的稀疏点组成，这增加了第二阶段中 3D bbox 回归的难度。

2）基于 3D 候选区域（3D Proposal）的多阶段模型

基于 3D 候选区域的多阶段模型直接从 2D 或 3D 数据中生成 3D 候选区域。其通过消除 2D 到 3D 的转换，极大地缩小了 3D 搜索空间。用于 3D 候选区域生成的常见方法包括多视角方法（Multi-view）和点云体素化方法（Point Cloud Voxelization）。基于多视角的方法利用点云的鸟瞰（BEV Representation）图来生成 3D 候选区域。鸟瞰图避免了透视遮挡，并保留了对象的方向信息和 x、y 坐标的原始信息。这些方向信息和 x、y 坐标信息对于 3D 对象检测至关重要，鸟瞰图和其他视角之间的坐标转换较为直接，而基于点云体素化的模型，则将连续的不规则数据结构转换为离散的规则数据结构。这让应用标准 3D 离散卷积（Standard 3D Discrete Convolution）使用现有网络模型来处理点云变得可能。其缺点是失去了部分空间分辨率、细粒度的 3D 结构信息及引入了边界痕迹（Boundary Artifacts）。

单阶段模型将候选区域生成和 bbox 回归阶段融合为一个步骤，这些模型通常在计算效率上更高，使它们更适合于移动计算平台上的实时应用。

3. 2D/3D 语义分割

2D/3D 语义分割是指用于 2D 语义分割、3D 语义分割和实例分割的现有摄像机激光雷达融合感知方法。2D/3D 语义分割旨在预测每个像素和每个点的类型标签，而实例分割还关心单个实例，3D 语义分割网络的时间顺序和对应数据融合的层级相关联。

4. 跟踪

多目标跟踪对于自动驾驶汽车的决策是不可或缺的。检测跟踪（Detection-Based Tracking，DBT）框架包括两个阶段：第一阶段为目标检测；第二阶段在时间轴上将这些目标关联起来，并计算轨迹，这些轨迹可被表示成线性程序。

2.1.4 高维特征可视化交通场景识别

随着智能网联汽车的发展，快速、精准识别交通场景成为亟待解决的重要问题。已有的许多识别方法可以提高交通场景的识别效果，但这些算法无法提取视觉概念的交通语义特征，导致识别精度低下，需要设计一种提取高维场景语义特征和结构信息的识别算法，以提高识别精度。为减少图像高维特征与低维特征表示之间的"语义鸿沟"，进行如下操作：

（1）构建场景类的语义描述系统；

智能网联汽车 V2X 与智能网联设施 I2X

（2）通过最小化损失（Element-wise Logistic Loss）函数训练多标签分类网络，获取交通场景图像的高维特征表示；

（3）在4个大规模场景识别数据集上进行验证。

2.1.4.1 交通场景识别

场景识别已被广泛应用于图像处理任务中，如图像检索、行为检测和目标识别。场景识别问题本质上是图像语义分类问题，通过使用场景特征向量表示图像，将场景图像分为场站、道路、变道等不同类别的交通场景，特征表示和分类方法是影响场景识别效果的关键。

特征表示是场景识别处理任务的第一步，特征表示的效果直接影响识别精度，如何提取具有判别性的特征成为新的研究热点。图像特征中包含的图像信息越多，识别效果越好。许多用于提取图像特征的算法被陆续提出，较为经典的有：基于梯度的 GIST（Generalized Search Tree）算子，该算子专门用于描述图像空间特征，以估计全局空间特征；基于纹理的尺度不变特征转换（Scale-Invariant Feature Transform，SIFT）算子，该算子检测尺度空间中的特征，并识别关键点的位置。这两种方法获得的特征是图像的低维统计信息，将低维特征直接进行映射，会导致对图像的识别效果差。为解决低维表示直接映射引起的"语义鸿沟"问题，选用高层语义表示方法——对象库（OB），它由许多对象特征图构成，对图像对象的语义和空间信息进行编码，图像被表示为通用对象的特征图。

近年来，深度神经网络给计算机视觉领域带来了革命性的变化，极大地推动了场景识别技术的发展。深度神经网络中场景识别任务是从已标注的训练图像集中学习语义模型，建立低层视觉特征到高层语义概念之间的映射。基于已有的学习语义模型研究方法，提出一种新的图像语义表示算法，以减小高层识别任务与低层特征之间的"语义鸿沟"。该算法将提取图像特征过程视为多标签分类，每个语义特征对应不同的训练网络，得到分类标签，并在4个经典场景数据集上进行验证。

2.1.4.2 交通特征表示

交通特征表示可分为低维特征表示、中维特征表示和高维特征表示。低维特征表示是指从图像纹理、颜色、形状等方面来表示图像。低维特征表示方法可解释性强，且时间复杂度低，但其表示性能较差。被广泛使用的中维特征表示方法有计算图像每个子区域局部特征直方图的 SIFT 空间金字塔算法、词袋（Bag of Words）模型、提取图像结构特征的视觉描述符算法等。图像中低维特征的直接映射可能会引起更大的"语义鸿沟"。高维特征表示方法是由低维特征组合而成的更结构化、更复杂的特征表示方法。例如，经典的 OB 算法首先利用目标检测器获得图像中包含的对象信息，然后编码对象的语义和空间信息。使用对象到类（O2C）的距离构建场景识别模型，基于对象库的 O2C 距离的显式计算获得的图像特征更加抽象、复杂。现实世界中的对象具有层次结构概念，这导致基于对象的表示方法可能存在语义层次结构问题，无法同时识别同一幅图中的"单车"和"汽车群体"。为了解决语义层次结构问题，使用语义特征作为图像的表示方法，在没有训练图像的情况下，语义特征可用于识别对象类，使用语义特征识别对象类的这一过程被称为归零学习（Zero-short Learning）。为了获取图像的全局特征和局部特征，可以用图像局部语义与图像全局特征组合来表示图像。图像特征包含的信息越丰富，其识别准确率越高。

2.1.4.3 交通场景识别算法

定义一种基于深度卷积神经网络的图像特征提取模型，并利用该模型进行场景识别。卷积神经网络通过卷积核提取每层特征，并以前一层的输出作为后一层的输入，递归获取图像特征，卷积神经网络的深度越深，获得的图像特征越抽象，语义信息越丰富，越有利于学习识别算法。基于深度卷积神经网络的图像特征提取模型主要包含以下 3 个步骤：

（1）通过在图像数据集 ImageNet 上预训练视觉几何组（Visual Geometry Group Net，VGGN）模型来初始化网络参数，以提高网络的收敛速度；

（2）利用多标签 COCO 数据集调整网络参数，构建多标签预测网络；

（3）对场景数据集进行特征预测。

1. 字典设计

在预测图像特征之前，需构造一个特征词汇表，这里的特征应涵盖场景图像包含的对象。首先利用多标签卷积神经网络模型获得图像对应的特征向量 $V_{ij}=[u_{1j},u_{2j},u_{3j},\cdots,u_{cj}]$，其中 V_{ij} 为图像 j 第 i 个特征的预测概率，然后判断图像集中所有图像的特征 i 的预测概率是否大于预设参数 γ，若 $V_{ij}>\gamma$，$j\in\{\text{imageset}\}$，V_{ij} 就被加入词汇表 V 中。词汇表 V 构建完成之后，利用多标签卷积神经网络模型预测图像的特征概率 $[P_{1j},P_{2j},\cdots,P_{mj},P_{vj}]$，从中选择前 t 个最显著的特征，为每个图像构造一个固定长度的向量。

2. 图像特征提取

随着对象数量的增加，图像中对象的层次问题更加显著。例如，对一幅包含"公交车"的图像，OB 算法无法提取出"车"和"公交车"两个特征，因为 OB 算法设定对象向量是二进制的，当对象位于图像中时，图中对象对应的二进制向量值为 1，否则为 0。但从现实中分析，"公交车"属于"车"的一种，包含"公交车"的图像应具有"车"的特征。目前无法提取具有层次特征的图像，为解决这一问题，现有方法采用多层次、多尺度特征融合策略，经过金字塔池化各级特征，由深到浅逐步融合，最后输入 Soft max 分类器，输出

智能网联汽车 V2X 与智能网联设施 I2X

"公交车"或"车"(不并存)。为解决同时预测层次类对象问题,提出一种基于词汇表的特征概率向量(特征集)表示方法。假设词汇表为 V=[汽车,公共汽车,火车,轿车,…,建筑,塔,宝塔,走廊,…],该算法旨在预测得到特征概率向量 V_P=[0.45,0.89,0.31,0.28,…,0.56,0.37,0.22,0.14,…]。图像特征向量中的每个特征具有不同的概率值,抽象程度越高的特征(对象越具体),对应的概率向量值越大。

为了增加特征的表述能力,引入多标签分类概念。多标签分类算法可获取多类特征,即输入(图像)→输出[标签$_1$(公共汽车),标签$_2$(树),…,标签$_n$(建筑)],但这些特征都是名词性特征,描述性差。为了提高图像特征的描述性,提出一种基于深度模型的多标签分类算法,利用该算法提取多类型特征,即输入(图像)→输出[标签$_1$(公共汽车),标签$_2$(红色),…,标签$_n$(开车)]。预测的特征包含名词(场景标签)、形容词(场景颜色)、动词(场景特征)等,这是与传统多标签分类算法最大的不同点。为提高算法的收敛速度,首先在 ImageNet 数据集上预训练 VGG16,获取网络初始参数,修改网络损失函数为 C-way multi-logistic,并在 COCO 数据集上调整网络参数,将特征向量的大小 C 设置为 256。在预测图像特征时,将预测模型的 C 值设置为特征集的大小,C 个单元的 multi-logistic 输入替换最后一个全连通层的输出。

损失函数的定义:假设训练集中有 N 个样本和 C 个与图像中特征相关的多标签,第 i 幅图像的多标签向量为 $\boldsymbol{y}_i =[y_{i1},y_{i2},y_{i3},\cdots,y_{ic}]\in \{0,1\}$,当第 j 个特征包含在第 i 幅图像中时,y_{ij}=1,否则,y_{ij}=0。将向量 $\boldsymbol{P}_i=[p_{i1},p_{i2},p_{i3},\cdots,p_{ic}]$ 作为预测概率向量与 $\boldsymbol{y}_i=[y_{i1},y_{i2},y_{i3},\cdots,y_{ic}]$ 对应。模型的损失函数为

$$J = \frac{1}{N}\sum_{i=1}^{N}\sum_{j=1}^{c}\log(1+\exp(y_{ij}p_{ij}))$$

2.1.4.4 图像识别模型

场景识别模型将提取的特征向量作为输入得到识别结果,即 $f(x)=c_{\text{label}}$。输入 $\boldsymbol{X}=[\boldsymbol{X}_1^T;\boldsymbol{X}_2^T;\cdots;\boldsymbol{X}_N^T]\in R^{N\times D}$,其中,$\boldsymbol{R}$ 为 $N\times D$ 维矩阵,D 表示特征词典 $\boldsymbol{V}$ 的维数,N 为场景图像的个数。$C=(C_1,C_2,\cdots,C_N)\in \{0,1\}^N$,表示 N 幅图像场景标签。采用两种类型的函数作为 $f(\cdot)$。

(1)$f(x)=\text{sgn}(\cdot)$。$\text{sgn}(\cdot)$ 是符号函数,具体定义由下式给出。

$$f(x)=\text{sgn}(g(x))=\begin{cases}\text{label}=C_1, & g(x)\geqslant 0\\ \text{label}=C_2, & g(x)<0\\ \text{rejected}, & \text{其他}\end{cases}$$,其中,$g(x)=Wx+b$,$g(x)$ 是一组将 W 作为法向量的超平面。C_1 表示一个场景类,C_2 表示其余数据集中的剩余场景。最大化两类之间的分

类区间是选择最优分类超平面的关键条件，即 $\max \frac{1}{\|W\|}|g(x)|$。其中，$\|W\|$ 是归一化的权重，为了简化计算，将最大化分类间隔 δ 转为求解最小化 $\frac{1}{2}\|W\|^2$。

（2）$f(x) = h_\beta$，其中，$h_\beta = \arg\max c \in \{0,1\}^{x_\beta}$，$\beta = (\beta_1, \beta_2, \cdots, \beta_D) \in R^D$ 表示特征向量的参数，求解 β 的目标函数由下式给出：$\min_{\beta \in R} D\theta(L)\ R(\beta) + \frac{1}{N}\sum_{i=1}^{N} L(\beta; x_i; y_i)$。其中，$L(\beta; x_i; y_i)$ 选用的是非负函数或凸函数；$R(\beta)$ 是正则化函数，用来避免过度拟合；$\theta \in R$ 是正则化系数，由交叉验证获得。算法中采用 log 函数作为 $L(\cdot)$ 函数：$L(\cdot) = \log(1/P(c_i|x_i, \beta))$，其中，$P(c_i|x_i, \beta_i) = \frac{1}{N}\exp\left(\frac{1}{2}c_i(x_i, \beta_i)\right)$。

2.2 智能网联汽车规划决策

路径规划（Path Planning）是运动规划的主要研究内容之一。运动规划由路径规划和轨迹规划组成，连接起点位置和终点位置的序列点或曲线称为路径，构成路径的策略称为路径规划。

在智能网联汽车环境下，根据对环境信息的把握程度可把路径规划划分为基于先验完全信息的全局路径规划和基于传感器信息的局部路径规划。其中，从获取障碍物信息是静态或动态的角度看，全局路径规划属于静态规划（又称离线规划），局部路径规划属于动态规划（又称在线规划）。全局路径规划需要掌握所有的环境信息，根据环境地图的所有信息进行路径规划；局部路径规划只需要由传感器实时采集环境信息，了解环境地图信息，然后确定出所在地图的位置及其局部障碍物的分布情况，从而可以选出从当前节点到某一子目标节点的最优路径。

根据所研究环境的信息特点，路径规划问题还可分为离散域范围内的路径规划问题和连续域范围内的路径规划问题。离散域范围内的路径规划问题属于一维静态优化问题，相当于环境信息简化后的路线优化问题；连续域范围内的路径规划问题则是连续性多维动态环境下的问题。常规连续域范围内的路径规划问题，如自动驾驶汽车、机器人、飞行器等的动态路径规划问题，其一般步骤主要包括环境建模、路径搜索和路径平滑 3 个环节。

（1）环境建模：环境建模是路径规划的重要环节，目的是建立一个便于计算机进行路径规划所使用的环境模型，即将实际的物理空间抽象成算法能够处理的抽象空间，实现相互间的映射。

（2）路径搜索：路径搜索环节是在环境模型的基础上应用相应算法寻找一条行走路径，

使预定的性能函数获得最优值。

（3）路径平滑：通过相应算法搜索出的路径并不一定是一条运动体可以行走的可行路径，需要做进一步处理与平滑才能使其成为一条实际可行的路径。

2.2.1 自动驾驶规划决策限制极限

2.2.1.1 规划决策

在一套相对成熟的自动驾驶技术体系中，如果将环境感知模块比作人的眼睛和耳朵，那么规划决策模块就相当于自动驾驶汽车的大脑。自动驾驶汽车在进行规划决策时，会从环境感知模块中获取道路拓扑结构信息、交通信号灯、交通标志、交通参与者状态信息和主车状态信息等内容。结合这些信息，规划决策系统会对当前环境做出分析，然后对底层控制执行模块下达指令，这一过程就是规划决策模块的主要任务。智能网联汽车架构如图 2-3 所示。

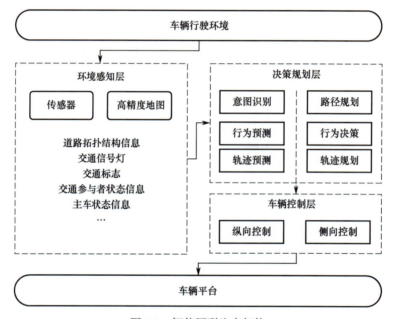

图 2-3　智能网联汽车架构

自动驾驶汽车的行为决策与路径规划是指依据环境感知和导航子系统输出信息，通过一些特定的约束条件给定多条可选安全路径，并从中选取一条最优路径作为车辆行驶轨迹的过程。自动驾驶规划决策模块的技术体系结构、技术方法及算法与芯片是重点关注的内容。

1. 技术体系结构

自动驾驶规划决策领域常见的技术体系结构可分为分层递阶式体系结构、反应式体系结构及混合式体系结构。

1)分层递阶式体系结构

分层递阶式体系结构可以理解为一个串联结构,自动驾驶系统的各个模块有序排列在一条直线上,上一个模块处理的内容将直接进入下一个模块。

分层递阶式体系结构的优点是各模块次序分明,层层递进式的结构让每个模块所处理的工作范围逐渐缩小,处理问题的准确度逐渐上升,从而更容易实现高层次的智能控制。分层递阶式体系结构也存在如下一些问题:

(1)分层递阶式体系结构需要实时调用传感器信息,对传感器的要求较高;

(2)分层递阶式体系结构从环境感知到执行控制,中间存在一定延迟,缺乏实时性和灵活性;

(3)分层递阶式的串联结构存在可靠性不高的问题。

分层递阶式体系结构如图2-4所示。

图2-4 分层递阶式体系结构

2)反应式体系结构

反应式体系结构与分层递阶式体系结构的最大区别在于,反应式体系结构使用的是并联结构,如图2-5所示。

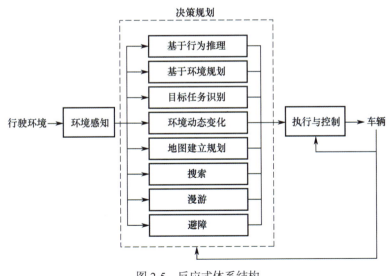

图2-5 反应式体系结构

智能网联汽车 V2X 与智能网联设施 I2X

在反应式体系结构中，规划决策模块的内容以并联模式布置，环境感知的内容会同步传输至多个规划决策模块内，可突出"感知-动作"的特点，易于适应完全陌生的环境。与分层递阶式体系结构相比，反应式体系结构占用存储空间较小，响应快，实时性高。同时，并联结构提高了整体结构的稳定性，即使规划决策模块内的某一层内容出现故障，也不会影响其他层级内容的正常运行。这也提高了整体系统运行的复杂度，需要更高等级智能技术的支持。

3）混合式体系结构

由于分层递阶式体系结构和反应式体系结构均存在某些问题，单独一个体系结构难以满足自动驾驶处理复杂多变场景的实际需求，所以混合式体系结构受到越来越多的关注。混合式体系结构将两者的优点结合，全局规划与局部规划分别适用不同的体系结构，使得自动驾驶汽车更能适应复杂多变的真实路况。混合式体系结构如图 2-6 所示。

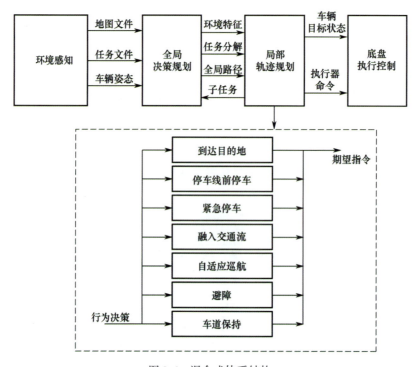

图 2-6 混合式体系结构

2. 技术方法

1）全局路径规划

全局路径规划，又称为驾驶任务规划，主要内容为对行驶路径范围的规划。全局路径规划会在已知环境中，给自动驾驶汽车规划出一条理想路径，路径规划的精度取决于环境感知模块获取信息的准确度。全局路径规划需要预先知道环境的准确信息，当环境发生变化时，规划结果很可能失效。

常用的全局路径规划算法有 Dijkstra 算法和 A*算法，以及两者的改进型。Dijkstra（单源最短路径）算法由科学家 Edsger W. Dijkstra 于 1956 年提出，主要用于解决寻找图形中节点之间最短路径的问题。Dijkstra（单源最短路径）算法结构如图 2-7 所示。

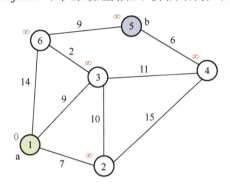

图 2-7　Dijkstra（单源最短路径）算法结构

Dijkstra 算法运算过程的优点是给出的路径最优，但是因为它向周围探索，没有一个明确的方向，所以其缺点是计算复杂度较高。

A*算法由 Stanford 研究院的 Peter Hart、Nils Nilsson 及 Bertram Raphael 于 1968 年提出，被认为是 Dijkstra 算法的扩展。这种算法的实质为宽度优先搜索，通过在宽度优先搜索的基础上增加条件控制，以尽快找到目标节点。其公式表示为：$f(n)=g(n)+h(n)$。其中，$f(n)$是从初始节点经由权节点 n 到目标节点的估价函数；$g(n)$是在状态空间中从初始节点到节点 n 的实际代价；$h(n)$是从节点 n 到目标节点最佳路径的估计代价。

2）局部路径规划

局部路径规划，又称为实时路径规划。自动驾驶汽车在有障碍物的环境中，会利用自身传感器实时感知周边环境，寻找出一条最优的局部行驶路径，避免碰撞和保持安全距离。局部路径规划的优势是可以实时对规划结果进行反馈与校正，确保智能网联汽车始终处于最优的驾驶路径中。其缺点是缺乏全局环境信息，可能出现找不到正确路径或完整路径的情况。

总体而言，全局路径规划和局部路径规划并没有本质上的区别。只有两者协同工作，智能网联汽车才能更好地规划出最优路径。

3．算法与芯片

自动驾驶汽车常用的行为决策算法主要有 3 种类型。

（1）基于神经网络：自动驾驶汽车的决策系统主要采用神经网络确定具体的场景，并做出适当的行为决策。

（2）基于规则：设想出所有可能"if-then 规则"的组合，之后再用基于规则的技术路线对汽车的决策系统进行编程。

（3）混合路线：结合以上两种决策方式，通过集中性神经网络进行优化，再通过"if-then 规则"进行完善。混合路线是最流行的技术路线。

在芯片领域，常用的主流自动驾驶芯片主要有两种：一种是英特尔-Mobileye 开发的 Mobileye® EyeQX™系列车载计算平台，Mobileye 公司成立于 1999 年，主要目标是开发和推广交通领域的视觉辅助系统。其在 2017 年被英特尔公司收购，并将其作为自动驾驶技术的研发战略核心。以 Mobileye 公司最新的 EyeQ5 芯片为例，EyeQ5 的运算性能达到 12TB/s，且最多可以支持 20 个外部传感器（摄像头、雷达或激光雷达）。EyeQ5 具有异构性，是完全可编程的加速器，芯片内置的 4 种类型加速器均经过算法优化，更有助于实现"传感器融合"。另一种是英伟达提供的 NVIDIA Drive PX 系列车载计算平台。

2.2.1.2　限制和极限

自动驾驶汽车在寻找路径、选择最佳操纵方式和构建可行轨迹等方面具有良好的效果。然而，自动驾驶仍然存在局限性，自动驾驶还没有达到人类的驾驶水平。下面将讨论自动驾驶方法的限制和极限。

1. 障碍物处理

在障碍物处理方面，现有方法主要依赖预测其他交通参与者的轨迹，或者假设恒定速度或恒定加速度（Kushleyev 和 Likhachev，2009）。这导致了一个巨大的计算能力的需求，因为障碍物的轨迹需要在每一时刻被计算和检查。这样的轨迹预测是在忽略交通环境中的背景的情况下进行的，因此，车辆或其他交通参与者之间的相互作用被忽略。一些方法（例如，Aoude, et al，2010a，b；Bandyopadhayy, et al，2012；Martin，2013）也假设障碍物的运动不存在不确定性，但这种假设在实际情况下特别是在有人驾驶的混合交通情况下无效。

现有方法的另一个重要限制是将障碍物简单地表示为矩形或圆形，但由于近似矩形或圆形中缺乏精度，所有无法执行近距离运动（Ziegler 等人，2014a）。Lefèvre et al.（2014）提出的交互感知模型可以考虑交通参与者之间的交互，预先假设车辆之间有完美的通信。此外，在大多数道路中，摩托车和非机动交通参与者通常被忽视。障碍物处理方面的另一个主要限制是无法看到拐角处，无法检测到从盲区接近的行人和自行车等障碍物。这样的缺点导致规划算法采取"谨慎"的方法，因此效率低下，即使在没有任何障碍物的情况下也会减速。

2. 车辆动力学

大多数现有规划方法依赖单车或类似汽车的运动学模型来建模车辆，但是这种模型不能利用汽车的基本操纵能力，因为它没有考虑轮胎力（Jeon, et al，2013）。另外一些方法（如 Jeon, et al，2013；Sawodny, et al，2010）采用了基于单车模型的动态方法，因此考虑了摩擦和车辆质量的影响。然而，一个能够有效描述车辆在真实环境中运动和力分布的动力学模型尚待实现。

最大的挑战之一是捕捉和抽象出车辆的能力和约束条件，然后将这些信息纳入轨迹规划中，例如，加速、制动或转向约束，以及天气或路面对这些能力或约束的影响，所以未来自动驾驶标定应该会根据车辆的动态参数进行。

3. 风险指标

为了评估驾驶情况下的碰撞风险，通常采用的指标包括碰撞时间（TTC）、碰撞距离（DTC）或反应时间（TTR）及意外/冲突行为（Lefèvre, et al，2014）。使用 TTC 或 DTC 的问题在于，TTC 通常仅指跟车情况，并且在大多数情况下，测量的是恒定速度或恒定加速度（Ward, et al，2015）。此外，在弯道路段，计算 TTC/DTC/TTR 时大多考虑直线，这可能导致混淆安全和危险情况。

4. 传感器与感知

现有方法中的传感器和感知识别方法将车辆视为一个独立的实体，将智能网联汽车的感知范围限制在其单个传感器的感知范围内。此外，大多数方法要么假设对环境有完美的了解（如 Aoude, et al，2010b；Bandyopadhayy, et al，2012；Brechtel, et al，2014），要么依靠昂贵的传感器（如 Ziegler, et al，2014b）来感知环境和障碍物的信息，但都没有考虑到智能网联汽车的有限视野和可能出现的盲点，如在弯道路段或盲区及封闭交叉口（视野受限的十字路口）。

5. 测试环境

对算法进行测试的环境可以分为 3 个领域：模拟、模型车辆实验和现实世界实验。前两个领域在大多数研究中使用，因为它们相对容易实现。但这些测试的结果，即使有很高的准确度，也不能保证在现实世界的车辆环境中具有相同水平。此外，仅使用两辆车进行测试无法实现与现实世界的交通环境相似（Althoff, et al，2009）。然而，在现实世界环境中也有成功测试的案例（这突出了现有技术的局限性）（Bertozz, et al，2010；Fischer，2013；Ziegler, et al，2014b）。为了将场地实验推进到最终的市场应用状态，需要更稳健的未来算法，必须共享和挖掘道路试验收集的数据，以学习和推动整个区域向前发展。进行交通建模和仿真，不仅可以更好地模拟车辆的物理和网络组件，而且可以更好地模拟整个网络交通系统及其内部的相互作用和关联性。

智能网联汽车 V2X 与智能网联设施 I2X

2.2.2 智能网联汽车常用路径规划

2.2.2.1 智能网联汽车路径规划常规算法

智能网联汽车路径规划的方法有很多种,根据其自身优缺点,其适用范围也各不相同。根据对智能网联汽车领域常用路径规划算法的研究,按照各种算法先后时序及算法基本原理,将算法大致分为以下几类。

1. 传统算法

传统的路径规划算法包括模拟退火算法、人工势场法、模糊逻辑算法和禁忌搜索算法等。

(1)模拟退火算法(Simulated Annealing,SA)是一种适用于大规模组合优化问题的有效近似算法。它模仿固体物质的退火过程,通过设定初温、初态和降温率控制温度的不断下降,结合概率突跳特性,利用解空间的邻域结构进行随机搜索。模拟退火算法具有描述简单、使用灵活、运行效率高、初始条件限制少等优点,但存在收敛速度慢、随机性等缺陷,参数设定是应用过程中的关键环节。

(2)人工势场法(Artificial Potential Field,APF)是一种虚拟力法,它模仿引力、斥力下的物体运动,目标点和运动体间为引力,运动体和障碍物间为斥力,通过建立引力场函数、斥力场函数进行路径寻优。人工势场法的优点是规划出来的路径平滑安全、描述简单等,但是存在局部最优的问题,引力场的设计是算法能否成功应用的关键。

(3)模糊逻辑算法(Fuzzy Logic Algorithm,FLA)是指在网络上模拟驾驶员的驾驶行为与经验,将生理上的感知和动作结合起来,根据系统实时的传感器信息,通过查表得到规划信息,从而实现路径规划。模糊逻辑算法符合人类思维习惯,无须数学建模,也便于将专家知识转换为控制信号,具有很好的一致性、稳定性和连续性。但总结模糊规则比较困难,并且一旦确定模糊规则后在线调整汽车运行就困难了。最优的隶属度函数、控制规则及在线调整方法是模糊逻辑算法面临的最大难题。

(4)禁忌搜索算法(Tabu Search Algorithm,TSA)是一种全局逐步寻优算法,是对人类智力过程的一种模拟。通过引入一个灵活的存储结构和相应的晋级规则来避免局部搜索,并通过藐视准则来赦免一些被禁忌的优良状态,以实现全局优化。

2. 图形学的方法

传统算法在解决实际问题时存在建模难的问题,图形学的方法则提供了建模的基本方法,但是图形学的方法普遍存在搜索能力不足的问题,往往需要结合专门的搜索算法。图形学的方法包括 C 空间法、自由空间法、栅格法和泰森多边形法 Voronoi 图等。

(1)C 空间法又称可视图空间法,即在运动空间中扩展障碍物为多边形,以起始点、终点和所有多边形顶点间的可行直线连线（不穿过障碍物的连线）为路径范围来搜索最短路径。C 空间法的优点是直观，容易求得最短路径；缺点是一旦起始点和目标点发生改变，就要重新构造可视图，缺乏灵活性，即其局部路径规划能力差，适用于全局路径规划和连续域范围内的路径规划，尤其适用于全局路径规划中的环境建模。

（2）自由空间法针对可视图空间法应变性差的缺陷，采用预先定义的基本形状（如广义锥形、凸多边形等）构造自由空间，并将自由空间表示为连通图，然后通过对图的搜索来进行路径规划。起始点和目标点改变时，只相当于它们在已构造的自由空间中的位置发生变化，只需重新定位，而不需要重绘整个图。自由空间法的缺点是障碍物多时将加大算法的复杂度，算法实现困难。

（3）栅格法，即用编码的栅格来表示地图，把包含障碍物的栅格标记为障碍栅格，反之则为自由栅格，以此为基础进行路径搜索。栅格法一般作为路径规划的环境建模技术来用，作为路径规划的方法，其很难解决复杂环境信息的问题，一般需要与其他智能算法相结合。

（4）泰森多边形法 Voronoi 图是关于空间邻近关系的一种基础数据结构。它用一些被称为元素的基本图形来划分空间，以每两点间的中垂线来确定元素的边，最终把整个空间划分成结构紧凑的 Voronoi 图，而后运用算法对多边形的边所构成的路径网进行最优搜索。该方法的优点是把障碍物包围在元素中，能实现有效避障，缺点是图的重绘比较费时，因而不适用于大型动态环境。

3. 智能仿生学算法

智能网联汽车处理复杂动态环境信息情况下的路径规划问题时，来自自然界的启示往往能起到很好的作用。智能仿生学算法就是人们通过仿生学研究发现的算法，经常用到的有蚁群算法、神经网络算法和遗传算法等。

（1）蚁群算法（Ant Colony Algorithm，ACA）的思想来自对蚁群觅食行为的探索，每只蚂蚁觅食时都会在走过的道路上留下一定浓度的信息素，相同时间内最短的路径上由于蚂蚁遍历的次数多而信息素浓度高，加上后来的蚂蚁在选择路径时会以信息素浓度为依据，起到正反馈作用，因此信息素浓度高的最短路径很快就会被发现。蚁群算法通过迭代来模拟蚁群觅食的行为达到目的。蚁群算法具有良好的全局优化能力、本质上的并行性、易于用计算机实现等优点，但计算量大、易陷入局部最优解，可通过加入精英蚁等方法进行改进。

（2）神经网络算法（Neural Network Algorithm，NNA）是人工智能领域中的一种非常优秀的算法，它主要模拟动物神经网络行为进行分布式并行信息处理。但其在路径规划中的应用并不成功，因为路径规划中复杂多变的环境很难用数学公式进行描述，如果用神经

智能网联汽车 V2X 与智能网联设施 I2X

网络去预测学习样本分布空间以外的点，其效果必然非常差。尽管神经网络具有优秀的学习能力，但是泛化能力差是其致命缺点。因其学习能力强、鲁棒性好，所以与其他算法的结合应用成为路径规划领域研究的热点。

（3）遗传算法（Genetic Algorithm，GA）是当代人工智能科学的一个重要研究分支，是一种模拟达尔文遗传选择和自然淘汰生物进化过程中的计算模型。它的思想源于生物遗传学和适者生存的自然规律，是按照基因遗传学原理而实现的一种迭代过程的搜索算法。遗传算法最大的优点是易于与其他算法相结合，并充分发挥自身迭代的优势，缺点是运算效率不高，不如蚁群算法有先天优势，但其改进算法也是研究的热点。

2.2.2.2 智能网联汽车路径规划方法

鉴于智能网联汽车路径规划方法最早源于机器人的路径规划研究，但是就工况而言却比机器人的路径规划复杂得多，智能网联汽车需要考虑车速、道路的附着情况、车辆最小转弯半径，以及外界天气环境等因素。常用的路径规划方法包括搜索算法、随机抽样、曲线插值和人工势场法。

1. 搜索算法

搜索算法（Search Algorithm）是利用计算机的高性能来有目的地穷举一个问题解空间的部分或所有的可能情况，从而求出问题的解的一种方法。现阶段通常有枚举算法、深度优先搜索、广度优先搜索、A*算法、回溯算法、蒙特卡罗树搜索、散列函数等。在大规模实验环境中，通过在搜索前，根据条件降低搜索规模、根据问题的约束条件进行剪枝、利用搜索过程中的中间解避免重复计算等方法进行优化。

1）搜索算法运算

搜索算法实际上是根据初始条件和扩展规则构造一棵"解答树"并寻找符合目标状态的节点的过程。所有的搜索算法从最终的算法实现上来看，都可以划分成两个部分——控制结构（扩展节点的方式）和产生系统（扩展节点），而所有的算法优化和改进主要是通过修改其控制结构来完成的。在这样的思考过程中，已经不知不觉地将一个具体的问题抽象成一个图论的模型——树，即搜索算法使用的第一步在于搜索树的建立。

初始状态对应着根节点，目标状态对应着目标节点。排在前的节点叫父节点，其后的节点叫子节点，同一层中的节点是兄弟节点，由父节点产生子节点叫扩展。完成搜索的过程就是找到一条从根节点到目标节点的路径，找出一个最优解。这种搜索算法的实现类似于图或树的遍历，通常可以有两种不同的实现方法，即深度优先搜索（Depth First Search）和广度优先搜索（Breadth First Search）。

2)深度优先搜索

深度优先搜索所遵循的搜索策略是尽可能"深"地搜索树。它的基本思想是:为了求得问题的解,先选择某一种可能情况向前(子节点)探索,在探索过程中,一旦发现原来的选择不符合要求,就回溯至父节点重新选择另一个节点,继续向前探索,如此反复进行,直至求得最优解。深度优先搜索可以采用递归或栈来实现。通常把问题转化为树的问题是至关重要的一步,完成了树的转换基本就完成了问题求解。

在很多情况下,已经找到了一组比较好的解,但是计算机仍然会去搜索比它更"劣"的其他解,搜索到后只能回溯。为了避免出现这种情况,需要灵活地定制回溯搜索的边界。在深度优先搜索的过程中,往往有很多走不通的"死路",针对这种情况,可以把"死路"标记成不走,就可以得到更高的搜索效率。

3)广度优先搜索

类似树的按层遍历,广度优先搜索的过程为:首先访问起始节点 V_i,并将其标记为已访问过,接着访问 V_i 的所有未被访问过可到达的邻接点 V_{i1},V_{i2},$\cdots$,V_{it},并均标记为已访问过,然后按照 V_{i1},V_{i2},$\cdots$,V_{it} 的次序访问每一个顶点的所有未被访问过的邻接点,并均标记为已访问过,以此类推,直到图中所有和起始节点 V_i 有路径相通的顶点都被访问过为止。

4)双向广度优先搜索

双向广度优先搜索在广度优先搜索的基础上进行优化,采用双向搜索的方式,即从起始节点向目标节点方向搜索,同时从目标节点向起始节点方向搜索。其特点是:双向搜索只能用于广度优先搜索中,双向搜索扩展的节点数量要比单向搜索少得多。

5)A*算法

A*算法利用问题的规则和特点来制定一些启发规则,由此改变节点的扩展顺序,将最有希望扩展出最优解的节点优先扩展,使得尽快找到最优解。对于每一个节点,有一个估价函数 F 来估算起始节点经过该节点到达目标节点的最佳路径的代价。每个节点扩展的时候,总是选择具有最小 F 的节点:$F=G+B \cdot H$。其中,G 为从起始节点到当前节点的实际代价;H 为从当前节点到目标节点的最优路径的估计代价;F 要单调递增;B 最好随着搜索深度成反比变化,在搜索深度浅的地方,主要让搜索依靠启发信息尽快逼近目标节点,而当搜索深度深的时候,逐渐变成广度优先搜索。

6)散列函数

散列函数或散列算法又称哈希函数(Hash Function),是从任何一种数据中创建小的数字"指纹"的方法。散列函数把消息或数据压缩成摘要,使得数据量变小,将数据的格式固定下来。该函数将数据打乱混合,重新创建一个叫做散列值(Hash Values、Hash Codes、

Hash Sums 或 Hashes）的指纹。散列值通常用一个短的随机字母和数字组成的字符串来表示。好的散列函数在输入域中很少出现散列冲突。在散列算法数据处理中，不抑制冲突来区别数据，会使得数据库记录更难找到。

2. 随机抽样

随机抽样（Random Sampling）是指调查对象总体中每个部分都有同等被抽中的可能，是一种完全依照机会均等的原则进行的抽样调查，是一种"等概率"。随机抽样有 4 种基本形式，即单纯随机抽样、分层抽样、系统抽样和整群抽样。

1）单纯随机抽样

单纯随机抽样又称简单随机抽样，是最基本的抽样方法，分为重复抽样和不重复抽样。在重复抽样中，每次抽中的单位仍放回总体，样本中的单位可能不止一次被抽中。不重复抽样中，抽中的单位不再放回总体，样本中的单位只能被抽中一次。社会调查采用不重复抽样。单纯随机抽样的具体做法有两种：一种是抽签法。这种做法是指将总体的全部单位逐一做签，搅拌均匀后进行抽取。另一种是随机数字表法。这种做法是指将总体所有单位编号，然后从随机数字表中一个随机起点（任一排或一列）开始从左向右或从右向左、向上或向下抽取，直到达到所需的样本容量为止。

单纯随机抽样必须有一个完整的抽样框，即总体各单位的清单。总体太大时，制作这样的抽样框工作量巨大，加之有许多情况，使总体名单根本无法得到，故在大规模社会调查中很少采用单纯随机抽样方法。

2）分层抽样

首先依据一种或几种特征将总体分为若干个子总体，每一个子总体称作一个层；然后从每层中随机抽取一个子样本，这些子样本合起来就是总体的样本。各层样本数的确定方法有 3 种：①分层定比法，即各层样本数与该层总体数的比值相等，如样本大小 $n=50$，总体 $N=500$，则 $n/N=0.1$ 为样本比例，每层均按这个比例确定该层的样本数；②奈曼法，即各层应抽样本数与该层总体数及其标准差的积成正比；③非比例分配法，即若某个层次包含的个案数在总体中所占比例太小，为使该层的特征在样本中得到足够的反映，可人为地适当增加该层样本数在总体样本中的比例，但这样做会增加推论的复杂性。

总体中赖以进行分层的变量为分层变量，理想的分层变量是调查中要加以测量的变量或与其高度相关的变量，分层的原则是增加层内的同质性和层间的异质性。常见的分层变量有性别、年龄、教育、职业等。分层随机抽样在实际抽样调查中广泛使用，在相同样本容量的情况下，它比单纯随机抽样的精度高，此外其管理方便，费用少，效率高。

3）系统抽样

系统抽样又称等距抽样，是单纯随机抽样的变种。在系统抽样中，先将总体按 1~N 的顺序相继编号，并计算抽样距离 $K=N/n$。式中，N 为总体单位总数；n 为样本容量。然后在 1~K 中抽一个随机数 $k1$ 来作为样本的第一个单位，接着取 $k1+K$，$k1+2K$，…，直至抽够 n 个单位为止。系统抽样要防止周期性偏差，因为它会降低样本的代表性。例如，军队人员名单通常按班排列，10 人一班，班长排第 1 个，若抽样距离也取 10，则样本全由士兵或班长组成。

4）整群抽样

整群抽样又称聚类抽样，其先将总体按照某种标准分群，每个群为一个抽样单位，用随机的方法从中抽取若干群，抽中样本群中的所有单位都要进行调查。与分层抽样相反，整群抽样的分类原则是使群间异质性小，群内异质性大。分层抽样时各群（层）都有样本，整群抽样时只有部分群有样本。整群抽样只需列出入样群的单位，因此可节约大量财力、人力，整群抽样的代表性低于简单随机抽样。

5）多阶段抽样

上述 4 种抽样方法均为一次性直接从总体中抽出样本，称为单阶段抽样。多阶段抽样则是将抽样过程分为几个阶段，结合使用上述方法中的两种或数种。多阶段抽样又称多级抽样，当研究总体广泛且分散时，多采用多阶段抽样，以降低调查费用，但由于每级抽样都会产生误差，所以经过多级抽样产生的样本，其误差也相应增大。

随机采样主要包括蚁群算法及快速扩展随机树（RRT）算法。蚁群算法由 Dorigo M 等人于 1991 年首先提出，并首次使用在解决旅行商问题（TSP）上。其算法的基本原理如下：

（1）蚂蚁在路径上释放信息素；

（2）碰到还没走过的路口，随机选一条走，同时释放与路径长度有关的信息素；

（3）信息素浓度与路径长度成反比，后来的蚂蚁再次碰到该路口时，选择信息浓度较高的路径；

（4）最优路径上的信息素浓度越来越高；

（5）信息素浓度最大的路径为最优路径。

其在小规模 TSP 问题中性能尚可，在大规模 TSP 问题中性能下降，容易停滞。实际道路环境比较复杂，不仅有道路、障碍物等的限制，还有其自身动力学的约束，所以该算法更适合全局路径规划，不太适合局部路径规划。

3. 曲线插值

曲线插值是指按照车辆在某些特定条件（安全、快速、高效）下进行路线的曲线拟合，常见的有贝塞尔曲线、多项式曲线、B 样条曲线等。通常就多项式算法而言，主要考虑以

智能网联汽车 V2X 与智能网联设施 I2X

下几个几何约束,从而确定曲线的参数。几何约束如下:

(1)起始点的位置与姿态;

(2)最小转弯半径;

(3)障碍物约束;

(4)目标点的位置与姿态。

根据考虑的几何约束不同,多项式算法的阶数从三阶到六阶甚至更高阶,阶数越高的算法复杂度越高,收敛速度越慢。四次多项式的形式参数由几何约束条件确定,基于参数化曲线来描述轨迹,这种类型的算法比较直观,也可以更加准确地描述车辆所需满足的道路条件,规划出的轨迹也十分平坦、曲率变化连续并可进行约束。其缺点是计算量较大,实时性不太好,并且其评价函数也比较难以找到最优的。未来的研究方向主要集中于简化算法及建立更加完善的评价函数。目前,曲线拟合法是采用比较广泛的规划方法。

(1)曲线拟合法(Fit Theory),又称拉曲线,是一种把现有数据通过数学方法代入一条数据的表示方式。科学和工程问题可以通过诸如采样、实验等方法获得若干离散数据,根据这些数据,希望得到一个连续函数(曲线)或更加密集的离散方程与已知数据相吻合,这个过程称为拟合。拟合直线或多项式曲线:方程 $y=ax+b$ 在笛卡儿平面上是一条直线,而这条直线的斜率是 a。因为任何两点都可以决定一条直线,因此总能找到次数不多于 1 的多项式来串起任何两个 x 值相异的点。如果把多次式的次数增加到 2,即 $y=ax^2+bx+c$,那么只要给定 x 值各异的 3 个点,则总会有次数不多于 2 的多项式可以把它们串起。如果把多次式的次数再增加到 3,即 $y=ax^3+bx^2+cx+d$,那么只要给定 x 值各异的 4 个点,则总会有次数不多于 3 的多项式可以把它们串起。限制可以是一点(x, y)、角度或曲率(半径的倒数 $1/R$)。角度和曲率的限制通常在曲线的终端,因此称为终端条件。为了样条的交接平滑,通常会用到全等的终端条件,也可以增加如曲率变化等高阶约束。例如,在高速公路立体交叉点首蓿叶型的设计中,可以用来理解当汽车绕着交叉点运动时作用在汽车上的力,并以此设定合理的限定时速。

一次多项式也可以拟合一个单点和一个角度,三次多项式则可以拟合两个点、一个角度约束及一个曲率约束,许多其他类型的约束组合也同样可以用低阶或高阶多项式来拟合。

(2)判别拟合的好坏。如果有超过 $n+1$ 个约束(n 是多项式的阶次),则仍然可以使用多项式拟合。通常一个满足所有约束的精确拟合不一定能够得到(但是有可能得到,如用一次多项式拟合共线的三点),需要使用一些方法来评价拟合的好坏,最小平方法就是用来评价拟合差别的一种常用方法。不通过提高多项式的次数来更好地拟合曲线的原因如下:

① 即使存在精确的拟合,也不意味着必须得到这样的拟合。根据使用的算法不同,我们可能遇到分歧,要么精确的拟合无法得到,要么需要太多的计算机去得到精确拟合。不

管哪种情况，最终都会以得到近似的拟合而结束。

②通常人们会希望得到一个近似的拟合，不愿为了精确拟合数据而使拟合的曲线产生扭曲。

③高次多项式往往有高度波动的特性。如果通过两点 A 和 B 作一条曲线，我们希望这条曲线也能通过 AB 的中点连线。对于低次多项式，曲线将没有很大波动，很有可能通过中点（对于一次多项式，甚至能保证通过中点）。但是对于高次多项式，曲线往往可能有很大或很小的幅值。

4. 人工势场法解析

人工势场法路径规划是由 Khatib 提出的一种虚拟力方法（Oussama Khatib，实时孪生机器人和移动机器人的避障）。它的基本思想是将机器人在周围环境中的运动，设计成一种抽象的人造引力场中的运动，目标点对移动机器人产生"引力"，障碍物对移动机器人产生"斥力"，最后通过求合力来控制移动机器人的运动。应用人工势场法规划出来的路径一般比较平滑且安全，但是这种方法存在局部最优点问题。

对于这个问题，一方面，许多学者进行了研究，他们期望通过建立统一的势能函数来解决这一问题。但这就要求障碍物最好是规则的，否则算法的计算量将很大，有时甚至无法计算。另一方面，由于人工势场法在数学描述上简洁、美观，所以这种方法仍然具有很大的吸引力。其内在的局限性主要表现在，当目标附近有障碍物时，移动机器人将永远也到达不了目的地。在以前的许多研究中，目标和障碍物都离得很远，当机器人逼近目标时，障碍物的斥力变得很小，甚至可以忽略，机器人将只受到吸引力的作用而直达目标。但在许多实际环境中，往往至少有一个障碍物与目标点离得很近，在这种情况下，移动机器人逼近目标的同时，也将向障碍物靠近，如果利用以前对引力场函数和斥力场函数的定义，则斥力将比引力大得多，这样目标点将不是整个势场的全局最小点，因此移动机器人将不可能到达目标点。这样就存在局部最优解的问题，因此如何设计"引力场"成为该方法的关键。

人工势场法的优点是结构简单，有利于底层控制的实时性，可大大缩减计算量和计算时间，并且生成相对光滑的路径，有利于保持智能网联汽车的稳定性。其缺点是有可能陷入局部最优解，难以对规划出的路径进行车辆动力学约束，复杂环境下的势场搭建也比较棘手。人工势场法结构流程的基本步骤如下：

（1）搭建势场，包括障碍物势场及目标点势场。

（2）通过求势场负梯度，可以得到车辆在势场中所受的障碍物斥力及目标点引力。

（3）将所受的所有障碍物斥力与目标点引力叠加，就可以得到车辆在势场中任意位置的受力情况。

（4）根据合力情况不断迭代更新位置，可以得到从起始点到终点的完整路径。

上述 4 种算法的优缺点、计算效率的简要对比，如表 2-4 所示。不难发现，人工势场法的计算速度最快，实时性也最好，但是存在局部最优解、复杂势场难以搭建的情况，这也是未来该算法的研究热点及难点；曲线插值是目前较常见的一种算法，虽然该算法的计算效率不高，但是相信在未来车载计算机的计算能力大幅度提升之后，该算法可以被更广泛地使用。

表 2-4 4 种算法的优缺点、计算效率的简要对比

算法	优点	缺点	计算效率
搜索算法	适合做全局规划	算法收敛慢，环境建模复杂	低
随机抽样	计算量适中	路径不平滑，算法收敛慢	一般
曲线插值	路径平滑、曲率连续	评价函数求解较慢	低
人工势场法	实时性好	局部最优解，复杂势场难以搭建	高

2.2.3　多源融合状态解析技术

经典的即时定位与地图构建（Simultaneous Localization Mapping，SLAM）定义的核心就是一个状态估计问题，这个问题虽然在数学模型上比较简单，但是在实际过程中会面临很多挑战及不如意的现象。

首先，第一个挑战就是地标在实际应用中的复杂性（由环境的复杂性引起）；其次，由于传感器的不同，也会存在一些其他问题。在感知信息少、四季天气变化、光照剧烈变化、车载条件惯性测量单元退化、长走廊、机器人剧烈运动等情况下，原来很好用的 SLAM 方法往往会失效。

针对上述问题，可以使用多源融合的方法去解决复杂的场景解析问题，这些融合方法可以大致归结为 3 个类别：多传感器融合、多特征的基元融合和几何语义融合。

多源融合中第一个层面是多传感器的融合，如激光或 GPS；第二个层面是多特征基元的融合，可以通过对特征点、线段及灰度信息等特征进行提取，从而得到多个特征基元。使用激光之后还能够得到三维点云的线特征、面特征及正态分布特征，这些都是做 SLAM 时经常会使用的特征。对摄像机和激光雷达进行融合可以得到两个通道的信息，即图像和点云。现在的很多工作会将图像和点云信息直接输入神经网络，这从某种层面上来说能够帮助提取语义信息；加上点云和图像的语义信息，就能够把几何信息和语义信息融合起来，这是对多源融合的宏观概括。在进行融合之后，将面临如下一些问题：

（1）多传感器融合之后，传感器间的数据如何同步？外参关系如何标定？这些都是绕不开的问题。

（2）在引入大量传感器之后，数据处理非常耗时，这与希望实现轻量级、快速响应且

紧凑的 SLAM 系统相矛盾。传感器根据原理的不同，有些观测信息相互耦合，信息有一定的冗余，如何实现多个传感器之间的有效耦合也是面临的一个挑战。

（3）在做线、面特征提取时，没有特别好的方法能够把线、面的特征做到特别通用、鲁棒。当进行参数化或数据关联时，如果使用很差的原始输入，则会产生很多误差和干扰。除此之外，如何提取图像特征和激光特征，几何特征之间如何实现紧耦合，这都是进行多源耦合时会面临的问题。

（4）怎么将语义信息融合到传统或经典 SLAM 框架里，甚至能够像人类一样对语义进行认知。此外，如何应用和集成图像语义和激光语义的信息，这也是非常有挑战性的问题。

2.2.3.1 多传感器融合

多传感器融合能够帮助应对比较复杂的场景和环境，可以降低使用成本。首先，完成传感器的标定工作，并且提出环视鱼眼摄像机、轮速计-陀螺仪的融合方法，实现了基于环视摄像机和陀螺仪的融合评估。之后完成激光雷达、摄像机、加速度计和陀螺仪紧密耦合的多传感器融合框架，称为 LIC-Fusion；构成先验激光地图和摄像机、加速度计和陀螺仪所组成的定位系统。

1. 基于环视摄像机和轮速计-陀螺仪的位姿预测

完成环视鱼眼摄像机外参标定。首先对摄像机视角进行划分，其次对棋盘格进行重投影，如果投影重合，就可以间接地反映标定精度。再次进行摄像机外参标定，通过将图像数据和激光数据融合之后重新投到一个平面，能够比较准确地把线和边缘融合在一起。最后完成激光和 IMU 的融合，利用三面墙面，加上对 IMU 的轨迹做差，实现最佳标定结果。

在完成环视鱼眼摄像机传感器的外参标定之后，在汽车移动模型中，车辆惯性导航系统（Vehicle Inertial Navigation System，VINS）会面临很大挑战，即退化问题。准确地讲，由于在 Z 方向上（纵向）没有任何运动，所以会导致在这个方向上缺乏激励，这种情况下，得到的 VINS 结果是比较差的。这也是自动停车系统仅仅依赖一个 VINS 效果并不理想的原因。这时可以引入汽车的里程计信息，汽车在比较平整的路面上行驶时，其里程计相对比较精确，可以把这个测量值引入，实现整体的系统运行。

2. 激光-惯导-相机定位方法（LIC-Fusion：LiDAR-Inertial-Camera Fusion）

面向应用是多源融合在剧烈运动、轨迹退化等场景下的情况。用紧耦合、单线程的轻量级激光-惯导-相机定位方法，在任意两个传感器之间进行在线的空间和时间标定，最终可以做到不需要任何迭代最近点或迭代优化步骤来实现比较紧凑的计算资源。针对该方法在室外场景和室内场景均进行了验证，摄像机轨迹均能较为准确地进行评估。

智能网联汽车 V2X 与智能网联设施 I2X

3. 先验激光地图约束的视觉惯导定位系统

利用前面先验的雷达数据建地图,作为一个约束来实现多模的传感。通过地图来提供约束、抑制漂移,并且和车辆惯性导航系统单独在一些地标基准上进行对比校验。

2.2.3.2 多特征的基元融合

1. 基于点线特征的鲁棒视觉 SLAM

该方法的核心思想就是对直线的参数化使用不同的方法。这里引入两种直线的参数化方法:一种是普吕克坐标系的空间参数化方法;另一种是正交表示的参数化方法。两者的应用有所区别,在提取直线的时候能够比较好地进行展示,而且它是一个四自由度的展示,由于多了一个自由度,如果放在状态方程里会对状态方程的迭代过程不够友好,所以在优化过程中,先将它转换到一个三自由度的正交表示空间,然后进行优化,从而可以保证自由度是比较接近待优化空间的。

2. 基于特征点与光流结合的鲁棒双目 SLAM 系统

鲁棒双目 SLAM 系统能够解决设备软件优化(Device Software Optimization,DSO)在大基线运动下精度不高的问题,同时可以改进光度标定,提高对光照变化的鲁棒性。其本质是利用特征点法在比较大的基线下的稳健性和鲁棒性来改进 DSO 的缺陷,同时对在线光度的测量进行了改进,利用特征点在线估计相机每一帧的曝光时间,然后优化相机响应参数,这样可以对光度做得更鲁棒,实现更好的在线光度标定,从而得到比较好的结果,在一些光照可能不强的情况下也可以正常跑出来。

2.2.3.3 几何语义融合

几何语义融合即如何把语义信息集成到经典的 SLAM 框架中,主要包括以下 3 个部分。

1. 精确快速的 3D 点云语义分割

传统的点云分割没有语义输出,而映射到 2D 的方法会损失信息,直接在 3D 语义里做计算量很大。因此,需要做两个阶段的工作来避免以上问题,第一阶段做快速分割,把比较好的点云簇提取出来;第二阶段设计一个端到端的方案来较好地实现对数据的扩增,然后直接对点进行分割。

第一阶段直接做一个地面拟合去除之后,做基于环形状的点云快速聚类,对聚类结果做提炼,这个工作是轻量级的,能够比较快速地完成。

第二阶段就是将每个点云簇计算之后换算到点云的坐标系,然后把点云簇放到设计的网络里做 3D 语义分割,这样可以得到每个点所隶属某个类别的概率,实际上就是把传统的点云聚类方法和现在比较流行的端对端方案比较好地结合起来。

这样做的好处在于，相对于传统的快速分割聚类算法，只需要少量运算就可以得到高质量的聚类分割结果。另外，在 3D 空间处理神经网络，有利于做并行化处理，即使继续进行优化，也可以在 GPU 里做并行化处理，能够达到非常高的效率。

2. 融合局部刚性的无监督场景流评估

传统无监督学习方案假设光度是一致的，并且有平滑正则的约束，这两个假设在场景中有动态目标时会遇到非常大的挑战。这里提出的方案是利用摄像机自运动的轨迹来评估光流和深度之间的关系，可以分成两个场景：一个是刚体流，另一个是非刚体流。当场景中有一些运动物体时，对于运动物体做深度恢复或光流估计。这个时候把摄像机的运动和物体运动进行分离，能够使得输出在全局上更加合理。

3. 纹理与几何信息融合的稠密深度恢复

很多深度传感器，如激光雷达，一个很大的问题在于激光雷达并不是稠密的深度恢复模式，即使使用 64 线或 128 线的激光雷达，得到的也是稀疏的采样点。有一些深度传感器最大的问题在于仅能在室内使用，并且测距的深度信息并不准确。另外，像双目或多目摄像机，利用立体视觉做场景恢复，但是恢复的质量并不是特别高，并且存在比较多的空洞信息。由于单目视觉具有二义性，即尺度的不确定性，所以把单目视觉和比较稀疏的深度观测结合起来，可从单张图像来恢复深度。这样，采用一个几何测量值，从图像的纹理中去做一个深度恢复。

2.2.4 多层地图模型与车道级规划

2.2.4.1 多层地图模型与车道级地图、车道级路径规划算法

在给定起点和终点的情况下，车辆导航系统能够帮助车辆选择最优路线。车辆导航系统在汽车上的首次安装应用可以追溯到 1994 年宝马汽车的量产上。从那时起，导航系统在提高出行效率方面所带来的好处被广泛接受。大多数车辆导航系统基于道路级电子地图，规划路径的结果主要是一系列道路。

随着辅助驾驶系统和自动驾驶技术的进步，电子地图的作用越来越重要，已成为智能网联汽车自动驾驶功能的基础数据支撑。电子地图在自动驾驶领域的重要应用之一便是智能导航功能，即为智能网联汽车提供丰富而精确的导航信息，不同智能程度的导航功能，对地图的数据精度和内容丰富度的需求不同。基于地图的智能导航功能可根据所依赖的地图类别大致分为以下两类。

智能网联汽车 V2X 与智能网联设施 I2X

1. 基于道路级地图的智能导航功能

这些导航功能通常是为辅助驾驶系统设计的，所需的精度约为米级。例如，电子地平线项目（The Electronic Horizon Program）可以使用道路坡度来优化驾驶策略，实现节能驾驶。地图还可以辅助实现安全性能的提升，曲线速度报警系统就是利用地图信息来实现主动安全系统的，在这一系统中，所有的信息都在道路上完成存储。

2. 基于车道级地图的智能导航功能

由于可以从电子地图中获取车道级的环境细节信息，所以基于车道级地图的智能导航系统可以提供更精确的驾驶导航信息，以便增强车辆的智能程度。2007 年，美国 DARPA（Defense Advanced Research Projects Agency）城市挑战赛展示了车道级地图支持的驾驶系统，一个车道级的道路网络定义文件被用来提供驾驶环境的先验信息。

基于车道级地图开发面向自动驾驶的路径规划算法，为自动驾驶导航功能的开发奠定了技术基础。基于道路级地图的智能导航系统的目标用户是人类驾驶员，在这种场景下人类驾驶员负责实时选择驾驶轨迹。然而新型导航系统，即基于车道级地图的智能导航系统（以下简称车道级导航系统）的目标用户是智能网联汽车，其必须提供更详细的路径导航信息以辅助车辆完成自动驾驶任务。两种导航系统的最大差别在于前者基于道路级地图，而后者基于车道级地图。

道路级地图的数据精度不高，道路级导航生成的道路路径是针对驾驶员设计的驾驶任务提示，而不是智能网联汽车能够遵循的具体轨迹。道路级导航对于驾驶员来说足够准确，然而对于智能网联汽车而言，其所提供的指引信息过于模糊。为了弥补这一缺点，基于道路级地图导航的车辆必须具备强大的实时环境感知和决策系统，以便实时规划出具体的行驶路径，这大大增加了车载计算单元的负担。相比之下，车道级导航则需要提供更清晰、细致的引导信息，即在无障碍物的前提下，提供一条可供智能网联汽车跟随的实际参考轨迹。

车道级导航与道路级导航的关键区别在于前者能够在不借助全息感知系统的情况下提供精确的轨迹作为控制系统的输入。虽然车道级导航系统不能替代实时感知和决策系统，但可以极大地减轻车载计算单元的计算负担，降低系统故障风险。研究人员也在他们的行为规划框架中提到了车道级导航的重要性，即无障碍物情况下的车道级参考路径可以用于提升车辆的控制性能。

车道级导航系统由车道级地图、高精度定位和车道级路径规划三大部分组成，其中，高精度定位技术的研究相对成熟，利用实时动态差分技术构建的全球定位系统的定位精度可达到厘米级。

在信号丢失的情况下，可以使用基于相机或基于激光雷达的特征匹配技术来获得准确的位置。使用惯性测量单元作为全球定位系统的补充，以提高定位的精度和鲁棒性。基于无迹卡尔曼滤波算法融合车辆动力学模型、全球定位系统和惯性测量单元的信息，可以得出如下道路模型。

（1）生产模型：

$$\begin{bmatrix} \dot{X} \\ \dot{Y} \\ v_x \\ \dot{\phi} \\ \ddot{\phi} \end{bmatrix} = \begin{bmatrix} \sin(\phi) \cdot v_x \\ \cos(\phi) \cdot v_y \\ a_x - g\sin(\theta) \\ \phi \\ 0 \end{bmatrix} + \boldsymbol{\delta}_{（噪声）}$$

式中，$\dot{X}$、$\dot{Y}$ 为车辆位置状态；v_x 为车辆沿 x 轴的速度；$\dot{\phi}$ 为车辆的角速度；$\ddot{\phi}$ 为车辆的角加速度；ϕ 为车辆朝向与正北方向之间的顺时针角度；δ 为噪声向量；g 为重力加速度；θ 为道路俯仰角。

（2）测量模型：

$$\begin{bmatrix} X_{GPS} \\ Y_{GPS} \\ U_{GPS} \\ U_{wheel} \\ \Phi_{GPS} \\ \dot{\phi}_{GYRO} \end{bmatrix} = \begin{bmatrix} 1 & 0 & 0 & 0 & 0 \\ 0 & 1 & 0 & 0 & 0 \\ 0 & 0 & 1 & 0 & 0 \\ 0 & 0 & 1 & 0 & 0 \\ 0 & 0 & 0 & 1 & 0 \\ 0 & 0 & 0 & 0 & 1 \end{bmatrix} \begin{bmatrix} X \\ Y \\ v_x \\ v_y \\ \Phi \\ \dot{\phi} \end{bmatrix} + \boldsymbol{\delta}_{（噪声）}$$

式中，X_{GPS}、Y_{GPS}、U_{GPS}、U_{wheel}、Φ_{GPS}、$\dot{\phi}_{GYRO}$ 为全球定位系统接收机和惯性测量单元的测量值；X、Y 为车辆位置状态；v_x 为车辆沿 x 轴的速度；v_y 为车辆沿 y 轴的速度；Φ 为车辆朝向与正北方向之间的顺时针角度；$\dot{\phi}$ 为角速度；δ 为噪声向量。

3. 车道级地图和车道级路径规划算法

"车道级"表示地图数据精度优于 0.5 米，并且能够区分不同的车道，车道级地图正成为一个热门的研究领域。随着高精度定位传感器等先进数据采集设备的发展，使得建立适用于车辆导航定位的增强型地图成为可能。伴随多传感器融合技术的发展，许多开发人员都能够完成车道级高精度的定位技术服务。

对车道级地图的研究主要集中在对车道进行高精度的几何表示上，面向自动驾驶的车道级地图的另一大难点是提高地图表达的灵活性，这方面的研究相对较少。地图表达的灵活性是指根据实际功能的需求灵活地提供所需要的信息，车道级地图包含大量详细的环境信息，如所有车道的坡度、曲率，还有所有车道点的坐标等。并不是每一次调用地图的时候都需要调用所有信息，大部分信息对于特定导航任务是不必要的。为了提高效率，车道级地图应当更加灵活，只在需要时提供详细的车道信息。为了提高电子地图的灵活性，我们设计出一种多层次电子地图模型。

车道级路径规划比道路级路径规划更具挑战性,主要表现在以下两个方面:

(1)行车代价模型的构建;

(2)路径规划效率的优化。

传统的道路网络结构通常被简化为图论中的最短路径问题,经典求解方法有 Dijkstra 算法、A*算法等。然而在实际导航应用中,这些算法需要进行优化修改以便考虑实际道路网络的特定属性。当涉及车道级路径规划时,导航任务就不仅仅是寻找最短路径,而应该考虑更多因素,如车辆换道的位置。为了确保导航系统找到最优路径,避免给出不可行的路径,行车代价模型的构建就显得尤为重要。因此,路径规划的效率是另一个应当被考虑的关键因素。基于分层三维路网模型实现高效的车道级路径规划的可行策略如下:

(1)利用 k-最短路径算法在道路中心线网络选择 3 条候选路径;

(2)在 3 条候选路径中基于道路级行车代价模型计算出最优道路级路径;

(3)在此道路级路径对应的车道级网络上确定最终路径。

这一方案虽然简单高效,但也存在无法找到最优车道级路径的风险。例如,在第一个寻路阶段所选择的 3 条候选路径规划可能无法覆盖最优路径。该方案利用车道级地图的丰富信息,设计考虑变道和路口转向影响及车道级驾驶行为规则限制的行车代价模型,并基于该代价模型提出一种面向自动驾驶的车道级路径规划算法。

2.2.4.2 精度自适应的地图模型

1. 七层地图模型结构

随着激光雷达等高精度传感器的发展,电子地图的精度可以达到厘米级,电子地图的制作难度也大大降低,从而推动了地图数据的爆发式增长。许多新的地图标准采用存储车道级地图数据的方法。然而,这些地图数据标准并没有针对自动驾驶对地图数据的调用方式进行设计,难以在自动驾驶开发中直接使用,面向自动驾驶且能够充分发挥高精度地图数据优势的地图模型就变得非常重要。地图数据精度越高,并不一定意味着能够更好地支撑智能导航功能。因为不同的导航应用场景,所需的地图精度是不同的。为了使电子地图能够有效地支持各种类型的导航应用,需要设计一个七层地图模型。

1)第一层:道路级路网层

该层地图数据主要用于道路级路径规划,提供道路级的全局导航信息,主要包含传统的静态电子地图数据。

2)第二层:交通信息层

该层地图数据主要用于动态道路级路径规划,主要包括道路级动态交通数据,如交通堵塞和道路施工等事件，可用于避免拥堵的动态全局路径规划。

3）第三层：道路-车道连接层

该层地图数据主要用于车道级路径规划，提供道路级路网和车道级路网之间的拓扑连接，能够将道路级路网拓扑映射到车道级路网中。由于不包含每个车道的详细信息，所以这一层数据体量相对较小，便于进行快速的候选车道级路径搜索。

4）第四层：车道级路网层

该层地图数据是为车道级导航而设计的，提供高精度的车道级几何结构、车道级交通规则、道路标志等车道相关信息。结合第三层和第四层可以得到综合考虑道路坡度、曲率和交通规则的车道级最优路径。

5）第五层：地图特征信息层

该层地图数据主要用于辅助智能网联汽车的环境感知，用于开发具有自主定位能力的车道级导航系统，该层地图存储了高精度的特征数据，以便实现基于地图匹配的定位或感知算法。

6）第六层：动态感知容器层

该层地图数据主要用于局部动态轨迹规划，其存储的数据包括网联车辆或基础设施共享的障碍物动态信息。地图也可以看成动态感知信息的容器，以及提供融合多车传感器信息的标准化接口，如激光雷达、摄像机等。基于这一层的信息，局部轨迹规划可以考虑动态情况以保证安全。

7）第七层：智能决策支持层

该层是为自动驾驶决策过程设计的，其能够提供驾驶决策知识数据库，存储的数据来自对驾驶员驾驶决策行为的大量分析和学习。

七层地图模型的重要特点是具备精度自适应的地图数据提取能力，对于道路级导航，只需使用第一层和第二层的地图数据。对于使用差分卫星定位系统的车道级导航，需要在地图中加入第三层和第四层数据。在全球定位系统失效的情况下，第五层数据可以帮助车辆实现自主定位。对于多车协同驾驶场景，需要添加第六层来获取联网车辆共享的信息。对于高级别自动驾驶场景，第七层数据则提供了决策支持信息。

2. 车道级地图模型

车道级路网应包含车道级路段和交叉口的几何及拓扑细节，相关研究已经提出了多种表征车道细节信息的车道级地图模型的方法。为了支持高效的车道级路径规划算法，需要设计一种由自动驾驶地图模型的前四层组成的车道级地图模型。基于每一层地图的概念，进一步设计各层地图数据的具体数学表达模型。

3. 道路级路网层

考虑路网由一组道路 $\{r_j\}_{j=1}^{a}$ 和一组交叉口 $\{C_j\}_{j=1}^{b}$ 组成,其中,a 和 b 分别表示道路的个数和交叉口的个数。道路层通常可以表示为

$$W = \left(\{r_j\}_{j=1}^{a}, \{C_i\}_{i=1}^{b}\right)$$

$$C_i = (P_{c,i}, E_{c,i}, T_{c,i})$$

式中,W 表示道路层;$P_{c,i}$ 表示进入第 i 个交叉口的道路级节点集合;$E_{c,i}$ 表示离开第 i 个交叉口的道路级节点集合;$T_{c,i}$ 表示两个节点之间的道路级交通距离。

$$T_i = \begin{array}{c} E_{c,j,1} \\ \vdots \\ E_{c,j,m} \end{array} \begin{array}{c} P_{c,j,1} \cdots P_{c,j,n} \\ \begin{bmatrix} t_{i,1,1} & \cdots & t_{i,n,1} \\ \vdots & \ddots & \vdots \\ t_{i,1,m} & \cdots & t_{i,n,m} \end{bmatrix} \end{array}$$

式中,m 和 n 分别为离开交叉口和进入交叉口的节点数;$t_{i,n,m}$ 为车辆能否从驶入节点 $P_{c,j,n}$ 到驶出节点 $E_{c,j,m}$,并且 $t_{i,n,m}=(f_i,m_i)$,其中,f_i 表示能否从 $P_{c,j,n}$ 到达 $E_{c,j,m}$,m_i 表示行驶方案,如左转弯、右转弯、直行或转 U 形弯。

道路级路网表示如下:

$$r_i = (P_{r,i}, E_{r,i}, Q_{r,i})$$

式中,$P_{r,i}$ 为进入第 i 个交叉口的道路级节点集合;$E_{r,i}$ 为离开第 i 个交叉口的道路级节点集合;$Q_{r,i}$ 包括道路类别 $k_{r,i}$ 和道路长度 $l_{r,i}$。

4. 交通信息层

为了避免交通阻塞、提高全局交通效率,路径规划算法必须考虑交通信息。通过对流动车辆数据的分析,可以得到全局交通动态。交通状况由记录的平均速度向量表示:

$$V_r = [V_r(t_0), \cdots, V_r(t_i), \cdots, V_r(t_k)]$$

式中,$V_r(t_i)$ 为时间间隔 $[t_i, t_i+\Delta t]$ 内的平均速度;t_k 为最新记录速度的时刻。

平均速度的历史记录可以作为经验数据来估计时间成本,同时也可以用来预测未来的行驶速度。

$$\hat{V}_r = [\hat{V}_r(t_{k+1}), \cdots, \hat{V}_r(t_{k+1}), \cdots, \hat{V}_r(t_{k+n})]$$

式中,$\hat{V}_r(t_{k+1})$ 为时间间隔 $[t_k+i\Delta t, t_i+(i+1)\Delta t]$ 内的预测速度。

5. 道路-车道连接层

这一层是道路级信息与车道级信息之间的连接层,是整个地图结构灵活性和精确性

的关键，因为它提供了加载高精度数据的通道，并保留了传统地图的优势。连接层可以表示为

$$(P_r, E_r) = (P_{lane,1}, P_{lane,2}, \cdots, P_{lane,n}, E_{lane,1}, E_{lane,2}, \cdots, E_{lane,m})$$

式中，$P_{lane,n}$、$E_{lane,m}$ 分别为车道级的驶入节点和驶出节点。每个车道级节点包含节点的位置和节点的交通方向，记为 (u_N, v_N)。

6. 车道级细节层

车道级细节层包含更精确和完整的信息，其可以表示为

$$W_{lane} = \left(\{r_{lane,j}\}_{j=1}^{a_{lane}}, \{C_{lane,i}\}_{i=1}^{b_{lane}}\right)$$

式中，W_{lane} 表示车道层；a_{lane} 和 b_{lane} 分别表示车道数和车道级交叉口数；$r_{lane,j}$ 表示属于某一道路实体的交通车道，其中，车道的定义如下：

$$r_{lane,j} = (S_{lane}, S, C_s, C_e, Q_{lane})$$

式中，S_{lane} 为车道形状的参数集。车道曲线可用参数函数 $f_{CHS}(u, S_{lane})$ 表示，其中，u 为车辆的位置。S 表示属于同一道路的车道集合中车道的横向序号。在序列确定之后，最右边的车道被标记为 1。根据车道的交通方向，C_s 和 C_e 分别表示起点和终点的交叉口。Q_{lane} 表示车道属性，包括总长度 L 和限速值 V_{limit}，以及其他几何属性和交通属性。

车道级交叉口 $C_{lane,i}$ 的定义与道路级交叉口相似：

$$\boldsymbol{C}_{lane,i} = (\boldsymbol{P}_{lane,i}, \boldsymbol{E}_{lane,i}, \boldsymbol{T}_{lane,i})$$

式中，$\boldsymbol{T}_{lane,i}$ 为车道级交通矩阵，表示交叉口处驶入车道 λ_i 和驶出车道 λ_j 的联合车道的几何和拓扑特征。联合车道定义如下：

$$t_{ij} = (S_t, \lambda_i, \lambda_j, Q_t, f_m)$$

式中，S_t 也是由 CHS 定义的，表示车辆从车道 λ_i 到车道 λ_j 的可能路线的参数集合；λ_i 和 λ_j 分别表示驶入车道和驶出车道；Q_t 表示联合车道的属性，如车道长度 L 及交通信号 B_s，$B_s = 1$ 时表示联合车道的交通正在受到交通信号的控制；f_m 表示车道 λ_i 和车道 λ_j 能否实际上被连接在一起。值得注意的是，交叉口的车道级交通约束本质上是由交通矩阵描述的。

2.2.4.3 车道级行车代价模型

为了在车道级地图上进行最优路径的搜索，建立车道级行车代价模型。行车代价可以分为 3 种类型：静态行车代价、动态行车代价和统计行车代价。静态行车代价是路网的静态属性，动态和统计行车代价则受其他交通参与者的影响。路径规划需要考虑多方面的代价，如行程距离、时间成本、油耗等各种混合指标。

1. 换道的通行时间成本

根据车道属性可以很容易地估算出单车道行驶时间：

智能网联汽车 V2X 与智能网联设施 I2X

$$f_{\text{cost}}(r_{\text{lane}}) = \frac{L}{V_{\text{limit}}}$$

式中，L 和 V_{limit} 已在前文定义。然而，在大多数情况下，驾驶员可能不会沿单车道行驶，而是会多次改变车道，注意这里不考虑动态因素。

1）具有不同限速的车道

对于具有不同限速的车道的情况，假设行驶在限速较低车道上的车辆为了以较高速度行驶，将会尽快改变车道。假设换道是在车道开始处进行的，在两个起始点之间添加一个过渡线，如图 2-8 所示。

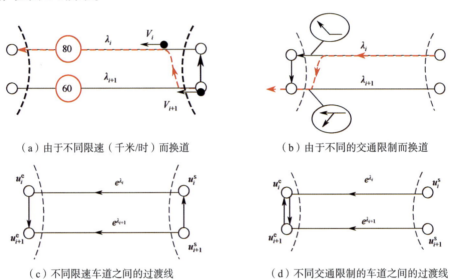

（a）由于不同限速（千米/时）而换道　　　（b）由于不同的交通限制而换道

（c）不同限速车道之间的过渡线　　　（d）不同交通限制的车道之间的过渡线

图 2-8　道路交通变道成本建模

不同限速的车道间换道时，不仅要考虑额外的行驶距离所产生的延时，同时还要考虑加速过程所产生的延时。时间成本可由下式得到：

$$f_{\text{cost}}(r_{\text{lane},i} \to r_{\text{lane},j}) = \frac{(V_i - V_j)^2}{2\alpha_v V_i} + \frac{\Delta s}{V_i}$$

式中，α_v 为车辆加速度；Δs 为变道引起的额外长度，可以用变道宽度近似代替。

2）具有不同交通限制的车道

行驶在高速车道上的车辆，也会因为其他原因变换到低速车道，如为了遵循转弯车道的交通限制。这种变道发生在前方交叉口附近，因此可以用两条车道末端节点之间的过渡线来描述。额外时间成本计算如下：

$$f_{\text{cost}}(r_{\text{lane},i} \to r_{\text{lane},j}) = \frac{(V_i - V_{\text{traffic}})^2}{2\alpha_v V_i} + \frac{\Delta s}{V_i}$$

式中，V_{traffic} 表示由于交通限制导致的限速，而不是路标指示的限速值。

如果一条道路包含两条以上的车道线，则应生成相邻车道之间的过渡线。

2. 交叉口的转弯时间成本

交叉口的转弯时间成本也是路径总代价中的重要部分，尤其是在城市地区。转弯时间成本不仅要考虑交叉口的行驶距离，还应考虑到在交叉口处的加减速行为。如图 2-9 所示，车辆通过交叉口的运动可以分为 3 个部分。

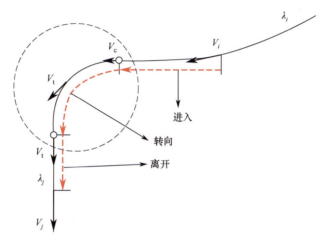

图 2-9　道路交通转弯成本建模

图中，V_c 为驶入车道末端处的车速；V_t 为转弯速度。

1）接近路口阶段

车辆在接近十字路口时减速，减速引起的时间延迟可以通过以下公式计算得到：

$$f_{\text{cost}}(C_{\text{appro}}) = \frac{(V_i - V_c)^2}{2\alpha_v V_i}$$

式中，V_c 为驶入车道末端的车速，主要由该位置的交通特征决定。如果该处有"停车"交通标识，则 V_c 为零。在大多数情况下 V_c 等于转弯速度 V_t，这将在下面讨论。

2）在交叉口转弯阶段

交叉口转弯时间可分为等待信号时间和转弯行为时间两部分，等待信号时间是一个与道路交通管理更为相关的量。转弯阶段的重点是通过交叉口的驾驶行为建模，假设在等待时间 t_{wait} 后，车辆开始以 V_c 加速到 V_t，然后沿着转弯车道行驶。行驶时间计算如下：

$$f_{\text{cost}}(C_{\text{turn}}) = \frac{(V_t - V_c)^2}{2\alpha_v V_i} + \frac{L_t}{v_t} + t_{\text{wait}}$$

式中，L_t 表示转弯车道的长度，转弯速度受到转弯类型和交叉口构型等多种因素的影响。定义一个考虑交叉口属性的转弯速度模型如下：

$$V_t = V_b(1 - kr_{\min})$$

智能网联汽车 V2X 与智能网联设施 I2X

式中，$V_b = \min(V_i, V_j)$，代表最低行驶速度；k 代表转弯车道的平均曲率，可以通过转弯车道曲线计算得到；$r_{\min}$ 为最小转弯半径，如对一辆典型客车而言，最小转弯半径为 6 米。

3）驶离路口阶段

当离开交叉路口时，车辆加速以达到驶出车道的速度。时间延迟可以通过如下公式计算得到：

$$f_{\text{cost}}(C_{\text{leave}}) = \frac{(V_j - V_t)^2}{2\alpha_v V_j}$$

最后，交叉口的总行车代价计算如下：

$$f_{\text{cost}}(C_{\text{appro}}) = f_{\text{cost}}(C_{\text{appro}}) + f_{\text{cost}}(C_{\text{turn}}) + f_{\text{cost}}(C_{\text{leave}})$$

2.2.4.4 车道级路径规划

车道级行车代价模型确定后，介绍车道级路径规划方法。车道级路径规划的优势在于可以充分考虑每个车道的详细属性，提供一个符合车辆驾驶行为约束的最优路径，如图 2-10 所示。

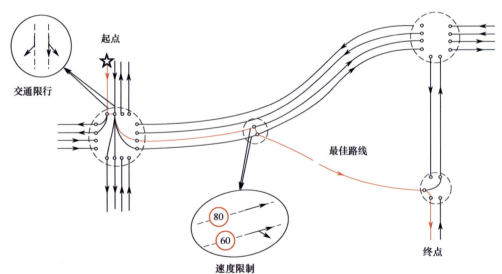

图 2-10 车道级路网的最优路径（用红线表示）

在确定最优路径的过程中应当考虑交通限制及速度限制（千米/时）。

在每个车道的起点和终点添加节点，从而整个路网可以概括为一个有向图：

$$G = (U, E)$$

式中，U 表示节点的集合 $\{u_i\}$；E 表示边的集合 $\{e_i\}$。根据路网拓扑结构，一条边可以从连接了起点 $u_{\text{start}}(e^{\text{lane}_i})$（简记为 u_i^s）和终点 $u_{\text{end}}(e^{\text{lane}_i})$（简记为 u_i^e）的驶入车道 lane_i 得出，也可以从连接了驶入车道 lane_i 的终点 u_i^e 和驶出车道 lane_j 的起点 u_j^s 的连接车道 t_{ij} 得出。

定义权重函数 $f_{\text{cost}}(e)$ 用于为每条边指定一个权重。权重表示以指定的度量（如距离或行驶时间）描述换道或转弯的成本，关注的是时间成本这一最自然的度量。车道和转弯成本的详细模型前文已描述。路径规划的目标是找到最优路线 $P=\{e_1,\cdots,e_n\}$，并满足以下约束：

$$\min c(P) = \sum_{i=1}^{P} f_{\text{cost}}(e_i)$$

式中，$e_i \in E$ 为搜索区域内的所有车道；$c(P)$ 为沿路径 P 的总成本。

路径规划问题可以使用经典算法解决，如 Dijkstra 算法或 A*算法。然而，由于大型车道级路网过于复杂，将这些算法直接应用于长距离车道级路径搜索是不现实的。因此，各种启发式规则和分层结构被应用于大型路网的路径规划。车道级路径规划问题可视为从预定起点到预定终点的车道级最优路径搜索过程，分层规划步骤如下：

（1）搜索出最优道路级路径上的节点；
（2）在道路级节点所对应的车道级路网上计算车道级行车代价；
（3）搜索出代价最优的车道级路径及构成路径的车道级节点。

1. 道路级路径规划

假设节点 O 和 D 分别是预定的起点和目的地，则在道路层级上的路径规划可以被建模为对道路级交叉序列的搜索。

$$N_r = (O, N_1, N_2, \cdots, N_i, \cdots, N_k, C)$$

式中，N_i 为道路层级交叉节点的节点数。

在道路级的导航步骤中，使用的是传统 A*算法。

2. 车道级地图路径规划

根据获得的道路节点序列，将粗略的道路级路径细化为车道级路径，具体可分为两个步骤：

（1）根据道路级规划结果选择车道级路径节点；
（2）根据车道级路径规划选择所连接的车道级路径节点。

1）选择车道级路径节点

由车道级地图模型可知，每个道路交叉口都包含了进入和离开该区域的车道级节点，道路-车道连接层中的地图数据结构支持从道路级节点映射到车道级节点。在获得道路级路径规划的结果后，如 $N_1, N_2, \cdots, N_k$，获取最优车道级节点的最简单方法是遍历所有关联的车道级节点；这种遍历会计算大量不相关的车道级节点关系，从而降低路径搜索的效率。

仅选择可以连接两个连续道路级节点的车道。对于道路级交叉点节点 N_i，在进入交叉节点时的车道级节点（进入节点）应连接到上一个道路级交叉点节点 N_{i-1}。同样，最后一个车道级节点（出口节点）应连接到下一个道路级交叉点节点 $N_{i,i+1}$。进入和退出该交叉点节点的车道级节点 N_i 表示为 $N_{i,i-1}$ 和 $N_{i,i+1}$，可由以下等式计算得出：

$$N_{i,i-1} = P_c(N_i, N_{i-1}), \quad N_{i,i+1} = E_c(N_i, N_{i+1})$$

式中，P_c 为道路级节点的入节点，E_c 为道路级交叉节点的出节点，两者均由道路级路径规划结果确定。

考虑交通规则或道路条件的限制，进一步筛选候选的车道级节点，如果需要在道路级节点中完成左转弯的动作，且该道路级节点包括 3 个车道级进入节点，如在交叉路口中，根据交通规则，最左侧的车道级节点是唯一可行的车道级节点。为了在车道级路径规划中考虑类似情况，使用交通矩阵来消除不可行的节点。对于给定的行驶任务，如从 $N_{i,i-1}$ 到 $N_{i,i+1}$，道路级节点 N_i 中的交通矩阵可以进一步简化为 $t(N_{i,i-1}, N_{i,i+1})$：

$$t(N_{i,i-1}, N_{i,i+1}) = t(N_{i,i-1}, N_{i,i+1}) \bigcup t(N_{i,i-1,n}, N_{i,i+1,m})$$

如果 $f_m(N_{i,i-1,n}, N_{i,i+1,m}) = 1$，则交通矩阵中只包含可行的进入节点和出口节点，通过引入交通矩阵，减少了要搜索的节点数量。假设在道路级节点 N_i 中，进入和退出通道的数量分别为 n 和 m，那么交通矩阵可表示为下面的等式：

$$T(N_{i,i-1}, N_{i,i+1}) = \begin{bmatrix} N_{i,i+1,1} \\ \vdots \\ N_{i,i+1,m} \end{bmatrix} \begin{bmatrix} N_{i,i-1,1} & \cdots & N_{i,i-1,n} \\ t(N_{i,i-1,1}, N_{i,i+1,1}) & \cdots & t(N_{i,i-1,n}, N_{i,i+1,1}) \\ \vdots & \vdots & \vdots \\ t(N_{i,i-1,1}, N_{i,i+1,m}) & \cdots & t(N_{i,i-1,n}, N_{i,i+1,m}) \end{bmatrix}$$

2）在候选车道级节点上进行路径规划

在获得候选车道级节点之后，就可以进行车道级路径规划。道路级和车道级路径规划算法之间的最主要差别在于是否包含行车代价模型的构建方法及路径搜索的方向。行车代价模型的差别已在上文分析，路径搜索方向的差别表现在道路级规划大多是双向搜索，而在分层规划架构下，车道级有向图是单向的。

设计一个逐步迭代的寻路算法以便获取最优的车道级节点集，每一步迭代时，都先计算从起点到当前节点的成本，然后存储实现最小成本的车道级节点 $P_f(N_{i,i+1,m})$。

2.3 智能网联汽车控制执行

如果说全息感知系统相当于自动驾驶汽车的眼睛、规划决策系统相当于自动驾驶汽车的大脑，那么控制执行系统就相当于自动驾驶汽车的手脚。自动驾驶控制执行系统是指系统做出规划决策以后，替代自动驾驶汽车对车辆进行控制，反馈到底层模块执行任务。控制执行系统是自动驾驶汽车行驶的基础，车辆的各个操控系统需要通过总线与决策系统相连接，并能够按照决策系统发出的总线指令精确地控制加速程度、制动程度、转向幅度、灯光控制等驾驶动作，以实现车辆的自主驾驶。

2.3.1 重构整车电子电控体系架构

2.3.1.1 自动驾驶汽车电子电气系统结构

自动驾驶控制执行模块主要包括核心技术、主流控制算法及技术方案等，这些模块将重新架构整车电子电气体系，形成新一代智能网联汽车的电子电气体系结构。

1. 核心技术

自动驾驶控制执行系统的核心技术主要包括车辆的纵向控制和横向控制技术。

纵向控制，即车辆的驱动与制动控制，是指通过对油门和制动系统的协调，实现对期望车速的精确跟随；横向控制，即通过方向盘角度的调整及轮胎力的控制，实现自动驾驶汽车的路径跟踪。

1）纵向控制

车辆纵向控制是指在行车速度、方向上的控制，即车速及本车与前后车或障碍物距离的自动控制。自动驾驶汽车采用油门和制动综合控制的方法来实现对预定车速的跟踪，各种电机-发动机-传动模型、汽车运行模型和刹车过程模型与不同的控制算法相结合，构成了各种各样的纵向控制模式。

自动驾驶纵向控制系统作为自动驾驶汽车最重要的控制系统之一，是解决交通堵塞、降低交通事故发生率的有效方式之一。纵向控制系统对危险场景的反应速度快，避撞控制精确、有效，可最大限度地避免交通事故的发生及人员的伤亡。此外，纵向控制系统在保证行驶安全的前提下，还可缩短车间距离，有效提高道路通行效率，减轻因堵车造成的环境污染。

2）横向控制

车辆横向控制指垂直于运动方向上的控制，即转向控制。横向控制系统的目标是控制汽车自动保持期望的行车路线，并在不同的车速、载荷、风阻、路况下均有很好的乘坐舒适性和稳定性。车辆横向控制大致可以分为两种基本设计方法：基于驾驶员模拟的方法和基于车辆动力学模型的控制方法。

基于驾驶员模拟的方法又可以详细划分为两种，一种是使用较简单的动力学模型和驾驶员操纵规则设计控制器，另一种是用驾驶员操纵过程的数据训练控制器获取控制算法。

基于车辆动力学模型的控制方法需要建立较精确的汽车横向运动模型，典型模型如单轨模型，该模型认为汽车左右两侧特性相同。

2. 控制方法

自动驾驶控制方法可划分为传统控制方法与智能控制方法两种。

1）传统控制方法

传统控制方法主要有 PID 控制、模糊控制、最优控制、滑模控制等。

PID 控制又称为比例积分微分控制，是最早发展起来的控制策略之一，是指根据给定值和实际输出值构成控制偏差，将偏差按比例、积分和微分通过线性组合构成控制量，对被控对象进行控制。由于其算法简单、鲁棒性好和可靠性高，至今仍有 90% 左右的控制回路具有 PID 结构。

模糊控制的全称为模糊逻辑控制，是以模糊集合论、模糊语言变量和模糊逻辑推理为基础的一种计算机数字控制技术。与经典控制理论相比，模糊控制策略最大的特点是不需要准确的数学公式来建立被控对象的精确数学模型，可极大地简化系统设计和数学建模的复杂性，提高系统建模和仿真控制的效率。不过，模糊控制的设计缺乏系统性，对复杂系统的控制存在一定问题。

最优控制着重研究使控制系统性能指标实现最优化的基本条件和综合方法，其过程可概括为：对一个受控的动力学系统或运动过程，从一类允许的控制方案中找出一个最优的控制方案，使系统的运动在由某个初始状态转移到指定的目标状态的同时，其性能指标值为最优。

滑模控制也称变结构控制，本质上是一类特殊的非线性控制，该控制策略与其他控制的不同之处在于系统"结构"不固定，在动态过程中根据系统状态有目的地不断变化，迫使系统按照预定"滑动模态"的状态轨迹运动。由于滑动模态可以进行设计且与对象参数及扰动无关，因此滑动控制具有快速响应、对应参数变化及扰动不灵敏、无须系统在线辨识、物理实现简单等优点。在实际应用中，当状态轨迹到达滑动模态面后，难以严格沿着滑动模态面向平衡点滑动，而是在其两侧来回穿越地趋近平衡点，这会产生震动，影响正常应用。

2）智能控制方法

智能控制方法与传统控制方法最大的不同在于，智能控制方法更关注控制对象模型的运用和综合信息学习运用，常见的智能控制方法主要有基于模型的控制、神经网络控制和深度学习方法等。

基于模型的控制一般称为模型预测控制，它的控制动作是在每一个采样瞬间通过求解一个有限时域开环最优控制问题而获得的。其基本原理是：在每个采样时刻，根据获得的测量信息，在线求解一个有限时域的开环优化问题，并将得到的控制序列的第一个元素作用于被控对象，在一个采样时刻，重复上述过程，再用新的测量值刷新优化问题并重新求解。这种控制方法的优点是对模型的精度要求不高，建模方便，且因为采用非最小化描述的模型，系统鲁棒性、稳定性较好。

神经网络控制把控制问题看成模式识别问题，被识别的模式映射成"行为"信号的"变化"信号。神经网络控制最显著的特点是具有学习能力，它是通过不断修正神经元之间的连接权值，并离散存储在连接网络中来实现的，它对非线性系统和难以建模的系统的控制具有良好效果。

深度学习方法可以获得深层次的特征表示，免除人工选取特征的繁复冗杂和高维数据的维度灾难等问题，在特征提取与模型拟合方面具有很大优势。由于自动驾驶系统需要尽量减少人的参与，这让深度学习在自动驾驶系统的研究中更具优势。

3. 技术解决方案

根据从行驶环境到驾驶动作的映射过程，自动驾驶控制技术分为间接控制和直接控制两种不同方案。

1）间接控制方案

自动驾驶间接控制方案可简单概括为：根据当前车辆行为需求，在满足车辆自身运动学和动力学约束条件下规划出一条空间上可行且时间上可控的无碰撞安全运动轨迹，然后设计适当的控制域跟踪生成的目标轨迹，从而实现自动驾驶。自动驾驶间接控制方案结构原理如图 2-11 所示。

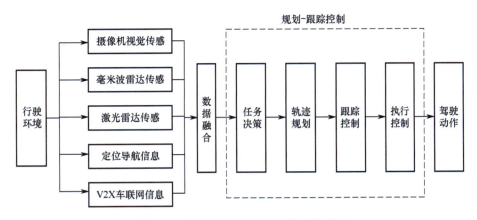

图 2-11　自动驾驶间接控制方案结构原理

2）直接控制方案

由于自动驾驶汽车行驶环境具有不确定性、不可重复性和不可预测性等特征，很难建立精确的数学模型进行控制性设计，因此传统控制策略已无法满足自动驾驶控制的要求。在这样的背景下，直接控制方案就成为自动驾驶控制系统的主流形式。

智能网联汽车 V2X 与智能网联设施 I2X

基于人工智能的直接控制模型本质上是模拟人脑对外界环境信息和车体本身信息的感知，同时，将驾驶经验与在线学习机制结合来获得持续稳定输出的过程。这种控制模式可以有效提升自动驾驶汽车在面对不同场景下的随机应变能力，代表着自动驾驶控制执行系统在未来一段时间内的主流发展方向。基于人工智能的直接控制方案结构原理如图 2-12 所示。

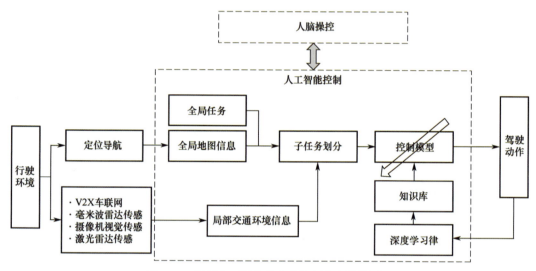

图 2-12 基于人工智能的直接控制方案结构原理

2.3.1.2 重构整车电控系统及架构设计

重构电气架构是基于对域控制设计方法的研究，得出相关的设计过程和规则，从而设计出新电控系统及架构平台，也为实现软件定义汽车和硬件通用化提供可能性。

1. 设计方法

传统的电控系统架构基于分布式和集成式设计方法，每个电控系统都基于汽车开放系统架构（AUTomotive Open System Architecture，AUTOSA）软件架构设计，对应的用户功能基本都在一个系统内完成。随着用户需求越来越多，电控系统的许多功能都是跨系统工作的。因此，从 IT 行业引入层次化和系统低耦合性设计方法。

1）分布式和集成式设计方法

分布式和集成式设计方法是一种可以不依赖其他系统就能够实现功能需求的设计方法。车载电子控制单元（Electronic Control Unit，ECU）是一个相对独立的系统，所有输入传感器、输出执行器和逻辑处理都在一个主 ECU 控制的系统内完成，这造成整车 ECU 数量众多，难以管理，需要分布式和集成式设计方法优化。

2）域控制设计方法

域控制设计方法的架构拓扑的主要内容如下：功能分解，实现功能逻辑与实际的物理硬线信号剥离，并把功能逻辑集中到一个域控制器实现；接口标准化，包括域控制器与区域控制器信号接口、区域控制器与所有物理信号输入输出设备接口；区域划分，整理出所有输入输出设备，并按位置区域进行分配，接入区域控制器管理。

3）SOA 设计方法

SOA 是面向对象的服务架构，车辆接入物联网后，可以挖掘出各类相关功能应用，大大提升用户服务价值，而这些应用就是基于 SOA 思想设计的。这些应用建立在域控制设计平台架构之上。

2. 新电控系统和架构设计

基于对分布式和集成式设计方法、域控制设计方法和 SOA 设计方法的研究，以及对车联网和软件定义汽车需求的分析，归纳出车端及关联系统大致组成元素及层次关系，以及车辆与车外相关系统结构。未来车载电控架构的主要 ECU 节点由域控制器、区域控制器和输入传感器、输出执行器组成。基于零部件供应商发展现状，一些独立的传统 ECU 控制器，如电子车身稳定系统（Electronic Stability Program，ESP）还会存在。未来的架构之所以呈现这种形态，是因为按照域控制设计方法把整车的需求进行分解，由以下 3 个部分硬件组成的车载电控系统，就可完成软件功能的开发。因此，最终网络拓扑就由这 3 种模块构成。

1）车载域控制器或服务器

由于 ECU 模块芯片的算力有限，所以在某些任务（如自动驾驶和智能座舱等）执行时存在计算性能不佳的问题。这一问题流行的解决方法为主域控制器（未来发展成车载服务器）、智驾域控制器和信息娱乐域控制器，涉及的关键性能指标如下：

（1）强大的计算能力，用来完成纯功能逻辑处理；

（2）强大的网络连接和管理能力，用来接收各种信息和发送控制指令；

（3）满足从汽车安全完整性等级（Automotive Safety Integrity Level，ASIL）从 A 到 D 所有等级功能安全的要求；

（4）快速启动和响应的能力；

（5）系统功耗与散热的平衡性；

（6）系统硬件平台方案的伸缩性，如计算能力和芯片兼容性都有很大可选范围；

（7）系统软件平台方案的移植能力；

（8）模块外接电气接口比较少，主要是电源和网络物理接口，应尽量提升模块的通用性。

当前域控制器发展的具体特征如下：

智能网联汽车 V2X 与智能网联设施 I2X

（1）由于芯片计算能力不足，发展主流是主域控制器、信息娱乐域控制器和智驾域控制器，主域控制器集成中央网关功能。

（2）车载以太网已经成为域控制器间通信必备设施，域间可变速率的控制器局域网络（Controller Area Network with Flexible Data-Rate，CANFD）通信一定存在，且对于网络实时性和安全性的要求高于网络通信要求。

（3）域控制器支持多路以太网、CAN-FD 和串行通信总线（Local Interconnect Network，LIN），以拓展连接能力，一般不带其他接口类型（如高低电平电气接口）。

（4）域控制器硬件包括微控制单元（Micro Controller Unit，MCU）和微处理单元（Micro Processor Unit，MPU），未来芯片集成度会越高，偏向尽量一颗芯片搞定一切，如集成直流变换器（Direct Current/Direct Current，DC/DC）、CAN 和 LIN 收发器等。

（5）智驾域控制器由于传感器的接口和协议没有标准化，所以智驾域最终的网络形式还未确定。

（6）域控制器的软硬件平台目前已经统一，通过同系列不同型号统一硬件平台，通过虚拟机监视器（Hypervisor）和适配器（Adapter）、汽车开放系统架构等实现应用的平台化。

2）车载区域控制器

区域控制器能够接收输入传感器的信息和来自域控制器的指令，并控制实际的输出执行器，以及把输出执行器和输入传感器状态发给域控制器。它的关键性能指标如下：

（1）处理纯功能逻辑少，以实时操作系统和微处理器为特点的处理平台主要完成一些实时性高的功能；

（2）支持很多路 CAN 和 LIN，以及一路或两路以太网网络连接能力；

（3）满足 ASIL 从 A 到 D 所有等级功能安全的要求；

（4）启动和响应的能力；

（5）不用考虑增加额外的散热器件；

（6）系统硬件平台方案的伸缩性，如计算能力和芯片兼容性都有很大可选范围；

（7）系统软件平台方案的移植能力；

（8）模块外接电气接口比较多，而后续都是通用的 I/O 接口。

当前区域控制器发展特征如下：

（1）功能执行要求实时性较强，硬件一般以 MCU（视频需求除外）为主；

（2）区域控制器当前无引入以太网的需求，随着智驾方案确认才有可能引入以太网，区域控制器主要以 CAN、LIN 和硬线等方式拓展功能灵活性；

（3）区域控制器的数量与整车的定位有关，但是对于一款车型，区域控制器的数量是固定的，只有输入输出传感器和执行器的数量是变化的；

（4）区域控制器软、硬件平台可以统一，对比之前传统的设计复杂度会降低，重点在于整车厂的系统设计能力提升。

3）输入传感器和输出执行器

随着智驾技术的发展，各种各样的传感器和执行器被应用到车辆上。有多家供应商提供相关产品，每家的思路不尽相同，导致同种类型的传感器多种多样。这就需要整车厂进行系统设计和引导，并在机械结构、分类方法、信号接口等几个方面对传感器进行标准化规范。

（1）输入传感器的形状、结构和接口在未来会进一步标准化，便于零件的通用化，特别是对于大的整车厂更需如此。

（2）输入传感器分类标准化，如开关、视频、超声波雷达和加速度传感器等，并且要对电气接口或通信协议进行标准化设计。

（3）输入传感器与上层区域控制器接口实现标准化。

综上所述，尽管有很多关于 SOA 的讨论，但驾驶服务需要有一个良好的平台。研究域控制设计方法，目的是打造全新的整车电控系统和架构，并为在域控制器上实现 SOA 设计思想提供一个开放性的软硬件平台，这也是技术发展和经济效益相结合的产物。

未来整车电控系统的发展方向会类似于通用功能的合并取消，很多通用功能也会由于汽车智能化的发展而被取消，但是更多人工智能的功能会被设计出来以提升用户体验，从而提升整车价值。整车电控系统及架构则需要为实现这些功能提供完善的硬件和软件平台。系统架构软件和硬件标准平台还不成熟，对中国来说正好是个机会，可以依托强大的国内市场，快速研究相关软件和硬件技术，并向国际标准推广。

2.3.2 智能驾驶功能软件平台设计

2.3.2.1 高级别智能驾驶平台

高级别智能驾驶是一项庞大的系统工程，是多个领域前沿技术的融合体，其中涵盖芯片、操作系统、通信和云计算等 ICT 技术，感知、推理、决策控制等智能算法技术，以及驱动、转向、制动等车辆底层控制技术。高级别智能驾驶还处于成熟前夜，亟须跨产业紧密合作来解决所面临的技术难题，全产业链合力共同促进智能驾驶产业的发展。

根据《车载智能计算基础平台参考架构 1.0（2019 年）》中关于车载计算平台架构的描述，车载计算平台自底向上可以划分为硬件平台、系统软件、功能软件和应用软件 4 层。其中，功能软件层包含感知融合、定位、预测和规划决策等核心功能和算法模块，是智能驾驶系统的核心部分。高级别智能驾驶平台通过构建一个标准化的功能软件层系统架构，

智能网联汽车 V2X 与智能网联设施 I2X

以及功能模块和算法组件的逻辑服务接口,明确产业分工和边界,缩短智能驾驶系统的开发周期并降低系统集成成本。基于这些要求,设计智能驾驶功能软件平台架构,开创高级别智能驾驶产业生态发展的新模式,推动软件定义汽车的加速实现。

在智能驾驶功能软件平台设计规范中,智能驾驶功能软件平台基于不同技术实现方案进行功能抽象,共分为传感器抽象功能、感知融合功能、预测功能、规划决策功能、定位功能和执行器抽象 6 个功能模块。主机厂基于自身策略,在设计和开发功能软件时可以选择不同的功能模块和算法组件,实现拼插式功能组合,灵活构建智能驾驶系统级解决方案。

智能驾驶功能软件平台设计的具体内容如下。

1. 系统架构

定义智能驾驶功能软件平台的系统架构、核心功能模块及算法组件划分。

2. 感知融合功能

感知融合功能对传感器抽象模块的输入数据进行融合,完成对物理世界的数字呈现。逻辑服务接口包括目标识别和跟踪、道路结构、交通标志、静态目标、可行驶空间、自车状态、泊车位信息和环境模型等。

3. 预测功能

预测功能依据环境信息和交通参与者历史测量信息,对其他交通参与者的未来行驶意图和轨迹进行预测,利用其逻辑服务接口,也可以进行行为预测和轨迹预测等。

4. 规划决策功能

规划决策功能根据感知融合、自车定位和交通参与者预测等信息输入来完成自车行驶轨迹的决策和规划,并根据决策结果输出车辆控制命令。该功能的逻辑服务接口包括导航信息、行为决策、轨迹规划和运动控制等。

5. 定位功能

定位功能根据高精度地图、传感器等信息输入提供自车位置,其逻辑服务接口包括自车定位和地图等。

智能驾驶功能软件平台中的传感器抽象、执行器抽象和定位功能等逻辑服务接口不再重新定义,而是引用其他标准组织正在定义或已经完成定义的规范,如传感器抽象引用《线控转向及制动系统通信协议要求及测试规范》(ISO 23150—2021),执行器抽象引用《空气制动执行器测试程序 载重牵引车、客车和拖车》(SAE J1469—201903)标准,定位功能引用《高级驾驶员辅助系统接口》规范等。

2.3.2.2　车载智能计算基础平台架构

汽车行业电动化、智能化、网联化、共享化的"新四化"变革加速推进，自动驾驶成为产业竞争的焦点。对于支撑实现自动驾驶功能的车载智能计算平台，产业界正加速推进相关探索和实践。国外企业在积极研发的同时，通过收购补齐技术短板，部分产品已实现量产，国内企业也在不断加大投入，加快产业布局。

《车载智能计算基础平台参考架构 1.0（2019 年）》由中国软件评测中心、工业和信息化部装备工业发展中心牵头，依托智能网联驾驶测试与评价工业和信息化部重点实验室等单位编制。旨在推进车载智能计算基础平台参考架构的研究梳理，为中国车载智能计算基础平台的技术创新、标准研制、试验验证、应用实践、产业生态构建等提供参考和引导。车载智能计算基础平台架构概述、异构分布硬件架构、自动驾驶操作系统、工具链、安全体系等架构设计，主要依赖汽车电子电气架构演进趋势。

作为国民经济的重要支柱产业，汽车产业是推动实现交通强国、制造强国和网络强国建设的重要支撑和融合载体。在"新四化"背景下，汽车电子的产业链和技术链面临重构。尤其是在复杂多变的国际产业竞争形势下，加强车载智能计算基础平台研究，具有十分重要的战略意义和现实意义。汽车电子电气架构持续演进，需要集成不同计算模块支撑功能实现；国内外积极布局计算平台相关研发，车载智能计算基础平台需求凸显，亟待梳理参考架构推动形成共识。

智能化与网联化共同推动了汽车电子电气架构的变革，一方面是车内网络拓扑的优化和实时、高速网络的启用，另一方面是电子控制单元的功能进一步集成到域控制器甚至车载计算机。基础平台存在顶层设计及关键技术标准缺失、滞后等问题，梳理参考架构有利于达成技术共识。

1. 车载智能计算基础平台架构

车载智能计算基础平台需要软硬件协同发展促进落地应用，车载智能计算基础平台结合车辆平台和传感器等外围硬件，采用车内传统网络和新型高速网络（如以太网、高速 CAN 总线等），根据异构分布硬件架构指导硬件平台设计，装载运行自动驾驶操作系统的系统软件和功能软件，向上支撑应用软件开发，最终实现整体产品化交付。车载智能计算基础平台架构主要包含自动驾驶操作系统和异构分布硬件架构两部分。其中，自动驾驶操作系统是基于异构分布硬件架构，包含系统软件和功能软件的整体基础框架软件。车载智能计算基础平台侧重于系统可靠、运行实时、分布弹性、高算力等特点，实现感知、规划、控制、网联、云控等功能，最终完成安全、实时、可扩展的多等级自动驾驶核心功能。

智能网联汽车 V2X 与智能网联设施 I2X

2. 异构分布硬件架构

车载智能计算基础平台硬件架构指导异构芯片板级集成设计。该架构具有芯片选型灵活、可配置拓展、算力可堆砌等优点。硬件主要包括 AI 单元、计算单元和控制单元。

3. 自动驾驶操作系统

自动驾驶操作系统是车载智能计算基础平台的核心部分,自动驾驶操作系统使用并包含了车控操作系统,其基于异构分布硬件/芯片组合,是车控操作系统的异构分布扩展。车控操作系统是指传统车控电子控制单元中主控芯片 MCU 装载运行的嵌入式操作系统,如 AUTOSAR(OSEK)操作系统,可参考 Classic AUTOSAR 软件架构,吸收其模块化和分层思想。自动驾驶操作系统既具有车控操作系统的功能和特点,还能够提供高性能/高可靠的传感器、分布式通信、自动驾驶通用框架等模块,以支持自动驾驶感知、规划、决策、控制等功能的实现。自动驾驶操作系统将车控操作系统纳入整体系统软件和功能软件框架。

车控操作系统运行在 MCU 上,以功能安全 ASIL-D 等级保障车载智能计算基础平台安全可靠,并根据自动驾驶需求进行一定程度的扩展。系统软件和功能软件是车载智能计算基础平台安全、实时、高效运行的核心和基础。系统软件可以创建复杂嵌入式系统运行环境;功能软件根据自动驾驶核心共性需求,可以明确定义自动驾驶各共性子模块。系统软件可参考借鉴 AUTOSAR 软件架构分层思想,实现与 Classic 和 Adaptive 两个平台的兼容和交互。功能软件根据自动驾驶共性需求,进行通用模块定义和实现,可补充 AUTOSAR 架构在自动驾驶方面的不足。

4. 安全体系

功能安全、预期功能安全和信息安全构成了智能网联特别是自动驾驶体系的安全要素。功能安全和预期功能安全是对部件和系统失效、设计不完备等情况下的可靠性保证和冗余设计,自动驾驶产品化需要信息安全防护,也需要考虑信息安全的功能安全和预期功能安全防护。车载智能计算基础平台实现自动驾驶功能,需要具备可靠冗余的安全设计。其核心系统必须达到功能安全 ISO 26262 ASIL-D—2018 级别,并符合最新补充的 ISO/PAS 21448—2019 国际标准预期功能安全要求。为实现车规级功能安全要求,应重点考虑软硬件部件失效、功能限制和应用场景不完备情况下的分析流程和设计需求。在车载智能计算基础平台中,硬件方面如传感器和执行器冗余、车内网络冗余、芯片和硬件车规级功能安全设计均是新的挑战和重点,同时软件方面的全栈功能安全设计更是极具挑战性和行业融合特质。

软硬件可靠冗余作为功能安全正向设计,融合了复杂嵌入式系统和自动驾驶的安全设计特点,不仅包含系统软件和功能软件,也要兼顾传感器、车辆网络、芯片、硬件平台等,可以高效、完备地实现车载智能计算基础平台的车规级功能安全。通常保障自动驾驶的功能安全普遍有两种方式：

（1）软硬件正向可靠冗余设计，包括对称和非对称形式、全工和半工工作方式等；硬件方面主要包含上述硬件冗余架构，软件方面主要包含系统软件跨CPU、跨内核系统多等级监控、失效收集、状态同步、实时安全切换和功能软件的安全设计扩展。

（2）采用传统车辆功能安全分析流程，输出软硬件失效设计方案，也是车载智能计算基础平台功能安全的重要组成部分。

2.3.3 智能汽车驾驶人员安全接管

自动驾驶系统指的是三级有限自动驾驶系统，其最大的特征就是在系统所定义的环境中可以进行自动控制，而在系统无法识别和处理的设计运行环境外需要及时通知驾驶员进行驾驶接管。接管的过程涉及对驾驶员状态的监控，即包括对驾驶员状态的有效性识别。驾驶员状态的有效性识别系统会对驾驶员进行在场检测，判断驾驶员是否有能力接管驾驶任务。驾驶员在场检测是通过检测驾驶员是否在座位上或驾驶员安全带是否解开来实现的，至少有两个可用的标准（如输入驾驶员专用车辆控制、眨眼、闭眼、有意识的头部或身体运动）来单独确定驾驶员在最近30秒内有效，否则应视为驾驶员无效。在任何时候，系统都可以判定驾驶员无效。一旦驾驶员被视为无效，或可监测到的可接管标准少于两个，系统应立即发出一个特殊的警告，直到检测到驾驶员的适当动作或直到启动接管请求。

先进的驾驶员辅助系统和自动化系统可以减少驾驶员的工作量，工作量的减少可能导致驱动程序受到挑战并被停用。驾驶员在意外情况下必须要接管控制，但可能需要一些时间才能做出反应。由于外部环境信息探测或保存的先验驾驶的知识，驾驶任务的自动化程度越高，驾驶员必须告知自动驾驶系统的信息就越少。因为如果驾驶员此时依靠该自动系统驾驶，其就会减少主动寻找信息的数量。例如，超车辅助系统会在改变车道时警告驾驶员处于目标超车道不可用状态。接管控制问题是指人何时接管或必须接管自动化系统的控制，由于多种原因，自动驾驶控制中的接管控制是有问题的。

驾驶员接管问题是与驾驶员状态紧密相关的，驾驶汽车是一项主要需要认知资源的任务。为了从行为科学的角度评估高级驾驶员辅助系统，必须以与行为科学相关的方式来进行定义，现代驾驶员辅助系统是接管人类驾驶的关键组成要素。这些关键要素需要依据对知觉和认知的评估，实现对驾驶员认知驾驶任务的相关要素（包含驾驶行为适应、视觉和认知负荷、态势感知框架模型）进行详细分析研判。

2.3.3.1 行为适应

在详细分析行为适应的各个方面之前，应先定义行为适应。智能驾驶过程首先涉及驾

智能网联汽车 V2X 与智能网联设施 I2X

驶员"行为适应",由于高级驾驶员辅助系统需要从多个方面改变驾驶汽车的行为,其中主要涉及工作量、情况意识和心理模型的变化,其结果是驾驶员驾驶行为需要做相应的调整适应。毫无疑问,行为适应的发生是不可避免的,但仍有两个突出的问题:

(1)哪些因素影响行为适应的发生,相应的影响程度如何?

(2)如何评估行为适应对安全的影响?

为了评估行为适应对安全的影响,有必要将行为的故意变化(如驾驶辅助系统持续正确控制车辆以减轻驾驶员负担)与行为的意外变化(如驾驶辅助系统应对某些突发情况时出现漏识别或错误控制)进行比较。只有当故意行为适应的影响(绝对而言)大于非故意行为改变的影响时,才能说它们是成功的。但是,无意识的行为适应的影响往往被低估了。用方法论的话来说,既要弄清各个要素,同时又要使各干预措施的效果与其他影响区分开来显得很困难。正是因为很难将行为的变化分为有意的部分和无意的部分,所以了解哪些因素会导致行为适应及如何影响这些行为至关重要。高级驾驶员辅助系统可以影响驾驶员的工作量和情况意识,这些变化可能起源于错误的思维模式(受限的驾驶员辅助系统)。

驾驶员将他们当前的感知风险与他们各自的目标风险进行比较,通过调整自己的驾驶行为(如增加或减少速度),可以最小化两个值之间的差异。由于目标风险被认为是稳定的,因此降低主观风险(如通过使用驾驶员辅助系统)意味着驾驶员必须通过必要行为来补偿自身这种明显不足,以便更接近其目标风险管理要求。

驾驶员必须预料到适应行为的好处,并恰当地做出反应,如一种情况是当驾驶员在相同条件下可以更快地适应车辆行驶时,则可能会降低驾驶舒适性。驾驶员适用的标准取决于个人风格、驾驶动机(如时间压力),以及上述驾驶员辅助系统对心理特征的影响。主观利益被定义为实现目标的潜力,这是由上述解释行为适应的动机理论产生的。

在行为适应过程中,以下因素被认为是相关的,且这些因素的变化是驾驶员和驾驶行为可测量变化的基础(这些变化称为行为适应):

(1)视觉和认知工作量;

(2)态势感知;

(3)心理模型。

2.3.3.2 视觉和认知负荷

视觉和认知负荷(应变)是与高级驾驶员辅助系统相关的行为科学构造。工作负荷反映了执行任务所需的努力程度,该任务的难度反映了该任务的压力。相同的压力源可能会导致不同级别的负荷,具体取决于可以调用的资源。资源的数量和对它们的访问权在个人内部及个人之间有所不同,在一天的不同时间执行的同一驾驶任务可能导致不同级别的负荷,当执行任务的次数发生变化时也适用。

在设计高级驾驶员辅助系统时，目标应该是尽量优化驾驶员工作量，而不是减少其工作量。无论工作负荷的类型如何，都可以使用 3 种不同的度量标准对其进行度量：

（1）性能指标；

（2）生理指标；

（3）主观指标。

视觉注意力的衡量指标在上述变量中有自己的体系，毫无疑问，安全驾驶的必要条件是"需要知道发生了什么"，这也被称为环境态势感知。情境意识是指在一定时间和空间范围内对环境中各个元素的感知，对其含义的理解及对它们在不久的将来的状态的预测。

情境意识分为 3 个层次：感知情境（Level 1）、理解情境（Level 2）、预测未来情境（Level 3）。在情境意识模型中开发的行动规章有 3 个层次，即通过对环境状态进行感知、认知；对未来即将发生的情况进行预测；进行系统控制决策，输出相应的性能结果。通过经验、训练等要素输入后生成信息处理的目标，而该信息处理过程影响整个驾驶员的态势感知能力。此外，系统的能力、接口设计、压力与负荷、复杂度、自动化等要素均影响整个情景意识模型。

情境意识的这种分层定义假定人类中必须存在所有级别的情境意识，相应的层次结构意味着如果没有最低级别的情境意识，就无法实现更高级别的情境意识。

2.3.3.3 态势感知框架模型

高级驾驶员辅助系统可以帮助驾驶员了解 3 个级别的情况，当提供错误、不准确的信息太多或在错误的时间、错误的位置提供信息时，系统也可能降低驾驶员对环境危险态势感知的能力。注意力既是过滤器又是资源，筛选过程是选择性注意的。如果将注意力转移到不相关的信息上，则其他重要信息将无法被感知。因此，选择性意识对于情景意识的 Level1 特别重要。另外，被认为是有限资源的注意力部分同样会影响 3 个级别的态势感知，如果资源被用完或用于其他任务，则可用于发展良好的态势感知的资源会相应减少。

尽管注意力作为一种资源也与负担相关联，但态势感知和接管能力却是相互独立的。当高级驾驶员辅助系统中的系统自动化程度越高时，就应特别关注对态势感知的影响。可以通过以下 3 种方式之一来测量（测量是通过与测试人员进行针对特定情况的访谈来完成的）驾驶员态势感知能力：

（1）主观测量；

（2）针对具体情况的问题；

（3）绩效评估。

总体而言，驾驶员的态势感知能力的高低可能会对整个系统的性能产生重大影响。这是理解当前驾驶危险性程度和选择正确行为方式的重要前提，且高级驾驶员辅助系统可以对态势感知产生正面或负面影响。

2.3.3.4 心理模型

驾驶员心理模型是一种驾驶员在驾驶过程中心理状态外挂的表示形式，该模型可以为驾驶控制域提供解释。心理模型中的信息与外部世界具有类比关系：心理表示的结构与世界的结构相对应，这种类比关系使心理模型可以成功预测驾驶过程中的突发事件。由于心理模型通常比现实要简单，且信息因素发生得更快并且使用的精神资源更少。它们会自动将注意力吸引到相关刺激上，从而帮助有效利用注意力资源；心理模型也可能导致错误，如当心理模型不完整或不正确时，人的行为方式也可能是错误的。由于心理模型是通过来自环境的信号激活的，误导性信号或对信号的错误解释会激活错误的心理模型；尤其是在高级驾驶员辅助系统领域，已有事实表明用户对系统工作方式的思维模式可能是错误的。

由于多种原因，很难收集有关心理模型的数据，心理模型与所检查的系统一样多变，它们都不是一维的，它们反映了不同的功能连接，必须采用很大程度上标准化的方法来检查心理模型，如通过进行访谈或使用问卷调查来完成。用户对高级驾驶员辅助系统的心理模型取决于用户对系统的信任程度，当信任度太高时，驾驶员可能在系统出现突发状况且无法解决时，不能及时接管系统驾驶；而当信任度太低时，其驾驶过程又会导致驾驶员的不舒适性。因此，应当对信任度进行校准，使其与实际的系统特征相对应。心理模型可以根据其在引导注意力中的作用来确定情境意识的水平，由于心理模型在信息搜索中起启发作用，它们只能通过经验和反馈进行调整；驾驶员操作的更多系统使用经验会增强对它们进行必要的校准，重要的是告知驾驶员系统状态和系统限制。

2.3.3.5 接管控制

"接管控制问题"就是与自动化相关的可以在不同自动化级别之间切换的结果，从长远来看，不断使用自动驾驶系统可能会导致驾驶能力的丧失。如果是这种情况，驾驶员不再具备必要的驾驶技能，那么接管控制权会导致问题，这就产生了"自动化讽刺"的概念。这些讽刺可以概括如下：

（1）自动驾驶系统的目的是替代不可靠的人，但正是这些不可靠的人负责自动化的开发、设计和实现。

（2）尽管人们认为人类不可靠，但他们应该监视自动驾驶系统。

（3）正是在自动化失败时，即在高度复杂的情况下，才应该由人来接管控制。

只能通过以人为中心的自动化来找到针对这些讽刺的解决方案，告知用户系统状态至关重要，更重要的是通信传输故障（自动系统应明显失效）。自动化必须是一致且可预测的，除了信息，人的积极参与还可以确保驾驶员保持驾驶隐形状态，这是使错误最小化的关键要求。是否发生接管控制问题在很大程度上取决于自动化程度及其设计鲁棒性,尤其是在监视活动中,欠载和低态势意识会导致人需要接管控制权时出现问题。当自动化设计为不同级别时,这尤其成问题,简单接管的困难导致模式意识的问题;当假定自动化程度不存在时,就会出现模式意识不足或模式错误;当驾驶员在高度自动化的阶段转向另一个任务,在紧急情况下必须接管控制时,这一点至关重要。

为了避免接管控制问题并使驱动器处于循环状态,可以采用差异化与自动化方法,自动化程度应根据预期对负载、情况感知、自满和取消伤害的影响而变化。对于要自动化并由各个操作步骤(信息获取、信息分析、决策和操作选择、操作实施)分开的每个任务,应考虑这些影响。特别是在向高度自动化驾驶发展的过程中,驾驶员在一定程度上可以专注于其他任务,并且在有时间预留的情况下过渡到手动模式,因此设计接管提示将在接受和控制方面起重要作用。

2.3.4 智能网联汽车性能综合评价

在自动驾驶技术的开发过程中需要进行大量的测试、评价和验证,尤其需要突出智能网联汽车作为智能系统的任务决策能力和复杂环境的认知与理解能力等。研究智能网联汽车的智能性评价方法有利于促进汽车工业设计、生产和销售的良性循环,提高汽车智能化水平,并为消费者购车时提供参考。当前,对于如何评价智能网联汽车的智能性还没有统一的标准规范,各研发单位及测试机构从不同角度、不同应用范围给出了自己的评价指标和评价方法。

2.3.4.1 智能网联汽车及智能性定义

美国汽车工程师学会将自动驾驶技术分为 L0~L5 共 6 个级别,基于当前自动驾驶汽车产品技术能力,智能网联汽车指按照美国汽车工程师学会定义的 L4 级及以上的车辆。按照功能设计,车辆在限定条件下,应能完成所有动态驾驶任务,如果出现需要人类介入的情况,则认为自动驾驶系统未满足功能需求。

自动驾驶汽车智能性可以看成人工智能的一个专门领域,人工智能是指机器能够完成需要人类智能才能完成的任务,或者机器在同样的任务中表现出和人类类似的其至超过人类的智能,以此引申出智能网联汽车的智能性(车辆具备和人类相当甚至超过人类的驾驶技能)。智能网联汽车的智能性意味着在行为表现上与人类相似(甚至超越人类),在能力上具有感知、决策、规划能力,自主运行能力,能够处理人工未预先定义的异常。

2.3.4.2 智能网联汽车智能性评价指标

选取评价指标是智能网联汽车智能性评价的前提和基础,智能性评价过程中需要明确

智能网联汽车 V2X 与智能网联设施 I2X

评价目的和评价对象,在此基础上选择具体的评价指标。

1. 明确评价目的

1)纵向比较

纵向比较是指在技术开发验证阶段,比较智能网联汽车智能性的某个方面相较于自身上一个版本的改进情况,不需要全面、综合地对比不同智能网联汽车的智能性差异,只需要侧重于智能性的某个方面。为智能网联汽车设计专用测试赛道,根据智能网联汽车通过赛道的时间和测试过程中偏离赛道的次数评价智能性。

2)横向比较

横向比较要求全面、综合地比较多辆智能网联汽车,比较单一方面技术指标无法完整反映智能性水平,横向比较的评价指标相比于纵向比较覆盖面更广。对被测系统的智能水平进行等级划分,主要考虑任务完成过程中的任务复杂度、环境复杂度和人工独立程度等因素,将智能水平划分为 10 级。

2. 明确评价对象

1)面向无人乘坐车辆

无人乘坐车辆的使用目的是执行特殊任务,而非运载乘员。面向无人乘坐车辆的智能性评价将车辆视为自主行驶的智能机器人,评价其独立完成任务的能力和完成质量,不考虑用户体验相关指标。对未完成任务的车辆以行驶距离排序,对完成任务的车辆进行时间和质量排序;或者综合考虑车辆在行驶过程中的任务完成时间、任务完成质量(违反交通规则或表现出危险行为会扣除相应分数)进行评价。

2)面向有人乘坐车辆

有人乘坐车辆以运载乘员为目的,要求智能网联汽车不仅能够自主行驶,还需要能够提供较好的用户体验,评价指标中包含用户体验相关指标。通过问卷调查收集试乘人员对智能网联汽车的评价,评价指标包括信任程度、有用程度、可接受程度、是否愿意购买等。

3. 选择评价指标

评价指标包括整车级指标和系统级指标两大类,下面对这两种类别的典型评价指标进行整理和分析。

1)整车级指标

整车级指标是指智能网联汽车在完成任务过程中的各种行为表现,评价时将智能网联汽车视为一个完整的系统,不需要了解系统内部结构如何,只需按系统的输入和输出信息对整个系统进行评价。对于整车级指标,可以选择客观指标(在测试中实际测量获得指标属性值）或主观指标（人类评价确定指标属性值）。选择不同类型的指标将影响指标体系颗粒程度，主观指标的最细粒度可以是任务级别，客观指标需要进一步将任务细化到可测量的指标。例如，通过交叉口指标，可分解为停车精度、起步时间、平均速度、制动减速度等客观子指标，对于每一个子指标根据测试数据来确定指标属性值。

主观指标和客观指标各有优劣，客观指标属性值是客观测量值，不受人为因素影响，但由于智能性本身具有模糊性，在不同场景下指标的理想值不同（如在干燥路面和湿滑路面，跟车距离的理想值不同），客观测量值和智能性水平之间并非线性对应，因此仅根据实际测量属性值不足以判断智能性优劣；主观指标虽然较好地体现了智能性的模糊性特点，但受人为因素干扰较大。

2）系统级指标

系统级指标是指将智能网联汽车的智能性分拆到子系统或子能力等指标，对子系统或子能力分别进行测试评价，进而汇总成为整车的智能性评价结果。

整车级指标虽然能反映整车级别的智能性优劣，但对智能网联汽车环境感知、规划决策和控制等子系统缺乏直观的反映，并未指出具体哪项系统的不足和以后需改进的方向。另外，智能网联汽车的智能行为由环境、任务、车辆三者交互激发出来，不同环境和任务对车辆智能行为影响不同，智能网联汽车在特定驾驶任务和环境中的表现能否反映更广泛条件下的智能性水平有待进一步研究。系统级指标虽然能直观反映各子系统或子能力的优劣，但是智能网联汽车是一个复杂的智能体，子系统或子能力之间并没有绝对的相对重要性关系，如何将各子系统或子能力评价结果综合成为整车的智能性水平仍具有很大挑战。

2.3.4.3 智能网联汽车智能性评价方法

智能网联汽车智能性评价指标确定后，需要选择合适的评价方法，以确定评价对象在各评价指标上的评价结果，包括定量评价方法和定性评价方法。

1. 定量评价方法

定量评价方法采用数学的方法收集和处理数据资料，最终以精确的数值概括全部的评价信息，包括独立指标评价方法和联合指标评价方法。独立指标评价方法不区分不同指标之间的重要性差异，在获得评价对象在各个指标的评价结果后并没有关联在一起形成总体评价。例如，根据智能网联汽车到达设定终点的平均时间、平均加速度、车道变换次数、与前车距离小于10米的总时间等数据进行智能性评估。独立指标评价方法仅适用于独立地对比不同评价对象在各评价指标上的表现差异，由于不能得出整体的评价结果，便不能在整体上判断各评价对象的智能性优劣，因此应用较少。应用广泛的是联合指标评价方法，该方法用多个评价指标分别说明被评价对象的不同方面，最终对各评价指标结果进行综合，

智能网联汽车 V2X 与智能网联设施 I2X

用一个总指标来说明被评价对象的综合水平。该方法在建立指标体系后还需要进一步确定指标权重并选择集结模型，对不同指标权重确定方法和集结模型的应用特点及局限进行分析。

1）确定指标权重

指标权重的确定方法可分为主观赋权法和客观赋权法。主观赋权法由专家根据经验进行主观判断得到权重，应用较多的是层次分析法，由专家通过两两比较判断的方式确定每两个指标之间的相对重要性，进而建立判断矩阵，判断矩阵的每一个元素代表指标相对于另一指标的相对重要性程度，之后求解判断矩阵的特征向量作为各评价指标的权重系数。也有采用等权法，即默认各评价指标的权重相同。客观赋权法通过对实际获得的指标属性值进行计算分析，进而得出权重系数，应用较多的是熵权法，即各个被测车辆在某个指标的属性值差异程度越大，提供的信息量便越多，该指标的权重也越大。客观赋权法利用比较完善的数学模型和方法，不受人为因素影响，适用于评价指标均为客观指标的情况。但客观赋权方法获得的指标权重依赖测试结果，且当评价对象不同时指标权重随之改变，即指标权重不具有普适性。也有采用组合赋权法，即分别在主观赋权法和客观赋权法内部找出最合理的权重系数，再根据具体情况确定主、客观赋权法权重系数所占的比例，最后求出综合评价权重系数。该方法在一定程度上既反映了决策者的主观信息，又可以利用原始数据，使权重系数具有客观性，但结果的准确性有赖于对主观赋权和客观赋权权重系数所占比例的确定。指标权重的基本规律是指标体现的任务复杂程度越高，权重越大。任务复杂度越高的指标越能反映被测对象的技术水平，相对重要性较高，且不同被测对象通常在该指标方面的差异性更大。因此，无论采用主观赋权法还是客观赋权法，赋权法的权重占比均较大。

2）选择集结模型

联合指标评价方法需要选择集结模型，将多个评价指标属性值"合成"为一个整体的综合评价值。集结模型包括灰色关联度法、逼近理想解排序（Technique for Order Preference by Similarity to an Ideal Solution，TOPSIS）方法、模糊综合评价法、反向传播（Back Propagation，BP）神经网络法和加权算术平均法。灰色关联度法通过比较各智能网联汽车与理想方案（各评价指标的最优属性值构成的序列）之间的关联度确定各指标得分，之后用评价指标权重向量对各指标结果进行综合，获得综合评价结果。关联度越大，说明该车辆与最优方案的态势越一致，智能性越好。但是当其中某个评价对象改变时，理想方案很可能随之变化，从而导致所有评价对象的评价结果均发生变化，因而仅适用于对特定几个评价对象进行排序，即评价结果不具有普适性。TOPSIS方法根据各车辆与正理想解的接近程度及与负理想解的远离程度进行智能性相对优劣的评价，其中正、负理想解分别是所有车辆中各评价指标的最优、最劣属性值构成的序列,该方法获得的评价结果同样不具有普适性。模糊综合评价法首先确定评价指标集合和评价等级集合,之后确定每一个评价指标对各评价等级的隶属度,以确定一个模糊评价矩阵,用评价指标权重向量对模糊评价矩阵进行合成运算,从而得到模糊综合评价结果向量。模糊综合评价法适用于评价指标为多层次指标体系且包含主观指标的情况。BP神经网络法将客观指标的属性值作为BP神经网络模型的输入,将专家评价结果作为网络模型的输出,之后用足够多的样本训练这个模型,训练好的神经网络能够模拟专家进行评价。但该方法不能提供显式的解析表达式,这使得无法得知造成两个评价对象评价结果差异的确切原因,适用于被评价对象规模较大时进行自动评价。加权算术平均法利用加权的算术平均值来综合各指标的评价信息,如以智能网联汽车完成任务的成本函数值为指标属性值,以通过熵权法获得的权值为指标权重,应用加权算术平均法获得综合评价结果,但是该方法单项指标的极值会影响评价结果的准确性。

2. 定性评价方法

定性评价方法从智能网联汽车智能性本质出发,利用专家的知识、经验和判断,通过观察被评价对象的表现或状态,以归纳分析等非量化手段对智能网联汽车智能性进行评价。最终的评价结果是宏观的智能性水平划分,而非精确的数值。例如,蛛网模型从一个原点往外辐射出几条轴,每条轴代表一个决定智能性的关键技术,在每条轴上根据技术成熟度分为若干个等级,最后把每条轴上的对应点连接起来构成蛛网的纬线,以此评价智能性。

3. 定性评价和定量评价对比

1) 评价结果定性

定性评价结果是宏观的智能性水平划分的依据,侧重于从智能性的本质上对智能网联汽车进行评价,相比于定量评价方法,其结果更加稳定、可靠。只有当智能网联汽车的智能性水平存在显著差异时,才能区分出性能优劣。定性评价结果针对智能网联汽车产品无法做出智能性水平的详细定位和精确评价,针对技术研发也不能提供研发方向的精确性引导。定量评价以精确数值概括全部的评价信息,适用于需要对不同智能网联汽车的智能性优劣做精确分析的场合。定量评价结果直观明确,有利于工程实践和智能网联汽车性能的逐步提高。

2) 评价过程

从评价过程来看,定性评价方法以归纳分析等非量化方式对智能网联汽车智能性进行评价,对测试数据的要求不高,数学工具简单。定量评价中独立指标评价方法的数学工具简单,但对测试数据有较高要求。联合指标评价方法需要区别不同评价指标的重要性差异,还需要将评价对象在各指标的评价结果综合成一个总体评价结果,因此需要用到复杂的数学工具，操作也更为复杂。

2.3.4.4　智能性指标对自动驾驶技术研发和应用的评价

目前，世界范围内尚未建立完善的智能网联汽车智能性评价体系，在该领域内仍有很多问题需要深入研究，主要体现在以下几个方面。

1. 评价框架

目前的评价目标都集中于车辆本身在一定的外界条件和环境下的某一项或多项性能或能力上，缺乏系统性和完整性。有必要结合智能主体的思想，明确自动驾驶汽车智能性的内涵，从而确定智能网联汽车智能性的评价框架。

2. 评价指标

智能网联汽车部分评价指标体系中包含主观指标，如何尽可能减少主观指标数量，以及降低主观指标带来的人为因素干扰仍有待研究。

3. 赋权方法

目前的指标权重确定方法均存在一定局限性，主观赋权法受人为因素干扰，客观赋权法不能体现该指标对于智能性的重要性程度，赋权方法有待进一步研究。

第 3 章

智能网联设施要素集成

"数字交通基础设施如何推进自动驾驶与车路协同发展?"这是在 2020 年 8 月中国科协第二十二届年会上发布的 10 个对科学发展具有导向作用的科学问题中的第 6 个关键技术问题。

2018—2020 年,国家发展和改革委员会牵头发布了车联网产业标准体系建设指南,包括总体要求标准体系、智能网联汽车标准体系、信息通信标准体系、智能交通相关标准体系、车辆智能管理标准体系、电子产品与服务标准体系 6 个大类,这标志着智能网联汽车与智能网联设施建设与发展走上了中国式的发展道路,即"聪明的车+智慧的路"相结合的技术路线。基于此,如何同步开展与之匹配的智能网联设施的交通数字化转型的建设任务,中国各地方政府部门都在积极加速推进。例如,深圳市政府于 2021 年投资近 10 亿元提升、优化、扩建"深圳市综合交通运行指挥中心",开展交通数字化转型、新基建等建设工程,其中也包括城市交通智能网联设施的同步建设。

中国智能网联设施"智慧的路"建设与发展有以下两条技术路线。

第一条技术路线是基于智能网联设施 I2X 道路分级标准和交通基础设施系统分级要素标准,有针对性地开展城市道路交通与区域公路交通满足 I2X 交互所需要对应智能网联设施级别的 I0~I5 体系匹配建设。例如,城市道路 I3 级别配置,在城市交通快速路、主干路、次干路、支路 4 个层次分别构建 I3 级别的智能网联设施;在区域交通高速公路、一级公路、二级公路、三级公路、四级公路 5 个层次分别构建 I3 级别的智能网联设施。这条建设与发展路线中存在智能网联设施投资规模和建设程度无法掌控两个问题,即现阶段无法把握智能网联汽车不同级别(L0~L5)体系产业化的实际量产应用周期,因此这条路线暂不适宜。

第二条技术路线是基于交通系统的四要素——人(智慧出行即服务)、车(智能网联汽车)、路(智能网联设施)、环境(智能车路协同)的新一代智能交通系统体系结构;针对

智能网联汽车 V2X 与智能网联设施 I2X

交通系统中人、车、路、环境四要素的不同发展阶段的需要，开展城市交通的智慧道路交通系统与区域交通的智慧公路交通系统建设，这样不仅能满足和适应智能网联汽车产业化发展的要求，同时也能服务于城市交通与区域交通智能化建设与发展的数字化转型的需要，这条路线是当前比较适宜中国的智能交通系统建设与发展的模式。例如，当前全国开展的 46 个城市智能网联汽车在封闭、半开放、开放道路的小规模测试运行配套的智能网联设施建设，以及 9 个省区域公路智慧高速交通系统试点示范建设的应用实践，均属于第二条技术路线模式。

伴随着新一代信息技术、大数据与人工智能技术的快速发展，汽车正在向高性能、新能源、自动驾驶等更高领域发展，道路交通基础设施也经历了从低等级公路到高速公路的发展进程，一个绿色可持续、数字化、智能化、智慧化的交通基础设施建设热潮已经成为人、车、路协同建设与发展的共同目标。数字交通基础设施的建设与发展是支撑自动驾驶与车路协同关键技术的基础，开展这一领域研究主要包括 3 个方面的内容：

（1）智能网联设施数字化转型；
（2）智能网联设施数据解析；
（3）智能网联设施人因管控。

3.1 智能网联设施数字化转型

数字化转型（Digital Transformation）是建立在数字化转换（Digitization）、数字化升级（Digitalization）基础上的，进一步触及核心业务且以新建商业模式为目标的高层次转型。数字化转型表明，只有对业务进行系统性、彻底的（或重大和完全的）重新定义，且不仅仅是 IT 领域，而是对交通组织活动、流程、业务模式和员工能力的全方位的重新定义，才能得以成功。

当前，交通行业数字化还只是停留在数据的采集、交换、共享的简单模式中，交通设施的"新基建"将进一步推进交通"业务数字化、流程数字化、信息数字化"的步伐，实现人、车、路、环境不同对象在不同时间、不同空间的数据化。交通数据不只是单独的信息表达，它是对现实的客观记录，记录会变成可理解、有意义的信息，信息通过模型成为可研判的知识，知识再基于交通行业的场景形成可应用的智慧交通方案，科学的智慧交通方案有利于支持决策。只有建立"数据、信息、知识、智慧"的完整链条，才能构建面向交通行业的整体数据脉络。同时，从交通行业规划、建设、管理的需求出发，还需要建立行业数据仓库、数据资产目录、行业标准库及共享资源库等功能实体，并汇集交通运输行业的指标体系，再按统一的标准化格式进行输出，从而构建一整套数字化交通生产的闭环。

3.1.1 数字化转型关键技术及领域

3.1.1.1 交通系统跨域协同智能感知与数据融合

（1）面向载运工具、基础设施等交通感知对象，研究如何综合利用智能传感器、传感网、精准定位、跨媒体感知计算、智能信息处理、车联网、通信及控制等理论与技术，建立高效融合的数据一致性标准和完备验证机制。

（2）通过交通系统的跨域协同感知，实现交通信息全面、实时、精准的采集、传输和融合，依然是智能交通系统需要解决的基础问题之一，将为实现智能化的交通运行控制、管理与服务等提供数据支撑。

3.1.1.2 载运工具智能化与自主控制

自主式交通系统的核心要素是载运工具，载运工具智能化和自主控制需要突破一系列技术瓶颈。

（1）交通载运工具动态建模是难点问题之一，可以采用随机模型和数据驱动方法，以海量数据描述交通系统所涉及的多层次、多特性的高维时空变化特征。

（2）研究针对交通运行复杂过程的运行机理的模型，建立交通系统中载运工具的运动控制模型，将是自主式交通系统的核心基础工作。

（3）深入研究汽车、列车、船舶等载运工具的环境感知、规划决策、协同控制、多模式通信、人机混合智能、信息安全等关键技术，提升交通载运工具的自主控制能力，尤其是突发状况下的应急处置能力，为自主式交通系统奠定科学基础。

3.1.1.3 交通载运工具与交通基础设施的协同及互操作

移动互联和可信交互是自主式交通系统的重要基础保障，自主式交通系统运行具有自身的特性，如快速多变的网络拓扑、高速移动的交通工具、复杂的物理环境、频发的高密度交通流和稀疏的道路网络等。常规商用通信技术很难满足其安全性、可靠性和网络性能需求。

（1）研究如何实现大规模并行的载运工具之间、载运工具与基础设施之间的综合业务通信和控制信息的高可靠传输，是面临的挑战之一。

（2）研究探索复杂环境和运营条件下交通基础设施服役性能演变规律及载运工具本体动态特性，研究数字化航道、智能铁路等新型智能化基础设施，提升载运工具与交通基础设施的协作能力，实现车-路、船-岸等载运工具-基础设施间有效协同和安全高效运行。

3.1.1.4 交通综合安全态势评估与主动安全防护

安全是交通永恒的主题，交通综合安全态势评估与主动安全防护是需要深入研究的核心关键技术。交通综合安全态势的动态评估需要实时监测并处理大量多粒度、多维度、多模态的数据。

（1）研究如何结合交通系统的运行特征、架构特征等实现数据的融合和深度解析。

（2）研究建立交通综合安全态势的指标体系，构建监测数据与安全态势指标之间的关联关系，形成对交通综合安全态势的动态评估，提升交通运营服务的可靠性。

（3）建立以故障诊断和故障检测为核心的综合保障技术体系，是智能交通系统主动安全保障的关键技术之一。

① 研究对系统风险的精准辨识，实现对系统潜在或即将发生风险的动态感知，从交通运营服务的稳定性和可靠性保障出发进行针对性风险响应，实现主动安全防御。

② 基于人工智能、大数据及人脑科学的发展，研究面向风险响应和管理决策的机制与优化方法，建立交通系统从设计、建设到运营全生命周期的主动安全防护体系。

3.1.1.5　运输服务模式创新与智能化出行服务

（1）研究"互联网+"背景下的共享出行、共享停车、智能出行等运输服务的新模式和新业态，基于新一代信息技术构建行业信息资源开放共享与大数据基础分析平台等，形成面向综合交通出行的交通需求引导与调控方法及手段。

（2）研究运用高精度定位、5G通信、高精度地图和精确导航等技术，基于实时综合交通态势分析，针对不同交通工具的运行特点和出行服务需求，实现综合交通系统协同服务。

（3）研究分析多样化信息服务对多尺度交通需求生成与分布特点的影响，进一步研究多样化的信息服务对潜在交通需求管理手段的影响。推动云计算、大数据等现代信息技术的集成创新与应用，促进互联网产业与交通运输行业深度融合，全面提升智能交通发展水平。

3.1.1.6　新型智能化基础设施建设与智能运维

（1）基于共享化和智能化应用需求，研究集环境、安全、信息、能源等于一体的新型基础设施。

（2）基于建筑信息模型技术应用和全生命周期交通运维大数据智能分析，挖掘覆盖交通领域生产、设计、施工、运营、维护等全生命周期的海量数据价值，研究构建面向行业深度应用的交通大数据基础架构和技术体系。

（3）基于海量终端设备的互联互通和动静态数据，精准刻画部件和系统的相互影响机理和状态演化规律，建立根据设备运行状态进行检修的"状态修"智能维护模式。

（4）研究运营与检修的数字化、可控化，实现维修过程状态化、可视化、实时化、透明化和可溯化。交通基础设施智能化将成为新一代交通系统智能维护的基础保障，也会推动交通生活新业态的建立和数字交通新产业的增长。

3.1.2 人-车-路-网-云要素协同 5G 网联

5G 车联网不仅是实现车路协同，更是实现"人-车-路-网-云"五维高度协同。人方面，以智慧出行即服务为核心，为消费者提供一站式的出行服务，满足消费者出行自由的人本需求；车方面，未来的车不仅是数据发送方和接收方，还是计算节点，更是数据分享节点，车将越来越聪明；路方面，将兼具各类通信方式（LTE、5G、LTE-V2X、5G NR-V2X 等）并具备集成路侧交通信息采集发布、具备本地边缘计算能力等，通过一体化路侧智能设施打造智慧的路；网方面，5G 网络两大核心能力——移动边缘计算和网络切片将构建灵活的网；云方面，将构建一体化开放数据公共服务平台和云控平台，同时通过云、边协同形成强大的云。

3.1.2.1 5G 车联网发展的终极目标

5G 车联网发展的终极目标是赋能实现自动驾驶和自主交通。自动驾驶方面，主流车型正从 L2/L2.5 级迈向 L3 级，陆续发布 L3 级量产车型，并逐步向 L4/L5 级演进，更有自动驾驶汽车绝大部分直接切入 L4/L5 级。而实现自动驾驶 L4/L5 级，存在仅仅依靠单车智能无法解决的场景，第一，前方大车遮挡红绿灯、前方几千米外交通事故预知等。这些场景，依靠车联网技术的视角可以较好地解决。第二，还存在一些场景，仅仅依靠单车智能虽然能够较好解决，但依然存在长尾效应，所谓长尾效应，是指 99%的力量用于解决 1%的问题。例如，依靠单车视觉识别交叉路口红绿灯信息，由于存在树木遮挡、强光效应、极端天气等因素，无法做到百分之百准确。对于这样存在自动驾驶长尾效应的场景，可以利用车联网的车路协同技术共同解决。第三，自动驾驶如果仅仅依靠单车智能，则需要依托多传感器融合，包括激光雷达、高精度地图和定位等技术。而采用车联网技术将有效降低实现 L4/L5 级自动驾驶的汽车端成本压力，还可以省掉激光雷达或大幅度降低激光雷达规格，以及高精地图采集成本。上述 3 个方面的因素，意味着 5G 车联网是实现 L4/L5 级自动驾驶的必要条件之一。这也是为什么网联自动驾驶，即网联+自动驾驶是美国自动驾驶发展的重点方向之一。

智能交通系统（Intelligent Transport System，ITS）经历了不同的发展阶段。ITS 1.0 是信息化阶段，ITS 2.0 是网联化+协同化阶段，ITS 3.0 是自主交通阶段。智能交通的本质是实现道路交通安全和出行畅通，ITS 1.0 主要实现交通各个环节的信息化，ITS 2.0 主要实现人、车、路、环境的网联和协同，ITS 3.0 主要实现人、车、路、环境等全要素的自主感知、自主决策和自主控制。智能交通的持续演进，已经不能只依靠解决道路侧的问题，而是需要综合解决人、车、路、环境的问题。

3.1.2.2 "人-车-路-网-云"五维协同

5G车联网发展需要依托"人-车-路-网-云"五维协同，打造自由的人、聪明的车、智慧的路、灵活的网、强大的云。

1. 自由的人

5G车联网的目标是解放人的双手双脚和大脑，让人类出行变得自由自在。车联网提供的业务类型已从信息娱乐服务类向安全出行类和交通效率类快速迭代发展，并逐步向支持实现自动驾驶协同服务类业务演进。

传统的车联网实现的是车载信息服务。通过2G/3G/4G网络连入互联网，可以进行实时导航、网页浏览、在线音视频播放、车辆数据监控、车载App应用，并且可以通过手机App对车辆进行远程监控和操作等。在5G时代来临后，车载信息娱乐系统（In-Vehicle Infotainment，IVI）的产品形态发生了变化，如出现了增强现实（Augmented Reality，AR）导航产品等，而且能提供的业务类型也更加丰富，如虚拟现实（Virtual Reality，VR）实时通信业务等。除面向C端的车载信息娱乐服务类业务外，还有大量面向B端的信息娱乐服务类业务。例如，汽车远程服务提供商（Telematics Service Provider，TSP）提供车队管理、共享出行等业务，保险公司提供基于用户行为的车辆保险业务（User Behavior Insurance，UBI）等。

当前，车联网重点关注的是安全出行类业务和交通效率类业务。3GPP已经发布了LTE-V2X的27种（3GPP TR 22.885）应用场景标准，主要实现辅助驾驶功能，包括主动安全（如碰撞预警、紧急刹车等）、交通效率（如车速引导）、信息服务等。中国汽车标准委员会发布的《合作式智能运输系统 车用通信系统 应用层及应用层数据交互标准》T/CSAE 53—2017）定义了17种典型车联网应用层标准，包括12种安全类业务、4种效率类业务、1种近场支付信息服务。而5G车联网则定义了实现自动驾驶功能的25种（3GPP TR 22.886）应用场景，包括车辆编队、高级驾驶、远程驾驶、扩展传感器四大类功能，加上基础功能，共25种应用场景。

1）车辆编队

实现多车自动编队行驶，编队中的后车通过车-车实时连接，根据头车操作而变化驾驶策略，整个车队以几米甚至几十厘米车距编队行驶。头车做出刹车指令后，通过V2V实现前后车之间瞬时反应，后车甚至可以在前车开始减速前就自动启动制动模式，从而实现后车跟随式自动驾驶。

2）高级驾驶

实现半自动或全自动驾驶，每辆车都与周边车辆和路侧RSU共享自己的驾驶意图，车辆之间可以实现运动轨迹和操作协同。例如，主车在行驶过程中需要变道，将行驶意图发送给相关车道的其他车辆和路侧 RSU，其他车辆进行加减速操作或由路侧基础设施根据主车请求统一协调，使得车辆能够顺利完成换道动作。

3）远程驾驶

实现对车辆的远程驾驶操作，如驾驶员无法驾驶车辆，或者车辆处于危险环境等驾驶条件受限场景，也可用于特定封闭园区、矿山、港口、公共运输等行驶轨迹相对固定的场景。

4）扩展传感器

实现车端和路侧传感器采集的数据或实时视频数据在车辆、行人、路侧 RSU 和云平台之间的交换，从而扩展车辆传感器探测范围，使得车辆对周边情况，甚至是几千米以外情况能有更全面的了解。

2. 聪明的车

聪明的车不仅是车本身聪明，而且车还能和外界实现联网交互，即聪明的车=单车智能+智能网联。单车智能主要包括决策层、高精度地图和定位、传感器、处理器等核心组件。L4/L5 级自动驾驶决策层主要依靠 AI 算法、深度学习等技术，为车辆提供驾驶行为决策判断；高精度地图和定位是实现自动驾驶的关键能力之一，是对自动驾驶传感器的有效补充；传感器是自动驾驶的眼睛，主要包括摄像机、毫米波雷达和激光雷达等；处理器是汽车的大脑，车载计算平台包括芯片、显卡、硬盘、内存等。智能网联主要通过车载单元（On Board Unit，OBU）实现。OBU 是一种安装在车辆上用于实现 V2X 通信的硬件设备，可实现和其他车辆 OBU（PC5）、路侧 RSU（PC5）、行人（PC5）和 V2X 平台（Uu）之间的通信。OBU 上需要集成通信网络，包括 4G/5G Uu 通信芯片和模组、LTE-V2X/5G NR-V2X 通信芯片和模组。OBU 基本功能包括业务功能、管理功能和安全功能。业务功能主要包括数据收发、协议转换、读取 CAN 总线数据、定位、时钟同步等。交互的数据主要包括上报类信息-车辆安全消息（Basic Safety Message，BSM），发送频率为 10Hz；下发类信息-信号灯消息（Signal Phase And Timing Message，SPAT），发送频率为 2 Hz；下发类信息-地图消息（MAP），发送频率为 2 Hz；下发类信息-路侧单元消息（Road Side Information，RSI），发送频率为 1 Hz；下发类信息-路侧安全消息（Road Side Message，RSM），发送频率为 1 Hz。

目前，LTE-V2X OBU 主要用于实现消息显示与提醒，对应前装和后装有不同的产品形态。

1）前装方面

除 C-V2X 功能集成到 T-BOX 外，消息显示与提醒可以放到液晶仪表盘或中控显示屏。前装方面还有另外一个趋势，除了乘用车型，C-V2X OBU 会在商用车型先行部署，如出租

智能网联汽车 V2X 与智能网联设施 I2X

车、公交车、物流卡车、矿卡、港口车辆等。这些类型的商用车型，相对乘用车型来说具有更为清晰的商业模式。以物流行业为例，总额高昂的人力成本为物流行业引入自动驾驶和车联网提供了最基本的驱动力。

2）后装方面

在我国第一个车联网先导区无锡，中国移动发布了 YJ801 后视镜 V2X 试商用版本，能够实现红绿灯信号推送、导航、定位等功能；在美国怀俄明州交通局 DSRC 项目中使用了 Onboard HMI 设备，可以看到严重告警信息（如极端大雾天气、道路施工等）、普通告警信息（如雨雪天气等）、限速信息、前向碰撞预警、车辆速度信息等；在美国佛罗里达州 Tampa，由坦帕-希尔斯堡高速公路管理局牵头的项目中部署的智能后视镜 HMI 设备，可显示前车紧急刹车信息、限速信息、车辆速度信息等。

3. 智慧的路

车联网路侧基础设施主要包括以下 4 类。

（1）通信基础设施：4G/5G 蜂窝基站。

（2）C-V2X 专用通信基础设施：RSU。

（3）路侧智能设施：包括交通信号灯、标志、标线、护栏等交通控制设施智能化，以及在路侧部署摄像机、毫米波雷达、激光雷达和各类环境感知设备。

（4）MEC（多接入边缘计算/移动边缘计算）设施。

车联网路侧基础设施由上述 4 类设施综合构成，除了第（1）类明确由运营商投资建设，其他 3 类设施涉及的投资规模巨大，投资建设主体碎片化。

C-V2X RSU 是部署在路侧的通信网关。RSU 基本功能包括业务功能、管理功能和安全功能，其中，业务功能主要包括数据收发、协议转换、定位、时钟同步等。RSU 具有不同的产品形态。其基础版本支持 LTE-V2X PC5 通信能力，汇集路侧智能设施和道路交通参与者的信息，上传至云平台，并将 V2X 消息广播给道路交通参与者。RSU 还有 LTE Uu + LTE-V2X PC5 双模版本。

5G 时代到来后，RSU 产品形态更加多样化，如 5G Uu + LTE-V2X PC5 版本，或者 LTE-V2X PC5 + 5G NR-V2X PC5 版本，或者 5G Uu + LTE-V2X PC5 + 5G NR-V2X PC5 版本。此外，交通运输部主推的电子不停车收费系统（Electronic Toll Collection，ETC）路侧设备，公安部主推的汽车电子标识（Radio Frequency Identification Devices，RFID）路侧设备，甚至交通信号灯都存在和 V2X 合一的产品形态。

RSU 产品形态除丰富通信能力外，还有一种可能就是向智能化 RSU 演进，即 RSU 上集成智能化边缘计算能力。从部署的节奏看，预测未来几年将以 LTE-V2X PC5 RSU + 5G Uu 蜂窝基站这样的网络部署为主，即点对点（V2I）通过 LTE-V2X 专网支撑，蜂窝（V2N）

通过 5G 网络或已有的 4G 网络支撑。路侧智能设施包括智能化交通控制设施（交通信号灯、标志、标线、护栏等）和摄像机、毫米波雷达、激光雷达、各类环境感知设备。

采用单一传感器存在诸多挑战，如摄像机没有深度信息、受外界条件影响大；毫米波雷达没有高度信息、行人探测效果弱（多适用于高速公路）；激光雷达距离有限（16 线的约 10 米，32 线的约 200 米）、角分辨率不足（识别小动物能力远弱于视觉方式）、环境敏感度高（受大雪、大雨、灰尘影响）等。

因此，路侧可以考虑采取多传感器融合方式，如大于 200 米时采用毫米波雷达，200 米以内采用激光雷达+毫米波雷达，80 米以内采用摄像机+激光雷达+毫米波雷达。毫米波雷达和激光雷达实时采集环境信息，分析路面所有大机动车、小机动车、非机动车、行人等的位置、速度、角度和距离，判断障碍物的危险系数，有效提前预警；雷达和摄像机安装得越近越好，有利于激光雷达三维坐标定到图像上，这样摄像机就可以为雷达检测到的障碍物提供融合识别数据，并能提供障碍物真实的图像信息。MEC 或者部署在路侧，或者由运营商部署在其边缘数据中心并接入电信局方。

4．灵活的网

5G 网络两大核心技术——移动边缘计算（Mobile Edge Computing，MEC）和网络切片（Network Slicing，NS）将与车联网深度融合，为 C-V2X 提供灵活性高、鲁棒性强的网络能力。

1）移动边缘计算

5G 车联网的 MEC 需要具备多设备连接能力，接入 RSU、OBU、智能化交通控制设施（交通信号灯、标志、标线、护栏等）、摄像机、毫米波雷达、激光雷达、各类环境感知设备的信息，同时向上连接云平台；MEC 需要具备多传感器融合处理能力，如摄像机+激光雷达+毫米波雷达融合分析算法；MEC 还需要具备 ITS 相关协议处理能力，如针对交叉路口防碰撞预警业务，在车辆经过交叉路口时，MEC 通过对车辆位置、速度及轨迹进行分析研判，分析出可能存在的碰撞风险，通过 RSU 传输到车辆 OBU，起到预警目的。

2）网络切片

网络切片是 SDN/NFV 技术应用于 5G 网络的关键服务，一个网络切片将构成一个端到端的逻辑网络，涵盖所有网段，包括无线网络、有线网络、传输网、核心网，并按切片需求方的需求灵活地提供一种或多种网络服务。

5G 网络可以为车联网提供 eMBB、mMTC、uRLLC 等不同类型的网络切片。eMBB 切片可以承载车载 VR 实时通信、全景合成等业务；mMTC 切片可以承载汽车分时租赁等业务；uRLLC 切片可以承载 AR 导航等业务。网络切片在 5G SA 网络中由运营商投资建设。未来需要界定各类车联网业务究竟是在 LTE-V2X PC5 + 5G NR-V2X PC5 专网部署，还是在 5G 网络切片上承载，我们将拭目以待。

5．强大的云

强大的云将构建一体化开放数据公共服务平台和云控平台，为车载终端、一体化路侧智能设施、第三方车联网应用平台提供高并发接入、实时计算、应用托管、数据开放、决策控制等能力。

海量微观数据和宏观数据，如微观的个人驾驶行为数据、宏观的交通数据等，将接入云平台。车联网数据经过清洗、脱敏、建模、分析及可视化后，一方面可提供给一体化开放数据公共服务，衍生大量面向主机厂、运营商、行业客户、政府管理者、普通消费者的增值服务；另一方面可提供给云控服务，实现智能决策和实时调控。

3.1.3 智能网联设施场景覆盖实验

3.1.3.1 道路交通标志标线传递信息

智能网联设施对道路交通标志和标线提供了互联互通的交互信息通信功能，道路交通标志和标线是指设置在道路上用规定的图形、符号、文字、线条、立面标记、突起路标等来表示特定管理内容和行为规则的交通设施。

1．道路交通的标志

道路交通标志分为主标志和辅助标志 2 类。

1）主标志

（1）警告标志：警告车辆、行人注意危险地点的标志。

（2）禁令标志：禁止或限制车辆、行人交通行为的标志。

（3）指示标志：指示车辆、行人行进的标志。

（4）指路标志：传递道路方向、地点、距离信息的标志。

（5）旅游区标志：提供旅游景点方向、距离的标志。

（6）道路施工安全标志：通告道路施工区通行的标志。

2）辅助标志

附设在主标志下，起辅助说明作用的标志。

2．道路交通标线

道路交通标线是由标划于路面上的各种线条、箭头、文字、立面标记、突起路标和轮廓标等所构成的交通安全设施。它的作用是管制和引导交通，可以与标志配合使用，也可以单独使用。

（1）道路交通标线按设置方式可分为以下 3 类。

① 纵向标线：沿道路行车方向设置的标线。

② 横向标线：与道路行车方向成角度设置的标线。

③ 其他标线：字符标记或其他形式的标线。

（2）道路交通标线按功能可分为以下 3 类。

① 指示标线：指示车行道、行车方向、路面边缘、人行道等设施的标线。

② 禁止标线：告示道路交通的遵行、禁止、限制等特殊规定，车辆驾驶人及行人需严格遵守的标线。

③ 警告标线：促使车辆驾驶人及行人了解道路上的特殊情况，提高警觉，准备防范应变措施的标线。

（3）道路交通标线按形态可分为以下 4 类。

① 线条：标划于路面、缘石或立面上的实线或虚线。

② 字符标记：标划于路面上的文字、数字及各种图形符号。

③ 突起路标：安装于路面上用于标示车道分界、边缘、分合流、弯道、危险路段、路宽变化、路面障碍物位置的反光或不反光体。

④ 路边丝轮廓标：安装于道路两侧，用于指示道路的方向、车行道边界轮廓的反光柱（或片）。

（4）道路交通标线的标划区分如下。

① 白色虚线：划于路段中时，用于分隔同向行驶的交通流或作为行车安全距离识别线；划于路口时，用于引导车辆行进。

② 白色实线：划于路段中时，用于分隔同向行驶的机动车和非机动车，或指示车行道的边缘。划于路口时，可用作导向车道线或停止线。

③ 黄色虚线：划于路段中时，用于分隔对向行驶的交通流；划于路侧或缘石上时，用于禁止车辆长时在路边停放。

④ 黄色实线：划于路段中时，用于分隔对向行驶的交通流；划于路侧或缘石上时，用于禁止车辆长时或临时在路边停放。

⑤ 双白虚线：划于路口时，作为减速让行线；划于路段中时，作为行车方向随时可变车道线。

⑥ 双黄实线：划于路段中时，用于分隔对向行驶的交通流。

⑦ 黄色虚实线：划于路段中时，用于分隔对向行驶的交通流。黄色实线一侧禁止车辆超车、跨越或回转，黄色虚线一侧在保证安全的情况下准许车辆超车、跨越或回转。

⑧ 双白实线：划于路口时，作为停车让行线。

3. 标志标线传递交通出行意义信息

标线是用于管制交通，表示警告、禁止、指示的标识，以线条、图形、标字或其他导向装置划设于路面或其他设施上。标线是传递道路信息的重要手段，也是交通控制系统中的一环，合理有效的标线对于引导驾驶人在道路上行驶、明确路权指派等有极大作用。

在智能网联设施中，标线怎么划设、大小及颜色如何选取，应遵循一定规则，且需要首先认识什么是驾驶任务。驾驶任务有以下3个层次。

（1）控制：智能汽车或驾驶人掌握方向盘操控车辆，在合规的情况下适当加速、减速、变换车道等，这一层次智能汽车或驾驶人本身需要特别注意并自负其责。

（2）指引：路上不仅仅只有一辆车在行驶，还有其他车辆，不同道路环境需要采取的驾驶行为不同，智能汽车或驾驶人需要注意与前后左右车辆及周边道路环境的互动关系，这一层次与人、车、路都有关。

（3）运行：驾驶人遵循道路上的标志、标线、信号灯行进，因此必须将道路相关信息合宜地传输给智能汽车或驾驶人员，这一层次与道路交通工程设计密切相关，规划设计出高效、适用的道路交通标志标线是提升智能网联设施交互通信能力和水平的重要基础。

在交通管理与控制学科体系中，道路交通出行人员主要通过听觉、视觉、动觉获取道路信息，其中利用视觉的情况大于90%。道路传输的信息有以下2种。

（1）正式信息：正式信息指正常形式、用路人熟悉，且国家有标准、规范的正式交通信息，如标志、标线、信号灯。

（2）非正式信息：非正式信息指用路人在行进过程中看到的非正式或非制式（如国家未颁布，地方政府因特别状况而设立的标志、标线）交通信息。

在智能网联设施的道路交通工程设计时，应考虑以传输用路人习惯的正式信息为主，少用其不熟悉或不理解的非正式信息。例如，智能汽车或驾驶人驱车前进，看到非制式、不熟悉的标志、标线，必然会觉得突兀，产生彷徨、犹豫的感觉，严重者可能影响行车安全，因此应保证智能汽车或驾驶人所能识别到的道路交通设施信息为常规、正式的信息。日间道路传输的信息比较多，可以看到标线、路旁的树木等，但夜间道路提供的信息只有标线，因此标线必须全天适用。

标线在道路信息传输方面起着极大的作用，在高等级道路，如高速公路、快速路上，若是没有标线，智能汽车或驾驶人会缺失方位感，不知身在何处，人、车、路、环境之间无法互动，车道不能明确划分，路权无法定义。道路只有标线，没有其他交通控制设施，特别是高阶道路、复杂路网、大型交叉路口若只有标线，路权指派无法落实，会造成驾驶人彷徨，应结合使用标线、标志或标线、标志、信号灯。标线只是交通控制系统中的一环，道路设计、交通控制、路权指派三位一体不可切割，"上游"路网结构组成会影响"下游"

交通控制设施布设。因此，若路网结构组成本身不合理，也会影响标线的效用发挥。

道路交通工程设计师在规划设计时，应把自己当成用路人，了解用路人需要什么信息，仅传输"有意义"的信息给用路人。结合实际考虑使用标线、标志还是两者合用，具体应采取哪种形式，不可随意设置。标线具有法律意义，若告知信息错误，易发生事故、产生不必要的纠纷，规划设计者将自陷法律诉讼困境中。

4. 国际主流的标志、标线、信号灯颜色

道路网络的标线、标志、信号灯3种交通控制设施中，标线的颜色种类比标志少，但比信号灯颜色多，不同颜色的标线所代表的意义不同，如红色代表绝对禁止；黄色代表警告、限制；白色代表遵行、导引、指示。道路上最常见、量最多的是白色标线，黄色标线次之，红色标线最少。

与标线有"互动"的对象主要包括：人——智能汽车或驾驶人、行人通过视觉认知道路环境在路上行进；车——智能汽车或驾驶人操控车辆、车辆监测标线确保在车道内行驶；路——道路条件不同，设置思维不同；环境——不同环境下交通控制使用条件不同；执法者——交警按标线所界定的路权执法；道路交通主管机关——资产管理、日常养护管理。

因此，道路交通网络规划设计时应考虑以下八大交通工程设计元素。

（1）人因理论：在设计标线时应考虑到人的因素。

（2）设计速度：速度不同，车道线设置不同，既有采用"六九线"的，也有采用"四六线"的。

（3）光学原理：应考虑标线夜间使用情况，要有一定反光程度。

（4）力学设计：电动自行车转弯时压到标线滑倒，摩擦力不够。

（5）驾驶情节的任务分析：应了解智能汽车或驾驶人开车时怎么才能完成驾驶任务。

（6）视距、视区原理：应保证用路人能清楚看到标线。

（7）路侧安全设计：应标明路侧边界。

（8）视觉设计。

自动驾驶汽车运行道路交通标线设计可参考规范、手册主要包括：《道路交通标志和标线，第3部分：道路交通标线》（GB 5768—2017）、《公路交通标志和标线设置规范》（JTG D82—2009）、美国《统一交通控制设施手册》（MUTCD），需要注意不可直接照搬，应结合实际情况细致考虑。此外，道路交通设计管理者还应熟知标线的分类，标线具有系统性，应根据一定规律对其进行分类，GB 5768—2017中提到标线依功能分为指示标线、禁止标线、警告标线；依形态分为线条、字符、突起路标、轮廓标；依设置方式分为纵向标线、横向标线、其他标线。

智能网联汽车 V2X 与智能网联设施 I2X

3.1.3.2 提升 5G 智能网联路侧设备覆盖率

（1）路侧设备的投资和运营模式：初期政府购买服务，长期数据开放和运营，自平衡服务。

（2）路侧设备的场景化应用模式：特定商用场景先行先试，重点关注高速公路方案/城市交叉路口方案/一体化智慧杆产品。

（3）路侧设备的部署节奏：网的覆盖率和车的渗透率二者相辅相成。

1. 建设和运营模式

5G 智能网联路侧设备，除 4G/5G 蜂窝基站明确由运营商投资建设外，RSU、路侧智能设施、MEC 涉及的投资规模巨大，投资建设主体碎片化。

截至 2021 年年底，中国高速公路通车里程 16.10 万千米，国道里程 37.07 万千米，省道里程 38.27 万千米，农村公路里程 438.23 万千米，城市道路里程超过 40 万千米，共有 50 多万个城市路口。以每千米智能化改造费用 100 万元保守测算，仅高速公路智能化改造投入即高达 1600 多亿元。如果需要覆盖全国高速公路和城市道路，基础建设投资预计在 3000 亿元以上。

中国道路基础设施建设和运营主体具有多元化的特点。一般城市道路的智能化基础设施由交通运输局和公安交通警察局（交通管理局）负责建设；国省干线、农村公路的智能化基础设施由交通运输局负责建设；高速公路的智能化基础设施由省交投集团和各地市交投公司分别负责建设，涉及高速交通违法的智能化基础设施由高速交通警察局（交通管理局）或委托交投集团建设和运营。业主多元化，直接造成了车联网路侧基础设施建设主体碎片化的特点。

车联网存在几种不同类型的运营主体，包括政府独资或合资的企业、高速公路服务商、运营商、铁塔公司等。不同的运营主体均有各自的优劣势，但这几类运营主体都面临运营模式不清晰的挑战。可能存在的方式包括运营主体向交通管理部门和交通委员会提供相关的大数据分析服务，收取相关费用。

（1）以公安交通警察局（交通管理局）为例，其主要工作是保障交通安全和提升通行效率，因此其对能够减少交通事故、提升交通运行效率的车联网是有需求的。例如，可以针对车联网提升城市道路交通通行效率进行服务收费。

（2）以交通运输局为例，需要保障营运车辆的运输安全，因此，其对提升营运车辆安全性的车联网服务是有需求的。除此之外，运营主体还可以向车主收取智能网联接入服务费，向车企收取智能网联接入服务费，向行业客户收取智能网联接入服务费和大数据分析服务费等。从短周期看，车联网运营主体还需要依赖政府购买服务，才能获得发展空间。

随着车联网路侧基础设施覆盖率和车载终端渗透率的提升，将产生大量路侧数据和车端数据。在厘清数据所有权问题的基础上，在新的智能交通环境下，从长期来看，探索数据开放和运营，建立面向智能网联汽车和智慧道路的一体化开放数据公共服务平台将是大势所趋。智慧道路建设最终的目标是让车端和路侧产生的海量数据，能够产生价值。一方面，可以探索"数据+管理"模式，以交通信息共享服务为核心，连通道路基础设施，对交通环境信息做整合管控，建立统一的信息交换标准，消除交通信息孤岛；另一方面，可以探索"数据+金融"模式，即拓展面向 C 端车主和 B 端行业客户带有支付能力的服务，这时候买单的主体不仅仅是车主和行业客户，各类金融机构也可以共同参与。

2. 场景化应用模式探索

要实现普遍意义的自动驾驶，将是长周期的过程，需要 20～30 年的发展历程。但是从短周期看，针对特定商用场景的自动驾驶将很快出现。例如，出租车自动驾驶、公交车自动驾驶、物流车自动驾驶、特定封闭园区和社区自动驾驶、矿卡自动驾驶、港口车辆自动驾驶等。从商业逻辑上看，车联网面临和自动驾驶同样的发展路径，也就是说车联网首先解决和部署的，将是特定商用场景先行先试：

（1）在特定区域部署车联网路侧基础设施，在特定出租车辆上部署车联网车载终端，实现在这些区域的自动驾驶出租车（Robo-Taxi）业务。

（2）在城市公交车专用道和公交站场部署车联网路侧基础设施，在公交车上部署车联网车载终端，可以实现公交车信息服务、自动驾驶等各类业务应用。

（3）在某些高速公路路段部署车联网路侧基础设施，在物流卡车上部署车联网车载终端，可以实现物流卡车在这些路段的车辆编队行驶或单车自动驾驶。

（4）在特定封闭园区和社区部署车联网路侧基础设施，在专用末端物流车上部署车联网车载终端，实现园区和社区的低速自动驾驶物流配送业务。

（5）和干线物流、Robo-Taxi 等场景相比，矿山和港口道路相对更加封闭，场景相对简单、路线相对固定、不受公开道路交通法规限制。因此，在矿山和港口部署车联网路侧基础设施，在相关车辆上部署车联网车载终端，可以实现矿山和港口车辆自动驾驶和远程驾驶等业务。从路侧基础设施产品和方案角度看，需要重点关注高速公路方案、城市交叉路口方案和一体化智慧杆产品。

3. 部署节奏探索

网络的"覆盖率"和车的"渗透率"决定了车联网的商用速度，二者相辅相成。本书对车联网整体商用节奏预测如下：

（1）在商用车型，如出租车、公交车、物流重卡、矿卡、港口车辆等，以及部分乘用车型上部署 C-V2X 车载终端，实现 V2V（车-车）业务场景，如前向碰撞预警、盲区预警/变道辅助、车辆编队行驶等；

（2）在特定商用场景先行先试，如特定出租车区域、城市公交车专用道和公交站场、某些高速公路路段、特定封闭园区和社区、矿山和港口等部署 C-V2X 和 5G 网络，实现 V2I（车-基础设施）业务场景，如闯红灯预警、绿波车速引导等；

（3）在高速公路和城市交叉路口等场景部署 C-V2X 和 5G 网络，随着网络覆盖率达到一定程度，将带动车载终端安装渗透率提升；

（4）当车载终端安装渗透率达到 30% 的临界值时，又会进一步拉动网络的部署。

3.1.4 智能网联设施交通分级标准

3.1.4.1 国外智能网联汽车分级标准

汽车自动驾驶技术分级标准主要包括由美国高速公路安全管理局（United States Highway Safety Administration，NHTSA）提出的：

（1）L0 级无自动驾驶功能（No-Automation）；

（2）L1 级单一功能辅助驾驶（Function-Specific Automation）；

（3）L2 级多功能协同辅助驾驶（Combined Function Automation）；

（4）L3 级有限自动驾驶（Limited Self-Driving Automation）；

（5）L4 级完全自动驾驶（Full Self-Driving Automation）。

国际自动机工程师学会提出的：

（1）L0 级无自动驾驶功能（No-Automation）；

（2）L1 级驾驶员辅助（Driver Assistance）；

（3）L2 级部分自动驾驶（Partial Automation）；

（4）L3 级有限自动驾驶（Condition Automation）；

（5）L4 级高度自动驾驶（High Automation）；

（6）L5 级完全自动驾驶（Full Automation）。

其中，L0~L2 级由驾驶员负责：

（1）L0 级需要驾驶员眼、手、脚并用；

（2）L1 级驾驶员可以脱脚；

（3）L2 级驾驶员可以脱手。

L3~L5 级由自动驾驶系统负责：

（1）L3 级驾驶员可以脱眼；

（2）L4 级驾驶员可以脱脑；

（3）L5 级完全无须驾驶员。

与自动驾驶汽车有业界相对统一标准相比，智能网联道路目前为止业界还没有相对统一的标准。欧洲道路运输研究咨询委员会（European Road Transport Research Advisory Council，ERTRAC）在 INFRAMIX 项目和 ITS World Congress 2018 paper by AAE and ASFINAG 中发布了自动驾驶的基础设施支持级别（Infrastructure Support levels for Automated Driving，ISAD）。

（1）E 级别最低，无数字化信息，不支持自动驾驶的传统基础设施，完全依赖自动驾驶车辆本身。

（2）D 级别支持识别包括静态道路标识在内的静态数字化信息，而交通信号灯、短期道路工程和可变信息交通标识牌则需要自动驾驶车辆识别。

（3）C 级别支持识别静态和动态基础设施信息，包括可变信息交通标识牌、告警、事故、天气等。

（4）B 级别支持协同感知，即可感知微观交通情况。

（5）A 级别支持协同驾驶，数字化基础设施可以引导自动驾驶车辆的速度、间距、车道。

基础设施部署的常见做法：流量控制系统通常部署在交通通行频繁且达到通行能力限制的高速公路路段，而其他交通流很少中断的公路路段则不需要部署固定的流量控制系统。

ERTRAC 发布的 ISAD 如图 3-1 所示。

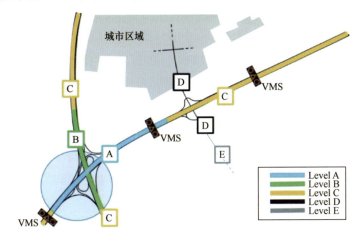

图 3-1　ERTRAC 发布的 ISAD

图 3-1 说明了 ISAD 级别是如何部署的，可用于简单描述自动驾驶车辆的期望公路网。

（1）对于容易出现交通阻塞的合流匝道位置，需要建设 A 级基础设施来进行交通控制（蓝色区块）。

（2）对于交通通行频繁的高速公路路段，需要建设 B 级基础设施来进行协同感知（绿色区块）。

（3）对于一些交通运行较为顺畅的快速路段，仅需要建设 C 级基础设施来提供动态信

智能网联汽车 V2X 与智能网联设施 I2X

息给行驶车辆（黄色区块）。

（4）对于二级公路网络可以建设 D 级基础设施，在一些乡村地区不需要建设智能化的基础设施。

3.1.4.2 国内智能网联设施分级标准

2019 年 9 月，中国公路学会自动驾驶工作委员会、自动驾驶标准化工作委员会发布了《智能网联道路系统分级定义与解读报告》。从交通基础设施系统的信息化、智能化、自动化角度出发，结合应用场景、混合交通、主动安全系统等情况，把交通基础设施系统性地划分为 I0～I5 共 6 个级别。交通基础设施系统分级要素对比如表 3-1 所示。

表 3-1 交通基础设施系统分级要素对比

分级	信息化 （数字化、网联化）	智能化	自动化	服务对象
I0	无	无	无	驾驶员
I1	初步	初步	初步	驾驶员、车辆
I2	部分	部分	部分	驾驶员、车辆
I3	高度	有条件	有条件	驾驶员、车辆
I4	完全	高度	高度	车辆
I5	完全	完全	完全	车辆

道路分级需要考虑"感知-决策-控制"3 个方面，其中感知需要解决的是道路基础设施的数字化、网联化和协同化。在数字化方面，静态基础设施信息（静态道路标识等）和动态基础设施信息（交通信号灯信息、可变信息交通标识牌、道路交通事故信息、道路施工信息、天气信息等）实现数字化；在网联化方面，基础设施系统依托 I2X（I2V、I2I、I2P）通信能力，实现道路基础设施数字化信息和车辆、行人、其他道路基础设施之间的互联互通；在协同化方面，道路基础设施数字化信息之间，以及和车辆、行人、其他道路基础设施数字化信息之间进行融合，实现协同化感知，如对摄像机数据和毫米波雷达数据、激光雷达数据进行数据转换、数据关联和融合计算。

决策按照层级分为基于规则的专家系统、因果推理和行为预测。基于规则的专家系统中，知识库和规则执行组件是核心模块，可针对特定场景进行精准分析决策；由于实际道路和智能网联汽车情况错综复杂，根本无法穷举，因此提出基于因果推理的决策机制，如基于增强学习的决策架构，目标是实现基于复杂场景的实时决策；行为预测是实现自动驾驶最具挑战性的课题之一，即基于道路基础设施和智能网联汽车，去理解并预测周围道路参与者的行为，目标是实现超前决策。

控制按照层级分为单车控制、协作控制和全域控制。单车控制主要实现的是油门、转向和制动控制，由车身电子稳定系统（ESP）中的电子控制单元来控制电机，进而控制进气门开合幅度，最终控制车速。协作控制主要实现的是多车协同控制。例如，主车在行驶过程中需要变道，将行驶意图发送给相关车道的其他车辆和路侧 RSU，其他车辆进行加减速动作或由路侧基础设施根据主车请求统一协调，使得车辆能够顺利完成换道动作。全域控制主要实现的是对所有交通参与者的全路段、全天候、全场景的自主控制。

按照道路的感知、决策和控制能力不同，可以将智能网联道路分为不同的等级。智能网联设施 I2X 道路分级如表 3-2 所示。

表 3-2 智能网联设施 I2X 道路分级

道路分级	感知	决策	控制
I0	无	无	无
I1	数字化、网联化	无	无
I2	数字化、网联化、协同化	基于规则专家系统	单车控制
I3	数字化、网联化、协同化	基于规则专家系统、因果推理	单车控制
I4	数字化、网联化、协同化	基于规则专家系统、因果推理、行为预测	单车控制、协作控制
I5	数字化、网联化、协同化	基于规则专家系统、因果推理、行为预测	单车控制、协作控制、全域控制

1. I0：无信息化、无智能化、无自动化

定义：传统道路信息管理方式，即交通基础设施与单个车辆系统之间无信息交互。

主要特征：交通基础设施无检测和传感功能，由驾驶员全程控制车辆完成驾驶任务和处理特殊情况。

2. I1：初步数字化/初步智能化/初步自动化

定义：传统道路信息管理方式，即交通基础设施与单个车辆系统之间无信息交互。

主要特征：道路系统能够采集数字化交通基础设施静态数据并进行更新和存储，交通基础设施感知设备能实时获取连续空间的车辆和环境等动态数据，自动处理非结构化数据，并结合历史数据实现车辆行驶的短时、微观预测；各种类型数据之间无法有效融合，信息采集、处理和传输的时延明显；交通基础设施感知信息和预测结果可实时提供给车辆，辅助车辆自动驾驶。例如，提供信息服务和主动交通管理服务（可变情报板、可变限速等），交通基础设施向车辆系统进行单项传感。

典型场景：基础设施系统可以完成低精度感知及初级预测，为单个智能网联汽车提供自动驾驶所需信息，如前方交通事故信息、交通灯信号配时信息、道路限速值、道路施工信息等。

智能网联汽车 V2X 与智能网联设施 I2X

3. I2：部分网联化/部分智能化/部分自动化

定义：交通基础设施具备复杂传感和深度预测功能，通过与车辆系统进行信息交互（包括 I2X），可以支持较高空间和时间解析度的自动化驾驶辅助和交通管理。

主要特征/功能体现：除 I1 中提供的功能外，还可以实现基础设施等静态数据在时空上的连续监测和更新；具备更高精度的车辆和环境等动态非结构化数据的检测传感功能；实现数据高度融合，信息采集、处理和传输的时延低；支持部分数据在车与车之间、车与基础设施之间的实时共享，提供深度分析和长期预测；有限场景内可以实现对智能网联汽车的接管和控制，实现限定场景的自动化驾驶和决策优化。

限制条件/局限：遇到特殊情况时，需要驾驶员接管智能网联汽车进行控制；无法从系统层面进行全局优化；主要实现驾驶辅助，需在有限场景内完成自动驾驶。

典型场景/应用：车辆与车辆之间、车辆与基础设施系统之间信息共享，基础设施系统将高精度感知及深度预测结果传递给车辆，为智能网联汽车提供所需信息，在有限条件下可以初步实现自动驾驶控制、基础设施系统接管和控制智能网联汽车。基础设施系统依托 I2X 通信，为车辆提供横向和纵向控制的建议或指令，同时，车辆向道路反馈其最新规划决策信息。例如，高级辅助驾驶系统主要包括自主式巡航系统、车道保持辅助系统、自主紧急制动系统等。

4. I3：基于交通基础设施的有条件自动驾驶/高度网联化

定义：高度网联化的交通基础设施可以在数毫秒内为单个智能网联汽车（自动化等级大于 L1.5 级）提供周围车辆的动态信息和控制指令，可以在包括专用车道的主要道路上实现有条件的自动化驾驶。遇到特殊情况时，需要驾驶员接管车辆进行控制。

主要特征/功能体现：交通基础设施具备高度的网联化和有条件的智能化；在交通基础设施覆盖的道路上可以支持单个智能网联汽车的部分自动化驾驶功能；交通基础设施系统可实现对智能网联汽车的横向和纵向控制，要求智能网联汽车的自动化等级达到 L1.5 级或以上（自动化功能位于国际自动机工程师学会定义的第 I 与第 II 等级之间）；可运行在包括具有专用车道等主要道路的限定场景；允许自动化 L1.5 级以下的车辆存在；遇到特殊情况时，需要驾驶员接管。

5. I4：基于交通基础设施的高度自动驾驶

定义：交通基础设施为智能网联汽车（自动化等级大于 L1.5 级）提供了详细的驾驶指令，可以在特定场景/区域（如预先设定的时空域）实现高度自动化驾驶。遇到特殊情况时，由交通基础设施系统进行控制，不需要驾驶员接管。

主要特征/功能体现：具备高度的信息化和智能化；可为单个智能网联汽车提供周围车辆的动态信息和纵横向控制指令；可对智能网联汽车（自动化等级 L1.5 级或以上）进行横

向和纵向的控制；交通控制中心可更优地调配所覆盖的车辆，达到全局最优化；在特定场景/区域混合交通（由自动化等级 L1.5 级或以上和小于 L1.5 级的智能网联汽车组成）场景下，可实现高度自动化驾驶；遇到特殊情况时，由交通基础设施系统实施控制，不需要驾驶员接管。

限定条件/局限：试验场、园区、自动泊车停车场等封闭区域；高速公路、城市快速路；部分城市主干网络和公交专线。

典型场景/应用：在特定场景/区域混合交通场景下（如预先设定的时空域），实现对智能网联汽车的接管与控制，完成车辆的感知、预测、决策、控制等功能；实现限定场景下的高度自动化驾驶。

6. I5：基于交通基础设施的完全自动驾驶

定义：交通基础设施可以满足所有单个智能网联汽车（自动化等级大于 L1.5 级）在所有场景下完全感知、预测、决策、控制、通信等功能，并优化部署整个交通基础设施网络，实现完全自动驾驶。完全自动驾驶所需的子系统无须在智能网联汽车设置备份系统。遇到特殊情况时，由交通基础设施系统进行控制，不需要驾驶员参与。

主要特征/功能体现：交通基础设施系统可以实现对所有智能网联汽车进行横向和纵向控制（要求智能网联汽车的自动化等级达到 L1.5 级或以上）；适用于所有交通场景；混合交通场景下允许自动化 L1.5 级以下的车辆存在；完成自动驾驶所需的子系统无须在智能网联汽车设置备份系统；提供完全的自动安全功能；遇到特殊情况时，由交通基础设施系统进行接管与控制，不需要驾驶员接管。

3.1.4.3 智能网联汽车与智能网联设施优化标准体系

车联网（智能交通相关）标准体系建设的技术架构如图 3-2 所示。

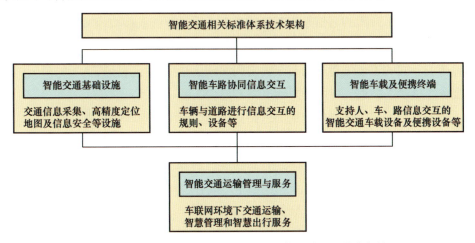

图 3-2 车联网（智能交通相关）标准体系建设的技术架构

智能网联汽车 V2X 与智能网联设施 I2X

1. 车联网产业标准体系结构

车联网产业标准体系建设思想清晰地表明了国家积极引导和直接推动跨领域、跨行业、跨部门合作的战略意图。应在国家法律政策和战略要求的大框架下，充分利用和整合各领域、各部门在车联网产业标准研究领域的基础和成果，调动各个行业通力合作，共同制定具有中国特色的车联网产业标准体系。

《国家车联网产业标准体系建设指南》充分发挥标准在车联网产业生态环境构建中的顶层设计和基础引领作用，将新一代智能交通相关标准体系按照不同行业属性划分为智能网联汽车标准体系、信息通信标准体系、电子产品与服务标准体系等，为打造创新驱动、开放协同的车联网产业提供支撑。国家车联网产业标准体系优化建设结构如图 3-3 所示。

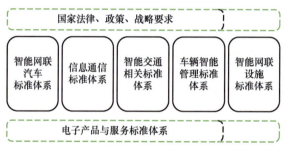

图 3-3　国家车联网产业标准体系优化建设结构

车联网产业是依托信息通信技术，通过车内设备、车与车、车与路、车与人、车与服务平台的全方位连接和数据交互，提供综合信息服务，形成汽车、电子、信息通信、道路交通运输等行业深度融合的新型产业形态；车联网主要实现"三网融合"，即将车内网、车际网和车载移动互联网进行融合。车联网是利用传感技术感知车辆的状态信息，并借助无线通信网络与现代智能信息处理技术实现交通的智能化管理，以及交通信息服务的智能决策和车辆智能化控制。中国路线的车联网车辆智能管理标准体系如图 3-4 所示。

（1）车与服务平台间的通信是指车辆通过卫星无线通信或移动蜂窝等无线通信技术实现与车联网服务平台的信息传输，接受平台下达的控制指令，实时共享车辆数据。

（2）车与车间的通信是指车辆与车辆之间实现信息交流与信息共享，包括车辆位置、行驶速度等车辆状态信息，可用于判断道路车流状况。

（3）车与路间的通信是指借助地面道路固定通信设施实现车辆与道路间的信息交流，用于监测道路路面状况，引导车辆选择最佳行驶路径。

（4）车与人间的通信是指用户可以通过 WiFi、蓝牙、蜂窝等无线通信手段与车辆进行信息沟通，使用户能通过对应的移动终端设备监测并控制车辆。

（5）车内设备间的通信是指车辆内部各设备间的信息数据传输，用于对设备状态的实时检测与运行控制，建立数字化的车内控制系统。

第 3 章 智能网联设施要素集成

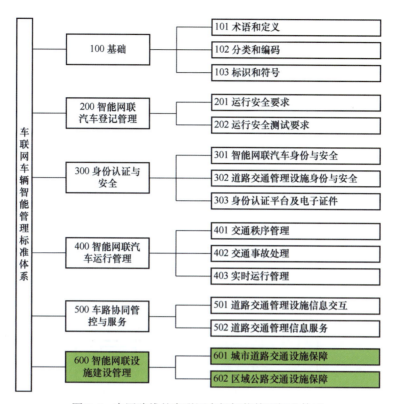

图 3-4 中国路线的车联网车辆智能管理标准体系

2. 标准体系优化建设内容

标准体系按照汽车、通信、电子、交通和自动控制五大行业领域进行划分。

1) 智能网联汽车标准体系

(1) 标准体系结构。

智能网联汽车标准体系结构如图 3-5 所示。

(2) 标准分类说明。

① 基础标准。

基础标准主要包括智能网联汽车术语和定义、分类和编码、标识和符号 3 类基础标准。术语和定义标准用于统一智能网联汽车相关的基本概念。分类和编码标准用于帮助各方统一认识和理解智能网联标准化的对象、边界及各部分的层级关系和内在联系。标识和符号标准用于对各类产品、技术和功能对象进行标识与解析。

② 通用规范标准。

通用规范标准从整车层面提出全局性的要求和规范，主要包括功能评价、人机界面、功能安全和信息安全等方面。功能评价标准主要从整车及系统层面提出智能化、网联化功能评价规范及相应的测试评价应用场景。人机界面着重考虑智能网联汽车的驾驶模式切换

智能网联汽车 V2X 与智能网联设施 I2X

和与其他交通参与者信息传达交互等问题。功能安全标准侧重于规范智能网联汽车各主要功能节点及其下属系统在安全性保障能力方面的要求。信息安全标准主要针对车辆及车载系统通信、数据、软硬件安全,从整车、系统、关键节点及车辆与外界接口等方面提出风险评估、安全防护与测试评价要求。

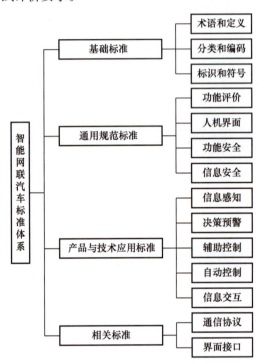

图 3-5 智能网联汽车标准体系结构

③ 产品与技术应用标准。

产品与技术应用标准主要涵盖信息感知、决策预警、辅助控制、自动控制和信息交互等智能网联汽车核心技术和应用的功能、性能要求及试验方法。

④ 相关标准。

相关标准主要包括车辆信息通信的基础——通信协议,主要涵盖实现车与 X(人、车、路、云端等)智能信息交互的中、短程通信和广域通信等方面的协议规范;在各种物理层和不同的应用层之间,还包含软、硬件界面接口的标准规范。

2)信息通信标准体系

(1)标准体系结构。

车联网的信息通信标准体系结构如图 3-6 所示。

(2)标准分类说明。

信息通信标准体系主要包含以下内容。

第 3 章 智能网联设施要素集成

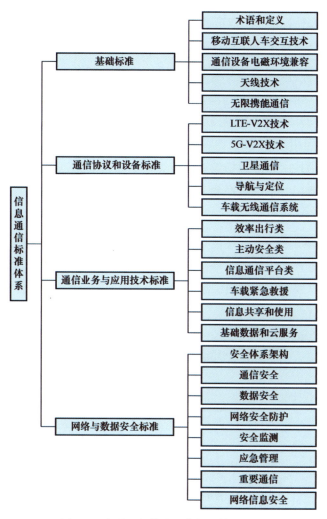

图 3-6 车联网的信息通信标准体系结构

① 基础标准。

基础标准主要包括术语和定义、移动互联人车交互技术、通信设备电磁环境兼容、天线技术和无线携能通信等。目前，移动互联人车交互技术标准主要涉及手机终端与智能车载终端互联的技术要求及测试方法等。通信设备电磁环境兼容标准主要围绕电磁环境与车、人之间的兼容特性进行评估。天线技术标准主要围绕车联网产业涉及的天线性能开展研究和标准制定。无线携能通信标准主要围绕整车无线供电与车载无线充电技术提出技术要求与评估方法并进行标准化等。

② 通信协议和设备标准。

通信协议和设备标准主要包括 LTE-V2X 技术、5G-V2X 技术、卫星通信、导航与定位和车载无线通信系统等方面。LTE-V2X 技术和 5G-V2X 技术标准主要包括：V2X 接口标准、网络通信标准、基站设备规范和测试规范、网络层/应用层标准、终端间互操作标准、

智能网联汽车 V2X 与智能网联设施 I2X

终端与网络设备互操作标准等。卫星通信标准包含天线和伺服系统、车载卫星通信系统等。导航与定位标准包括车载导航定位性能、定时技术和电磁兼容性的技术要求和测试方法。导航与定位相关详细内容可参考国家测绘地理信息局在 2017 年 9 月新修订发布的《测绘标准体系》。车载无线通信系统标准主要包含车载语音、数据业务接入设备、车载无线通信接口技术要求和检测方法等。

③ 通信业务与应用技术标准。

通信业务与应用技术标准包括效率出行类、主动安全类、信息通信平台类、车载紧急救援、信息共享和使用、基础数据和云服务等方面。通信业务与应用技术标准主要规定具体服务产品和系统的功能要求、性能要求及对应的试验方法等。

④ 网络与数据安全标准。

网络与数据安全标准包括安全体系架构、通信安全、数据安全、网络安全防护、安全监测、应急管理、重要通信和网络信息安全等方面。

3）电子产品与服务标准体系

（1）标准体系结构。

车联网的电子产品与服务标准体系结构如图 3-7 所示。

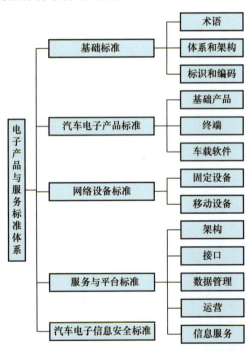

图 3-7 车联网的电子产品与服务标准体系结构

（2）标准分类说明。

电子产品与服务标准体系主要包括基础、汽车电子产品、网络设备、服务与平台、汽车电子信息安全等标准。

① 基础标准。

基础标准主要包括术语、体系和架构、标识和编码等标准。术语标准为其他各部分标准的制定提供支撑。体系和架构标准主要规范信息服务的体系框架，明确其边界及各部分的层级关系和内在联系。标识和编码标准可以为对车载终端设备辨识、寻址、路由和访问提供支持。

② 汽车电子产品标准。

汽车电子产品是指智能网联汽车、车联网和车载信息服务中，具备感知、计算、反馈、控制、执行、通信、应用等功能，实现信息感知、高速计算、状态监测、行为决策和整车控制的基础电子产品。汽车电子产品标准主要包括基础产品、终端和车载软件等标准。

③ 网络设备标准。

网络设备标准主要包括固定设备和移动设备两个领域的标准。固定设备主要指路边单元等固定设备。移动设备主要指手持诊断设备、工程维修、车辆故障在线分析仪器等专门领域的设备。

④ 服务与平台标准。

车载服务平台标准包括架构、接口、数据管理、运营及信息服务5个方面的标准。架构主要确定平台基本架构规范；接口规定平台与终端、平台间、平台与上层管理系统等方面的接口标准；数据管理包括数据接口、数据管理和大数据应用方面的要求和规范；运营主要规定了平台运营功能要求；信息服务包括云服务、地理信息和位置导航服务、运维服务、辅助/自动驾驶服务、紧急救援服务、道路交通信息服务、车载广播服务等。

⑤ 汽车电子信息安全标准。

汽车电子信息安全标准指汽车电子产品的入侵检测防护、访问控制、安全通信、安全态势感知等相关技术标准，包括车载系统安全、车载终端安全、车载信息与服务安全、应用软件和服务运营平台安全、车载操作系统在线升级安全等标准。

4）智能交通相关标准体系

（1）标准体系结构。

车联网的智能交通标准体系结构如图3-8所示。

（2）标准分类说明。

智能交通相关标准体系以规范智能交通系统（ITS）技术、服务和产品为重点任务。智能驾驶、车路协同等重点技术是当前ITS领域的研究热点和发展趋势，是新一轮科学技术及产业发展的重要竞争领域，对提升交通安全、缓解交通拥堵、促进节能减排、带动上下游产业发展有重要意义。

① 智能交通基础标准。

智能交通基础标准主要包括术语与定义、分类编码与符号和智能交通数据管理等。术

智能网联汽车 V2X 与智能网联设施 I2X

语与定义主要包括智能运输系统相关术语、定义；分类编码与符号标准主要包括编码规则、代码结构和图形符号类标准；智能交通数据管理标准主要包括数据表达与管理、数据元、数据字典类标准等。

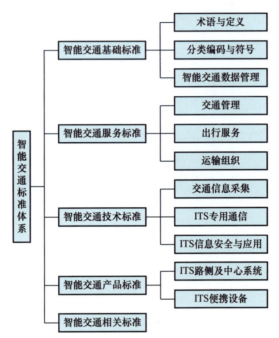

图 3-8 车联网的智能交通标准体系结构

② 智能交通服务标准。

智能交通服务标准主要包括交通管理、出行服务、运输组织等。交通管理标准主要包括交通管理与控制、事件管理与应急等标准；出行服务标准主要面向出行者提供各类服务，包括电子支付服务、一体化出行服务、智能驾驶服务等标准；运输组织标准主要面向运输企业提供的各类服务，包括客运服务智能化、物流信息化、营运车辆运行服务等标准。

③ 智能交通技术标准。

智能交通技术标准主要包括交通信息采集、ITS 专用通信和 ITS 信息安全与应用。交通信息采集指交通设施、运输工具、交通运输状态、道路环境等信息采集、道路状态感知技术指标和参数。ITS 专用通信标准指不同设备、系统、服务和交通参与者间的数据传输、信息交换等标准。ITS 信息安全与应用标准指数据安全、交易安全、身份认定、网络信任等相关标准。

④ 智能交通产品标准。

智能交通产品标准主要包括 ITS 路侧及中心系统和 ITS 便携设备等。ITS 路侧及中心系统指路侧设备的工艺、性能、安装等要求和测试方法，以及中心或后台系统的性能、部署等要求和测试方法。ITS 便携设备是指车载、手持等移动终端、便携设备的工艺、性能、安装等要求和测试方法。

⑤ 智能交通相关标准。

智能交通相关标准主要包括与智能交通关系比较密切的其他交通运输类标准。

5) 车辆智能管理标准体系

(1) 标准体系结构。

车联网的车辆智能管理标准体系结构如图 3-9 所示。

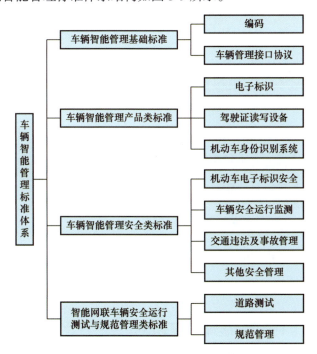

图 3-9 车联网的车辆智能管理标准体系结构

(2) 标准分类说明。

车辆智能管理标准体系旨在研究并制定相关法律法规，对交通安全行为进行有效规范，降低法律风险，促进车联网产业有序发展，主要包括车辆智能管理基础标准、车辆智能管理产品类标准、车辆智能管理安全类标准和智能网联车辆安全运行测试与规范管理类标准等。

① 车辆智能管理基础标准。

车辆智能管理基础标准主要包括机动车/驾驶人电子身份代码编码规范、机动车电子标识读写基础协议等。

② 车辆智能管理产品类标准。

车辆智能管理产品类标准主要包括汽车、机动车电子标识安装规范、机动车电子标识读写设备通用技术条件和安装规范、驾驶证读写设备通用技术条件、机动车身份识别系统中间件技术要求、机动车身份识别系统架构、机动车身份识别系统信息交换和共享技术要求及管理服务平台技术要求、机动车车载终端交通执法数据访问接口规范等。

③ 车辆智能管理安全类标准。

车辆智能管理安全类标准主要包括机动车电子标识安全技术要求、机动车电子标识读写设备安全技术要求、机动车电子身份模块安全技术要求、机动车电子标识密钥管理系统技术要求、机动车车辆身份识别系统安全技术要求、智能网联车辆交通违法行为取证规范、智能网联车辆交通事故责任认定方法和程序要求、道路交通安全违法行为、卫星定位技术取证规范、驾驶证读写设备安全技术要求、车载终端与交通信号控制机交互技术规范、车载终端与交通安全设施接口规范等。

④ 智能网联车辆安全运行测试与规范管理类标准。

智能网联车辆安全运行测试与规范管理类标准主要包括智能网联车辆公共道路测试管理规范、智能网联车辆公共道路测试申请程序指南、智能网联车辆测试基地建设和验收要求、智能网联车辆安全运行测试技术要求、智能网联车辆安全运行测试项目和方法、智能网联车辆测试与使用车牌、智能网联车辆注册程序要求、智能网联车辆驾驶教育和培训技术指南、智能网联车辆外观标识等。

6）智能网联设施标准体系

车联网的智能网联设施标准体系结构如图 3-10 所示。

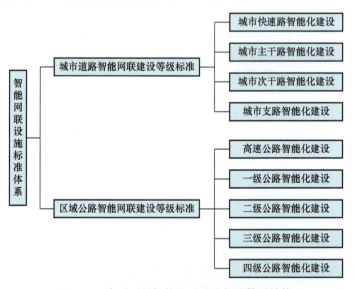

图 3-10 车联网的智能网联设施标准体系结构

智能网联设施标准体系旨在研究并制定相关法律法规，对智能网联汽车中国路线的交通基础设施建设管理进行有效规范，满足 2020 年 12 月 30 日交通运输部发布的《关于促进道路交通自动驾驶技术发展和应用的指导意见》提出的要加强基础设施智能化发展规划研究、有序推进基础设施智能化建设等要求，科学推进基础设施数字转型、智能升级，推动道路基础设施、载运工具、运输管理和服务、交通管控系统等互联互通战略要求。智能网联设施标准体系主要包括城市道路智能网联建设等级标准、区域公路智能网联建设等级标准。

3.2 智能网联设施数据解析

3.2.1 道路交通机动车辆冲突分析

世界各国每年因道路交通事故造成大量人身伤亡和经济损失。长期以来，如何减少事故次数和降低事故严重程度是道路交通安全领域最为重要的问题。大部分交通安全研究是以历史事故数据为基础进行分析的，这种方法虽然具有逻辑上合理性的优点，但是也存在一定的局限性：

（1）该方法需要大量历史交通事故数据，我国交通事故数据较为缺乏和不完善，一些运营时间不长的新建道路或施工区道路，事故数据更难收集；

（2）交通事故本身就具有随机性和偶然性，如果事故数据量积累不足、不满足统计要求，就分析不出交通事故发生的影响因素，很难得到交通安全评价和改善方面有用的结论；

（3）轻微事故或没有造成事故的严重交通冲突往往未记录，这些轻微事故往往蕴含着大量信息；

（4）造成事故原因的解释和描述往往基于人们的主观认知和判断，这些缺陷将影响以交通事故为基础的评价；

（5）事故发生后进行分析，具有事后性，缺乏时效性。

交通冲突技术（Traffic Conflict Technique，TCT）能在事故发生之前观测大量数据，具有"大样本、短周期、小区域、高信度"的统计学优点。交通冲突分析方法也被认为是未来交通安全领域最具有前景的研究方向之一，特别是对智能网联汽车时代的混合交通出行模式而言。

本书从机动车-机动车交通冲突定义、冲突度量指标、冲突数据采集方法和处理手段、冲突严重性判定、交通冲突技术评价与预测等主要研究领域，结合智能网联与非网联、自动驾驶与有人驾驶的混合交通出行模式，归纳和总结了最新研究进展。

3.2.1.1 交通冲突的概念与交通事件模型

交通冲突定义分为两大类：
（1）以是否有避险行为定义；

（2）以空间、时间上的接近程度定义。

总体来说，采用"以是否有避险行为"来定义的研究，被证实存在观测人员的主观性，"以空间、时间上的接近程度定义"对驾驶人而言最为直观，且度量指标更为客观，使用该定义的研究更为丰富，两种定义均在一定程度上反映了交通冲突与交通碰撞事故之间的关联。交通冲突本质上是人、车、路和环境下各因素综合作用下不安全的表现形式。同时，交通冲突与避险行为密切相关，如果避险行为不当，交通冲突就会演变为交通事故，如果采取了合适的避险行为，交通冲突就会减轻甚至消失。因此，交通事故与交通冲突被认为存在很强的关联性，交通冲突可理解成潜在的交通事故，两者的区别在于是否发生了直接的碰撞。另外，关于交通冲突和避险行为的先后顺序问题，普遍认为交通冲突发生在避险行为之前，随后两者相互影响。

各级交通冲突、交通事故等交通事件，均可置于一个连续的不同严重程度的交通事件分级模型中。不同严重程度的交通冲突和交通事故呈现分级排列，大量的严重冲突下才可能出现一起交通事故。交通事件常用的3种模型如下：

（1）事故接近程度分布模型（Distribution in Terms of Nearness to Collisions）；

（2）金字塔分级模型（Pyramid Hierarchy）；

（3）钻石分级模型（Diamond-Like Shape Hierarchy）。

交通事件模型试图通过度量指标区分各级交通事件，建立连续的安全模型，但该模型还处于理论定性分析阶段，各交通事件的分界点并不清晰。

3.2.1.2 冲突度量指标

度量交通冲突严重程度的单一指标主要分为5种类型：以避险行为进行度量；以空间、时间上的接近程度进行度量；以交通主体自身运动特征，如减速度进行度量；以可能发生碰撞的破坏性能量进行度量；其他指标。下面主要介绍前两种类型。

1. 以避险行为进行度量

通过观察是否有避险行为及紧急程度来判断是否有冲突及严重程度，大部分是一些定性的判断。

2. 以空间、时间上的接近程度进行度量

空间、时间上的接近程度度量指标主要分为距离度量指标、速度度量指标、时间度量指标3种类型。如果单纯考虑距离和速度指标，可能存在距离很小(大)，但速度也很慢(快)的情况，这种情况下交通冲突可能并不严重。而时间度量指标综合了距离和速度因素，衡量更为科学，应用更为广泛。

1) TTC（Time to Collision）及衍生指标

TTC 更加适用于具有相同行驶轨迹的车辆冲突，如跟驰状态下的追尾冲突。对于有角度的变道冲突车辆，如果按照该定义，需考虑车辆形状，分解 X/Y 坐标后计算，观测量和计算量较大。而且最关键的是，严格按照 TTC 的定义计算，变道冲突会比较少。TTC 大多用于跟驰行驶追尾冲突的研究。

2) PET（Post Encroachment Time）及衍生指标

PET 与其他指标相比，定义非常简单。而且因为计算 PET 不需要每时每刻相关车辆的速度、方向和车长等微观数据，只需要前车驶出公共区域的时刻和后车进入公共区域的时刻，故数据采集也较为简单和方便。

3) 交通主体自身运动特征指标

交通主体自身运动特征指标最常见的为 DRAC（Deceleration Rate to Avoid Crash）或 DR，意为避免冲突的减速度。该指标最早于 2003 年由美国联邦公路局开始在仿真软件中使用，其定义为跟驰间距较近的两辆车，若后车速度大于前车，后车为了不与前车追尾所需要的减速度即为避免追尾碰撞的减速度。该指标基本假设与 TTC 相同，当后车的 DRAC 超过车辆性能或驾驶人能承受的最大减速度（Maximum Available Deceleration Rate，MADR）时，危险就不可避免。

4) 冲突能量指标

冲突能量指标根据在交通冲突发生时，如果不采取避险措施会产生的碰撞伤害能量的大小来进行严重交通冲突的判别，其中冲突能量的计算公式各有不同。国内基于车辆碰撞理论，假设严重交通冲突下必定发生碰撞，通过动量和动能守恒定理，计算各种碰撞类型（向心/偏心正碰撞、向心碰撞等）在碰撞过程中损失的能量，并以损失的能量评价交通冲突严重性。这些理论研究较为全面和深入，但需要精确的瞬时车辆类型、冲突类型、冲突碰撞点角度、前后车辆质量、冲突车辆速度等数据，缺少实际数据的支撑。

3.2.1.3　交通冲突数据采集方法与处理手段

交通冲突数据采集方法主要分为 3 类：地点观测（Field Observation）、自然驾驶（Naturalistic Driving）、交通仿真（Traffic Simulation）。

通过对采集到的原始数据进行处理得到交通冲突数据的手段大致有受训的观测人员人工完成（Trained Observers）和计算机自动处理识别完成（Automatically Detecting）两种。

最常见的交通冲突数据采集方法为地点观测法。早期，冲突数据处理工作大多由观测人员人工完成，既可以在现场观测后即时处理录入，也可以现场录像后回室内反复观看。录像相比现场，最大的优势在于能够反复观看，可以获得较为精准的冲突数据，劣势是录像视野范围不如现场，可能会丢失一些信息。该手段对观测人员空间距离、速度感知估计、反应和数据记录等能力要求较高，需经过大量训练，成本较高。总体上人工处理数据的主观成分较大，而且数据精度低，采集的冲突数据类型少，大部分得到的是断面冲突：根据通过该断面的时间计算得到前后车辆速度、车头时距等数据，从而得到冲突数据。但人工采集处理的交通冲突相比单一客观指标识别的交通冲突，与交通事故的关联性更好，这是因为观测人员综合考虑了实时环境下的诸多因素。

随着视频识别技术的发展，开始通过视频检测技术自动识别录像中的交通冲突数据。该技术一般由两部分组成：视频车辆识别追踪和交通冲突识别。由于大部分情况下摄像高度有限，因此该方法测量范围较小，一般在100~200米。另外，由于存在大型车辆遮挡问题，该方法一般适用于低密度车流。该方法对摄像镜头分辨率、摆放角度、天气、环境亮度等也均有要求。自动视频检测可以节约大量人力资源，且突破了只能检测某些断面冲突的不足，但遮挡、拍摄角度、识别精度等问题依旧存在，应用的准确性和可靠性还有待进一步确认。

关于采集设备，大部分使用的是架设在某高处的摄像机。值得一提的是，近年来可以通过无人机在研究对象上方高空飞行拍摄视频后进行视频识别自动检测冲突。无人机相比传统摄像机，高空视野良好，不存在拍摄角度和遮挡问题，且拍摄范围较大，优势明显。但无人机也存在一些缺点：电池容量的限制导致单次飞行时间较短，且不能在恶劣天气及夜晚进行观测。另外，最近市场上出现了高精度区域雷达，该设备可以同时并实时测量所有反射目标的位置、速度和角度参数，并对每个物体进行持续坐标跟踪检测。相比无人机，高精度区域雷达可以不受自然因素的影响长期采集数据，缺点是如果设备高度不足，以及在交通流发生拥堵时则识别精度和准确性将大大降低。

常用的方法是通过在车辆上安装车载检测器（In-Vehicle Data Recorder）或行车视频记录仪得到自然行驶数据和事故数据。不同于以上只能在某个区域、某段时间的地点采集数据的方法，该方法能获取大量连续时间和空间维度下的高精度微观数据，对理解冲突与事故的演化关系十分有用，但缺点是成本非常高，且如何从海量的数据中筛选交通事件非常耗时。此外，由于数据存在隐私，大规模公开使用这些数据受到限制。

最后一类方法是交通冲突仿真，相比于前两者的自然观测，交通冲突仿真可节约许多时间和费用，甚至可以对无法进行观测的未建和新建道路进行多次控制因素试验，从而得到大量数据。应用最广泛的是美国联邦公路局在2008年开发的交通冲突分析软件SSAM（Surrogate Safety Assessment Model）。仿真模型最大的问题是能否客观、完整地代表真实环境。Mohamed等人通过对交叉口真实采集的交通冲突数据与VISSIM和SSAM得到的交通冲突数据的对比发现，仿真软件的参数明显会对结果产生影响，需要进行标定。各种参数标定完之后交通仿真冲突个数与真实情况差距不大，但他们发现真实冲突发生的位置与仿真结果仍存在较大差异，仿真软件仍未完全表述真实冲突的驾驶行为机理。

3.2.1.4 冲突严重性判定

由交通事件分级模型可知，严重冲突与事故之间存在一定的换算关系。交通冲突严重性通过冲突度量指标进行判定和界定；严重性判定与交通事件分级模型密切相关，是交通冲突研究的一项重要内容，交通冲突严重性判定包含两个方面：度量指标的选取和各指标阈值。

在欧盟，瑞典的交通冲突技术分析只将冲突严重性定义为发生事故的可能，而规避了冲突发生且造成事故后的情形，即完全不考虑人员、财产损失。大部分冲突度量指标只能衡量事故严重程度的一个方面，即交通冲突风险严重性-发生事故的可能性（Possibility），而并未考虑严重冲突可能造成的严重性（Consequence/Outcome Severity）的另一个方面。

3.2.1.5 交通冲突评价与预测

1. 交通冲突技术的有效性

交通事故作为最直观的交通安全指标，要想使用交通冲突技术进行可靠评价与预测，就必须确定交通冲突与交通事故之间是否有直接的联系。关于交通事故与交通冲突之间是否存在很强的相关性仍然存在争议。

1）交通冲突与事故呈现线性特征

Glauz 等人发现各类型交通冲突与交通事故有较好的相关性；Hauer 等人通过最大似然估计计算得到了交通事故与交通冲突的分布系数；Karim 等人基于加拿大 51 个信号交叉口数据，也发现交通冲突与交通事故存在较强的相关关系。我国早期进行了两次交通冲突调查，包含长沙 9 个交叉口及全国 6 个城市共 54 个交叉口的交通冲突和以往交通事故数据，建立了交通事故与交通冲突之间的回归关系，相关系数大于 0.9。

2）两者相关性

交通冲突与事故的相关性这种矛盾的原因：交通事故数据记录存在遗漏和不精确的现象；交通冲突数据的收集方法存在问题；交通冲突采集的往往是一小段时间和地点的数据，与交通事故发生的时间和地点不能完全重合。

3）交通冲突技术的有效性论证是否必要

交通安全研究中最重要的是预防事故而不是预测事故，交通冲突技术可作为诊断和评价分析道路交通安全的一个工具，并不需要将交通冲突转化为交通事故。

2. 交通安全评价

由于事故数据积累较少，国内运用交通冲突技术进行安全评价的情况较多。

(1)利用冲突数或冲突率等指标,直接通过指标大小排序进行评价。

(2)采用一定的数学方法(灰色、模糊、聚类等理论),对冲突数据进行处理后再进行评价。

(3)除了冲突数据,还采集对象道路线型、交通流(流量、车型)等数据,然后建立各影响因素与交通冲突之间的回归模型,并进一步建立综合影响系数与交通冲突的关系模型,得到综合影响系数对应的安全等级。

3. 冲突估计模型

冲突估计模型研究包含两方面:一方面是基于交通冲突的预测模型;另一方面是基于交通冲突的事故预测模型。

3.2.1.6 研究现状综合评价

1. 交通冲突度量指标

1)已有的单一交通冲突度量指标存在局限性

近年来,有研究人员提出了新的冲突度量指标,如碰撞时间差(Time Difference to Collision,TDTC)和T2,这些指标相对于传统的TTC和PET指标有一定的优势。其局限性是大多数单一指标只考虑了交通冲突风险的严重性,即交通冲突发生的可能性有多大。相同的TTC/PET值代表发生碰撞事故的可能性相同,但一个轻微的摩擦事故与一个有人员伤亡的事故明显有区别。因此,还应考虑冲突碰撞后果的严重性,现在对其研究较少。

近年来,有研究人员开始利用复合指标进行判别,如将TET与TIT相结合,并应用于避碰系统,该方法有效地降低了驾驶误差,减少了追尾碰撞;还有研究人员利用碰撞前后总动能、碰撞角与PET的变化,推导出新的冲突指标,并提出了综合考虑事故概率和预期严重程度的安全措施。不同类型的冲突(如追尾和变道)下的识别指标的预测效果(与真实事故对比)是不同的,而且组合指标比单一指标要好。研究人员通过双变量极值模型发现了TTC和PET的组合指标是几种组合指标中与真实事故相关性较高的。

2)交通冲突度量指标存在不一致性

使用不同的指标进行交通冲突判别,会产生不一致的结果。虽然TTC和DARC的前提条件和所适用的交通状态一致,即都用来度量跟驰行驶情况下的交通安全状态,但对同一路段的评价有不同的结果,并且两者的结果不能进行直接对比。不同的度量指标对同一目标的结果很多时候是不相同的、独立的。

交通冲突度量指标的提出对交通冲突技术的推广应用起到了巨大的作用,然而现阶段交通冲突度量指标的选取还没有统一的标准,在具体运用中,往往根据冲突类型或冲突对象选择某一种冲突指标,而冲突指标的不同选择在一定程度上阻碍了相关研究成果的交叉验证和推广应用。

2. 交通冲突数据采集方法与处理手段需要进一步提升

早期多采用人工观测现场或观看录像的采集方法和处理手段，经过断面车辆信息推导出交通冲突数据。该方法较为费时且精确度较低，更为关键的是，该方法只能测得某些特定时刻、某个断面的前后车辆冲突信息，且必须假定车辆继续按照经过断面的速度和方向行驶。这显然是一个简化的处理，忽略了时空动态变化的过程。

交通冲突数据分析，采用计算机视频识别方式进行车辆轨迹追踪和冲突识别，已取得了成效，可以支撑交通冲突与交通事故之间更深入关系研究：交通事故具有偶然性和突发性，而交通冲突的观测往往是某个区域内的短期观测，很难观测到事故发生前后的冲突变化过程。总体来看，迫切需要真实环境下长时间、大范围的相互作用车辆精确连续轨迹追踪的数据获取手段。

3. 交通冲突演化机理与交通事故的关系

1）交通冲突-事故演化机理需要更深入的微观研究

交通冲突机理方面，现有研究缺乏微观、深入的分析。已有的交通冲突评价、预测研究实质上将交通冲突产生和变化的过程当作"黑箱"，只研究各因素与最后的交通冲突的集计关系模型。而更微观的非集计交通冲突发展模型由于数据获取手段的限制，研究很少。未来的研究可以分为两个层次：

（1）将驾驶人采取避险行为中的生理、心理及与操作车辆的过程当作"黑箱"，通过表现出来的车辆实时轨迹研究冲突发展模型；

（2）去除前两个"黑箱"，研究驾驶人生理、心理和车辆因素在交通冲突中的实时影响。

2）交通冲突参与者范围需要延伸

以往大部分研究考虑的是两个交通冲突参与者之间的交通冲突过程，也有部分针对多交通冲突参与者的研究。对于非自由流行驶车辆来说，当一对参与者发生冲突后，驾驶人随即采取避险行为导致车辆运动状态发生改变，这很有可能会影响到本车道和其他车道上的邻近车辆，使其他车辆发生交通冲突，是一个"区域连锁"反应。将传统一对交通冲突参与者拓展至更大范围、更多参与者进行相互影响的机理研究，可能将给区域车联网预警系统提供基础模型。

3）交通事件分级模型和相关性需要进一步研究

（1）利用度量指标区分各级交通事件和交通冲突。

度量指标采用了不同交通冲突度量数值进行区分，但区分不同严重程度交通冲突（尤其是严重冲突）的阈值是否达成统一的标准，仍存在严重程度分级一致性问题。

（2）各级交通事件之间尤其是交通冲突与交通事故之间的相关性。

交通冲突技术的有效性问题，研究结果不一。针对这种现象，需要更多更精确的交通冲突和交通事故数据进行更深入的探索。通过合理地改善交通冲突的定义、测量方法，分别分析不同地点、不同类型交通冲突和交通事故之间的相关关系，可有效地提升交通冲突和交通事故之间的相关性。在研究交通事故与交通冲突的关系时，把自行车-行人的冲突记录排除时，交通冲突与交通事故之间的相关性就得到明显改善，原因是在事故记录中并无自行车-行人交通事故。

4. 交通冲突技术应用

1）交通设施对象需要扩展

从研究对象来看，交通设施对象扩展研究大多针对的是低速的城市交叉口，近年来也有应用于高速公路、快速路交织段及施工区的研究。城市交叉口与快速路交织段、施工区存在较大差异，交通流特效、交通冲突特点各不相同，需要针对其他交通设施进行更深入的研究。

2）交通冲突需考虑空间特征

已有研究对交通冲突发生位置分布并没有进行深入研究，由于近年来交通事故模型越来越多地考虑空间特征因素，所以交通冲突同样也可以从该方向入手。改善交通设施对象的安全性，不仅需要减少整体交通冲突的个数和降低严重性，同时还需要得到交通冲突聚集位置，从而进行针对性改善。

综上所述，传统的以交通事故为基础的道路安全分析评价方法存在自身的缺陷，如交通事故数据本身的稀有性和随机性，导致必须积累很多交通事故的样本量之后才能进行有效的交通安全评价和提出安全改善措施，这种"事后评价"有些被动，尤其对于新建和改扩建道路更是如此。另外，交通事故数据资料中缺乏很多轻微事故数据，数据记录不完整。这些缺陷使得以交通事故为基础的道路安全分析评价方法在应用上存在局限和不足。而交通冲突技术能在事故发生之前观测大量数据，具有"大样本、短周期、小区域、高信度"的统计学优点。

交通冲突概念出现后，将交通冲突作为交通事故的前一级和初始形态，补充和完善了交通事件模型。交通冲突分析方法也被认为是未来交通安全领域最具有前景的研究方向之一。但是，交通冲突技术发展至今，并非是完美的，也存在很多问题。交通冲突作为交通事故的初始形式，了解了交通冲突与交通事故之间的演化关系模型，有利于更好地了解交通事故发生的内在机理。该模型不仅是交通冲突和交通事故的理论核心，而且也与自动驾驶密切相关。完善和改进交通冲突技术，有助于更精准、更快速地进行交通安全分析、预测和评价。

3.2.2 虚拟交通发展决策支持模式

我国城市交通发展正处于交通结构转型期，城市交通系统的供需矛盾很大；在快速城镇化、出行机动化的双重压力下，单靠道路建设无法满足机动化出行需求。基于智能网联设施缓解城市交通问题的总体思路是构建公共交通主导型城市交通系统供需平衡体系，具体策略包括以下 3 点：

（1）在智能网联设施交通源头，采用以公共交通为导向的城市土地开发（TOD）模式，降低交通需求，引导城市综合交通系统的供需平衡；

（2）在智能网联设施建设过程中，构建以轨道交通为骨干的城市综合交通网络体系，加强城市综合交通体系的综合协同，优化交通供给；

（3）在智能网联设施交通末端，发展公共交通优先的城市智能化交通管理系统，提高交通系统通行效率。

在具体的实施过程中，需要精明的交通规划、精致的交通设计、精细的交通组织、精准的交通管控等措施，最终实现城市交通系统从"增量积累"到"存量发展"、从"能力建设"到"效能提升"的功能性转变。

3.2.2.1 虚拟交通系统与决策支持模式需求分析

1. 构建公共交通主导型城市交通系统供需平衡体系

公共交通主导型城市交通系统供需平衡体系极具价值，其构建依赖城市交通系统的智能化、政府职能部门的协同决策。一方面，城市智能交通系统建设存在技术瓶颈，基于大数据技术解决城市交通问题的专业分析与仿真能力尤为缺乏；另一方面，政府各职能部门的业务相对独立，与城市交通系统相关联的部门业务方案论证"各自为政"，难以实现协同决策。

因此，亟须建立基于大数据、人工智能等前沿技术的城市虚拟交通系统与交通发展协同决策支持模式，通过海量交通数据的汇集、融合、应用，交通分析模型的构建、优化，提高城市交通规划与管控的精准化、科学化水平；运用"统一的数据、统一的方法、统一的模型、统一的软件"，形成共享的协同决策支持平台；构建城市交通系统多个管理部门协同配合的机制，赋予"城市交通大脑"交通优化的思维能力，切实提升对政府决策的支持能力与效率。

2. 支撑城市交通规划与管理方案决策

智能网联设施等虚拟交通系统能够突破当前城市智能交通系统建设的技术瓶颈，真正将交通大数据用于提升城市交通系统规划、建设、管理水平。基于相关理论模型、系统软件、测试平台，突破交通大数据应用由"交通状态感知"上升为"出行需求认知"的关键技术，形成可为诸多政府决策环节（如城市土地利用、交通政策制定、交通设施建设、交通管理控制等）提供精细化、定量化、可视化、快速反应的决策支持模式，确保"城市交通大脑"具有交通优化的思维能力。

发展智能网联设施虚拟交通系统，旨在融合来源于多个管理部门的交通数据，构建统一的交通数据库，提供统一的交通分析方法，建立共享的建模与仿真平台，支持交通仿真结果可视化推演。在具有共享特征的城市交通系统仿真上，支持实现多部门联合与协作的同步决策支持模式，形成决策方案论证的虚拟仿真技术一体化流程体系，从而有效应对政府的区域、宏观、中观、微观等不同层面的交通规划与管理方案决策需求。

3. 开发本土化的城市虚拟交通系统仿真能力

城市综合交通系统的主体通常是由数百万人、数百万车辆在超级大型交通网络上的出行行为组成的复杂系统，开展相关仿真分析必须采用大型平台软件。在城市道路网络建模与仿真方面，众多商业交通仿真软件整合了交通仿真研究的各类模型和算法，已经广泛用于真实城市的仿真平台构建。宏观交通仿真主要由交通的供给、需求、分配模型组成，基本理论为交通"四阶段法"，适用于分析城市基础设施建设或行政管理方法对全局交通的影响；国外代表性的软件有 TransCAD、Emme、PTV Visum、Cube 等。

国外交通仿真规划软件在国内应用市场具有垄断地位，尽管其具有灵活的分析与显示功能，但难以适应我国复杂多样的交通环境、多模式混合的交通特征，突出表现在：

（1）使用的交通模型与标定参数主要基于国外的交通运行特征，照搬到我国的实际交通应用"水土不服"；

（2）仅侧重城市规划和交通规划，无法从反映国情的交通管理措施、交通控制策略、交通政策法规出发来开展交通网络运行情况分析，也未考虑国内实际应用面临的各类情景；

（3）运行过程中需要用户基于专业判断来逐一操作，而非专业人士很难根据特定的业务需求来有效使用。

因此，亟待开发符合国情、易于应用的国产城市交通分析平台软件，以服务于我国城市多部门协作的交通方案决策，助力"城市交通大脑"建设。

3.2.2.2 虚拟交通系统与决策支持模式原理和架构体系

1. 虚拟交通系统与决策支持模式的原理

虚拟交通系统对居民出行需求、道路交通流、综合交通网络等现实交通系统参与对象进行数字化抽象，经由数学分析模型模拟现实交通系统的演化规律与供需平衡机理，在计算机上构建与现实交通系统具有相同交通特征的数字交通系统。以此为基础，发展"统一的数据、统一的方法、统一的模型、统一的软件"，形成共享仿真平台与决策支持模式。

虚拟交通系统与决策支持模式重在为"智慧城市"建设提供全方位的交通领域分析与仿真技术支撑：进行各类业务方案（如城市土地开发、交通政策制定、交通设施建设、交通管理控制等）对城市交通系统产生影响的定量化、可视化综合评估与系统优化，政府决策方案的论证分析，促进城市交通系统的跨部门协同与无缝衔接，支撑政府高效、科学的决策与管理。虚拟交通系统与决策支持模式原理如图 3-11 所示。

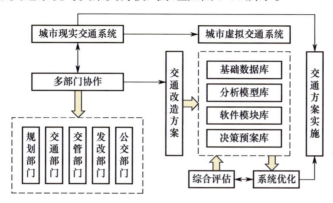

图 3-11　虚拟交通系统与决策支持模式原理

2. 虚拟交通系统与决策支持模式架构体系

虚拟交通系统由基础数据库、分析模型库、软件模块库、决策预案库 4 个部分组成。虚拟交通系统的体系架构如图 3-12 所示。

图 3-12　虚拟交通系统的体系架构

（1）基础数据库是系统的基础，对多源交通大数据进行提取、加工、融合形成标准化数据库，直接连接到虚拟仿真平台开展交通系统分析。

（2）分析模型库是内核，起到"城市交通大脑"的思维能力构建作用；其依据城市交通系统构成要素的基本特征，描述并运用新型城镇化背景下的城市交通系统的演化规律与供需平衡机理。

（3）软件模块库是支撑，其具有友好的人机交互界面，可以构建相应的交通数学模型，提供可靠的交通仿真功能，生成详细的数据指标报告、动态直观的可视化结果。

（4）决策预案库是交通发展决策支持模式的拓展应用，相关过程涉及多管理部门协同，方案实施也需经过反复调整、评估、优化；面向业务功能的分析流程可"一键式"开展仿真评估，满足对方案设计、系统分析、仿真评估的专业能力需求。

3.2.2.3 基础数据库：交通大数据的特征提取与聚类分析

大数据和智能交通技术的不断发展使得交通领域的数据规模空前庞大，对海量交通数据的挖掘分析已成为交通领域发展的重要方向。城市交通大数据主要分为静态基础、动态出行、实时流量3类，具有体量巨大、模态多样、真假共存、价值丰富等特征。我国交通大数据碎片化、各自为政、共享程度低等现象依然突出，相应价值未能充分挖掘和利用。基础数据库基于城市虚拟交通系统，发展了3类交通大数特征提取与聚类分析技术：城市交通网络数据库快速构建技术、城市人口数据库快速构建技术、交通流量时间序列快速构建技术；分别以开放道路地图（OSM）交通网络数据、LandScan人口分布数据、射频识别（RFID）交通流量数据为应用对象，通过数据处理与算法建模，完成交通路网数据、交通小区人口数据、动态交通流量数据特征提取与聚类分析。交通大数据特征提取与聚类分析架构如图3-13所示。

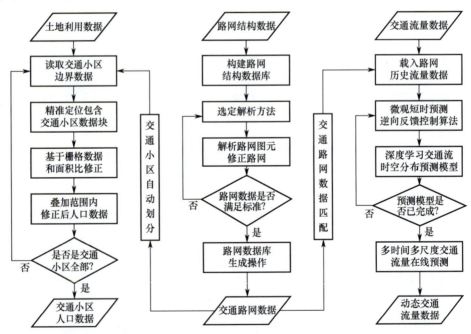

图3-13　交通大数据特征提取与聚类分析架构

快速构建城市大规模路网拓扑结构，需要依托成熟的地图服务商（如高德地图、百度地图、谷歌地图等）。我们提出一种基于 OSM 数据库的城市交通网络数据库特征提取构建技术，解析 OSM 地图的下载图元，提取 OSM 数据库中的节点、路段数据并进行清洗整合，据此构建交通网络的拓扑结构，生成城市虚拟交通系统所需的路网基础数据库文件。

在城市人口数据库快速构建方面，较多使用人口普查数据、手机信令数据、全球定位系统（GPS）数据、土地利用数据等。采用 LandScan 数据来推算交通小区的人口数据，LandScan 数据采用地理信息系统与遥感影像相结合的方法计算并公布世界范围内各城市 1 千米格网分辨率的人口分布数据；采用一种基于栅格数据和面积比修正的交通小区人口数据统计方法，对包含交通小区边界的矩形进行调整以修正栅格内的人口高程值，进而累加得到交通小区总人口数，据此快速构建交通小区人口数据库。

交通流量时间序列数据的主要来源有道路传感器、道路视频监控、GPS 数据、RFID 数据等。一般采用 RFID 数据来构建交通流量的时间序列，这是因为 RFID 数据库提供路段实时流量、路网路段拥堵情况等信息，与居民出行与交通网络数据库之间存在较大的关联性；交通流量时间序列数据在城市交通系统路段交通流时间演化预测模型、网络交通流空间演化仿真模型的基础上，构建了城市交通网络交通流时空分布一体化预测模型、时空演变一体化推演机制，据此实现城市交通网络宏观空间分布预测与重要交通节点微观实时推演的一体化。

3.2.2.4 分析模型库：大数据环境下的城市交通分析模型体系

在交通运输工程领域，城市交通问题的解决方案仍以传统的交通分析模型为基础，模型分析功能与精度有限。互联网、大数据、人工智能、5G、虚拟仿真等前沿技术为交通领域带来了新机遇；交通大数据呈现海量化和多元化的趋势，对交通分析模型的架构产生了极大影响，重构城市交通分析模型体系势在必行。城市交通跨部门协同要素相互作用关系如图 3-14 所示。

交通大数据克服了传统交通抽样调查的局限性，基于大数据可以揭示新型城镇化背景下的城市交通系统的演化规律与供需平衡机理。大数据环境下的新一代城市交通模型体系应包括交通网络运行分析模型、交通需求生成分析模型、交通需求分布–方式组合分析模型、公共交通网络分析模型、交通管理控制影响分析模型、交通政策法规影响分析模型、综合交通网络分配模型、城市交通系统综合评估模型等。

我国在解决城市交通问题上缺乏跨部门协同机制，而单一部门的业务不能反映交通系统各组成单元之间的相互作用关系。大数据环境下的城市交通分析模型体系中，需要结合城市交通系统特征与交通要素特性，构建反映规划、城建、交通、交管、发改等部门协同的交通要素相互作用关系模型。

智能网联汽车 V2X 与智能网联设施 I2X

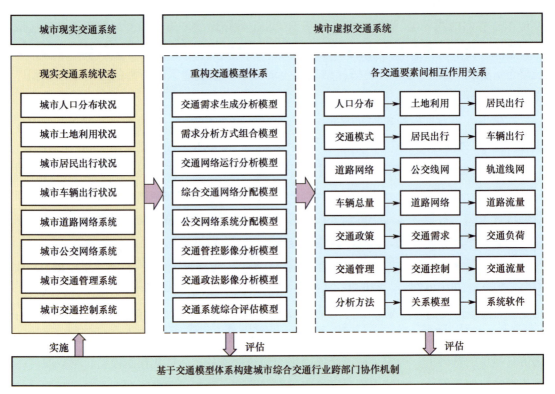

图 3-14 城市交通跨部门协同要素相互作用关系

3.2.3 智能网联设施信号机管控接口

在智能网联设施信号机管控接口的通信要求方面,其标准规定了道路交通信号控制机和交通管控与信息服务平台、路侧车联网通信设备、其他路侧交通管控设备等之间的通信要求。

3.2.3.1 交通管控信息概况

交通管控与信息服务平台指的是汇聚道路交通控制、交通流、交通事件等各类信息,集成交通指挥、调度、控制与信息发布等功能,并能够提供信息服务的中心平台。

1. 交通管控与信息服务平台(Traffic Control and Information Service Platform)

交通管控与信息服务平台是指汇聚道路交通控制、交通流、交通事件等各类信息,集成交通指挥、调度、控制与信息发布等功能,并提供信息服务的中心平台。

2. 路侧车联网通信设备(Roadside Internet of Vehicles Communication Equipment)

路侧车联网通信设备是指安装在路侧,通过 V2X 通信技术与路侧交通管控设备、车载单元等交互信息,支持车联网业务的功能实体。

3. 路侧交通管控设备（Roadside Traffic Control and Management Equipment）

路侧交通管控设备是指安装在路侧，用于交通控制、交通信息采集与发布的设备。路侧交通管控设备包括道路交通信号控制机、交通监测设备、可变限速标志、潮汐车道标志、交通诱导可变信息标志等。

4. 通则

道路交通信号控制机（以下简称信号机）和交通管控与信息服务平台、路侧车联网通信设备、其他路侧交通管控设备等之间的通信要求如下：

（1）物理层：宜采用以太网接口，至少支持 10/100Mbps 快速以太网全双工通信；

（2）网络与传输层：网络层宜采用 IP 协议，传输层宜采用 UDP 协议；

（3）应用层：应采用基于信息帧封装的数据表交换方式，信息格式应符合相关规定的要求。

3.2.3.2 交通管控信息定义

交通管控信息的格式包括信息帧结构（字节序、数字表示）、信息帧内容、数据表结构、数据表内容。

1. 字节序

超过 1 个字节的数字值以"小端字节序"格式编码。单个字节或多个字节按位表示，最大位（Bit n）在最左侧，最小位（Bit 0）在最右侧。

2. 数字表示

数字前未加标识的为十进制数字，数字前以"0x"为标识的为十六进制数字：

（1）123 表示十进制 123；

（2）0x123 表示十六进制 123。

信息帧结构包括帧开始、数据表、校验码与帧结束 4 个部分，如图 3-15 所示。

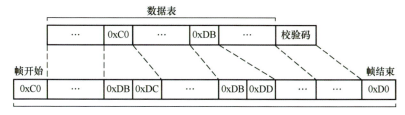

图 3-15　信息帧结构

3. 信息帧内容

信息帧的帧开始、数据表、校验码与帧结束内容应符合下列要求：

（1）帧开始与帧结束长度分别为 1 字节，取值为 0xC0。

（2）数据表之后，帧结束之前，应有校验码，长度为 2 字节。校验码使用 CRC16，生成多项式为 X16+X15+X2+1，初始值为 0xFFFF，生成校验码的校验范围为数据表的所有字节。

（3）校验结束后应进行数据转义，数据表或校验码中某字节值为 0xC0 时使用 0xDB、0xDC 转义替换，为 0xDB 时使用 0xDB、0xDD 转义替换。

4. 数据表结构

数据表由链路码、发送方标识、接收方标识、时间戳、生存时间、协议版本、操作类型、对象标识、签名标记、保留、消息内容及签名证书构成，数据表结构如图 3-16 所示。

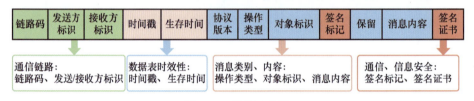

图 3-16 数据表结构

5. 数据表内容

数据表内容应符合以下要求。

（1）链路码：数据接收链路，用于不同链路数据转发，由 2 个字节组成，按位取值，Bit0 指路侧车联网通信设备，Bit1 指交通管控与信息服务平台，Bit2 指除信号机外的其他路侧交通管控设备，Bit3 指信号机。

（2）发送方标识：发送方唯一身份，长度为 7 字节。编制规则为行政区划代码+类型+编号，行政区划代码、类型、编号的取值如表 3-3 所示。

表 3-3 发送/接收方标识取值

序号	名称	字节数	取值	描述
1	行政区划代码	3	0～999999	包含省、市、县级，6 位数字，取值应符合 GB/T 2260—2017 的规定
2	类型	2	—	发送/接收方类别，按位取值。 Bit15：路侧车联网通信设备 Bit14：交通管控与信息服务平台 Bit13：除信号机外其他路侧交通管控设备 Bit12：信号机 Bit0～Bit11
3	编号	2	1～65535	设备或平台的唯一编号，其中，广播方式接收方标识取值为 65535（0xFFFF）

（3）接收方标识：接收方唯一身份，长度为 7 字节。编制规则为行政区划代码+类型+编号，行政区划代码、类型、编号的取值应符合表 3-3 的规定。

（4）时间戳：数据表的生成时间点，长度为 6 字节。前 4 个字节为 UTC 时间，后 2 个字节保留，用于时间扩展。

（5）生存时间：时间戳之后数据表有效的时间，长度为 1 字节，单位为秒。

（6）协议版本：协议的具体版本号，长度为 1 字节，取值为 0x10。

（7）操作类型：数据表的查询、设置、应答等操作类型，长度为 1 字节，取值如表 3-4 所示。

表 3-4 操作类型

位	二进制值	十六进制值	含义	说明
7	1	—	固定字段	固定值为1
0~6	0000000	0x80	查询请求	发送查询消息
	0000001	0x81	设置请求	保留，用于发送设置消息
	0000010	0x82	主动上报	主动上报数据
	0000011	0x83	查询应答	对查询请求的应答
	0000100	0x84	设置应答	保留，用于对设置请求的应答
	0000101	0x85	主动上报应答	保留，对主动上报的应答
	0000110	0x86	出错应答	保留，用于接收到的数据包存在错误的应答
	0000111	0x87	信息广播	广播数据
	其他	—	保留	—

（8）对象标识：数据对象唯一编码，长度为 2 字节。由对象分类编码（1 字节）+对象名称编码（1 字节）构成，取值如表 3-5 所示。

表 3-5 对象标识

对象标识		取值	说明
分类/编码	名称/编码		
信号控制状态/01	信号机运行状态/01	0x0101	描述信号机当前运行状态，如正常工作状态、未工作状态、故障状态等
	信号控制方式/02	0x0102	描述信号机当前控制方式，如黄闪控制、多时段控制、手动控制、感应控制、无电缆协调控制、单点优化控制、公交信号优先、紧急事件优先等
	信号灯灯色状态/03	0x0103	描述当前信号灯组的灯色和剩余时间
动态交通标识/02	车道功能状态/01	0x0201	描述可变车道当前车道功能、是否过渡状态等
	车道/匝道控制信息/02	0x0202	描述当前车道/匝道关闭或开启信息
信号控制参数/03	当前信号方案色步信息/01	0x0301	描述信号机当前运行方案的灯色及时长
	下一个周期信号方案色步信息/02	0x0302	描述信号机下一个周期将要运行新方案的灯色及时长

(续表)

对象标识 分类/编码	对象标识 名称/编码	取值	说明
交通状态/04	交通流信息/01	0x0401	描述各车道交通流量、平均车速、排队长度等
	交通运行状态信息/02	0x0402	描述各车道的交通运行状态
其他信息/05	车辆运行状态信息/01	0x0501	描述行驶车辆当前的位置坐标、速度、车头方向角等
	交通事件信息/02	0x0502	描述车辆上报的交通事故、路面障碍等

注：色步是指灯色变化顺序与灯色持续时间。

（9）签名标记：标记数据表内容是否具有"签名证书"字段，长度为 1 字节。按位取值，Bit0 取值：0—无签名证书字段，1—有签名证书字段，Bit1~Bit7 保留。

（10）保留：长度为 3 字节，用于数据表扩展的数据标识或内容定义。

（11）消息内容（发送消息的数据内容）：查询请求信息帧无消息内容字段。

（12）签名证书：消息内容（含消息内容）之前所有数据的数字签名，用于数据的验签，具体由签名数据字段长度、证书数据字段长度和签名数据、证书数据内容组成。

3.2.3.3 管控消息内容

在消息内容方面，道路交通信号控制机发送的消息类型包括信号控制状态类（信号机运行状态、信号控制方式、信号灯灯色状态）、动态交通标识类（车道功能状态、车道/匝道控制状态信息）、信号控制参数类（当前信号方案色步信息、下一个周期信号方案色步信息）、交通状态类（交通流信息、交通运行状态信息）、车辆运行状态信息、交通事件信息。信号机运行状态主要包括无效、工作正常、故障状态、其他。

信号控制方式主要包括黄闪控制、多时段控制、手动控制、感应控制、无电缆协调控制、单点优化控制、公交信号优先、紧急事件优先、其他。信号灯灯色状态中灯组类型主要包括直行方向指示信号灯、左转方向指示信号灯、右转方向指示信号灯、机动车信号灯、左转非机动车信号灯、右转非机动车信号灯、非机动车信号灯、人行横道信号灯、掉头信号灯、车道信号灯、道口信号灯、闪光警告信号灯、有轨电车专用信号灯（直行）、有轨电车专用信号灯（左转）、有轨电车专用信号灯（右转）。车道功能状态中车道类型主要包括直行车道、左转车道、右转车道、掉头车道、可变功能车道、潮汐车道、非机动车道、公交专用车道、有轨电车车道。交通流信息主要包括车道类型、交通流量、断面车辆平均速度、区间车辆平均速度、时间占有率、空间占有率、排队长度。交通运行状态主要包括畅通、基本畅通、轻度拥堵、中度拥堵、严重拥堵。车辆运行状态信息主要包括电子身份、号牌号码、车辆类型、车辆速度、加速度、车头方向角、车辆故障报警。交通事件信息主要包括交通事故、道路障碍、路面积水、路面湿滑、路面结冰、道路施工。

3.2.3.4 消息格式

信号机发送的消息类型包括信号机运行状态、信号控制方式、信号灯灯色状态、车道功能状态、车道/匝道控制状态、当前信号方案色步信息、下一个周期信号方案色步信息、交通流信息、交通运行状态信息、车辆运行状态信息、交通事件信息，具体消息格式如表 3-6 所示。

表 3-6　具体消息格式

序号	消息类型	操作类型	说明
1	信号机运行状态	查询请求	查询方主动发送
2		查询应答	信号机收到查询后立即应答
3		信息广播	信号机在运行状态发生变化时主动发送
4	信号控制方式	查询请求	查询方主动发送
5		查询应答	信号机收到查询后立即应答
6		信息广播	信号机在信号控制方式发生变化时主动发送
7	信号灯灯色状态	信息广播	信号机每秒发送1次信号灯控制路口的灯色状态信息
8	车道功能状态	查询请求	查询方主动发送
9		查询应答	信号机收到查询后立即应答
10		信息广播	信号机控制的车道功能状态发生变化时主动发送
11	车道/匝道控制状态	查询请求	查询方主动发送
12		查询应答	信号机收到查询后立即应答
13		信息广播	信号机控制的车道/匝道信号发生变化时主动发送
14	当前信号方案色步信息	查询请求	查询方主动发送
15		查询应答	信号机收到查询后立即应答
16		信息广播	信号机在新周期开始时主动发送
17	下一个周期信号方案色步信息	查询请求	查询方主动发送
18		查询应答	信号机收到查询后立即应答
19		信息广播	信号机在下一个周期信号方案变化时发送
20	交通流信息	信息广播	信号机在统计周期结束后主动发送
21	交通运行状态信息	信息广播	信号机在统计周期结束后主动发送
22	车辆运行状态信息	主动上报	信号机接收路侧车联网通信设备周期性上报的车辆运行状态信息，向交通管控与信息服务平台发送
23	交通事件信息	主动上报	信号机接收路侧车联网通信设备上报的车辆自动侦测交通事件信息，向交通管控与信息服务平台发送

3.2.4　新交通模式交通建模与仿真

在人本需求的新交通模式下，交通系统建模与仿真技术的总体思路包括 4 个部分：
（1）模型体系总体架构；

（2）近期智能主体决策建模仿真；

（3）中期智能主体决策建模仿真；

（4）远期智能主体决策建模仿真。

3.2.4.1　城市级模型体系总体架构

"人本需求+新交通模式"交通模型是一个多层次、多主体、集成化、本质需求的建模架构，可以实现同时模拟每个层次（近期、中期、远期）的需求和供给关系，以及不同层次之间的交互关联，每层都是模块化的、自主的，通过提供适当的输入，能够单独地应用于每个层次并与模型整体紧耦合集成。"人本需求+新交通模式"交通建模与仿真总体架构如图 3-17 所示。

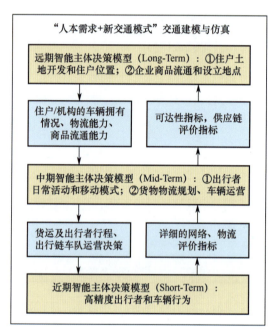

图 3-17　"人本需求+新交通模式"交通建模与仿真总体架构

1. 近期智能主体决策模型仿真组件

高精度时空分辨率（十分之一秒）事件和决策，如车道改变、刹车和加速，个体和群体行人移动，单点对单点手机通信等；接收行程链和活动计划作为输入，在仿真运行时进行重复更新和活动计划修改。

2. 中期智能主体决策模型仿真组件

在多模式交通网络中，日常活动调度、模式、路线、目的地和出发时间的选择，其时间分辨率是以秒或分钟为单位的；中期智能主体决策模型是一个科学、有效的动态需求模型，将前一天的活动调度与目的地、出发时间、路线和模式选择（在当天内的重新调度和重新路线选择）结合在一起。

3. 远期智能主体决策模型仿真组件

远期智能主体决策模型仿真组件受中期智能主体决策模型提供的基于动态需求的可达性方式影响。

3.2.4.2 近期智能主体决策模型仿真

近期智能主体决策模型仿真组件是一种基于智能主体（Agent）的多模态微观仿真组件，其中 Agent 的需求以非常好的分辨率（高达 100 毫秒级）采集。"人本需求+新交通模式"近期智能主体决策模型结构如图 3-18 所示。

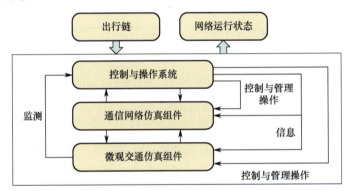

图 3-18 "人本需求+新交通模式"近期智能主体决策模型结构

（1）微观交通仿真组件负责将自动驾驶汽车、驾驶员、行人和货物按照各自的行为和决策模型分布到交通网络中，基于一个开源微观交通仿真应用程序，对最初驾驶行为进行改进。

（2）控制与操作系统基于冲突技术的变道和车道内的横向移动及交叉口行为模型仿真，控制和管理操作指挥中心，如交通系统和停车控制、公共汽车控制、轨道控制、物流控制等。

（3）通信网络仿真组件模拟从主体到主体的通信，信息可以通过移动通信、车辆到车辆通信或车辆到基础设施通信，从一个 Agent 传递到另一个 Agent。通信网络仿真组件负责模拟物理通信网络（如无线网络），而微观交通网络中模拟的主体将利用这个仿真网络在它们之间传递信息。

3.2.4.3 中期智能主体决策模型仿真

中期智能主体决策模型仿真组件模拟家庭和个人层面的日常出行，它结合了需求侧基

智能网联汽车 V2X 与智能网联设施 I2X

于需求的微观仿真组件和供应侧的宏观仿真组件。"人本需求+新交通模式"中期智能主体决策模型结构如图 3-19 所示。

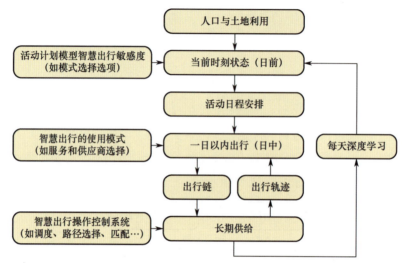

图 3-19 "人本需求+新交通模式"中期智能主体决策模型结构

需求分析包括两组行为模型：日前模型和日中模型，其中日前模型采用计量经济的日活动计划方法，以确定主体 Agent 的日需求计划，需求顺序（包括一次出行和子出行），首选模式的出发时间按半小时时段计算，目的是使用基于模拟方法，分层次离散选择模型的连续应用。Agent 应用一日内模型，通过事件管理的发布、订阅机制，查找行程路线，将需求日程转化为有效的决策和执行计划。Agent 可以参与多种决策，不受传统的目的地、模式、路径和出发时间集合限制。

中期智能主体决策模型仿真采用离散选择的效用最大化建模方法来创建各种复杂的日出行模型，是不同个体特征和网络参数的函数。这一交通建模仿真基于一种行为理论，即需求理论来解释活动选择，认为个体的活动参与是由生存、社会交往、自我满足等人类基本欲望驱动的。

基于人本需求的选择模型结构，每个人的日程安排框架都可以分为以下 3 个层次：

（1）日模式——出行层，如果要出行，做什么类型的主要活动和中间停留站点；

（2）日模式——行程层，模拟不同主要活动的模式、目的地和一天中的时间安排；

（3）日模式——途中停留点层，生成中间停留点。

基于人本需求产生活动模型——动态需求模型的架构如图 3-20 所示。

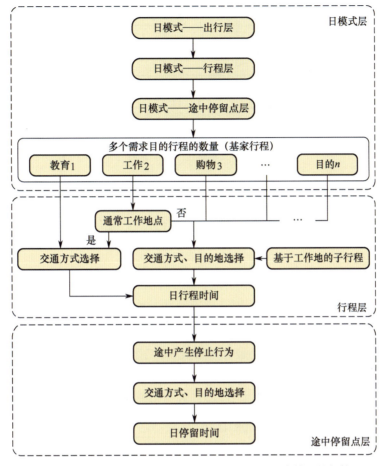

图 3-20 基于人本需求产生活动模型——动态需求模型的架构

3.2.4.4 远期智能主体决策模型仿真

远期智能主体决策模型仿真组件模拟住户/企业房地产市场、商业房地产市场和就业市场中 Agent 的行为，以模拟未来替代出行场景对住宅和工作场所交通的不同和长期影响、车辆拥有率、密度、土地利用的分布，以及建筑环境的价值进行建模。它负责生成和更新 Agent 群体及其相应人口统计和位置属性，以一种易于调整和重新运行的新数据源方式，满足对空间分类细节的需求，其改变了时间框架，并在重叠的数据集中更新关系和层次结构。Agent 的远期行为及其对城市形态的影响，由一组行为模型实现，这些模型在一个基于序列、事件的框架中相连。这些行为模型考虑了主体的人口和经济因素、地点设施和从外部规定政策转换的调节变量。"人本需求+新交通模式"远期智能主体决策模型结构如图 3-21 所示。

智能网联汽车 V2X 与智能网联设施 I2X

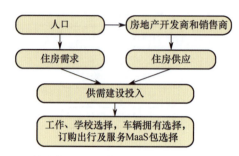

图 3-21 "人本需求+新交通模式"远期智能主体决策模型结构

3.3 智能网联设施人因管控

人因工程（Human Factors Engineering）是一门新兴的正在迅速发展的交叉学科，是一门以心理学、生理学、解剖学、人体测量学等学科为基础，研究如何使人-车-路-环境系统符合人的身体结构和生理、心理特点，以实现人、车、路、环境之间的最佳匹配，使处于不同条件下的人能有效、安全、健康和舒适地进行工作与生活的科学。因此，人因工程学主要研究人的工作优化问题，应做到以人为本，着眼于提高人的工作绩效（Human Performance），防止人的失误（Human Error），在尽可能使系统中人员安全、舒适的条件下，统一考虑人-机器-环境系统总体性能的优化。

交通人因工程是以驾驶员、行人及自动驾驶汽车算法为中心，结合人的生理学、心理学、行为学、人体测量学、汽车工程学、交通运输工程学等多个学科，研究如何提高交通系统宜人性、安全性、出行效率的交叉学科。人因工程的智能车路协同平台组合路线研究的主要内容如图 3-22 所示。

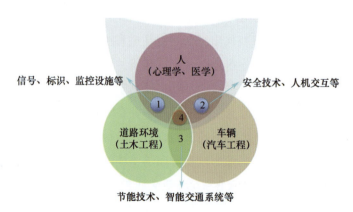

图 3-22 人因工程的智能车路协同平台组合路线研究的主要内容

3.3.1 构建主流信号人因工程管控平台

经过多年的发展，中国大部分城市都出现了多种交通信号控制系统并存的情况，这些交通信号控制系统来自不同的生产厂商，其系统内部的结构和通信协议、控制命令格式等都不尽相同。当想对这些控制系统进行统一管理（如交通信息的采集、宏观控制命令的统一下发）时，只能在各控制系统的操作平台中进行，而且管理部门需要多个操作人员来执行同一操作。多个交通信号控制系统并存，对城市交通管理部门而言，无法对这些交通信号控制系统进行有效的管理。

2018年以来，一城多系统信控统一平台建设的需求被广泛关注。北京、深圳、成都、合肥、嘉兴、苏州、南宁、海口等地交管部门，均已明确提出/着手建设信控统一平台，以实现对不同厂商信号机进行综合管理的需求。

3.3.1.1 交通管理单位对信控统一平台的需求

交通管理单位对信控统一平台的需求主要包括以下几个方面：

（1）历史原因导致的城市存在一城多系统的局面，用户有实现区域级别的统一管控需求，尤其是现在盛行的交通大脑，也就是大数据和AI对信号优化的赋能，大脑生成的优化方案需要直接下发到相应的交通信号控制系统。

（2）有些城市虽然只有一种系统，认为应该引入各厂商的信号机来更新迭代。但由于原来的交通信号控制系统中心已经存在，其他类型的信号机很难接入进去。鉴于未来的开放性，各种各样的信号机应该都能够满足用户需求，接到统一管控平台上。

（3）有些城市本身交通信号控制系统建设基础不是非常完善，可能有若干家厂商的控制系统，其实还没有成系统，有的甚至还是单点机，希望借统一平台这个机会，对全市的交通信号控制系统进行一次升级。

（4）随着智能网联技术的发展，交通信号控制系统作为路侧端设备一定要做数据开放，这对交通信号控制平台也提出了很高的要求，需要把各个信号系统能够开放的数据进行集中，以统一形式的开放内容和接口来提供给车联网使用。

在2008年前后，当时国内所使用的交通信号机还是以国外品牌为主，特别是在一线及经济发达的城市，国外品牌市场占有率很高。但由于中国混合交通流的特征，引进的国外交通信号控制系统并不能很好地适应中国的交通流状况，因此，清华大学团队与北京公安交管局联合申请了国家863的课题研究，研制新一代智能交通信号控制器。

在这个过程中，长时间研究国内外交通信号控制器的主流控制机制，提出了一套比较合适的统一开放型的控制机制，并且基于该课题的研究成果制定了《交通信号控制机与上位机间的数据通信协议》（GB/T 20999—2017）。经过多年努力和沉淀，2015年智能交通信号统一管控平台研制成功。

3.3.1.2 接到系统还是设备端由用户需求决定

综合全国各地信控统一平台的建设现状和建设思路，信控统一平台的接入方式主要分两类：通过各厂家的信控系统端接入和直接通过交通信号设备端接入。

上述两种接入方式都可以实现统一管控，建议使用直接通过交通信号设备端接入的方式。其原因如下：第一，如果还有独立的交通信号控制系统，会导致不同交通信号控制系统之间的协调联动出现差异性；第二，集成信号优化控制的信控统一平台建设完成后，独立的交通信号控制系统功能本身就已经弱化了，相当于一个具备上传下达功能的系统而存在。

目前市场上有的项目标价是百万级，有些却达到了千万级。这是根据用户的需求而定的，信号统一管控包括两个方面的需求，一方面是交通信号控制系统统一的接入、管理和控制；另一方面是面向交通信号控制系统的优化，以及用户日常管理需求。信控统一平台的定位不同，价格也会有所差别，也就是看用户的需求，需要具备哪些功能。市场上已有的统一管理平台大多只能实现交通数据跨系统的统一取用，而无法满足业务复杂度高的统一交通信号控制管理的需要，也不适应中国智能交通的交通信息多部门共享的现状。

统一管控平台几乎可以实现所纳入的不同厂商交通信号控制系统所有的管控功能，包括路口信号监视、信号控制效果评价，统一管控平台可以对外部系统提供的互联网数据、流量采集数据等进行融合，为绿波带控制、区域协调控制提供决策依据，生成最优的信号优化控制推荐方案，同时也开放标准接口，对接外部系统的信号数据直接进行优化。同时，可以对路口渠化、区域交通组织与控制、交通设施管理、数据管理等项目的方案和决策进行辅助设计和评估，还可以实现综合数据路网管理、路口信息定义、路线规划、设备管理、配时维护管理、故障报警定义和系统维护等。

3.3.1.3 协调不同控制系统和信号机的控制机制难点

当前市场上的统一管控大多还是间接控制，可以实现一些基本的功能应用，但做到直接统一管控仍有很长的路要走，普遍的原因包括国内信号机厂商所遵循的标准没有统一，信号机厂商出于安全、市场、保密等原因不愿开放信号机的接口等。

建设信控统一平台最大的技术难点在于如何协调不同厂商的交通信号控制系统和信号机，因为国内虽然定义了很多标准，但是不同厂商的信号机的实现机制却是不一样的。总体来看，信控统一平台是交通信号控制系统建设发展过程中一个阶段性的需求，但是从行业技术发展的角度，它会给交通信号控制系统带来一些变革，在交通大数据、AI 赋能及未来车联网需求的时代背景下，它可能是未来交通信号控制系统的一个新形态。行业企业或科研机构、院校可以借此机会来定义并形成未来国内统一化的一套控制机制,进一步明确未来智能交通信号控制系统的功能及定位,同时信控统一平台也或将催生信控行业商业模式的变革。

3.3.2 国内外道路交叉口通行规则特征

城市道路交叉口是道路交通运行的关键环节,也是城市道路交通管理的重点,了解其通行规则有助于更有针对性地开展管理工作。剖析国外城市经验做法,对于深入理解城市道路交叉口通行规则的体系架构和逻辑关系,完善和强化中国城市道路交叉口通行规则具有参考意义。为此,本节针对城市道路交叉口车辆让行车辆、车辆让行行人、自行车通行等特定情境,归纳行为发生前、过程中、结束时各个环节通行规则的细节要求,分析交通设施对通行规则的科学表达和诠释,并从时间顺序、重要程度角度解析通行规则的优先级判断基准,总结美国、日本、新加坡、荷兰等国家在这 3 类情境下 12 项具有共性特征的通行规则。

3.3.2.1 车辆让行车辆通行规则特征

美国、日本、新加坡虽然道路环境、驾驶习惯差别很大,但道路交叉口车辆让行车辆通行规则的制定和执行却体现了一些共同特征,即决定是否该让行的影响因素都无外乎道路交通时序、道路空间特征、车辆行驶方向 3 个方面。同时,各通行规则之间并不是相互独立的,而是存在明显的优先级次序,即驾驶人的让行行为是按照通行规则的逻辑顺序递进认知、判断的,当前这一让行规则不适用时,顺延至下个规则进行判断。概括地说,车辆让行车辆相关规则包括以下几条。

1. 先到先行是首要原则

车辆到达道路交叉口的时间顺序决定了通行次序,即先到达的车辆无论所处进口道的空间特征和行驶方向,均可以优先通过交叉口,后到达的车辆应让行。这一原则是无信号控制道路交叉口车辆通行次序的先决条件。对于信号控制道路交叉口,交通信号灯通过信号相位分配了各进口道车辆的通行时序,车辆应遵照交通信号指示通行,但需注意,即使在绿灯信号下,尚未进入交叉口的车辆仍应让行已经在交叉口内的车辆。例如,日本规定,绿灯信号表示可以通行,但不代表优先通行权,绿灯信号下通行的车辆应不妨碍交叉口内的车辆通行。

2. 进口道的空间特征决定车辆通行次序

当车辆同时到达道路交叉口,先到先行原则不适用时,在无信号控制条件下,按照进口道的空间特征判断车辆通行次序。进口道的空间特征主要包括道路优先等级、进口道所处交叉口方位两个方面。

道路优先等级高的进口道，车辆优先通行。美国规定，无控制道路交叉口，交通流量较大的道路的车辆具有优先通行权，交通流量较小的道路上的车辆应让行。日本规定，无信号控制道路交叉口，设置了"优先道路"交通标志或道路中央线在交叉口内延伸的道路为优先道路，优先道路上的车辆优先通行，其他进口道的车辆应让行。

根据进口道所处道路交叉口的方位确定车辆通行次序。美国、新加坡规定右侧先行，即相邻进口道的车辆同时到达道路交叉口时，右侧进口道的车辆有优先通行权，左侧进口道的车辆应让行右侧进口道的车辆；日本道路靠左行驶，规定左侧先行，即相邻进口道的车辆同时到达道路交叉口时，左侧进口道的车辆有优先通行权，右侧进口道的车辆应让行左侧进口道的车辆。

3. 交叉口内直行车辆通行优先于转弯车辆

对于无信号控制道路交叉口，当车辆同时到达道路交叉口，先到先行原则不适用时，若进口道的空间特征相似，车辆通行次序应按照行驶方向判断，即对向进口道，直行车辆有优先通行权，转弯车辆应让行直行车辆。对于信号控制道路交叉口，在没有专门转向信号控制的条件下，转向车辆应让行对向进口道或相邻进口道的直行车辆。

美国道路是靠右侧通行，美国大部分州规定交通信号在红灯条件下，直行、左转车辆应保持停止，但均是单行道的道路交叉口可以红灯左转，右转车辆可以通行，但也应让行相邻进口道的直行车辆；交通信号在绿灯条件下，直行、左转、右转车辆可以通行，其中，左转车辆应让行所有接近的车辆，即让行对向进口道的直行和右转车辆。

日本道路是靠左侧通行，日本规定交通信号在红灯条件下，直行、右转车辆应停止，左转车辆可以继续通行；在绿灯条件下，右转车辆应不妨碍对向进口道的直行车辆。

新加坡道路也是靠左侧通行，新加坡规定交通信号在红灯条件下，直行、左转、右转车辆应保持停止，设置有特定交通标志的道路交叉口允许红灯左转；在绿灯条件下，直行、左转、右转车辆可以通行，其中，右转车辆应让行对向进口道的直行车辆。

4. 不同转向车辆通行次序由转弯半径决定

当对向进口道不同转向的车辆同时到达道路交叉口，以上原则均不适用时，不同转向车辆的通行次序应由转弯半径决定，即转弯半径较大的转向车辆应让行转弯半径较小的转向车辆。美国道路是靠右侧通行，道路交叉口右转车辆先于左转车辆通行，这一原则适用于无信号控制道路交叉口。对于信号控制交叉口，在无专用转向信号控制时，在交通信号绿灯条件下，对向进口道转弯车辆同时放行，右转先于左转原则也同样适用。日本、新加坡道路均是靠左侧通行，道路交叉口左转车辆先于右转车辆通行，这一原则既适用于无信号控制道路交叉口，也同样适用于信号控制道路交叉口。以日本为例，其《道路交通安全法》明确规定，车辆在道路交叉口右转时，若该道路交叉口有直行或左转车辆，不得妨碍直行或左转车辆通行。

3.3.2.2 车辆让行行人通行规则特征

行人过街安全已在世界范围内普遍成为城市道路交通管理的重点和难点问题。美国 2018 年的行人道路交通事故死亡人数占全国道路交通事故死亡人数总量的 16%，日本 2019 年的行人道路交通事故死亡人数占全国道路交通事故死亡人数总量的 35.6%，车辆与行人的通行冲突是导致交通事故伤亡的最主要成因。因此，越来越多的国家和城市重视保障道路交叉口行人通行权利，强调突出车辆让行行人的通行规则。以美国、日本、新加坡为例，虽然各国对行人及车辆通行权利和义务的界定、让行规则适用情形都不尽相同，但在道路交叉口保护行人通行安全、平等分配通行路权等方面的理念却是完全一致的。总体来看，道路交叉口车辆让行行人的通行规则可以概括为以下 4 个特征。

1. 行人是否在人行横道内是判断让行的首要条件

美国联邦法律规定，行人和车辆在道路交叉口的通行权利是平等的，没有任何一方的通行权利优先或凌驾于另一方。而美国各州在道路交通法律中对道路交叉口行人和车辆的通行权利和义务主要是依据人行横道来界定的，即道路交叉口人行横道内的行人拥有优先通行权，车辆应让行；道路交叉口除人行横道以外路面的行人应让行车辆。日本虽然并未在法律中明确道路交叉口人行横道以外区域行人和车辆通行优先次序，但明确规定了道路交叉口行人优先的条件，即在人行横道内的行人才有优先通行权。同时，美国、日本、新加坡不仅规定了道路交叉口行人通行的权利，而且也强调了道路交叉口行人通行应遵守的义务，施划了人行横道的必须通过人行横道穿行交叉口，设置了交通信号灯的必须遵照交通信号灯的指示通行。

2. 车辆应让行行人是通用原则

道路交叉口人行横道前车辆应让行行人是通用原则。日本、新加坡规定，无论是无信号控制道路交叉口还是信号控制道路交叉口，当人行横道上有行人时，车辆应在人行横道前完全停止，在观察道路情况确保行人安全通过后再启动通过。美国各州均要求车辆在人行横道前应让行行人，但对于是否需要停车让行，各州的规定相差较大。鉴于近年来美国无信号控制道路交叉口行人事故不断攀升，越来越多的州开始提高车辆让行行人要求，美国已有 19 个州规定车辆在人行横道前应停车，让行人优先通过。

美国华盛顿州车辆让行行人通行规则：当行人进入人行横道时，让行规则为当机动车到达交叉口时，不论是否设置停车让行标志及标线，只要机动车道正前方的人行横道上有行人行经，机动车都必须完全停止。当行人在人行横道中央时，让行规则为当行人已经过

智能网联汽车 V2X 与智能网联设施 I2X

机动车所在车道的正前方,但与机动车的间隔距离还未超过一条车道时,这时机动车仍须保持完全停止状态;同时,其他进口道的车辆在道路交叉口内的行驶路径与行人步行路径判断距离未超过一条车道的,车辆也应当保持完全停止状态。

3. 绿灯信号下车辆在人行横道前也应让行

新加坡在《道路交通安全法》中明确规定,在信号控制道路交叉口,车辆即使在绿灯条件下,若前方人行横道上有行人通过,车辆也应停车让行。美国、日本在交通信号对应车辆的通行规则中,也明确绿灯的含义是可以通行,但不代表绝对通行权,若车道前方人行横道上有行人,车辆应停止或减速让行人优先通过。同时,日本、新加坡在《道路交通安全法》中规定,距离道路交叉口人行横道一定范围内,禁止车辆驾驶人出现超车行为。美国威斯康星州、明尼苏达州等地规定,当前方车辆正在停车或减速让行人行横道上的行人时,后方车辆不得行驶超过前方车辆。

4. 强调红灯时左转或右转车辆在人行横道前必须让行行人

美国道路右侧通行,通常情况下信号控制道路交叉口允许红灯右转,右转车辆也应让行人行横道上的行人。近些年,美国越来越多的州开始重视右转车辆对行人通行安全的影响,如明尼苏达州从 2018 年以来持续倡导右转车辆在转向时应在人行横道前停车让行人优先通过。日本、新加坡道路左侧通行,日本通常在信号控制道路交叉口允许红灯左转,左转车辆在转向时应在左侧道路人行横道前停车,让行人优先通过;新加坡通常不允许信号控制道路交叉口红灯左转,除了在设置"红灯左转"交通标志的情况下,左转车辆在转弯时应在人行横道前先停止,首先让人行横道上的行人优先通过,其次让道路交叉口右侧进口道的直行车辆优先通过,最后在确认人行横道行人清空、没有右侧车辆后,才可以启动向左转弯。

值得一提的是,车辆让行行人的规则要求并不是越高越好,仍应以可行性、可操作性为制定基准。以日本为例,要求车辆只要在人行横道前、无论是否有行人通过都应停车,为人行横道上的行人或即将进入人行横道的行人预留充足的通行时间和空间。这一要求远远高于其他国家,但是,让行规则的执行效果却很不理想。日本汽车联盟在 2018 年的一项调查显示,日本全国无信号控制道路交叉口车辆让行率仅为 8.6%,即超过 90%的车辆没有停车让行。可见,车辆让行行人规则的制定并不能以保护行人安全为唯一导向,也要兼顾道路交通通行效率,符合道路交通的实际通行需求。

3.3.2.3 自行车通行规则特征

美国、日本自行车保有量低、骑行者少,还未成为城市主流的交通出行方式,只是作为一种健身工具以较小规模、较低频率出现在城市道路上。因此,美国、日本没有在法律法规中明确要求设置专门的道路交叉口自行车通行路权,而是对自行车参照机动车或行人来设置通行权利和义务。荷兰是自行车大国,一直以来非常重视和保障自行车的通行安全,城市道路交叉口普遍设置了自行车独立、专属通行车道和交通信号,并通过物理设施和交通信号清晰、准确地向道路使用者传递自行车通行的权利和义务。虽然以上3个国家自行车的发展和管理情况大相径庭,但是,从规则制定的角度看,不难发现道路交叉口自行车的通行规则存在明显的共性特征,主要包括以下4个方面。

1. 对通行权的界定设置了具体、明确的适用条件

虽然美国(部分州)、日本在交通法律法规中将自行车划归为车辆类,但自行车在道路交叉口的通行权利和义务适用范围界定较为灵活,既可以将在机动车道上的自行车通行权等同于机动车,又可以将在人行横道上的自行车通行权等同于行人。

在没有设置自行车专用道的道路交叉口,美国、日本针对自行车在道路交叉口的通行权适用于机动车还是行人,规定由自行车在进入道路交叉口前的骑行位置决定。具体来讲,若进入道路交叉口前,自行车在人行道上骑行或推行,则进入道路交叉口后,自行车应继续在人行横道上骑行或推行通过;若进入道路交叉口前,自行车在机动车道靠近路侧处骑行,则进入道路交叉口后,自行车应按照机动车道行驶方向划分要求骑行通过。由此可以看出,美国、日本对道路交叉口自行车通行权的界定主要是基于通行空间连续性的考虑,与路段自行车通行权的界定保持一致。

在设置自行车专用道的道路交叉口,美国(部分州)、日本、荷兰均在交通法律法规中明确要求自行车通行应使用自行车专用道。在此情况下,自行车享有独立通行权,既不等同于机动车,也不等同于行人;既要履行让行行人的义务,也应享有优先于转弯车辆通行的权利。

2. 二次通行实现大半径转弯是通用原则

对于道路交叉口自行车需要大转弯半径实现的转向通行,美国、日本、荷兰均设置了明确的通行规则。

美国道路右侧通行,针对道路交叉口的左转自行车,除加利福尼亚州等地允许自行车借用左转机动车道直接左转外,大部分州均要求自行车通过二次通行实现左转,在机动车道内骑行的自行车,应首先骑行至对向道路路侧边缘,停车或减速完成左转,然后再二次通过道路交叉口;在人行横道内骑行或推行的自行车,应沿着相邻道路和对向道路的人行横道,先后二次通过道路交叉口;在自行车专用道骑行的自行车,应沿着相邻道路和对向道路的自行车专用道,先后二次通过道路交叉口。

日本道路靠左侧行驶,日本《道路交通安全法》规定,道路交叉口的右转自行车应进行"两级右转",或等同于行人先后通过相邻道路的人行横道实现右转,或等同于机动车通

过在对向道路路侧边缘右转二次通过道路交叉口。

荷兰道路右侧通行，荷兰规定自行车骑行者在道路交叉口应遵守交通信号或交通标志标线控制。道路交叉口内通常设置了闭环矩形的自行车专用道，没有设置专门的左转自行车专用道，自行车左转应沿着相邻道路和对向道路的自行车专用道，先后两次通过道路交叉口。

综上所述，采用自行车二次通过实现大半径转弯已成为国际通用原则，这样虽然增加了自行车在道路交叉口的通行时间和距离，但消除了左转自行车交通流、降低了道路交叉口通行管控的难度，对减缓自行车与机动车、行人的通行冲突，保障道路交叉口通行安全具有明显效果。

3. 减缓或消除转弯车辆与自行车的通行冲突成为重要的发展趋势

自行车交通出行的发展和推广使得道路交叉口自行车骑行安全问题得到了更多的关注，特别是转弯车辆带来的通行安全威胁得到了更多的重视。欧洲以荷兰为典型国家、美国以纽约和波士顿等北美城市为典型城市，近年来持续推行"面向行人和自行车保护型道路交叉口"的设计改造行动，其中一个关键目标就是减少转弯车辆对自行车及行人的安全威胁，主要通过物理设施设置及交通信号控制优化实现。

物理设施设置包括在道路交叉口自行车专用道的进口道处设置自行车与转弯车辆的混行区，将通行冲突在进入道路交叉口前消解，并通过在混行区设置让行标线明确转弯车辆应让行自行车；在道路交叉口设置转角安全岛，为自行车进入道路交叉口提供排队等候的路面空间，同时加大转弯车辆的行驶转弯半径，将自行车与转弯车辆的通行冲突前移至道路中央，为转弯车辆让行自行车提供充足的行车视距和路面空间。

交通信号优化包括将转弯车辆的绿灯信号延迟放行，即在自行车的绿灯信号开始后 3～10 秒，再放行转弯车辆，以此减少自行车在道路交叉口的通行延误，也为转弯车辆让行自行车、行人提供充足的识别和反应时间；转弯车辆交通信号相位与自行车交通信号相位分离，在时间和空间上完全避免了转弯车辆与自行车的通行冲突。

4. 对违反交通信号或在自行车专用道外骑行的自行车，机动车辆没有让行的义务

美国、日本、荷兰对于城市道路交叉口自行车的通行规则，其中最根本也是最首要的就是要遵守交通信号或交通标志标线控制；对于自行车通行违反交通信号或在自行车专用道外骑行的情境，也相应规定取消自行车优先通行的权利。例如，荷兰规定，道路交叉口自行车违反交通信号骑行，即在自行车红灯信号下骑行通过道路交叉口的，即使自行车正处于自行车专用道内，转弯车辆、直行车辆也没有让行的义务。再如，日本规定，在设置了自行车专用道的道路交叉口，无论自行车在路段上是处于人行道还是机动车道，进入道

路交叉口后，均应进入自行车专用道骑行。

对违反这一通行规则的自行车，即使在人行横道内骑行或推行，也不等同于享有行人的优先通行权利，转弯车辆、直行车辆没有让行的义务。

3.3.3 智能汽车与驾驶员、行人博弈决策

在智能网联无人驾驶汽车、有人驾驶汽车混合出行的交通模式中，自动化和驾驶员之间的智能控制是人因工程技术因素研究人员在自动驾驶中面临的一个重大挑战，需要研究智能网联设施人因工程技术交互下的自动驾驶。此类问题突出了对人因工程的挑战，这些挑战需要在从完全人工驾驶过渡到全自动驾驶过程中加以解决。

3.3.3.1 行人与智能网联汽车行为关联

在行人与智能网联汽车行为关联中，主要包含以下 5 个方面的重点内容，即行人出行与智能网联汽车决策行为博弈关系；行人穿越道路与智能网联汽车决策风险概率及收益函数；行人穿越道路与智能网联汽车决策行为博弈建模；城市道路交叉口、路段、区域行人出行交通信号控制等设施设计模式；行人、智能网联汽车夜间视认距离与车速、光照强度的关联。

1. 行人出行与智能网联汽车决策行为博弈关系

1）交通影响要素分析及布局位置选取

研究行人与智能网联汽车穿越道路的博弈过程，测试环境分别选取城市道路的交叉口、路段、区域，实现对于涉及智能车路协同管控的人、车、路、环境要素的分析。

2）测试实验环境与测试样本

由于影响行人与智能网联汽车穿越道路博弈的因素较多且复杂，为了排除次要因素，简化测试试验，使结论更具指导意义，需要对研究测试实验进行样本选取，确保测试样本具有代表性，试验数据有效、准确。

3）编制测试实验方案

选择合适的实验时间——周一至周五工作日中一天的早高峰、平峰、晚高峰 3 个时间段于城市开放道路路段进行测试，对于行人、智能网联汽车与记录人员提出要求，给出行人、智能网联汽车穿越道路决策行为的实验步骤。

4）行人、智能网联汽车的基本博弈关系

简要介绍博弈论中的基本概念、基本理论、技术方法与应用模式，初步分析行人、智能网联汽车之间的基本博弈关系。

智能网联汽车 V2X 与智能网联设施 I2X

2. 行人穿越道路与智能网联汽车决策风险概率及收益函数

1）决策行为分析

结合测试场景开展行人与智能网联汽车穿越道路的感知风险与决策行为分析,给出决策损失的定量计算方法。

2）碰撞风险概率模型

构建行人与智能网联汽车碰撞风险概率模型,结合测试实验中得到的不同速度等级下智能网联汽车的决策行为及机动车速度变化情况,可以计算不同决策风险的概率。

3）收益函数构建

在车速等级划分的基础上,构建智能网联汽车决策行为的收益函数;结合穿越道路行人等待时长划分结果,给出行人穿越道路决策行为收益函数。

3. 行人穿越道路与智能网联汽车决策行为博弈建模

1）智能网联汽车与穿越道路行人决策集

在测试实验环境中,存在智能网联汽车先决策和穿越道路行人先决策两种模式,可以运用博弈树概念,对两种不同情况双方的决策集分别进行分析。

2）智能网联汽车与穿越道路行人的收益函数

依据构建的智能网联汽车与穿越道路行人的收益函数,计算给出在一方先行动后,另一方采取行动的收益,进而形成收益矩阵。

3）智能网联汽车与穿越道路行人博弈模型构建

以智能网联汽车与穿越道路行人分别作为先决策第一方,在代入决策集与收益矩阵后,求得博弈均衡时两个参与者的期望收益,给出智能网联汽车与穿越道路行人的非合作动态博弈模型。

4）博弈模型均衡解分析与应用

对智能网联汽车先决策与穿越道路行人先决策两种博弈模型均衡解进行分析,应用构建的博弈模型,从穿越道路行人通过交通信号控制与车辆限速措施两个方面提出设计建议。

4. 城市道路交叉口、路段、区域行人出行交通信号控制等设施设计模式

1）调查方案设计与参数分析

依据《城市道路工程设计规范》(CJJ 37—2012)要求,调查采集城市道路交叉口、路段、区域的人行横道处交通流参数,分析穿越道路行人等待时间与机动车流率、穿越道路行人数量与机动车延误、行人穿越道路安全性与机动车车速的关系。

2）模型构建及参数标定

运用回归分析法分别建立智能驾驶机动车交通量与行人等待时间、交通冲突与智能驾驶机动车车速、交通延误与穿越道路行人流量关系模型，并标定各个模型参数。

3）穿越道路行人与交通信号控制设计条件

针对现行的中华人民共和国行业标准《城市道路工程设计规范》对智能网联汽车的适用性，依据构建的理论模型，对城市道路行人穿越人行横道处交通信号控制等设施设计条件进行分析，提出相应的限速值和分析计算公式。

5. 行人、智能网联汽车夜间视认距离与车速、光照强度的关联

1）智能网联汽车夜间对穿越道路行人的视认测试

（1）测试实验条件界定。

从分析夜间影响道路行车安全的因素入手，界定智能网联汽车视认距离及实验条件。

（2）夜间行人出行特征分析。

从夜间穿越道路行人数量、穿越道路行人步行速度及穿越道路行人衣服颜色等方面进行分析，为下一步夜间智能网联汽车视认距离试验方案编制奠定基础。

（3）实验方案编制设计。

确定测试实验地点为不同光照条件下的城市道路路段人行横道，以处于静止状态且其衣服颜色均为较深的穿越道路行人为对象，制定智能网联汽车夜间对穿越道路行人的视认测试实验方案。

2）智能网联汽车夜间视认距离与车速的关系

（1）智能网联汽车白天与夜间视认环境及视认距离对比。

在采集到智能网联汽车白天与夜间对穿越道路行人视认距离数据的基础上，对比分析智能网联汽车白天与夜间视认环境及视认距离的差异。

（2）不同照明条件下视认距离随车速的变化规律。

在选取照明设计指标后，对不同照明条件下的智能网联汽车对穿越道路行人的视认距离随车速的变化规律进行分析。

（3）不同光照强度下的视认距离与车速关系模型。

利用 SPSS 统计分析软件对不同光照条件下的智能网联汽车视认距离与车速模型的参数进行标定，比较相关系数后选择最优模型。

3）智能网联汽车夜间视认距离与光照强度的关系

（1）夜间车速等级划分。

为了便于研究不同行车速度的智能网联汽车视认距离随平均光照强度的变化规律，进

行夜间车速等级划分。

（2）不同车速等级下视认距离随光照强度的变化规律。

依据车速等级划分结果，分别对不同车速等级下的智能网联汽车对穿越道路行人的视认距离随光照强度变化的规律进行分析。

（3）不同车速等级下的视认距离与光照强度关系模型。

采用 SPSS 软件对不同行车速度下的智能网联汽车视认距离与光照强度关系模型参数进行标定，从中选择能说明二者关系的最优模型。

3.3.3.2 行人与智能网联汽车行为分析

在行人与智能网联汽车行为管控中，主要关注行人与智能网联汽车行为管控博弈决策技术方法，行人与智能网联汽车行为管控博弈决策技术路线。

1. 行人与智能网联汽车行为管控博弈决策技术方法

1）博弈论与决策论两个学科结合的研究方法与应用模式

博弈论与决策论在行人与智能网联汽车行为管控方法与应用方面具有很大的不同，博弈论是起源于数学中的一个学术分支，而决策论则是交通经济管理方面的学科方法。

（1）在研究方法方面。

博弈论主要研究公式化的激励结构间的相互作用，是研究具有对抗或竞争性质现象的数学理论和方法。博弈论需要考虑行人与智能网联汽车的交通行为管控中的个体预测行为和实际行为，并研究它们的优化策略。决策论主要研究为了达到行人穿越道路与智能网联汽车博弈决策的预期目的，从多个可供选择的交通行为管控方案中，如何选取最好或满意方案的学科方法。

（2）在应用模式方面。

博弈论与传统交通服务咨询工具——交通全息感知与多基协同、交通管理与控制、交通建模与仿真、交通分析与评价等技术相结合，可以帮助行人与智能网联汽车开启战略定位、优先通行、管控成本、价值体现、商业模式、产业发展等。下一步，将开展包括自行车、摩托车与智能网联汽车的交通行为管控等博弈决策技术研究。在实际行人与智能网联汽车交通行为管控测试实验中，会遇到需要做出判断和决策的问题，也就是为了达到在保证交通畅通与交通安全的前提下优先通行的目的，从多种不同交通行为管控方案中选择一个确定的通行方案。

2）传统方法与新技术方法相结合

在研究中，将传统机动车驾驶员与行人的碰撞冲突理论技术与智能车路协同管控中智能网联汽车人工智能的深度学习方法相结合，开展测试实验研究工作。

2. 行人与智能网联汽车行为管控博弈决策技术路线

行人与智能网联汽车行为管控博弈决策技术路线的主要内容包括以下几个方面：

（1）行人与智能网联汽车行为管控博弈决策技术研究。

（2）交通行为管控理论、博弈论与决策论理论、博弈决策技术方法。

（3）行人与智能网联汽车决策行为博弈决策建模，包括：

① 智能网联汽车与行人等待时间关系建模；

② 交通事故冲突与车辆行驶速度关系建模；

③ 交通延误与行人穿越道路流量关系建模。

（4）道路网络上行人与智能网联汽车交通管控策略研判，包括：

① 智能网联汽车行驶速度控制策略；

② 穿越道路行人决策行为控制策略；

③ 行人、智能网联汽车分离控制策略。

（5）道路网络上行人与智能网联汽车交通管控仿真评价，包括：

① 白天视认、距离、车速关联分析；

② 夜间视认、距离、车速、光照强度关联分析。

（6）行人与智能网联汽车交通行为管控博弈决策技术设计，包括：

① 深圳福田保税区 2.2 平方千米城区开放道路交通路网，智能驾驶公交与交通信号控制信息交互场景；

② 深圳新国际会展中心智能车路协同公交接驳线路，智能网联 54 辆公交汽车优先管控场景。

（7）技术研究创新点与进一步研究方向，包括：

① 在研究问题选取上，研究问题前瞻性、必要性与可行性强，具有很强的创新性；

② 在研究方法结合上，采用传统交通研究与新一代信息技术、人工智能深度学习等研究相结合，博弈论数学学科与决策论交通经济学学科相结合的研究方法与应用模式，具有很强的创新性；

③ 在研究成果上，行人与智能网联汽车行为管控试点示范项目研究成果具有很强的创新性；

④ 在进一步研究方向上，建议开展包括自行车、摩托车、其他代理出行方式与智能网联汽车交通行为管控等博弈决策技术研究。

3.3.3.3 行人与智能网联汽车行为博弈

1. 行人与智能网联汽车行为管控博弈决策研究的技术

行人与智能网联汽车行为管控博弈决策研究的技术主要如下。

智能网联汽车 V2X 与智能网联设施 I2X

1）高精度车辆定位技术

智能网联汽车的导航系统、安全驾驶辅助系统、自动驾驶系统、基于行驶轨迹的收费系统、交通地理信息服务系统、应急救助服务系统等都需要基于车辆的高精度时空定位信息。高精度车辆定位技术主要包括 GNSS/INS/MM 和单目视觉组合定位、道路交通网络环境街景匹配算法、定位导航误差与单-双-多差分校正、高精度定位导航算法优化。

2）智能辅助驾驶建模与算法优化开发技术

在智能网联汽车领域，国际自动机工程师学会将智能网联汽车分为 5 个等级，目前我们正处于高级驾驶辅助系统（Advanced Driver Assistant System，ADAS）阶段。ADAS 分为传感器感知、计算分析、控制执行三大建模与算法模块，其中，传感器感知模块具有重要的作用，采用多种传感器融合应用算法优化是未来必然趋势。传感器主要有超声波雷达、短距微波雷达、激光雷达、摄像机系统、夜视红外、毫米波雷达，其功能主要包括：智能网联汽车行为检测与危险行为辨识、智能车路协同的弯道辅助驾驶策略及适应性、智能辅助驾驶技术综合测试环境设计方法优化。

3）智能网联汽车之间 V2V 信息交互技术

智能网联汽车之间的博弈决策研究主要包括：智能网联汽车之间 V2V 信息交互式、与协同控制车载系统研发；智能网联汽车之间 V2V 信息交互式应用于交叉口、路段、区域的冲突辨识与避撞；智能网联汽车之间 V2V 信息交互式的跟随危险辨识与避撞技术；智能网联汽车之间 V2V 信息交互式的换道危险辨识与预警技术；智能网联汽车之间 V2V 信息交互式的盲区危险辨识与预警技术。

4）智能网联汽车与道路交通信号控制设施 V2I 信息交互技术

开展智能网联汽车与道路交通信号控制设施信息交互，智能网联汽车与道路交通信号控制设施交叉口实时自适应控制优化策略，智能网联汽车与道路交通信号控制设施车速引导模型研究及验证，智能网联汽车与道路交通信号控制设施车路协同交通协调控制系统集成测试应用等。

5）智能车路协同系统仿真、测试与验证技术

在深圳福田保税区 2.2 平方千米开放城区路网，开展批量智能驾驶公交（6 辆）与交通信号控制信息交互；在深圳新国际会议展览中心开展智能驾驶公交汽车（54 辆）优先管控系统测试，实现智能车路协同系统在线仿真可视化推演平台测试实验，验证智能车路协同系统交通仿真技术、智能车路协同系统信息交互通信仿真技术、智能车路协同管控系统仿真测试实证技术。

6）基于智能网联汽车的主动安全技术

对基于智能网联汽车的主动安全技术及机制进行系统化的、以实用性为主的研究，主

要任务包括：基于智能车路协同技术的交叉口事故主动预防系统构建，基于车-车交互的车辆换道危险辨识、预警、辅助决策，基于车-车交互的车辆跟驰危险辨识、预警、辅助控制，基于车载传感器的路段行人识别、人车冲突危险辨识，基于车路交互的城市道路施工区警示，基于车-车交互的盲区警示6个主要方面的技术。

7）智能车路协同信息交互通信与装备技术

采用高速、可靠、双向和由多种通信平台集成的综合通信网络支撑智能车路协同管控系统的基础平台，通过该平台可以将先进的传感技术、信息融合技术、智能控制方法及决策支持系统整合成一个有机的整体，以实现高效、安全和环境友好的智能车路协同管控模式。用于智能车路协同系统的网络平台应该能够支持全景状态全息感知、信息交互与多基融合、协同控制与管理及定制化的服务等功能，并根据不同层次的需求提供相应的通信保障。主要包括：车内通信、车-车通信、车-路通信、异构网络融合技术、智能车路协同车载设备技术、智能路侧设施设备技术6个方面。

8）智能车路协同管控体系设计技术

基于"端、管、云"3层系统与要素、城市交通大数据云平台信息源池、交通网络运行监测与动态仿真技术、常态化城市交通多系统一体化管控技术、非常态特殊需求城市交通协同管控技术，智能车路协同系统可以通过车-车、车-人、车-路实时交互实现信息共享，收集车辆、道路和环境的信息，并在信息网络平台上对多源采集的信息进行加工、计算、共享和安全发布，根据不同的功能需求对智能网联汽车进行有效的管理与控制。

2. 行人与智能网联汽车行为管控博弈决策研究的技术难点

行人与智能网联汽车行为管控博弈决策研究的技术难点主要包括：

（1）在智能网联与非网联、自动驾驶与有人驾驶混合出行常态化的新交通模式下，采用这种模式的行人与智能网联汽车的行为的管理与控制是研究的难点之一；

（2）在新交通模式下的行人与智能网联汽车的冲突将成为道路交通安全研究的难点之一；

（3）如何对行人、智能网联汽车的管控决策行为进行精确的数学量化描述，进而提出有效的行为管控决策支持策略，也将成为研究难点之一。

3.3.3.4 行人与智能网联汽车行为突破

1. 研究前沿问题，实现必要的突破

当前，城市交通已经形成智能网联与非网联、自动驾驶与有人驾驶、过街行人与自行车等混合出行常态化的新交通模式，这种模式的行人与智能网联汽车行为的管理与控制是提高交通效率和交通安全性的重点问题所在。因此，对于有人驾驶与无人驾驶、行人等彼

智能网联汽车 V2X 与智能网联设施 I2X

此之间的优先通行问题，博弈决策技术研究显得尤为必要。

智能网联汽车是新交通模式人-车-路闭环系统中保证交通安全至关重要的一环。已有关于驾驶安全与行人因素的研究充分分析了传统交通环境下具有不同身心状态、年龄、性别、文化背景等不同条件的驾驶人的驾驶安全性表现。但是智能车路协同环境下，新交通模式环境变为行人、自行车、摩托车、有人驾驶、智能驾驶等多种类型的人车混行，混行的不同类型车辆的行为特征不同于传统车辆，为智能网联汽车（算法）认知带来新的影响；同时，行人与智能网联汽车行为管控又是一项认知负担较重的任务，而发达的车载通信终端提供给智能网联汽车与路侧交通信号控制设施交互通信的信息种类、信息时空维度、信息量大小等快速增加，进一步改变了智能网联汽车（算法）的认知负荷分布和认知模式。因此，亟须对智能车路协同下的行人与智能网联汽车决策行为管控新型耦合关系及认知特性进行解析。围绕车外与车内、离散与耦合、博弈与决策等多种类型的信息输入（离散的交通要素信息、车辆状态信息与车内提示信息、车路耦合效应等）、多种学科的交叉复合（博弈论起源于数学的一个学术分支，决策论是交通经济管理方面的学科）开展研究，基于行人与智能网联汽车（算法）行为管控决策意图产生动机、刺激反应和人车博弈过程等多维度，全方位充分解析新交通模式环境下行人与智能网联汽车（算法）决策认知机理和行为特性，揭示行人与智能网联汽车在人-车-路闭环系统中的作用与关系，建立完善的行人、车（有人驾驶与智能驾驶）耦合理论体系。

2. 具有较强的理论与技术创新性

行人、智能网联汽车混合交通模式的行为管控博弈决策技术研究，具有较强的理论与技术创新性。我国城市道路交通系统运行已经表现出严重的人、车混行状态特征。在现有的行人交通设施建设中，城市道路交通网络未建立行人交通信号控制等的交叉口、路段、区域的比例在50%以上，在通过这类交通设施时，行人、智能网联汽车均会以自我为中心，基本没有考虑交通弱者的优先通行权，这必然导致行人与车辆在道路交叉口、路段、区域发生交通冲突。因此，行人、智能网联汽车的冲突将成为道路交通安全研究的热点，如何对行人、智能网联汽车的管控决策行为进行精确的数学量化描述，并提出有效的行为管控决策支持策略，已成为研究难点。

城市夜间经济活动频繁，居民夜间出行活动日益增长，行人、智能网联汽车夜间交通安全也越来越受到人们的重视。相关数据统计显示，夜间发生交通事故的概率是白天的8~10倍，且危害性远远高于白天发生的交通事故。统计分析表明，行人交通事故的伤亡数占道路交通事故伤亡总人数的20%以上，其中50%以上是行人的交通事故伤亡。种种迹象表明，行人、智能网联汽车行为管控问题非常严峻，白天与夜间不同的光照环境使行人、智能网联汽车的视认特征及行为管控产生一定的差异，导致对行人的视认不足。与白天相比，夜间城市道路车流量明显降低，车辆行驶速度有了很大提高。此外，夜间道路交通能见度降低，虽然城市大部分道路均布设有照明设施，但是道路灯光的照射角度及范围都受到很大的限制，在这种环境下，行人、智能网联汽车的视认特征会有所改变，使其不易发现前方障碍物或突然出现的过街行人。而当夜间行车速度过快时，如果智能网联汽车未能及时视认出行人，来不及采取减速或制动措施，就容易引发交通事故。因此，对设有行人道路的智能网联汽车行为管控开展博弈决策技术研究具有重要意义。

行人与智能网联汽车行为管控博弈决策技术包含智能网联汽车领域、人车碰撞风险领域、行人穿越道路交通行为特性领域、夜间智能网联汽车视觉特性领域、夜间行车安全领域等，实现了跨学科、跨领域、复合型科学研究模式。

3. 研究成果将达到国际前沿水平

2019年11月，美国麻省理工学院计算机科学和人工智能实验室（CSAIL）亚当·康纳·西蒙斯和瑞秋·戈登发表题为《量化和预测驾驶员行为在智能网联汽车决策中应用》的论文，研究人员领导的一个团队一直在探索智能网联汽车是否可以通过编程来对其他驾驶者的社会性格进行分类，以便他们能够更好地预测不同的汽车会做什么。在该论文中，科学家们整合了社会心理学的工具，根据一个特定司机的自私或无私程度来对驾驶行为进行分类。具体地说，他们使用了一种叫做社会价值取向（SVO）的概念，它代表了一个人自私（"利己"）与利他或合作（"亲社会"）的程度。然后，系统估计驾驶员的SVO，为智能网联汽车创建实时驾驶轨迹。在下一阶段的研究中，该团队计划将他们的模型应用于驾驶环境中的行人、自行车和其他混合出行方式。

传统交通向智能驾驶交通的跨越，将在实时交通信息获取方式、车辆行为模式、交通控制方式、交通需求与供给等博弈决策等诸多方面产生突破性变革。实时交通检测数据将从路侧设备提供的有限固定数据变成智能网联汽车提供的丰富移动数据；智能网联汽车可以调控行驶方式以配合交通信号变化，行人与智能网联汽车群体行为将从完全被动响应变成部分主动适应；交通控制优化模式将从单纯基于有限数量交叉口信号灯的"集中式"变成同时基于信号灯和众多智能网联汽车的"集中-分散式"；通过以行人为中心，车道资源动态调配，交通需求与供给的互动关系将从"刚性合作"演进为"弹性适配"，最终实现"智慧出行"。

3.3.3.5 行人与智能网联汽车行为研判

2020年8月，清华大学、同济大学等进行了网络调研，共回收200份有效问卷，问卷样本覆盖国内25个省（自治区、直辖市），有一定的覆盖面。

智能网联汽车 V2X 与智能网联设施 I2X

1. 在行人信号灯设置方面

（1）对于"行人信号灯形式不符合国标（例如，存在为了'创新'而设计的非标行人信号灯）的现象"，极少及不存在的只占到 40%，即有 60%的城市较为普遍地存在不符合国标的行人信号灯形式。

（2）有 85%的受访者同意"目前行人清空信号及清空时间缺乏统一标准（例如，未明确是绿闪还是红闪等形式）"。

（3）对于"您认为用如下哪种方式作为行人清空时间更合适"，有 69%的受访者认为绿闪更为合适，认同倒计时的比例达到 73.5%，说明行人清空控制问题得到广泛关注。另外，有 28%的受访者认同采用红闪，而非绿闪。

（4）对于"行人信号灯设置位置不合理而影响行人、机动车驾驶人等的视认性的现象"，只有 22.5%的受访者认为所在城市极少及不存在，而有 77.5%的受访者认为一般常见或很普遍，说明目前信号灯设置位置存在较大的问题。

（5）对于"您所在城市是否存在其他不在标准之内的行人过街辅助信号与设置（例如，地面灯等）"，有 38.5%的受访者认为是一般现象或很普遍，可见近年来各式"创新"的影响之广。

（6）对于"设置行人过街信号灯的路口中同时设置声响提示装置的路口比例"，有 89%的受访者认为不足一半（有 62%的受访者认为只有一小部分设置了声响提示装置，有 17.5%的受访者回复是完全没有声响装置），说明当前国内在行人过街声响装置的设置上缺口较大，对无障碍行人信号设施重视程度不足。

（7）在设置声响的装置中，对于"行人过街声响提示装置的声音是否符合标准"，全部符合的只占 18.5%。

2. 在行人信号配时方面

（1）对于"行人绿灯时间设置较短而不能提供安全过街时间的现象"，有 66%的受访者认为较为常见或很普遍；

（2）对于"行人红灯等待时间过长的现象"，有 89.5%的受访者认为较为常见或很普遍；

（3）有 87.5%的受访者认为"较宽的行人过街横道（例如，双向六车道以上）缺乏二次过街信号控制的现象"较为常见或很普遍；

（4）有 80%的受访者认为"路段行人过街与路口信号控制协同不好的现象"较为常见或很普遍；

（5）对于"设置行人信号灯的路口（路段）同时设置行人按钮或其他行人检测方式的情况"，有 76%的受访者认为极少或没有，说明目前国内在行人检测等方面空白较大；

（6）有 75.5%的受访者认为在当前的行人信号设置中，极少或没有"考虑特殊人群的需求（如老年人、残疾人等）"。

3. 在路口行人相关渠化设计方面

（1）有80%的受访者认为"较长的行人过街横道（例如，跨越双向6车道以上）缺乏中央安全岛设置的现象"较为常见或很普遍；

（2）有90.5%的受访者认为"缺乏非机动车过街的明确空间，与行人共用人行横道（尤其在路段过街处）的现象"较为常见或很普遍，这与中国的"自行车大国"的身份较为不符，也体现了近年来过重视机动车而对自行车有所忽略的现象；

（3）对于"路口或路段过街处缺乏专用的非机动车信号灯的现象"，有65.5%的受访者认为非常普遍，也反映了当前中国城市在交通信号灯设置方面的不足，只有2.5%的受访者认为这种现象不存在；

（4）对于"存在不符合国标的行人过街横道标线的现象"，有53.5%的受访者认为极少或不存在，可见对此还是普遍遵守国标，但也有12.5%的受访者认为该现象较普遍，可能与近年来各种"创新"有一定的关系；

（5）对于"行人二次过街安全岛的设置存在问题（例如，抬高不当、宽度不足、保护设施不足等）"，有76%的受访者认为较为常见或很普遍，说明当前在该方面的不足；

（6）对于"行人过街设施与盲道设置结合不良的现象"，有84%的受访者认为较为常见或很普遍，说明行人交通控制的精细化还有很大改善空间；

（7）对于"行人过街设施与公交站点设计结合不良的现象"，有86%的受访者认为较为常见或很普遍。

4. 在遵章守法方面

（1）有77.5%的受访者认为"行人遵守红灯的比例"较多或几乎全部遵守，说明当前行人遵章守法的意识较高。

（2）有49%的受访者认为"行人遵守绿闪的比例"不足一半，也从一定程度上说明了由于绿闪当前并非国标控制方式，能够理解其含义的比例不高，故遵守的人较少。说明在完善相关标准的前提下，进行与行人交通信号知识相关的宣传教育十分必要。

（3）在对待"行人闯红灯抓拍设施的设置意见"上，由"一般支持"30.5%和"非常支持"35.5%构成，说明目前大家对于通过执法提高交通文明意识的看法还较为一致。

（4）在"您认为机动车让行行人的管理应当更多通过什么方式实施"的问题方面，超过半数（54%）的受访者认为需要通过信号、标志标线等方式明确分配路权、解决人车冲突，说明行人过街交通信号控制装置有很大需求。

（5）在对待"机动车不礼让行人抓拍设施的设置"上，由"一般支持"35.5%和"非常支持"29.5%构成，说明大家对于执法的认识基本一致。

5. 我国各城市交通管控中行人信号控制方面存在较为明显的问题

（1）由于缺乏行人通行、清空时间的国家或行业标准，导致目前在行人信号配时中（如对清空时间的应用等）存在不合理现象；

（2）行人信号灯设置存在较大问题，如不符合国标要求、设置位置不合理、缺乏声响提示设备、无障碍设施不连续等；

（3）行人配时方面优化不足，如绿灯时间不足、红灯时间过长、缺乏二次过街设置、缺乏协调控制等；

（4）行人过街设施设置不当，尤其体现在二次过街设施的设置上；

（5）在现阶段，各种违法抓拍设备是改善交通秩序、减少违法行为的主要手段之一；

（6）某些地区或城市在行人信号设置的多个方面都存在不足，如行人信号灯位置设置不合理与不符合国标要求同时存在的比例很高等。

3.3.3.6 交通信号控制系统人因化对策

1. 城市交通信号控制系统的要素

（1）我国从20世纪80年代开始自主研发信号控制相关技术，到目前为止，我国的交通信号控制系统技术水平与国外不相上下，但是实际使用效果还是不尽如人意。

（2）控制策略体现城市交通控制系统功能、城市交通控制理念，综合反映城市交通控制系统水平。控制策略可以分为以下3个视角：

① 控制范围视角，如点、线、面控制；

② 自动控制视角，如在线控制、离线控制；

③ 交通流适应性视角，如自适应控制和定时控制。

（3）控制算法是逻辑模型和计算模型的综合体系，是实现控制理念、优化控制效果、生成控制参数的核心。其大概分为三大类：

① 控制系统本身的优化目标、评价指标；

② 子区划分；

③ 信号配时参数优化。

2. 城市交通信号控制系统的困境

（1）在数据方面，原有传感系统失效，与新数据系统脱节。

① 原来的传感器线圈布设稀疏，到现在损毁严重，并且有了视频、RFID等新数据以后，线圈维护停顿，最后导致数据在线率低；

② 大量布设断面有标识数据，但由于标准、通信协议等原因这些数据未能很好地直接用于信号配时；

③ 专业队伍建设不足，主要问题就是重建设、轻运维，专业化配时人才缺失，交通信号控制模型的持续更新与评价不足。

当前，交通大数据快速发展，包括断面标识数据、大规模轨迹数据、全方式出行链数据。大数据驱动旧系统更新换代，控制算法需要适应数据变化，通过大数据+人工智能重构算法。另外，有的城市信号机品牌种类复杂，如何统一数据接口通信协议也是难点。虽然数据平台先进，但信号机无法接入，执行控制困难，这就是当前的困境。

（2）从控制策略来看，交通管控需求变化，促使控制策略提升。

城市交通治理需求包括常发性拥堵的大范围疏解策略、拥堵瓶颈的精细化管控、特殊性/大型活动管控。此外，还有多方式交通管控需求。

（3）从算法层面来看，现在大家经常提到城市大脑，强调"脑壳"和"智商"是分开的，"脑壳"不经过训练没有"智商"，所以"大脑"还需要我们给它增加"智商"。

① "大脑"建设完成后，就是如何利用现有设施的问题，也就是云-边-端的协同，其中端的优化是基础；

② AI算法层出不穷，但是缺乏大规模实地验证；

③ 传统的交通参数是基础，可以接纳 AI，但不迷信 AI，人工策略与配时仍然需要。

总之，解决城市交通信号控制系统的困境，需要应用领域、研发团队、主管部门三者共同努力。

3. 城市交通信号控制系统的对策

1）基本控制

（1）根据数据分析建模确定信号配时方案；

（2）交叉口各个方向交通需求与绿时供给基本平衡；

（3）单点固定配时（多时段）方案建立。

2）适应控制

（1）配时方案根据交通流变化进行优化；

（2）配时方案可以是固定配时，也可以是自适应配时；

（3）交叉口控制可以是单点控制，也可以是片区协同控制。

适应控制就是信号机升级之后，通过感知数据进行仿真、建模，经过优化后制订控制方案，控制方案再影响路网交通运行状态，人根据信号的变化重新选择，形成迭代平衡。需要注意的是，适应控制不等于自适应控制，自适应控制是自动化的实现。

3）主动控制

（1）在优化的基础上，增加调整策略，即不是简单地适应交通流，而是要调整交通流；

（2）主动控制必须是动态协调控制；

（3）交通控制要体现交通管理策略；

（4）交通管理方案与控制策略协同，调整人的行为。

适应控制还是一种被动控制，如果在控制优化的同时，形成一套反映管理策略的管理方案，使之一部分通过控制系统的配时参数实现其目的，另一部分通过管理方案直接作用于人，则可以达到调整人的行为的目的。未来的控制系统应该是这种模式，现在应该是条件具备，但是由于当前面临的一些主要困境而未实现。

（1）城市之利旧之策：高级策略就是已有控制器降级使用；实施中心配时（用新数据）；中心下发方案，舍弃已有系统的自适应控制功能，增加专业配时队伍；中心还可以实施实时控制、协调控制。低级策略就是已有控制系统功能降为最低；利用新数据为每个交叉口制订固定配时方案。

（2）企业之创新之策：企业要运用新数据，确定新策略，设计新算法，研发新一代城市交通信号控制系统。

（3）行业之规划之策：行业主管部门要制定政策，指导城市交通治理，完善系统效果评价标准，鼓励企业投入研发等。还要形成标准，标准不是简单的对过去的总结，而是对未来的引导。

总之，走出困境，决策者的理念是核心，内容比形式更重要，实效比造势更重要。

4．车路协同控制机 I2X 系列指标体系

技术指标体系明确了在城市交通与区域交通中信号灯状态、交通状态、交通事件、车辆状态等实时交互 V2I 要求，以及智能车路协同控制机信息发布的通信要求、信息格式与消息内容；规定了交互接口与协议，共包括六大类 15 项参数指标。

1）智能车路协同控制状态

（1）智能车路协同控制机运行状态；

（2）智能车路协同控制机控制方式。

2）动态交通标识

（1）道路（公路）功能状态；

（2）道路（公路）匝道（辅道）控制信息。

3）信号控制参数

（1）当前智能车路协同方案同步信息；

(2)下一个周期智能车路协同方案同步信息。

4)交通状态

(1)道路(公路)交通流信息;

(2)道路(公路)交通运行状态信息。

5)车辆运行状态信息

行驶车辆当前位置坐标、速度、车头方向角等。

6)交通事件信息

(1)交通事故;

(2)道路(公路)障碍;

(3)道路(公路)积水;

(4)路面湿滑;

(5)路面结冰;

(6)道路(公路)施工。

3.3.4　智能网联设施未来交通洞察

城市交通一直以来都伴随着一系列挑战,如解决拥堵、安全、环保等问题。而近年来自动驾驶汽车(AV)、出行即服务(MaaS)、自动按需出行(AMOD)等新交通模式得到了蓬勃发展,到底哪种新兴的出行方式适合当下的城市交通系统,未来交通规划如何平衡网联自动驾驶技术与现有出行模式之间的关系等问题应运而生。本书根据全球城市交通出行情况和经济发展差异,将其划分为12种类型,并通过对其中3种城市类型建立交通新兴技术和创新服务仿真模型,深入探讨了这些新的出行服务是否适合现有的城市交通系统,形象地刻画出未来交通服务变化的场景。

3.3.4.1　城市出行和自动驾驶汽车

全球城市地区的客运体系规划设计面临着日益增长的巨大挑战,即如何可持续、安全、高效、经济且公平地满足正在扩大的人口流动性需求。这并不是一项简单的任务,因为如今许多城市随着人口的持续增长,面临的交通拥堵、空气污染和其他负面影响在进一步恶化。联合国预计,到2050年全球城市人口比例将达到68%。城市化发展可能会引起人们消费偏好和出行模式的变化,从而增加对城市流动性的需求。同时,由于新兴技术(包括汽车电气化)和服务创新(例如,按需租车和共乘服务,还有共享摩托车和共享单车)的注入,城市交通系统的现状更为复杂。如今个人出行面临的交通选择比以往任何时候都要广泛,所以世界各地的城市都在努力弄清楚这些新服务将在哪些方面适合现有的交通系统。即使学会了应对当前的干扰,未来的规划也需要额外考虑智能网联汽车将如何与现有的出

智能网联汽车 V2X 与智能网联设施 I2X

行模式、城市基础设施、监管结构和消费者行为互动。

1. 新的按需服务

信息通信技术的进步大大扩大了在城市环境中提供的移动解决方案的选择范围，并促使按需共享移动平台成为可能（如共享汽车、拼车、网约车和自行车租赁）（Smith，2016）。这种自动按需出行（AMOD）系统增加了一些人的出行可能性，包括那些难以使用现有交通方式的人，或处于传统出租车和公交服务不便捷的社区的人。然而，人们却越来越担心 AMOD 对公共交通客流量和拥堵的负面影响（Barrios，Hochberg 和 Yi，2019；Schaller，2018）。

如果按需出行服务加入自动驾驶汽车，那么这些负面影响可能会加剧。根据成本和服务水平，AMOD 系统可以使用更可持续的模式，如公共交通、自行车和步行（Le Vine 和 Polak，2014）。Basu 等人（2018）的研究表明，在人口密集且以公共交通为导向的城市中，AMOD 完全替代公共交通的极端情况是不可持续的。然而，在未来的不同城市环境中，交通出行将如何在 AMOD、公共交通和其他现有模式之间分配，以及对拥堵、车辆行驶里程（VKT）和环境方面的总体影响，仍然存在很大的不确定性。在不同的城市环境中，AMOD、公共交通和私家车之间相互影响是不确定的，因此提出城市类型学和模拟框架旨在量化在不同城市引入 AMOD（单独或与互补的政策干预相结合）的未知影响。

2. 智能网联自动驾驶汽车

在实现全自动驾驶汽车之前，自动驾驶和网联汽车技术的发展仍然面临许多挑战（Marshall，2017）。然而，大量的模拟实验和现场实验正在帮助推动这项技术向前发展。虽然部分人期待到 2050 年能够普及全自动驾驶车辆（Lanctot，2017），其他人则认为在其完全应用之前，仍然存在一些必须克服的障碍，包括更多的技术进步、公众认可、合理的规章制度、基础设施完善及经济可行性（Fagnant 和 Kockelman，2015）。虽然自动驾驶和智能网联汽车可以在传统的个人车辆所有权模式下运行，但许多人预计，该类型车辆将被广泛应用在城市地区范围内提供按需出行服务的车队中。然而，AMOD 与现有交通方式的相互作用，以及由此对出行模式和整体交通系统运行的影响仍不清楚。虽然一些研究人员估计，自动驾驶汽车成本的降低（Pavone，2015）可能会增加车辆总行驶距离（Wadud、MacKenzie 和 Leiby，2016），但其他人预计，共享车辆出行的增加、汽车拥有量和城市停车用地的减少反而会带来好处（Zhang 和 Guhathakurta，2017）。汽车自动化对交通拥堵的影响尤其不确定。一方面，网联汽车与其他车辆和交通基础设施连接，并通过更密集的行驶来增加道路容量（队列化）；另一方面，较为便宜的按需服务可能会有其他附属要求，而未充分利用的车队可能意味着更多车辆在路上空驶。

3.3.4.2 城市类型与研究内容

世界各地的城市在社会人口构成、交通网络和城市流动模式方面表现出显著的差异。城市交通出行解决方案必须充分考虑这种多样性。然而，这种多样性也给在城市层面上研究未来的交通出行系统带来了难题。考虑全球每个城市的独特性是不切实际的，并且可能会错失识别城市间联系趋势的宝贵机会。另外，城市交通系统的"一刀切"战略方式同样站不住脚。

因此，将城市进行一定程度的分类对于降低全球城市固有的复杂性和多样性是有必要的。我们采用一种基于城市形态和出行行为指标的聚类分析方法，对全球范围内的城市进行分类。从这个分类中，我们能够识别出一组可管理的小而多样的"城市类型"，它们广泛地代表了世界各地的城市形态和出行模式。对于选定的城市类型，我们可以开发"标准化城市"模型，代表每种类型城市的共同或一般特征。因此，标准城市可用于分析场景并生成与该类型的真实城市相关的结果。

1. 12 种城市类型

在全球范围内将"城市"定义为至少有 75 万居民的城市群。从 700 个符合这一定义的城市中，分析 331 个城市（124 个国家），这些城市的数据具有一致性和可比性。首先，对于每个城市，收集了 64 个城市指标的信息，从中确定了 9 个主导因素：地铁、快速公交（BRT）、公共自行车、发展、人口、可持续性、拥堵、蔓延度和网络密度（Oke, et al, 2018）。然后，将这 331 个城市集中在这 9 个因素上，分成 12 个独特的城市类型。

2. 3 种标准城市

汽车扩展和汽车创新型城市的汽车出行模式占总出行比例高（主要在美国和加拿大）。选择这些城市以关注新移动技术和服务的引入如何在私人汽车和公共交通使用水平显著不同的城市中发挥作用，模拟和场景分析所选择的 3 种城市类型的主要特征如表 3-7 所示。

表 3-7 模拟和场景分析所选择的 3 种城市类型的主要特征

特征	扩展性	创新性	公交主导性
小汽车模式/%	86.0	79.0	32.0
公共交通模式/%	3.5	11.0	37.0
自行车模式/%	0.5	0.9	7.6
步行模式/%	3.3	3.3	23
人口密度/(1000人/平方千米)	1.4	1.5	5.5
人均国内生产总值/1000美元	51	61	53
人均二氧化碳排放量/(吨/年)	16	15	10

注：表中数值代表了各个城市在各自类型中的平均值。

对于所选的 3 种城市类型，每种都创建一个最能代表该城市类型特征的标准城市。生成标准化城市的过程包括 3 个部分：人口与土地综合利用、需求模型校准、交通供应系统开发和模型校准（Oke, et al, 2019）。标准化城市的活动和模式共享被校准到城市的平均状态。对于每个标准化城市，我们使用 SimMobility 平台对工作日进行详细的、大规模的、基于智能体的出行决策模拟（Adnan, et al, 2016）。我们使用 SimMobility 平台来评估一组场景，这些场景重点分析 AMOD 服务的引入及其对城市出行模式的影响。

3. 自动驾驶车辆面临的障碍

自动驾驶车辆有潜力改变交通出行格局。全世界每年有 120 多万人死于与汽车有关的交通事故。仅在美国，交通事故每年就夺去 3 万多人的生命，同时造成数百万人伤亡（Kalra、Groves, 2017）。随之而来的损失显著，在美国，医疗费用、法律费用、财产损失和保险管理费用（仅列出了一部分费用）等每年总计近 2420 亿美元。若考虑生活质量的损失，则这一数字将上升到 1 万亿美元（Blincoe, et al, 2015）。

绝大多数的交通事故可归咎于人为错误，如在外部影响下驾驶、昏昏欲睡或分心。消除这种行为带来的危险，从某种意义上使自动驾驶技术成为人类历史上最具有变革性的公共生态产生业展之一。自动驾驶车辆的安全性得益于将容易出错的真人司机替换为传感器、摄像机和雷达——所有这些设备都不会喝醉、倦怠或分心。简单地说，自动驾驶技术不受人为错误的限制。

1）自动并不意味着无人

完全自动的技术在任何行业都很罕见。自主并不意味着无人的原因有两个（Nunes、Reimer 和 Coughlin, 2018）。首先，人类比机器更灵活、适应性更强、更有创造力，因此能够更好地应对变化或不可预见的情况（Chui、Manyika 和 Miremadi, 2016；Autor, 2015；Wickens, et al, 2012）。其次，机器可能（事实上确实会）出故障，使人工监督和干预都成为必需（Wickens, et al, 2012；Parasuraman、Wickens, 2008）。因此，尽管能源、制造业和农业等行业严重依赖机器来盈利，但人类经营者继续发挥着重要影响（Flemisch, et al, 2012）。在自动驾驶车辆和交通运输领域，这种情况将保持不变（Nunes、Reimer 和 Coughlin, 2018）。

2）自动驾驶出租车的远程监督

为了满足持续的人工参与和监督的要求，我们预计自动驾驶出租车将由所谓的"远程操作员"监督。这些"远程操作员"将从远程控制中心监视自动驾驶出租车操作的各个方面，并在情况需要时进行干预。

3）自动驾驶车辆的法规现状

2017年，新加坡政府修订《道路交通安全法》，允许自动驾驶汽车在公共道路上进行测试。相应地，自动驾驶车辆运营商必须确保其车辆拥有可负担的责任保险，或与地方职权部门设立债券用于事故赔偿。此外，还必须配备随时待命的紧急驾驶员，以便在必要时控制车辆；并且自动驾驶车辆的行驶范围限于指定的公共道路。

我国也采取了类似的做法。我国自动驾驶车辆公司可以申请自动驾驶许可，在预先批准的一组道路上测试车辆。与新加坡类似，每辆自动驾驶汽车必须伴有足额的责任保险，并必须有人工驾驶员坐在方向盘后面，以便在紧急情况下干预驾驶。

美国的法规形势更为复杂。美国国会审议的第一条也是唯一一条关于自动驾驶车辆的法案于2017年由众议院通过，但2018年在参议院未通过。该法案的未来仍不确定，因为一些立法者反对豁免自动驾驶车辆现有的某些安全性要求，而这是立法的一个关键部分。

4）法规差异

自动驾驶车辆政策的相同问题在不同国家都出现了。汽车制造商和立法机构持续争论：什么是驾驶员的必备条件，自动驾驶车辆能否在现行法律下运行，如果不能，是否应给予豁免以加快自动驾驶车辆的运营。然而，还有两个问题仍然处于观望状态，它们尤其会影响到自动驾驶出租车这一模式的财务可行性。自动驾驶车辆在现行法律下运作的两个问题如下：

（1）车辆与人的比例；

（2）劳动力归类。

5）远程操作的影响因素

解决上述问题的立法工作将依赖心理学、技术和社会学因素复杂的相互作用。远程操作的影响因素主要包括以下5个方面：

（1）监控负载；

（2）自动驾驶汽车的频率；

（3）自动驾驶汽车的严重性；

（4）基础设施的完善性；

（5）公众看法。

6）运行上的限制

这些限制可能是自行施加的（车队运营商特许），或由车队的保险公司施加，或由法律要求。在我们看来，可能存在3种运行上的限制：

（1）地理栅栏；

（2）车速限制；

(3)天气、野生动物和环境条件。

4. 国内外对自动驾驶车辆安全性的认知

国际出行调查数据构建了一个多级结构方程模型,如面向公众调查对自动驾驶技术的认识、对当前自动驾驶车辆安全性的看法指标,以及对自动驾驶车辆未来何时达到安全使用的预测指标。每个社会人口变量都以该国平均值为中心,从而在个体层面的回归估算中除去任何关于国家的差异,并估算固定效应。

1)个人趋势

研究发现,年轻人、男性、受过高等教育、全职工作、家庭收入高于平均水平的个人对自动驾驶技术的认知程度较高,对自动驾驶车辆当前安全性的看法也更为积极。并且他们预测自动驾驶车辆在较短年限内就能实现安全使用。综合起来,这些个人层面的结果表明,自动驾驶车辆的早期采用者(在所有国家)可能是较为年轻、富有、受教育程度较高的男性。此外,我们发现,目前拥有或租赁汽车的个人(车主),以及工作日主要交通方式为开车的个人(汽车用户),对自动驾驶技术有更强的认知,对当前和未来自动驾驶车辆安全性的看法更加乐观。

2)国家趋势

研究发现,对自动驾驶技术认知的差异、对自动驾驶车辆当前安全性的看法及对其未来安全性的预测,大部分都归因于个人之间而不是国家之间的差异。一方面,在控制个人层面的因素之后,各国之间确实存在小但具有统计意义的差异。北美人对自动技术的认识水平很高,但他们对当前和未来自动驾驶车辆安全性的看法相对悲观。另一方面,发展中大国的居民对自动驾驶技术的认识水平很高,对未来自动驾驶车辆安全性的看法也较为乐观。考虑到国家与国民财富、收入平等程度、机动化程度和道路安全性等指标之间的双变量相关性,我们发现在人均 GDP 较低、收入不平等程度较高(以基尼系数衡量)、车辆使用和拥有量较低及道路死亡人数较多的国家,受访者对自动驾驶车辆当前和未来安全性的看法也较为乐观。

第 4 章

移动边缘计算与 5G 网络切片技术

在智能网联汽车与智能网联设施车路协同管控中，5G 网络提供的两大核心能力主要包括：移动边缘计算和 5G 网络切片技术，以构建灵活的网络通信环境。采用边缘计算技术中的计算能力和服务能力，可满足 5G 技术低时延、海量连接业务等多种要求，从而减轻核心网及回传链路的负载。

4.1 智能网联汽车与智能网联设施移动边缘计算

移动边缘计算（Mobile Edge Computing，MEC）可利用无线接入网络就近提供电信用户 IT 所需服务和云端计算功能，创造出一个具备高性能、低时延与高带宽的电信级服务环境，加速网络中各项内容、服务及应用快速下载，让用户享有不间断的高质量网络体验。MEC 一方面可以改善用户体验，节省带宽资源；另一方面通过将计算能力下沉到移动边缘节点，提供第三方应用集成，为移动边缘入口的服务创新提供了无限可能。移动网络和移动应用的无缝结合，为应对各种过多应用提供了有力保障。

无论 5G 网络采用无线接入网（Centralized/Cloud Radio Access Network，CRAN）或分布式接入网（Distributed Radio Access Network，DRAN），都将引入移动边缘计算引爆新的应用创新机制。移动边缘计算的特性包括网络功能虚拟化（Network Function Virtualization，NFV）、软件定义网络（Software Defined Network，SDN）、边缘计算存储、高带宽、绿色节能等，它们源于数据中心技术，但在可靠性和通信带宽等方面的需求又高于数据中心。

MEC 把无线网络和互联网技术有效地融合在一起，并在无线网络侧增加计算、存储、处理等功能，构建了开放式平台以植入应用，并通过无线 API 开放无线网络与业务服务器

智能网联汽车 V2X 与智能网联设施 I2X

之间的信息交互，对无线网络与业务进行融合，将传统的无线基站升级为智能化基站。面向业务层面的智能网联汽车与智能网联设施，移动边缘计算可向行业提供定制化、差异化服务，进而提升网络利用效率和增值价值。同时，移动边缘计算的部署策略（尤其是地理位置）可以实现低时延、高带宽的优势。MEC 也可以实时获取无线网络信息和更精准的位置信息来提供更加精准的服务。

移动端应用将迫切需要一个更有竞争力、可扩展，同时又安全和智能的接入网。移动边缘计算提供一个强大的平台解决未来网络的时延、拥塞和容量等问题。5G 是一个集合了计算和通信技术的平台，而 MEC 将是其中不可缺少的一个重要环节。在 5G 时代，MEC 的应用伸展至交通运输系统、智能网联汽车、智能网联设施、实时触觉控制、交通仿真增强现实等领域。

网络切片（Network Slice）是一种按需组网的方式，让运营商在统一的基础设施上分离出多个虚拟的端到端网络，每个网络切片从无线接入网、承载网到核心网进行逻辑隔离，以适配各种类型的应用。在一个网络切片中，至少可分为无线网子切片、承载网子切片和核心网子切片 3 个部分。

网络切片技术的核心是网络功能虚拟化，网络功能虚拟化从传统网络中分离出硬件和软件部分，硬件由统一的服务器部署，软件由不同的网络功能承担，以实现灵活组装业务需求。

网络切片是基于逻辑的概念，是对资源进行的重组，重组是根据服务等级协议为特定的通信服务类型选定所需要的虚拟机和物理资源。

核心网络切片中的边缘计算服务器设置的位置与客户有一定的距离，时延会受到一定的影响，不能满足低时延设备的运行要求。另外，多种业务数据需要在核心网络中处理，数据流量的规模较大，回传链路需要承受较大的负荷，会消耗较多的带宽。与垂直结构切片相比，短距离数据传输共享无须较高的计算能力，用户分布范围不是很广，可应用端到端的水平结构切片。垂直结构切片在无线接入网络中接入网络切片，以保证业务本地处理的质量，减少核心网络及传输网络的成本费用，有效解决时延问题。

在边缘计算的基础上接入网络切片逻辑架构，专业软件所定义的接入网络切片编排器的作用是动态供应切片，对切片的资源进行有效管理。在架构中利用信息感知及数据挖掘接入网络切片编排器，能够获得接入网的各类业务请求及不同类型的网络资源。接入网络切片编排器可依据场景的基本需求和特征，生成接入网切片。确定切片实例后，编排器可结合实际情况为多个接入网切片实例分配资源，让所有的切片均可实现实例化处理。在切片运行过程中，切片需及时向接入网络切片编排器发送监测数据，做好切片实例监督和生命周期管理。

按照应用场景的业务类型来划分，网络切片主要分为满足大连接需求的海量机器类通信（mMTC）、满足超低时延需求的超可靠低时延通信（uRLLC），以及满足大容量需求的增强移动宽带（eMBB）。3 种网络切片中，eMBB 切片为了满足大容量需求，其具有宽频谱的特征，同时具备干扰协调、多站协作及传输空口协议等功能。

由于网络中的连接点数量较多，需提供多接入调度机制。mMTC 节点的数据量不大，对时延的要求相对较低，所以可在 mMTC 切片的协议栈中配置低比特率和高时延容忍调制编码等多种虚拟管控资源。为了满足业务时延长的要求，在 eMTC（mMTC）切片中可结合实际配置终端直通（D2D）通信中需要的时频资源，从而确保附近的用户终端（UE）可借助 D2D 或中继模式直接通信。缓存和计算处理能力对 UE 具有限制作用，可在业务分布区域当中设置边缘节点 F-AP 或 MEC，实现 eMTC（mMTC）管控等功能。

4.1.1 智能网联汽车体系结构特征

4.1.1.1 智能网联汽车体系结构

智能网联汽车领域首先关注的是整体体系结构，基于 C-V2X 通信技术，"人－车－路－网"多方协同的智能车路协同不同于传统的远程信息处理网络，对数据传输的速率、时延、可靠性等方面提出了更高的需求。网络除了进行数据传输，还需要实现辅助协同计算，因此需要将传统通信网络升级为"通信+计算"的网络，以满足新型智能网联汽车应用场景需求。

（1）网络需要在通信技术上升级更新，引入直连通信，并随主网演进至 5G 及更高级网络；

（2）引入计算能力，按需在网络中部署多级计算平台；

（3）引入多形态智能网联汽车终端，在端到端的网络架构中，还要引入针对智能网联汽车的安全机制，以保证通信安全、可靠、稳定。

4.1.1.2 智能网联汽车平台功能结构

从智能网联汽车体系结构的演进不难看出，为了满足智能网联汽车的需求，通信网络将逐步引入计算能力，辅助实现海量数据的实时计算。智能网联汽车 V2X 平台应具有以下基本功能：

（1）提供海量终端管理、用户管理、计费管理、应用管理、安全管控、系统监测控制等能力；

（2）提供海量终端数据统一接入、业务鉴权、交通数据汇聚及分析、应用托管、高性能数据存储、交通信息开放、边缘节点资源调度、路侧传感数据融合计算、业务连续性保持等业务支撑能力。

智能网联汽车 V2X 与智能网联设施 I2X

由于智能网联汽车对海量数据高性能处理的需求，除增强平台自身能力外，对于部署方案也应进行优化。相对于传统的数据中心平台——终端架构，新的智能网联汽车需要更贴近用户、灵活性更高的部署方案。因此，引入 V2X 多级平台系统架构，该平台可根据 V2X 业务对时延、数据计算量、部署等方面的需求，分层提供不同的服务能力。智能网联汽车 V2X 平台功能结构如图 4-1 所示。

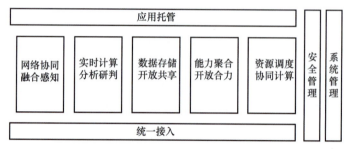

图 4-1　智能网联汽车 V2X 平台功能结构

4.1.1.3　智能车路协同通信网络结构

C-V2X 通信技术包括 LTE-V2X 和 5G-V2X，LTE-V2X 主要针对百毫秒时延的辅助驾驶场景，一方面引入直连通信，支持终端之间的直接通信，降低时延，增强终端在无网络覆盖时的通信能力；另一方面对公众网 Uu 接口进行性能优化，定义应用于 V2X 的服务质量等级标识，缩短多播控制信道周期等，降低时延，提高可靠性。5G-V2X 主要针对毫秒级时延、单车百兆速率的自动驾驶场景，并基于 5G NR Uu 技术引入 5G PC5。为满足智能网联汽车低时延、高可靠性、大带宽等需求，5G Uu 网络引入了 V2X 通信切片、边缘计算、服务质量（QoS）预测等特性。

1. 5G 切片技术

智能网联汽车的应用场景非常丰富，业务需求呈现多样性特征，既有大带宽、数据传输速率高的特性需求，又有对可靠性、时延等要求高的需求。对智能网联汽车可以考虑 3 种类型的切片：第一类为 eMBB 切片，支持车内娱乐、视频应用及在线游戏等业务需求；第二类为 V2X 通信切片，支持驾驶相关业务的网络需求；第三类为汽车厂商定制化的切片，可以由汽车厂商单独运营，为某品牌车辆特有服务，如远程诊断等。

2. 移动边缘计算技术

移动边缘计算技术将计算、存储、业务服务能力向靠近终端或数据源头的网络边缘迁移，具有本地化处理、分布式部署的特性。面向智能网联汽车的移动边缘计算一方面通过将业务部署在边缘节点，以降低 C-V2X 网络的端到端通信时延；另一方面作为本地服务托管环境，提供强大的计算、存储资源。

3. QoS 预测

智能网联汽车业务有别于其他 5G 网络业务，对通信性能的改变十分敏感。面对这一需求，5G 网络引入智能网元网络数据分析功能，通过采集分析数据，提前预判某车辆进入的小区是否能够满足 5G-V2X 业务的 QoS 需求，从而提前通知车辆。此外，5G-V2X 应用还将反馈给网络最高 QoS 需求和最低 QoS 需求，从而最大限度地保障 5G-V2X 业务。

4. 业务连续性

业务连续性指在终端移动状态下，通过不同网络侧会话管理机制来保障车辆快速移动状态下不同用户平面功能（UPF）切换时的业务体验。3GPP 标准中 R15 版本定义的保障业务连续性主要有 3 种模式，在 R16 版本中又增加了一种高可靠、低时延的业务连续性方案，在涉及切换的 2 个 UPF 之间建立转发通道，保障车辆在移动过程中会话不中断。

5G 在直连通信技术上也进行了增强，与 LTE-V2X 类似，NR PC5 也支持两种通信模式——模式 1 和模式 2。3GPP 正在讨论新增资源调度 NR 模式 2 子模式以优化通信性能。5G 智能网联汽车平台在低时延方面，NR V2X 支持 3 毫秒端到端超低时延需求，引入 60kHz 子载波间隔支持更短的子帧结构，NR Sidelink 支持基于预配置资源的免调度传输方案。在高可靠方面，5G-V2X 支持单播及组播，并支持混合自动重传请求（Hybrid Automatic Retransmission Query, HARQ）等重传技术，确保高于 99.999% 的超高可靠性。同时，5G-V2X PC5 既支持 ITS 频段，又可扩展到 IMT 频段，从而创造了更多的业务空间。

4.1.1.4 智能车路协同安全结构

随着智能网联汽车的不断完善与逐步应用，产业界越来越意识到智能网联汽车信息安全问题的重要性。如何在不降低系统运行效率、不增加额外开销的前提下，有效实现车路协同系统节点安全认证，确保车载终端、路侧设备、云平台等网元实体之间信息通信的安全性，是当前产业界面临的主要技术挑战。因此，智能网联汽车安全需要在两个方面取得突破。

1. 安全认证技术

为了确保智能网联汽车业务中消息来源的真实性、内容的完整性，并防止消息重放，中国 C-V2X 智能网联汽车系统采用数字认证技术，通过数字签名、验签等密码技术对 V2X 业务消息进行保护。因此，需要智能网联汽车网络安全管理系统来实现证书颁发与撤销、终端安全信息收集、数据管理、异常分析等一系列功能。智能网联汽车终端必须完成设备初始化，以安全的方式完成数字证书等敏感参数的初始配置。针对该问题，有两种解决方

智能网联汽车 V2X 与智能网联设施 I2X

案,第一种是车企自建证书管理体系,自己维护系统,确保系统的安全可靠;第二种方案是基于通用认证机制汉化版的终端认证服务。

对于安装 USIM 卡、支持 LTE-Uu 接口通信的 V2X 设备,可基于用户与运营商间的共享密钥和蜂窝网基础认证及密钥协商能力简化设计,实现证书认证(Certificate Authority,CA)管理实体与 V2X 设备间的身份认证,并在两者之间建立初始信任关系,满足电子证书认证 ECA 证书及其他证书初始申请、安全传输的需要。该方案能够使车载单元终端仅依靠自身安全硬件和网络图像基础认证 GBA 安全能力即可在线完成初始安全配置,避免了工厂复杂的密钥管理,降低了汽车企业生产线及管理系统安全改造的成本,提高了汽车工业自动化生产水平。未来,这一技术的演进可以为 5G 智能网联汽车的应用提供可靠的安全保障。

2. 智能网联汽车高性能安全芯片技术

C-V2X 智能网联汽车技术目前已经确定采用通用数字签名/验签的方式对智能网联汽车消息进行保护。为了实现上述机制,智能网联汽车终端需要以芯片、硬件、固件安全为基础,以安全的方式生成随机数及密钥,实现密码运算,对密码公私钥对、数字证书等敏感参数进行安全存储。

根据 3GPP 提供业务模型估计,智能网联汽车终端设备的验签处理能力预计至少应达到 2000 次/秒,这对安全芯片的处理能力提出了较高要求。此外,安全芯片应当符合车规级,满足测试标准要求。同时,在中国境内使用的安全芯片产品还应符合《中华人民共和国密码法》的规定及要求,应支持采用商用密码 SM2、SM3、SM4 算法实现密码相关处理及运算。因此,研究高性能安全芯片技术是当前智能网联汽车产业面临的机遇与挑战。

4.1.2 智能网联汽车要素优化方法

4.1.2.1 智能网联汽车要素工程

智能网联汽车要素工程技术研发主要包括以下内容:

(1)基于 5G 通信网络的智能车载终端系统;

(2)基于导航定位、语音识别、室内外自动巡航音视频记录、ETC 2.0 交互一体化交通服务机器人系统;

(3)基于可拓切换控制方法的智能车辆车道保持系统,自动驾驶定向传感、雷达传感的存储量与运算量不同应用场景分析技术;

(4)交通大数据物流云平台"车–货携手"统一访问与转换关键技术;

(5)基于长短期记忆网络 LSTM 的驾驶意图识别及车辆轨迹预测,智能驾驶公交汽车在封闭与半封闭场景的应用技术;

（6）智能网联汽车环境感知、前向碰撞预警、车道偏离预警、超速自动预报预警系统；

（7）基于场景的自动驾驶汽车虚拟测试研究，城市道路环境下智能网联汽车集成功能应用测试场景；

（8）北斗高精度定位、地图匹配、辅助环境感知、路径规划算法等技术；

（9）基于深度强化学习的车辆跟驰控制、智能车辆环境感知建模与自动驾驶机器人系统；

（10）智能网联汽车的盲区检测、车道保持辅助、自适应巡航控制、自主换道、交叉口通行协同控制等先进驾驶辅助系统及关键技术。

智能车载系统由V2X智能车载终端、驾驶辅助终端、车载组合天线组成，可支持驾驶安全、行车效率、信息服务大类30余种V2V、V2I和V2P应用，是首款内置DSRC/LTE-V双模的V2X通信应用，也是首款基于国内V2X数据交互标准实现的车载终端系统，可以提供网络式和嵌入式软件开发工具包，支持二次开发。

智能车载终端（又称卫星定位智能车载终端）融合了GPS技术、里程定位技术及汽车黑匣技术，适用于对营运车辆的现代化管理，包括行车安全监控管理、运营管理、服务质量管理、智能集中调度管理、电子站牌控制管理等。

（1）实现对运行车辆的动态监控管理，通过GIS平台实时、准确地显示车辆的动态运行状态，包括车速、里程、到站/离站时间、站名、运行路段、堵车、火警、车辆故障、超速告警及超速提示、赖站告警及赖站提示、疲劳驾驶提示、自动报站等，主要用于公交、长途客车、定线物流车辆的智能管理。

（2）可以通过GIS平台实现对运行车辆的动态定位跟踪及监控，在公交及长途枢纽站实现运行车辆的集中调度。

（3）可以实现对电子站牌显示信息实时、准确的控制。

（4）智能车载终端具有驾乘人员身份识别功能，驾乘人员均有一张存储有本人信息的IC卡（姓名、工号、路队编号），驾乘人员当班时必须在智能车载终端读卡器上刷卡，智能车载终端可通过对驾乘人员的身份识别确定驾乘人员身份。由于智能车载终端输出控制直接控制车辆的点火电路，只有确认驾乘人员的真实身份后，驾乘人员才能启动车辆。在营运过程中，智能车载终端会自动将当班驾乘人员姓名、ID号录入在各类运行报表中。在长途客运和物流车辆管理中，在当班驾驶员连续驾车4小时（可人工设置）时，智能车载终端会自动提示驾驶员休息。

（5）智能车载终端能自动采集、存储公交一卡通刷卡数据，经处理后可直接传送到计算中心。因此，无须专门人员上车进行数据采集。

（6）智能车载终端具有GPS卫星定位功能，使终端具有里程定位和卫星定位两种定位功能，以适应不同用户需求。

智能网联汽车 V2X 与智能网联设施 I2X

（7）智能车载终端配备了应急事件处理装置，可构成"道路交通安全预警及救援系统"。当车辆出现超速或驾驶人员疲劳驾驶时，智能车载终端会自动向驾驶人员发出安全预警提示信息。例如，在遇到应急事件（交通事故、火警等）时，驾驶人员或乘客可启动智能车载终端特定装置，智能车载终端会自动发送求救信息到 122、119、120 等中心。区域交通信息中心将显示求救车辆的线路号、车号、发生事故路段、时间等内容。此外，如遇治安事件，智能车载终端可及时进行抓拍，并能发出语音预警。

智能车载终端涉及如下相关技术。

（1）通信网络：4G/5G，DSRC 短程通信；
（2）精准定位：GPS、北斗卫星导航系统，位置精度小于 10 米，速度精度小于 0.2 米/秒；
（3）数据交互：ETC 2.0 服务、高速公路运行状况发布、高速公路养护服务订阅；
（4）语音交互：驾驶员提醒、前方交通事故提醒、前方突发事件提醒；
（5）动态建模：位置推算模型、危险预警模型、危险报警通信模型。

4.1.2.2　智能网联车载终端渗透率优化方法

智能网联汽车的车载终端形态多样化，包括传统的 2G/3G/4G T-BOX、Tracker、OBD、UBI、智能后视镜、行车记录仪，以及 ETC 有源车载终端 OBU 和汽车电子标识无源 OBU 等。随着 5G 商用化时代和 C-V2X 预商用时代来临，智能网联汽车车载终端的产品形态正在发生变化。C-V2X 车联网车载终端产品形态及 C-V2X 车联网车载终端渗透率提升的典型趋势如下：

（1）商用车先行，乘用车上量；
（2）后装先行，前装上量；
（3）路侧"覆盖率"带动车载"渗透率"。

单车智能主要包括决策层、高精度地图和定位、传感器、处理器等核心组件。

L4/L5 级自动驾驶决策层主要依靠 AI 算法、深度学习等技术，为车辆提供驾驶行为决策判断；高精度地图和定位是实现自动驾驶的关键能力之一，是对自动驾驶传感器的有效补充；传感器是自动驾驶的眼睛，主要包括摄像机、毫米波雷达、激光雷达和超声波雷达等，如超声波雷达探测距离为 5 米，激光雷达探测距离为 100 米，摄像机探测距离为 150 米，毫米波雷达探测距离为 200 米的融合感知组合；处理器是汽车的大脑，车载计算平台包括芯片、显卡、硬盘、内存等，一般 L2 级自动驾驶需要计算力小于 10 层级，L3 级自动驾驶需要计算力达到 30~60 层级，L4 级自动驾驶需要计算力大于 100 层级。未来的汽车不仅是数据发送方和接收方，还是计算节点，更是数据分享节点。但是聪明的车仅仅依靠单车智能存在如下 3 个方面的问题：

（1）实现 L4/L5 级自动驾驶，存在单车智能无法解决的场景，如前方大车遮挡住红绿灯、大车遮挡"鬼探头"、前方几千米外交通事故预知等。这些场景，依靠车联网可以较好地解决。

（2）还存在一些场景，仅仅依靠单车智能虽然能够较好地解决，但依然存在长尾效应。所谓长尾效应，是指99%的力量用于解决1%的问题。例如，依靠单车视觉识别交叉路口红绿灯信息，由于存在树木遮挡、强光效应、极端天气等因素，无法做到百分之百准确。对于这类存在自动驾驶长尾效应的场景，可以利用车联网的车路协同技术辅助解决。

（3）自动驾驶如果仅仅依靠单车智能，需要依托多传感器融合，包括毫米波雷达、激光雷达、高精度地图和定位等技术。而采用车联网技术将有效降低实现 L4/L5 级自动驾驶的汽车端成本压力。

4.1.3　智能网联设施 5G 网络重构

智能网联设施是实现智能化道路基础设施规划建设状态全面感知、信息高效处理的智能化道路基础设施新模式，是当前交通物理世界向数字世界转变的核心数据来源。围绕推进智能化道路基础设施规划建设，需要开展以下工作：

（1）积极推进智能交通、智慧道路及新一代国家交通控制网等规划建设，逐步满足智能汽车环境感知和决策系统的需求。

（2）结合信息接入发布与车辆运行安全管控等，分阶段、分区域地推进道路基础设施的信息化、智能化和标准化建设，逐步形成多维监测、精准管控的服务能力。结合 5G 商用部署，加强 5G 与车联网协同，加快智能化道路基础设施的升级或新建。

（3）在智能化道路基础设施建设过程中注重统一通信接口和协议，推动道路基础设施、智能汽车、运营服务、交通安全管理系统、交通管理指挥系统等信息互联互通，促进路网资源的协同优化利用。

4.1.3.1　智能网联设施 5G 网络重构建设分析

1. 建设广泛覆盖的车用无线通信网络

车用无线通信网络能够将"人–车–路–云"交通要素有机地联系在一起。围绕车用无线通信网络建设，一方面，充分发挥中国信息通信技术与网络基础优势，统筹公众移动通信网部署，快速提升 LTE-V2X 车用无线通信网络的区域覆盖，并在部分城市、高速公路逐步建设 5G-V2X 新一代车用无线通信网络，提供超低时延、超高可靠、超大带宽的无线通信服务；另一方面，在桥梁、隧道、停车场等交通设施部署窄带物联网，建立信息数据库和多维监控设施，利用其覆盖范围广、功耗小、成本低等特点，对交通设施的使用状态和周边环境状态进行全方位实时监测。此外，在强化网络连接能力的同时，加强先进计算资源布局，统筹部署边缘计算等服务能力。

2. 建设覆盖全国的车用高精度时空基准服务能力

传统的车载导航系统已无法满足智能驾驶的需要，高精度时空服务是智能汽车做出有效驾驶决策的先决条件。《智能汽车创新发展战略》充分利用已有北斗卫星导航定位基准站网，推动建设全国统一的高精度时空基准服务能力，为智能汽车通信、感知、控制等提供统一的时空基准。开展多源导航服务平台建设，积极推进导航系统和通信系统融合，发挥天地空一体化优势，提供室内外普遍定位服务，使智能汽车在城市、峡谷、隧道等易遮挡区域具备连续定位能力，并促进"感知、定位和通信"一体化应用服务创新。推动北斗通信服务和移动通信双网互通，建设车用应急系统，实现应急通信服务。

3. 建设覆盖全国路网的道路交通地理信息系统

道路交通地理信息系统作为战略性资源，是智能汽车发展必不可少的重要支撑。《智能汽车创新发展战略》以提供实时动态地图数据服务为目标，提出开发标准统一的智能汽车基础地图，建立完善包含路网信息的地理信息系统，该系统可以优化智能汽车基础地图信息库模型与结构，推动建立智能汽车基础地图数据和卫星遥感影像数据共享机制，构建道路交通地理信息系统快速动态更新和在线服务体系等。通过推动汽车厂商、地图服务商、科研院所等上下游单位的联合，为实现车辆精准定位、行驶规划和决策等提供必要的实时道路交通地理信息服务。

4. 建设管理国家智能汽车大数据云控基础平台

数据资源已成为驱动智能汽车产品成熟和应用服务创新的核心资源。《智能汽车创新发展战略》提出，在充分利用现有设施和数据资源的基础上，建设国家智能汽车大数据云控基础平台，城市交通要重点开发逻辑协同、物理分散的云计算中心，标准统一、开放共享的基础数据中心，风险可控、安全可靠的云控基础软件，将分散在各处的系统串联、数据打通，向上承载应用服务，向下触及终端设备，横向与各类平台进行交互，逐步实现车辆、基础设施、交通环境等领域基础数据融合应用，有力保障运行安全。在区域交通的智慧高速公路将围绕"安全、快捷、服务"3个核心，着重建设"智能基础设施与智能网联汽车、智能管理云平台、基于'互联网+'的智能服务体系"，向"路网运行更安全畅通、公众出行更便捷愉快、交通管理更高效智能、智慧道路更绿色经济"的方向前进。5G智慧高速公路想象的场景将会不断成为现实。智能的路和高级的车辆协同合作，彼此互通信息，形成一个强大的智能系统，将让我们的出行变得更加安全、智能、绿色。

4.1.3.2 智能网联设施 5G 网络重构建设实践

5G 智能网联路侧基础设施主要包括以下 4 个方面。

（1）通信基础设施：4G/5G 蜂窝基站。

（2）C-V2X 专用通信基础设施：多形态的路侧单元（Road Side Unit，RSU）。

（3）路侧智能设施：包括交通控制设施（交通信号灯、标志、标线、护栏等）智能化，以及在路侧部署摄像机、毫米波雷达、激光雷达和各类环境感知设备。

（4）MEC（多接入边缘计算/移动边缘计算）设备。

1. 5G 通信基础设施

5G 基站建设采取先城区，再郊区；先热点，再连片；先低频，再高频；先室外，再室内；先宏站，再小微基站的模式，积极、稳妥地分布推进，初期大多数情况下强调对 4G 的依赖，以降低组网成本，保证用户体验。

除了宏站投资，5G 发展还涉及大量小微基站、光传输、核心网、多接入边缘计算等资金投入。

2. C-V2X 专用通信基础设施

C-V2X 的 RSU 是部署在路侧的通信网关，其解决的是感知层面的网联化问题。RSU 基本功能包括业务功能、管理功能和安全功能，其中，业务功能主要包括数据收发、协议转换、定位、时钟同步等。RSU 具有不同的产品形态：

（1）基础版本支持 LTE-V2X PC5 通信能力，汇集路侧智能设施和道路交通参与者的信息，上传至云平台，并将 V2X 消息广播给道路交通参与者；

（2）RSU 还有 LTE Uu + LTE-V2X PC5 双模版本；

（3）5G 时代到来后，RSU 产品形态将更加多样化，如 5G Uu + LTE-V2X PC5 版本，或 LTE-V2X PC5 + 5G NR-V2X PC5 版本，或 5G Uu + LTE-V2X PC5 + 5G NR-V2X PC5 版本；

（4）交通运输部主推的 ETC 车载与路侧设备，公安部主推的汽车电子标识车载与路侧设备，甚至交通信号灯都存在和 V2X 合一的产品形态；

（5）RSU 产品形态除丰富通信能力外，还有一种可能是向智能化 RSU 演进——RSU 上集成智能化边缘计算能力，即除网联化能力外，还将具备决策和控制能力。

从部署的节奏看，预测未来几年将以 LTE-V2X PC5 RSU + 5G Uu 蜂窝基站这样的网络部署为主，即点对点（V2I）通过 LTE-V2X 专网支撑，蜂窝（V2N）通过 5G 网络或已有的 4G 网络支撑。

3. 路侧智能设施

路侧智能设施包括智能化交通控制设施（交通信号灯、标志、标线、护栏等）和摄像机、毫米波雷达、激光雷达、各类环境感知设备。

智能网联汽车 V2X 与智能网联设施 I2X

1）交通信号灯

交通信号灯信息可以通过信号灯控制中心平台传递到车联网云平台，再传递给 RSU，然后通过 RSU 广播给车载 OBU。但是由于信号灯控制中心平台处于公安内网，需要跨越边界网关传递信息，存在十几秒的时延，无法及时向通过路口的车辆推送红绿灯信息。

较好的方式是在每个路口，都由信号灯路口控制器分出一路信号给 RSU，直接由 RSU 广播给车载 OBU。

2）多传感器融合

采用单一传感器存在诸多挑战，如摄像机没有深度信息，受外界条件影响大；毫米波雷达没有高度信息，行人探测效果弱（多适用于高速公路）；激光雷达距离有限（16 线分辨率的约 100 米，32 线分辨率的约 200 米），角分辨率不足（识别小动物能力远弱于视觉方式），环境敏感度高（受大雪、大雨、灰尘影响）等。

因此，路侧可以考虑采取多传感器融合的方式，如大于 200 米时采用毫米波雷达，200 米以内采用激光雷达+毫米波雷达，80 米以内采用摄像机+激光雷达+毫米波雷达。毫米波雷达和激光雷达实时采集环境信息，分析路面所有大机动车、小机动车、非机动车、行人等的位置、速度、角度和距离，判断障碍物的危险系数，有效提前预警；雷达和摄像机安装得越近越好，有利于将激光雷达三维坐标标定到图像上，这样摄像机可以为雷达检测到的障碍物提供融合识别数据，并能提供障碍物真实的图像信息。例如，车道线检测，先在摄像机图像中检测出车道线，然后再将激光雷达生成的点投射到图像上，找出落在车道线上的点在激光雷达坐标系中的坐标，通过这些坐标生成激光雷达坐标系中的车道线。

4．移动边缘计算装备

5G 网络两大核心技术——移动边缘计算和网络切片将与车联网深度融合，为 C-V2X 提供灵活性高、鲁棒性强的网络能力。MEC 或部署在路侧或由运营商部署在其边缘数据中心和综合接入局方。

5G 车联网 MEC 需要具备多设备连接能力，接入 RSU、OBU、智能化交通控制设施（交通信号灯、标志、标线、护栏等）、摄像机、毫米波雷达、激光雷达、各类环境感知设备的信息，同时向上连接云平台；MEC 需要具备多传感器融合处理能力，如摄像机+激光雷达+毫米波雷达融合分析算法；MEC 还需要具备 ITS 相关协议处理能力，如针对交叉路口防碰撞预警业务，在车辆经过交叉路口时，MEC 通过对车辆位置、速度及轨迹的分析研判，分析出可能存在的碰撞风险，通过 RSU 传输到车辆 OBU，起到预警目的。智能车路协同控制机——5G MEC 结构如图 4-2 所示。

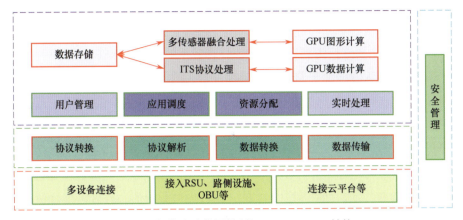

图 4-2　智能车路协同控制机——5G MEC 结构

4.1.4　智能网联移动边缘计算扩展

随着 5G 的发展，其服务的目标扩展到生产性领域，为适应垂直行业网络个性化和计算本地化的特点，5G 与 MEC 的结合带来想象空间，得到了广泛的关注。在算力提供的方式演进中，5G MEC 的驱动因素，以及 5G MEC 的系统实现和标准进展如下：

（1）算力提供从中心到边缘、从集中到分布、从分散到协同是伴随信息革命第二阶段智能化而发生的，其最高目标是实现随时、随地、按需获得算力；

（2）5G 连接类型从人–人类型到物–物和物–人类型的变化推动数据处理更多在边缘进行，业务类型向高带宽、低时延发展，业务领域从消费性领域扩展到生产性领域；

（3）5G 低时延在技术上要求业务处理本地化，网络软件化和虚拟化则是驱动 5G MEC 的主要技术因素；

（4）算力从云端迁移到边缘，给具备强大网络、通信机房基础设施、本地维护队伍等独特竞争优势的运营商带来新的机会，这也是驱动 5G MEC 受到通信运营商普遍重视的商业因素；

（5）相对于 4G，5G 定义了更清晰的 MEC 系统架构和功能，标准探讨的范围也更广泛，有助于凝聚业界力量构建标准化的边缘计算服务，但如何融入行业中，发展出蓬勃的应用，仍然需要业界的思考和共同努力。

4.1.4.1　5G 边缘计算的驱动因素

边缘计算在传媒领域开创了内容分发网络的成功应用，但其真正得到产业界的广泛关注还是在物联网、智能化兴起之后，实现万物智能互联的 5G 将 MEC 作为其基本能力和网络切片能力，由以下几方面的因素驱动。

智能网联汽车 V2X 与智能网联设施 I2X

1. 应用业务因素

5G 时代面向的主要连接类型发生变化，使得数据的处理更多在边缘进行。5G 以前的移动通信实现了人与人之间的普遍连接，GSMA 发布的《2020 年移动经济报告》显示，截至 2019 年年底，全球移动用户数量达到 52 亿人（约占全球总人口的 67%），而这一趋势正在放缓，预计到 2025 年将增长至 58 亿人（约占全球总人口的 70%）。与之形成鲜明对比的则是物联网连接数量，2019—2025 年，全球物联网连接数量将至少翻一番，达到近 250 亿个，全球物联网收入将增加 2 倍以上。而物联网连接由于其数据处理的本地特性，即边缘数据的半衰期可能非常低，如在事件发生的几毫秒内最有价值，或者可能价值很低，如静态场景的视频监控，需要边缘计算来对大量的本地数据进行处理，只转发有意义的数据或元数据到数据中心。此外，物联网连接应用主要面对企业，大部分企业数据是在企业数据中心或云上进行集中处理的，边缘计算能够有效降低这种远离应用设备带来的时延（网络处理和传输速度），满足应用的需求。

5G 时代的主要业务类型也在发生变化，4G 时代主要以低速的移动互联网业务为主，而 5G 提供了最高 100 倍于 4G 的通信带宽，使得在公众业务上，4K、8K 的高清视频直播、AR/VR、云游戏等媒体娱乐类应用成为最吸引用户的业务，这在先行发展 5G 的国家，如韩国的运营数据中已得到验证。在垂直行业业务上，高清视频监控、机器视觉、远程 AR 辅助、远程医疗等高带宽、低时延业务成为最具想象力的发展方向。随着网络带宽的需求提升，以及灵活的分流和计算需求，如云游戏渲染、高清视频的本地预处理，传统内容分发网络技术也在向边缘计算方向发展。

随着 5G 连接范围的扩展，连接和业务类型从个人消费走向生产领域，对隐私、安全的要求变得更高。应用业务因素对某些行业来说可能是至关重要的，一些传统高安全的行业，如电网领域对安全有严格的行业和国家规范要求。一些新兴行业的应用，如车联网，由于其操作的关键性和其连接的用户将更多的个人数据上传到网络，也需要有严格的行业和国家规范要求。例如，以高清视频监控的本地智能处理、机器视觉的工业生产数据，使得这些数据变得更加私密（个人健康、面部或语音识别数据、私人场所的互动）或机密（关键的工厂内部数据）。从物理上将这些数据保存在本地，或者通过边缘计算的预先处理、存储和/或丢弃适当的数据来满足保护隐私的监管需求，减少数据泄露风险，成为能够进入这些领域至关重要的因素。

2. 关键技术因素

低时延的实现需要将计算从中心向边缘下沉。随着主要连接类型从人与人的连接向物与物的连接扩展，业务类型向更高带宽、更低处理时延发展。5G 提供了面向这类业务的超高可靠与低时延通信 uRLLC 应用场景，且通过在核心网、传输网、无线接入网各个子域采用不同的技术来实现。例如，在核心网可以通过简化内部网元处理，在传输网采用高速转发的 FlexE 技术，在无线接入网则通过灵活的子载波间隔、微型槽、免调度等技术减少数据在 5G 网络中传输的端到端时延。从各个子网来说，核心网转发时延约在 0.5 毫秒级别；无线接入网的处理时延视采用的技术集而定，基本在双向极端的 1 毫秒到普遍的 15 毫秒之间；传输网时延以光传输为例（5G 主要采用的承载技术），主要由 5 微秒/千米光纤固有传输时延和光网络设备的处理时延组成，以进入 L1 处理的光传送网（OTN）设备为例，基本单节点在 10 微秒级（复杂封装结构下可能达到 100 微秒级）。基于对光网络时延构成的量化分析，光纤传输时延占据光网络电路时延的 90% 以上，因此光网络时延的首要优化举措是路由优化，尽可能降低路由长度。而 5G 通过 MEC 将网络中的数据在无线接入网卸载，进行本地处理，或者通过 MEC 将负责数据转发的用户平面功能下沉到边缘，接入行业用户的数据中心，是实现低时延的关键技术。

5G 网络 SDN/NFV 化、云网融合、算力网络等趋势推动边缘计算和 5G 深度结合。为实现更灵活的网络，5G 引入 SDN/NFV 技术，对核心网、传输网和无线接入网进行了重新定义，SDN 的架构能够让网络可以灵活互换使用云计算和边缘计算的资源，满足敏捷和动态系统的需求，为用户提供最佳的服务。实际上 5G 标准也在网络架构中明确定义了 MEC。而网络运营商面对主要用户从个人向行业的转变，纷纷推出云网融合战略，力图构建通信和算力一体化的算力网络，这使得 5G 不再是传统的通信网络，而是以多层次灵活部署的算力为中心，通过各种接入手段和传输手段实现算力的按需投送，就像电网为用户输送电力一样提供算力，这使得边缘计算得到了运营商前所未有的重视。

3. 商业模式因素

边缘计算除了是一种技术，也体现为一种商业模式。应用的需求让边缘计算得到了很多行业的关注。对于垂直行业，关注现场计算、ECC（边缘计算产业联盟）等模式，边缘计算的定义为：在靠近物或数据源头的网络边缘侧，融合网络、计算、存储、应用核心能力的开放平台，就近提供边缘智能服务，满足行业数字化在敏捷连接、实时业务、数据优化、应用智能、安全与隐私保护等方面的关键需求。对于端、边、云商来说，则关注边缘网关，全国信息技术标准化技术委员会在其白皮书中将边缘云定义为：基于云计算技术的核心和边缘计算的能力，构筑在边缘基础设施之上的云计算平台。边缘云的基础设施包括但不限于：分布式互联网数据中心（IDC）、运营商通信网络边缘基础设施，边缘侧客户节点（边缘网关、家庭网关）等边缘设备机器对应的网络环境。而对通信运营商而言，则关注 MEC，ETSI（欧洲电信标准协会）将边缘计算定义为：在包含一种或者多种接入技术的网络中，靠近用户的边缘，提供 IT 业务环境和云计算能力的系统。

垂直行业解决方案提供商，端、边、云商，通信运营商基于各自理解均提供了不同的

智能网联汽车 V2X 与智能网联设施 I2X

产品、服务和应用。而 5G 的发展，也给通信运营商提供了摆脱移动互联网时代"哑管道"的机会。GSMA 在《5G 时代的边缘计算：中国的技术和市场发展》中提出，部分算力从云端迁移到边缘，很大程度上可以视为以运营商为中心的技术转移，这种技术转移基于以往网络软件化和虚拟化等的发展成果，并在 5G 部署中发挥作用。通信运营商确实具备一些独特的竞争优势，一方面是其强大的网络，另一方面是其遍布全国的各级通信机房，还有其本地维护队伍。这给尽管认识到云计算的重要性，但却在公有云上丧失先机而普遍折戟成沙的通信运营商带来了逆袭的机会，各大运营商尤其是中国运营商将边缘计算提高到很高的地位，并大力推动边缘计算应用生态成熟。

4.1.4.2　5G 边缘计算实现和标准进展

技术要成熟商用，尤其是涉及需要多方协同推进的技术，标准化是必不可少的过程。致力于实现 MEC 标准化的组织主要有两类，一类是基金组织的开源项目，如 Linux 基金会的 Edge X，开放网络基金会（ONF）的 CORD 项目；另一类是通信行业的标准组织，主要是 ETSI 和 5G 的主要标准组织——3GPP，以及中国通信标准化协会（CCSA）。

ETSI 在 2014 年启动了 MEC 标准项目，旨在通过移动网络边缘为应用开发商与内容提供商搭建一个云化计算与 IT 环境的服务平台，并通过该平台开放无线侧网络信息，实现高带宽、低时延业务支撑与本地管理。2017 年年底，ETSI MEC 完成了 Phase I 阶段基于传统 4G 网络架构的部署，定义了边缘计算系统应用场景、参考架构、边缘计算平台应用支撑 API、应用生命周期管理与运维框架，以及无线侧能力服务应用程序接口（Application Programming Interface，API）RNIS/定位、带宽管理接口。2019 年完成了 Phase II 阶段，将 MEC 由原来的移动边缘计算（Mobile Edge Computing）改为了多接入边缘计算（Multi-access Edge Computing），聚焦 5G、WiFi、固网等新业务及需求，工作重点覆盖 MEC in NFV 参考架构、端到端边缘应用移动性、网络切片支撑、合法监听、基于容器的应用部署、V2X 支撑、WiFi 与固网能力开放等研究项目，定义了网络能力 API，采用 Open API 进一步开源，并与 3GPP WiFi、GSMA 等组件协作，推进 MEC 产业化应用。

ETSI MEC 标准化的内容主要包括研究 MEC 需求、平台架构、编排管理、接口规范、应用场景等，定义系统架构主要涵盖以下 6 个方面。

（1）NFVI/VIM：基于 ETSI NFV 框架、虚拟化平台，提供应用、服务、MEP 等部署环境。

（2）Data Plane：EPC/5GC/BRAS 的转发面（GW-U/UPF/BNG-U），提供分流、计费、监听等网络功能。

（3）MEP：表示 MEC 应用的集成部署、网络开放等中间件能力，可托管 5G 网络能力、业务能力等 MEC 服务。

（4）MEPM：表示 MEC 平台网管实施 MEP 的监控、配置、性能等管理及对边缘计算应用的规则和需求进行管理；虚拟化基础设施管理器负责虚拟化资源的分配、管理和释放。

（5）MEAO+NFVO+VNFM：提供应用编排。

（6）ME App：部署在 ME Host 上的服务 App。

3GPP 主要从 QoS 框架、会话管理、高效用户面选择、网络能力开放、计费等方向对 MEC 开展研究。R14 阶段，3GPP 主要做了 CU 分离状态的一些规定，将控制面和用户面进行分开，实现通过 MEC 进行分流。已冻结的 R15 中提出了 MEC 对核心网的能力要求，包括用户面选择（根据 DNAI 选择 UPF）、分流（ULCL/Multi-homing）、业务连续性（SSC mode）、AF 通过 NEF 请求分流过程、通过 NEF 能力开放、局域数据网（Local Area Data Network）等服务。

MEC 与 5G 的结合，涉及 NEF、PCF、SMF、UPF 等网元或功能。在控制面上，MEC 平台作为 AF 与核心网控制面（PCF/NEF 等网元）对接，调用 5G 网络提供的能力，同时可以通过边缘 MEP 平台，为边缘应用提供 5G 网络能力。在用户面上，5G 网络 UPF 通过 N6 接口对接 MEC 边缘主机，本地分流功能由 UPF 实现。具体要点如下：

（1）MEC 应用编排（MEAO）与 AF，可通过 NEF 或 PCF 进行交互，完成分流规则配置；

（2）通过 LDAN、ULCL 或 IPv6 多归属等方案实现边缘 UPF 选择及特定数据业务分流；

（3）会话管理、QoS 管理、连续性管理、计费、监听等遵照 5GC 流程；

（4）5G MEC 的部署编排应与 5G 网络 NFVO-MANO 统一考虑；

（5）MEC 能力开放应与 NEF 能力开放采用统一接口，仅需支持边缘侧网络能力开放。

3GPP 在后续标准版本中将继续对 5G MEC 进行研究，R16 主要在 5GC/5G NR 的增强技术中应用，对核心网和 NR 的核心要求，包括 RAN 的能力开放、5G 增强的移动宽带媒体分发机制、5GC 网管增强支持 MEC，如 N6 口配置能力、CAPIF 增强支持多 API 提供者等。R17 主要是 5G 的增强技术，主要包括 AS 地址发现、AS 切换、I-SMF 插入、策略和计费增强、CAPIF 针对 MEC 进行增强、UE 和 AS 的应用层接口增强、为典型的 MEC 应用场景（如 V2X、AR/VR、CDN）提供部署指南等。

4.2 智能网联汽车与智能网联设施 5G 网络切片解析

在智能网联汽车与智能网联设施协同管控中，研究 5G 网络切片技术主要包括 7 个部分的内容：超高带宽、超低时延、海量连接、切片编排与自动部署、服务水平协议（Service Level Agreement，SLA）性能保障、切片能力开放、切片市场。其中，超高带宽、超低时延、海量连接是 5G 提供的基础能力，在网络切片中也可以根据垂直行业的需要进行定制化的设计；切片编排与自动部署、SLA 性能保障则是切片运维和运营需要的端到端核心能力，主要实现垂直行业应用的快速创新和上线，并保证 SLA 满足用户的要求；切片能力开放和切片市场则是 5G 网络切片的用户侧应用能力，主要提供网络切片的用户接口，方便用户订购、管理网络切片，并和垂直行业自身的系统和应用融合，实现智能网联汽车与智能网联设施融合行业的数字化转型。

4.2.1　5G 通信网络切片数字化转型

5G 在需求定义之初即面向万物互联，eMBB、uRLLC、mMTC 三大应用场景分别应对高带宽、低时延、高可靠和海量机器类型连接的需求，uRLLC 和 mMTC 主要面向物与物之间的连接。5G 有别于之前的移动通信网络主要面向消费市场这一发展主线，具有消费性、管理性和生产性三大发展主线，而主要的增量收入来自 uRLLC 和 mMTC。按照 GSMA 对全球运营商 CEO 的调查，69%的 CEO 认为企业（B2B、B2B2C）是 5G 收入的最重要来源，远高于消费者（B2C）的 23%。不管是 5G 本身定义的不同应用场景能力，还是垂直行业千差万别的需求，都很难想象能够用一张网络来满足，因此网络切片技术被普遍认为是 5G 满足垂直行业需求，使能千行百业数字化转型的理想技术架构。

4.2.1.1　5G 通信网络切片技术演进

为了便于理解网络切片，下面简单介绍一下移动通信网络提供服务的演变，最先的 1G/2G 时代，移动通信主要提供语音业务和消息业务（短信），语音业务是信道化的，所有用户共享一个物理网络，通话用户独占信道，运营商按通话时间收取费用。

从 2G 末期到 3G、4G 时期，随着互联网的发展和智能手机的普及，数据业务成为移动通信网络增长最快的业务，人们通过手机享受各种互联网服务，运营商则按照数据流量收取费用。数据业务是 IP 化的，各种不同的业务（语音、视频、图片、游戏、电子邮件、浏览网页等）都在这个"管道"里进行，但显然不可能让每种业务都按照最快的方式发送，不仅网络能力无法满足，而且完全平等地发送所有业务数据还可能会使得某些业务无法及时调度而导致用户体验不好，兼顾网络能力和用户体验的简单方法就是根据不同业务的实际需求，如时延、误码率/丢包率，区分出优先级，按照优先级进行调度。3G 时期就采用这种方法，分为会话类、交互类、流媒体类、背景类 4 种业务，4G 时代则增加了速率保障维度，划分出了 9 种服务质量等级。

5G 面向万物互联定义了三大类场景，对网络的速率、容量、时延、可靠性、安全性、频谱效率、移动性、网络能效、服务成本等有不同的需求，而且物联网应用还需要和第三方平台、应用融合，同时能满足不同行业对安全隔离的要求。再沿用 3G、4G 的方式按照不同需求维度进行调度优先级的划分在具体实现和网络管理上就变得不再可行。为了解决这个问题，3GPP 从 R14 开始进行网络切片的研究，引入网络切片的概念：在同一个物理网络上构建端到端、按需定制和隔离的逻辑网络，提供不同的功能、性能、成本、连接关系的组合，支持独立运维，为不同的业务和用户群提供差异化的网络服务。这样一来，就将原本服务质量的"业务类别/业务特性"二维扩充成了"网络切片、业务类别、业务特性"三维，同时解决了行业用户对网络的安全隔离和独立运维的要求，借助网络切片端到端的设计、监控和保障，可以实现对网络 SLA 的可保障服务，不需要在公共网络中去争夺资源，满足了行业用户对通信可靠性的要求。

4.2.1.2　5G 网络切片与数字化关联

数字化转型是利用最新的数字化技术和能力来驱动组织商业模式的创新，目的是实现业务的转型、创新和增长。通信技术作为基础的数字化技术，在推动数字化转型上起到重要的作用。通信技术在垂直行业的应用非常广泛，光通信、工业以太网、WLAN、LAN、PLC 等有线通信技术，电台、2G、3G、4G 等无线通信技术，在垂直行业中都得到了不同程度的应用，以满足不同场景下的通信需求。

目前，通信技术面临一些关键挑战，包括：可扩展性差、带宽有限（PLC）；部署成本高、周期长、移动性差（光纤）；公网无法保障质量，私网建设成本和运维成本高（3G/4G）；带宽有限、存在安全风险（无线电台/WiFi）；部署成本高、时延大（卫星通信）。同时，多种通信技术给通信网络的建设和运维带来更多的成本。而 5G 网络提供高可靠性、高扩展性、高带宽、低时延、大用户容量等能力，再通过网络切片灵活调度和合理分配网络资源，在公网上提供满足安全隔离要求、服务质量保障的通信服务，相对于现有通信技术和以前的蜂窝移动通信技术，为垂直行业的数字化转型带来了更多的契机。

网络切片通过对以上能力的组合和能力开放，可以最大限度地满足垂直行业的需求。网络切片一般通过以下过程进行设计、部署、监控保障、运维。

（1）切片订购：行业用户通过切片商城/服务门户订购切片，并提出关键 SLA 要求；

（2）切片设计：切片管理系统响应切片订单，将 SLA 的各子网分解，参考当前网络资源和运行情况转化为切片的网络拓扑、网络参数和资源配置等；

（3）切片部署：切片管理系统执行切片网元实例化、参数的配置和切片激活；

（4）切片监控保障：切片管理系统提供切片 SLA 指标的端到端监控和上报，并动态调整切片配置，保障 SLA 指标满足客户要求；

（5）切片运维：切片管理系统提供切片级的故障告警、性能统计等运维功能。

除切片订购和服务平台外，网络切片还需提供能力开放平台，方便垂直行业用户进行业务控制、策略管理、性能监控等，有效地促进垂直行业的数字化应用与运营商网络深度

智能网联汽车 V2X 与智能网联设施 I2X

结合,从而提供极致的用户体验。

4.2.1.3 智能网联汽车与智能网联设施引入网络切片

网络切片将 5G 丰富的能力按照行业的需求,提供了定制化、可保障、安全隔离的通信服务,并提供能力开放服务,与其他业务平台和应用结合,形成垂直行业的数字化服务。下面从网络切片的定制化、可保障、安全隔离 3 个维度进行分析。

在消费性领域,高清视频类(4K、8K、VR/AR)、实时交互类(VR/AR)、互动娱乐类(云游戏/VR 游戏)等是体现 5G 高带宽、低时延特性的业务,被电信运营商认为是 5G 商用早期最具价值的业务。高清视频类消费者应用包括点播、直播,点播主要对下行速率有要求,4K 视频目前在线商用服务的带宽要求在 15~25Mbps 之间(与压缩算法有关),广播级服务以韩国为例,无线广播的带宽要求是 25Mbps,卫星/有线广播的带宽要求是 40Mbps,均为逐行 60fps 的高帧率内容。8K 视频提供更高的信息密度承载能力和更多的细节呈现力,不仅提高了视频的观看体验,在医疗、安防监控、工业、考古等领域也将有更多的应用,60fps 的 8K 视频的带宽要求在 80 ~ 100Mbps。直播方式包括以电视台、网络直播的广播服务提供商和以个人为主的网络直播平台等,内容生产端需要上行速率,消费端则需要下行速率。VR/AR 具有高传输带宽、实时交互特性,但传统有线和无线的通信方式使得用户体验较差,延缓和限制了 VR/AR 的成熟和发展。

大型游戏以其良好的可玩性和极致体验受到游戏爱好者的喜爱,但是其对终端的需求很高,往往需要配备游戏电脑、顶级显卡,游戏安装包大小通常是 2GB 甚至更大,玩家入门门槛高。"云游戏"通过将渲染放在边缘云端,处理的结果压缩后通过网络传给用户,使得用户终端无须高端显卡等设备,只要能够以"视频"的方式播放这些游戏画面就可以获得流畅的游戏体验,因此成为游戏发展的热点。但游戏"云化"的结果需要网络提供 100Mbps 的带宽和 10 毫秒级别的时延,并能够提供稳定的通信服务。作为典型的 eMBB 类应用,通过网络切片提供对带宽的保障,为高清视频服务商向其高端用户提供高质量的内容。

整体来说,视频/游戏服务端通过采购网络切片一方面提高自身业务的质量,另一方面将高质量服务以体验的形式卖给用户;而运营商则以高效率的方式提供差异化服务,以网络切片发展更多用户,实现 5G 网络价值变现。

在管理性领域,公共安全、智慧城市是 GSMA 网络切片需求定义的两大类行业应用。公共安全通信应用包括关键任务 Push-to-Talk、视频监控、关键任务 IoT(无人机、安全应急网、医疗应急网)等,智慧城市则包含城市管理的各个方面,包括智慧社区、智慧政务、智慧交通等。公共安全和智慧城市两个行业场景比较复杂,高带宽、低时延、大连接的需求都存在,传统通信服务采用的通信方式多样,同时对网络和数据安全的需求比较强烈,通过网络切片的方式可以按需定制并实现安全隔离,但具体的应用场景和实际需求还需要进一步探讨。

在生产性领域，这是 5G 最具想象力的部分，包括 GSMA 定义的 C-V2X、智能电网、医疗、智能制造等场景都属于这个范围。中国移动探索电力、游戏、娱乐、银行、医疗、自动驾驶六大领域的网络切片应用，重点均集中在生产性领域。其中，智能电网、智能制造、车联网 C-V2X 是重要的 3 个行业。智能电网面临不同的应用场景，对带宽、时延、连接数和可靠性要求各不相同，如差动保护时延要求小于 10 毫秒，可靠性要求达到 99.999%；抄表应用则需要千万级连接数；无人机/机器人巡检要求高带宽。同时，电网行业有严格的安全标准，对安全隔离提出了很高的要求。此外，智能电网的一些应用还需要一些定制化的功能，如 PMU 业务需要有 1 微秒精度的授时。在网络切片设计上，主要针对三遥（遥信、遥测、遥控）服务、差动保护等配电自动化应用和精准负控服务；配网向量测量等应用要设计 uRLLC 类型的切片；针对变电站机器人巡检、输电线路无人机巡检等应用要设计 eMBB 类型的切片；高级计量抄表类应用要设计 mMTC 类型的切片，并按照电力信息通信安全分区的要求，对生产控制区、生产非控制区、生产管理区、信息管理区和外网，分别设计不同的隔离方式，以满足安全隔离的要求。

在车联网领域，引入综合性的业务，包括 V2V、V2I、V2P、V2N 等，需要网络切片和 MEC 构建更灵活的网，以提供高可靠的通信服务。对其具体 SLA 要求如下：车－车通信 V2V 要求时延小于 5 毫秒，可靠性要求达到 99.999%；车路协同 V2I 和人－车协同告警 V2I 要求时延小于 10 毫秒；V2N 提供高精度地图下载、高清视频、游戏、AR 导航等服务，需要带宽大于 100Mbps。具体到业务应用上，信息服务类应用，包括高精度地图下载、信号配时、信息推送等，可以设计 eMBB 和 mMTC 类型的切片；交通安全类应用，如路口防撞预警、前后车事故预警、路侧异常预警、行人预警等，可以设计 uRLLC 类型的切片；交通效率类应用，如车速引导、路径优化、流量优化等，可以设计 uRLLC 和 eMBB 类型的切片；协同类应用，如车辆编队、远程驾驶、自动泊车等，可以设计 uRLLC 类型的切片。垂直行业的应用需求多样，和切片的相关性也各有不同，考虑 eMBB、uRLLC、mMTC 这 3 种场景 5G 标准的成熟期，垂直行业应用的成熟期也将会不同。

4.2.1.4　5G 网络切片的优化与提升

从网络切片发展来看，eMBB 标准架构基本具备；借助核心网引入 SBA 架构、RAN 灵活的空口和 CU/DU 分离、承载网 SDN 化，支持网络切片的技术组合基本完善；各主要的 5G 设备供应商也都在各种场合，结合不同的应用进行了切片的演示和测试。但是距离运营商提供网络切片服务，至少有几个阶段需要跨越，也分别都面临各种挑战。

（1）网络切片端到端拉通阶段。网络切片包括核心网、承载网、无线接入网、终端、切片编排管理系统、切片用户接口（切片商城和能力开放平台），主要还存在以下问题：

智能网联汽车 V2X 与智能网联设施 I2X

① 端到端拉通仅仅局限在单厂家设备，一般仅包括核心网、承载网、无线接入网和切片编排管理系统，跨厂家的拉通并未看到；

② 切片的用户接口没有看到产品出现，切片商城仅仅停留在概念和原型阶段，能力开放平台也还处在讨论阶段；

③ 支持切片的移动终端没有看到，还是基于测试终端进行；

④ 切片拉通的许多环节还需要人工配置，自动化实现程度低，快速部署和灵活定制优化还无法实现。

（2）网络切片 SLA 保障增强阶段。垂直行业对通信服务的质量有确定性、可预期的要求，要提供可信的 5G 网络服务，需要网络切片能够对垂直行业关键的 SLA 指标进行保障，而这不管是标准、技术还是产品，都还在讨论阶段，还需要解决几个关键问题：

① 端到端性能的测量，目前标准推荐了一些端到端测量的技术选项，但具体实现还与客户的需求存在差距；

② RAN 侧资源预留和 SLA 保障的能力还需要讨论，无线接入网是 5G 的资源和性能瓶颈，带宽、时延等关键性能指标都受到无线环境的极大影响，现有网络切片标准对无线侧的规定非常简单，需要依赖具体实践；

③ 部分 SLA 定义还不明确，如何将客户 SLA 根据网络实际情况进行资源和参数匹配，以得到满足客户要求和可预期的 SLA，目前还没有实现方法和手段；

④ 对于一些需要严格承诺 SLA 的高等级质量要求场景，如电网应用、铁路机车联控、车联网、工业生产控制等标准和技术还在讨论中，相关法律义务还不清晰。

（3）商业模式探索阶段。完善网络切片的用户侧功能，探索行业需求，快速创新商业模式，是网络切片从实现商用到取得成功的关键。尽管目前各类结合垂直行业的 5G 应用创新活动百花齐放，也对网络切片的需求进行了一些探索，但在一些重要问题上仍然没有解决方案：

① 垂直行业的业务模型并不清晰，需要对重点行业业务应用进行大量的探讨、验证和试用，形成方法论和样例库。

② 网络切片和行业用户业务系统的结合还很初级，哪些能力需要开放给用户？用户如何利用这些能力实现业务控制，提升业务体验？网络切片能力和其他能力，如 MEC、云等能力开放如何结合？

③ 网络切片商业模式，包括服务提供模式、商务模式（成本核算、收益评估、计费模式等）、切片运营方式等，还在初期探索阶段。

④ 网络切片还面临其他建设和服务提供方式的挑战，如专网建设，若让一些大的垂直行业获得 5G 频谱，并建设行业私有的 5G 网络，则运营商的 5G 垂直行业应用将可能更碎片化，如何应对 5G 私有网络建设的挑战，是运营商需要考虑的一个问题。

总之，网络切片作为 5G 应对不同行业应用场景的关键技术，看起来确实能够通过功能定制、SLA 保障、安全隔离三大核心能力满足大多数垂直行业的需求，结合 MEC 的部署和统一编排，加上能力开放，可以为垂直行业构建更灵活、鲁棒性更强的网络，支持 B2B、B2B2C、B2B2B 等多种商业模式的创新，为运营商扩展业务领域，同时也为垂直行业的数字化转型带来契机。但不管是标准、技术、产品还是商业模式等，都还需要行业付出更多的努力，构建更丰富多样的生态，促进网络切片的成熟，真正实现 5G 改变社会的宏大愿景。

4.2.2　5G 通信网络切片超高带宽

移动通信技术的设计和其他应用系统并没有不同，都是从需求出发的，5G 在设计业务数据吞吐量时也讨论了几种应用环境，如室内办公室场景，需要在 1000 平方米的范围内提供 17Gbps 的总流量；密集住宅区场景则需要 2Tbps/km^2 的流量密度；更具挑战性的大型露天集会场景，则需要网络提供 924Gbps/0.44km^2 的流量密度。从业务应用的角度来看，3D/高清视频、云游戏等应用需要单用户带宽在 100 Mbps 级别，VR/AR 应用则根据帧率等的不同，带宽要求可能高达 2.34Gbps，而 4G 的带宽能力在 100Mbps~1Gbps，相对以上场景和业务的需求存在差距。

4.2.2.1　更多频谱

移动通信的频谱设计是一个系统工程，以 5G 为例，首先需要考虑 5G 生命周期中对流量的需求，一代移动通信技术的主生命周期是 10 年，因此从过去的 2010 年到 2030 年，考虑 5G 的几大应用场景，预计全球移动数据流量增长将超过 2 万倍，而中国的移动数据流量增长将超过全球平均水平，据 IMT 2020 推进组的预测，中国的移动数据流量增长将超过 4 万倍。

大幅增长的总移动数据流量和 10~100 倍的单用户峰值速率需求，使得 5G 的频谱分配和使用呈现几个特点。

1. 大信道带宽

FR$_2$ 单载波最大信道带宽从 4G 的 20 MHz 增长到 100 MHz 乃至 400 MHz，FR$_1$ 单载波可达到 100MHz。

2. 高低频协同

高频可以覆盖并且替代以 6GHz 为主建设的基础承载网络，低频能协同原有 2G、3G 频谱的重耕和动态分配，全面提供各种业务能力支持。同时，在热点区域利用高频（毫米波）资源构建承载网络，提供更强的数据能力，形成高低频协同的网络。

3. 多样化频谱授权

传统的排他性授权方式面临挑战，LSA 和非授权模式将成为补充。

4. 全频谱接入

需求场景的多样性、频谱资源分配的现状、不同频段的不同传播特性等因素，要求 5G 能够有效利用各类移动通信频谱，实现全频谱接入，包括高低频段频谱、授权与非授权频谱、连续与非连续频谱、对称与非对称频谱，并能够根据不同的业务分布和变化对频谱资源进行动态调度，实现通过一张无线接入网络，满足不同行业需求的目标。

4.2.2.2 更高频谱效率

提高频谱效率的主要技术包括大规模天线（Massive MIMO）和新型调制编码。Massive MIMO 从两个维度改变了之前的天线，首先是天线数量，从传统 4G 的 2/4/8 个天线通道，发展到 Massive MIMO 的 64/128/256 个；其次是信号覆盖的维度，传统的 Massive MIMO 实际信号覆盖，只能在水平方向移动，垂直方向是不移动的，信号类似从一个平面发射出去，称为 2D-MIMO。而 Massive MIMO 是在信号水平维度的基础上引入垂直维度的空域进行利用，信号的辐射状态是电磁波束，称为 3D-MIMO。

Massive MIMO 最早由美国贝尔实验室研究人员提出，研究发现，当小区的基站天线数目趋于无穷大时，加性高斯白噪声和瑞利衰落等负面影响全都可以忽略不计，数据传输速率能得到极大提高。在单天线对单天线的传输系统中，由于环境的复杂性，电磁波在空气中经过多条路径传播后在接收点可能相位相反、互相削弱，此时信道很有可能陷于很强的衰落中，影响用户接收到的信号质量。而当基站天线数量增多时，相对于用户的几百根天线就拥有了几百个信道，它们相互独立,同时陷入衰落的概率便大大减小。Massive MIMO 具有以下优点。

1. 高复用增益和分集增益

Massive MIMO 系统的空间分辨率与现有 MIMO 系统相比显著提高，它能深度挖掘空间维度资源，使得基站覆盖范围内的多个用户在同一时频资源上利用大规模 MIMO 提供的空间自由度与基站同时进行通信，提升频谱资源在多个用户之间的复用能力，从而在不需要增加基站密度和带宽的条件下大幅提高频谱效率。

2. 高能量效率

大规模 Massive MIMO 系统可形成更窄的波束，集中辐射于更小的空间区域内，从而使基站与用户体验之间的射频传输链路上的能量效率更高，减少基站发射功率损耗，同时也减少了用户间的系统干扰，大幅提升了边缘频谱效率。

3. 覆盖能力增强

Massive MIMO 波束精准赋形，跟随用户移动，可以提升覆盖能力，同时垂直维度的增加，有利于改善垂直维度的覆盖能力。

当然，Massive MIMO 也面临天线拓扑、信道建模、频分双工（Frequency Division Duplexing，FDD）操作、用户跟踪、天线校准、调度和预编码复杂性等挑战，但可喜的是，经过大量的仿真与测试，Massive MIMO 表现出了良好的性能，可以支撑起 5G 的频谱效率增长需求。

香农公式给出了通过信道编码技术来提升频谱效率，实现可靠通信的途径。然而，设计一种具备良好性能和低计算复杂度的编码技术并不简单，可以说移动通信的每一次进步背后都有一种编码技术的默默贡献。Turbo 码就是这样一种成功的信道编码技术，通过引入迭代译码，解决了计算复杂性的问题，并能接近香农极限，因此 Turbo 码在 3G/4G 中得到了广泛应用。

也正是由于 Turbo 码采用迭代解码，必然会产生时延，而 5G 提出超高带宽、超低时延的需求，使 Turbo 码遇到了挑战。从需求上看，5G 的峰值速率是 LTE 的 20 倍，时延是 LTE 的 1/10，这就要求 5G 编码技术需在有限的时延内支持更快的处理速度，即译码器数据吞吐率比 4G 高得多。越高的译码器数据吞吐率就意味着硬件实现复杂度越高，处理功耗越大，而译码器是手机基带处理的重要组成部分，占据了近 72% 的基带处理硬件资源和功耗。同时，由于 5G 面向更多应用场景，对编码的灵活性要求更高，需支持更广泛的码块长度和更多的编码率。因此，5G 需要选择高性能、低复杂度、低时延、灵活码率的编码技术。

视线还是回到香农，他的学生 Robert Gallager 在 1962 年提出的 LDPC 码，以及 Robert Gallager 的学生土耳其毕尔肯大学的 Erdal Arikan 教授于 2007 年提出的 Polar 码均是能接近香农极限的编码技术。LDPC 码提出时，因当时的硬件不能满足编码的要求而被搁置，直到 Turbo 码被提出，大家才发现 LDPC 码有相似的译码性能，在长码时更接近香农极限，LDPC 码基于高效的并行译码构架实现，其译码器在硬件实现复杂度和功耗方面均优于 Turbo 码。

而 Polar 码虽然提出较晚，但其兼具较低的编码和译码复杂度，不存在错误平层（Error Floor）现象，误帧率（FER）比 Turbo 码低得多，还支持灵活的编码长度和编码速率，各方面经证明都比 Turbo 码具备更优的性能。

因此，最后 3GPP 在 5G 时代抛弃了 Turbo 码，选择了 LDPC 码为数据信道编码方案，Polar 码为广播和控制信道编码方案。

4.2.2.3 更密集的网络

超密集组网（Ultra Dense Network，UDN）就是通过更加"密集化"的无线网络部署，将站间距离缩短为几十米甚至十几米，使得站点密度大大增加，从而提高频谱复用率、单

智能网联汽车 V2X 与智能网联设施 I2X

位面积的网络容量和用户体验速率。从极端场景需求的制定,到网络架构设计的选择,UDN 的理念已经融入 5G 的设计过程。

超密集组网在提升容量的同时,也面临同频干扰、移动性管理、多层网络协同、网络回程等一系列影响用户体验或网络部署的技术问题。目前已有一些解决方案,典型的包括干扰管理、小区虚拟化、接入和回程设计。

多连接也是解决 5G 高低频协同组网和传统超密集组网问题的一种思路,5G 引入超密集、灵活的小基站部署,若采用传统方案,则面临频繁切换,信令压力巨大,包转发时延大,TCP/IP 性能下降,用户体验恶化的问题。将终端同时连接到高、低频乃至不同制式的网络;将信令与数据承载分离,以实现快速切换/无缝移动性;将覆盖与容量分离,结合高、低频各自优势,提升覆盖范围和性能。这 3 个方面可以从组网上实现网络容量的提升。

4.2.2.4 网络切片的带宽能力定制通过途径

5G 通过更多频谱、更高频谱效率、更密集组网 3 个渠道提升了网络的数据吞吐率。

无线接入网是影响用户速率体验最重要的部分,很多行业也是对无线接入网 RAN 侧的资源预留和保障能力比较担心,实现无线侧带宽定制和体验保障的主要方式如下。

1. 结合切片优先级的调度保障

基于调度的方式保证优先级高的切片用户能够得到更好的体验,但是当网络整体拥塞时,用户体验同样会下降。

2. 基于体验保障的调度

为切片设置保障速率(GBR),低于 GBR 时优先调度,高于 GBR 时则降低优先级。

3. 资源比例保障

为切片配置一定比例的无线资源,切片用户独享该部分资源,并可以设置竞争其他公共的资源。该种方式可能降低 RAN 侧吸纳用户和流量的能力,但是对切片用户的保障更有力。

4. 频带工作压力(BWP)

通过灵活、动态地配置 BWP 可以降低终端的成本、功耗,针对不同行业的需求,可定制 BWP 配置。

传输网络在 4G 时的设计基本是按照轻载的原则进行的,5G 网络切片的引入可以将传输网络按照切片用户实际的需求进行带宽和拓扑的灵活组合,在满足需求的情况下降低网络切片的成本。

4.2.3 5G 通信网络切片超低时延

超低时延移动通信在带宽增长的路上"狂奔"一段时间后，发现时延也是影响业务提供和体验的重要因素，因此在 4G 时代中后期即开始了的时延优化之路，到 5G 时代更针对 uRLLC 应用场景定义了极端的 1 毫秒双向时延指标。

4.2.3.1 理解时延定义的真实含义

时延定义指的是用户面时延，即手机发送数据的时间延迟，同时是双向时延，也就是手机发送数据到基站的时延+基站发送数据到手机的时延，不包括到核心网、互联网的时延。4G 的典型时延是多少，按照 3GPP 的分析，典型上行时延（手机到基站）是 12.5 毫秒，下行时延是 7.5 毫秒，双向时延就是 20 毫秒。当然，这是理论值，如果因为无线环境差导致数据重发，实际的时延将会更长。实际上，对时延的缩短在 4G 时代已经开始，LTE 网络空中接口的用户面网络延迟主要由以下几部分组成：资源调度请求和指派（Grant Acquisition）、传输时间间隔（Transmission Time Interval）、终端和基站的数据包及信令处理时间、混合自动重传请求来回时间（HARQ RTT）。经过研究，将时延主要的提升方向放在了前两部分：资源调度请求和指派、传输时间间隔。通过 1 毫秒的半静态周期调度方式，可以将双向时延降低到 8 毫秒。通过将子帧（1 毫秒）级别的传输间隔降低到符号（1/14 毫秒）级别，加上缩短处理时间，可进一步将双向时延降低到 2.7 毫秒。可以说，5G 将时延降低做到了极致。

1. 特殊包结构减少处理时间

uRLLC 的包结构采用导频信息、控制信息，以及数据依次在时域上排列，使得信道估计、控制信道解码、数据的获取可以串行的方式进行，缩短了处理时间。

2. 可变 Numerology 缩短传输时间间隔

相对于 LTE 固定 15kHz 子载波间隔（时域 1 毫秒），5G 定义了 15kHz、30kHz、60kHz、120kHz 等多种子载波间隔，时域上相应缩短。

3. Mini-Slot 将传输间隔从子帧级别降低到符号级别

Mini-Slot 调整传输间隔可以用更少的符号数作为调度单元，减少时延。下行可以选择 2 个符号、4 个符号、7 个符号，上行可以在 1～13 个符号中任意配置。

4. 异步 HARQ 快速重传

5G 的 HARQ 的时间间隔动态指派更灵活，符合低时延设计要求。

5. 上行免调度传输

周期性地给用户分配上行资源来减少上行的传输时延。

6. 打孔抢占

打孔抢占也称预清空调度，指为某个高优先级的用户清空原来已经分配给其他用户的资源，实现数据的快速发送。

4.2.3.2 设计满足时延要求的网络切片的途径

以上对 5G 的时延优化技术进行了说明，而设计一个满足时延要求的网络切片，可以通过以下途径实现：

（1）最有效的方式是将 UPF 下沉部署，降低传输网络中距离和转发节点带来的大量时延，按照 UPF 部署位置在中心、区域、边缘，大致可将时延控制在 30~50 毫秒、10~20 毫秒、5~10 毫秒的级别。

（2）核心网服务定制和加速技术：通过简化内部交互流程、采用简单控制策略等服务定制，以及软硬件加速技术、智能网卡等缩短处理和转发时间。

（3）通过路径优化、减少节点数量、FlexE 降低节点转发时延等，从整体上降低传输网络时延。

（4）无线接入网采用 uRLLC 专用频段、帧结构、参数集等实现低时延。

4.2.4　5G 通信网络切片海量连接

5G 定义了 100 万连接数/平方千米的 mMTC 关键指标需求，连接数的量变给 5G 的设计带来了极大的挑战，包括控制信令挑战、接入容量限制、功率消耗、多业务集成等，需要有针对性的技术和设计来解决。

新多址移动通信的多址技术是指实现小区内多用户之间、小区内外多用户之间通信地址识别的技术，分为频分多址、时分多址、码分多址等，基站通过多址技术来区分并同时服务多个终端用户。移动通信普遍采用正交的多址接入，即用户之间通过在不同的维度上（频分、时分、码分等）正交划分的资源来接入，如 LTE 采用 OFDMA 将二维时频资源进行正交划分来接入不同用户，正交多址接入在实现良好系统吞吐量的同时，可以保持接入的低成本。

正交多址技术存在接入用户与正交资源成正比的问题，因此系统的容量受限。为满足 5G 海量连接、大容量、低时延等需求，迫切需要新的多址接入技术。目标是通过合理的码字设计，实现用户的免调度传输，显著降低信令开销，缩短接入的时延，节省终端能耗等。

4.2.4.1 新型多址技术

新型多址技术包括基于多维调制和稀疏码扩频的稀疏码分多址（SCMA）技术，基于复数多元码及增强叠加编码的多用户共享接入（MUSA）技术，基于非正交特征图样的图样分割多址（PDMA）技术，以及基于功率叠加的非正交多址（NOMA）技术。

新型多址技术主要应用于 mMTC 场景，而该场景将在 5G 的 R16 中标准化，目前候选技术较多，还没有最终确定采用何种技术。

新波形是无线通信物理层最基础的技术。正交频分复用（OFDM）作为 4G 的基础波形，各个子载波在时域相互正交，它们的频谱相互重叠，因而具有较高的频谱利用率，得到了广泛的应用，特别是在对抗多径衰落、低实现复杂度等方面有较大优点，但也存在一些不足：由于信道的时间色散会破坏子载波的正交性，从而造成符号间干扰和载波间干扰，OFDM 需要插入循环前缀（CP）以对抗多径衰落（减少符号间干扰和载波间干扰），但这样做却降低了频谱效率和能量效率。OFDM 对载波频偏的敏感性高，具有较高的峰均比（PAPR），需要通过类似 DFT 预编码之类的方法来改善 PAPR。OFDM 采用方波作为基带波形，载波旁瓣较大，在各载波不严格同步时，相邻载波之间的干扰比较严重；另外，由于各子载波具有相同带宽，各子载波之间必须正交等限制，造成频谱使用不够灵活。

5G 需要满足多种场景与业务的需求，当前没有一种波形可以适用所有场景，不同的业务和场景需要设计合理的波形，未来的 5G 需要灵活、弹性的空口，根据场景和业务自适应地选择合适的波形。目前研究的主要是滤波器组多载波技术（FBMC）、可变子载波带宽的非正交接入技术（F-OFDM）、基于通用滤波的正交频分复用新波形技术、降低 PAPR 的 DFT-S-OFDM 等。

低于 40GHz 的 eMBB 和 uRLLC 场景的波形已经确定，5G 下行采用和 4G 一致的 CP-OFDM，上行使用基于 CP-OFDM 和 DFT-S-OFDM 的波形，且针对 5G NR 的灵活子载波间隔进行了改进。

在 Relay UE mMTC 应用场景下，可以通过用户中继的方式，弥补网络覆盖的不足，并解决在某些环境下基站部署面临的环境和回传等问题，构建以 UE 为中心的本地网络。UE 典型技术特征为 D2D 直传。

窄带传输的目标是对 5G NR 进行针对性设计，降低设备的复杂度、功耗，提高覆盖率，以满足 mMTC 低成本的要求。技术上考虑采用类似 NB-IoT 的系统方案，上行采用更小的子载波间隔（如 15kHz）。

4.2.4.2 mMTC 类型切片定制

mMTC 类型的应用具有连接数量大、时延往往不太敏感、成本比较敏感的特点。因此，

在网络切片的设计上可以考虑如下内容:
（1）核心网控制面共享，仅用户面 UPF 独占，分业务区部署；
（2）传输网络以软切片方式共享；
（3）无线接入网可以考虑 CU/DU 分离的方式，CU 集中云化部署，按需分配资源；
（4）频段上可结合 2G/3G 频谱重耕，选择低频频段获取良好的覆盖率和实现业务的隔离。

4.2.5　5G 通信网络切片编排部署

实际上编排与部署仅仅是最终组合成网络切片的一个过程，要支持网络切片的按需定制、安全隔离，背后同样需要技术集来支撑。

4.2.5.1　面向应用的 5G 核心网 SBA 架构

5G 核心网（5GC）相对于之前的核心网发生了重大变化，最主要的就是实现了软硬件解耦和功能解耦，极大地提升了 5GC 的灵活性。

（1）通过硬件资源的虚拟化，将原本在刚性、封闭的专用硬件上部署的核心网部署在通用的硬件上，并引入 NFV 技术，将虚拟化的网络功能（VNF）在虚拟化的资源池中灵活部署。

（2）引入 SBA 架构，大颗粒的 VNF 实现解耦，网元分解为三大类微服务组件，主要是应用类组件、公共组件、数据组件，不同的组件通过提供轻量化接口与其他组件相互调用，并灵活部署在多级数据中心的异构资源池上。SBA 可以理解为网络功能服务+基于服务的接口。网络功能可由多个模块化的"网络功能服务"组成，并通过"基于服务的接口"来展现其功能，因此"网络功能服务"可以被授权的网络功能（NF）灵活使用。这为网络功能的定制提供了灵活性。

（3）基于统一的 SBA 构架，每个微服务化网络功能服务都可以独立迭代更新和灵活按需定制，不同的网络功能服务可灵活组合成面对不同场景需求的网络功能，不同的网络功能再进一步编排为不同的网络切片。这样逐级灵活定制和组合，可以实现网络切片动态编排、弹性伸缩，有效应对 5G 网络中场景多样化、业务动态化、网络异构化挑战，也就实现了核心网网络切片的按需定制的能力。

4.2.5.2　5G 核心网 CUPS

5G 核心网支持控制面与用户面分离（Control and User Plane Separation，CUPS），目的是让网络用户面功能摆脱"中心化"的方式，使其既可灵活部署于核心网（中心数据中心），也可部署于接入网（边缘数据中心），最终实现可分布式部署。

这种分布式部署的方式进一步提升了 5G 核心网组网和性能上的弹性，可灵活地将用户面功能部署在适当的位置上（核心机房、重要汇聚机房、普通汇聚机房、业务汇聚机房）。

（1）减少回传网络的压力，5G 提供最多 100 倍于 4G 的传输带宽，若所有的流量都通过回传网络集中到核心机房，则需要大量投资建设回传网络，通过将业务卸载到公众网的不同位置，能够显著节省投资，同时对优化流量、提升用户的业务体验也是有利的。

（2）5G 的大量业务，尤其是面向行业的 uRLLC 业务，由于时延或安全隔离的要求，需要在靠近用户的位置部署，和中心部署相比，预计可减少 50%以上的时延，同时节省用户部署连接内部网络的专线成本。

（3）网络切片结合 CUPS，可以灵活地对业务流量进行分流，实现不同的组网性能和满足不同的安全隔离要求。

4.2.5.3　5G 核心网 NF 共享

尽管 5G 面向应用的服务化架构为网络切片提供了满足性能和成本要求的灵活性，软硬件解耦可以采用虚拟的资源来部署，降低了 5GC 部署硬件资源的通用性和扩展性，但对于某些场景来说，还需要进一步提升资源的利用效率，降低网络切片的部署成本。

（1）对安全隔离要求高的场景，为了保证业务的性能要求，不希望受到别的用户影响（应用内的终端也往往只允许接入一个切片），如智能电网的一些控制功能，则采用全独占的方式，也就是部署一套定制化的 5GC 网元，在数据和资源上都实现隔离。

（2）对隔离要求不是很高的场景，终端可能接入多个切片，但是对于需要对用户进行适当管理的场景，采用部分控制面和媒体面功能独占（如 UPF、SMF）、其他控制面功能共享的方式，节省部署资源。

（3）对隔离要求比较低的场景，如一些移动宽带类的业务场景，可以采用除用户面外其他的所有网元都共享的方式，降低网络切片的部署成本。

4.2.5.4　5G RAN 的 CU/DU 分离

相对于 5G 核心网基于虚拟资源部署的 SBA 架构，接入网提供的灵活性要弱一些，5G RAN 的 CU/DU 分离是其中之一。其基本思想是将 4G 时代室内基带处理单元（BBU）重构中心单元（Centralized Unit，CU）和分布式单元（Distributed Unit，DU），以处理内容的实时性进行区分。CU 设备主要包括非实时的无线高层协议栈功能，同时也支持部分核心网功能下沉和边缘应用业务的部署，而 DU 设备主要处理物理层功能和实时性需求的 L2 功能。

采用 CU 和 DU 架构后，CU 和 DU 可以由独立的硬件来实现。从功能上看，一部分核

智能网联汽车 V2X 与智能网联设施 I2X

心网功能可以下移到 CU 甚至 DU 中,用于实现移动边缘计算。此外,原先所有的 L1/L2/L3 级等功能都在 BBU 中实现,新的架构下可以将 L1/L2/L3 级功能分离,分别放在 CU 和 DU 甚至 RRU 中来实现,以便灵活地应对传输和业务需求的变化。

CU/DU 分离对网络切片来说,提供了一种满足不同组网性能灵活性的方式,其收益包括:有效降低前传的带宽需求;RAN CU 内部的移动性不可见,从而降低了 CN 的信令开销和复杂度;CU 控制协议和安全协议集中化后,增加了 RAN 侧的功能扩展。

4.2.5.5　5G RAN 的切片级资源隔离

RAN 侧网络切片研究最早出现在 RAN3 的 TR38.801 和 RAN2 的 TR38.804 中,其对实现切片的原则和需求进行了阐述,随后在 R15 阶段 RAN2 的 TS38.300 中形成了结论。R15 明确了网络切片对 RAN 的要求,包括资源管理、切片资源独立等要求,但并没有对具体的实现方式进行规定,而根据对行业需求的分析,可能存在如下实现方式。

1. 切片级的优先级调度

在原有基于用户级的业务 QoS 的基础上,对切片设置一个优先级,通过影响无线资源调度的方式来保障切片的资源占用率。严格地说,这并不能算是一种资源隔离手段。

2. 切片级的 GBR 保障

参考 QoS 的 GBR 方式,对切片在 RAN 侧的速率设置一个保障速率(GBR)和最大速率(MBR),当基站下切片速率低于 GBR 时,对切片内用户的调度请求优先处理;当其高于 MBR 时,降低处理优先级。同样,这也并不能算是一种资源隔离手段。

3. 资源比例保障

为切片配置一定比例的无线资源,切片用户独享该部分资源,同时可以设置其他公共的资源。该种方式可能降低 RAN 侧吸纳用户和流量的能力,但是对切片用户的保障更有力。

4. 频段隔离

针对不同的行业需求,规划满足性能的频段或分割一定的频率资源进行组网,实现硬件的资源隔离。

4.2.5.6　承载网的软硬切片支持

运营商在 4G 及以前的时代,以南北流量为主,设计承载网时一般采用轻载原则,实现上则基于以太网的 IP 技术,以统计复用和存储转发为主要特征,以 VPN+QoS 技术为不同业务提供不同的 SLA。VPN 技术实现软隔离,业务流量在虚拟网络中传输;QoS 技术通过流量监管/整形、拥塞管理等基于共享缓存队列调度的机制实现不同业务的差分服务。

VPN+QoS 的方式可以认为是一种软切片技术，其提供了一定的安全隔离和业务性能保障手段。基于 IP/MPLS 的隧道/伪线，或者基于 VPN、VLAN 等的虚拟化技术，都可以实现软切片。QoS 在承载网中通过流量管理模块（TM）实现管理，通过优先级进行调度，当流量突发时，各个业务间会抢占资源而引发拥塞，无法保证 SLA，而对于 5G 网络切片来说，实现性能的保障和资源的硬隔离是关键需求，尤其对一些要求高可靠通信服务的行业应用来说更是如此。因此，实现硬切片非常关键。

（1）灵活以太网技术——FlexE 技术。FlexE 技术在承载设备的介质访问控制层（MAC 层）和物理层（PHY 层）之间定义一个 FlexE shim 子层，对物理端口带宽进行基于时间片的切分。即在物理端口上通过 FlexE 的时隙复用划分出若干个子通道端口，把这些子通道端口切片划分到网络切片的不同切片中，通过硬件的时隙复用实现各个切片之间的业务在转发层面上完全隔离。每个 FlexE 切片都有独立的 MAC 地址，相当于每个切片都是一个物理端口，切片之间是硬隔离（互不影响）。除了将大颗粒的传输端口切分为小颗粒的承载切片，也可以将其绑定为更大颗粒的承载切片，如将两个 50GE 端口绑定实现 100GE 的切片，支持承载带宽的精细化经营。

（2）信道化子接口技术。该技术作用于承载设备的 TM 模块，其基本原理是根据业务的 SLA 要求，为每个业务分配相应的硬件缓存资源，采用 QoS 技术进行缓存调度。该资源独占缓存资源，实现硬隔离，可有效避免流量突发时，各业务争抢缓存资源导致业务 SLA 劣化。信道化子接口技术实现切片的最小粒度是 1MHz。

除多种支持软硬切片的技术外，承载网基于 SDN 架构和编排，实现承载网络切片的按需构建和统一调度。

4.2.5.7 网络切片的管理与编排

前面介绍的 5G 核心网、无线接入网、承载网在架构和技术上为网络切片提供了灵活定制和安全隔离的基本手段，要想将这些能力和手段组合利用起来，构建端到端的网络切片，并进行切片的运维、运营，则需要依靠切片管理系统来实现。

按照 3GPP 的定义，网络切片的管理分为准备、调试、运维、退网 4 个阶段。

1. 准备（Preparation）

在准备阶段，网络切片实例不存在。准备阶段的工作包括网络切片模板设计、网络切片容量规划、上线引导（On-Boarding）和网络切片需求评估、网络环境准备，以及在创建网络切片实例之前需要做的其他必要准备。

2. 调试（Commissioning）

调试阶段的配置包括创建网络切片实例。在网络切片实例创建期间，分配和配置所有需要的资源以满足网络切片的需求。网络切片实例的创建可以包括网络切片实例组件的创建和/或修改。

3. 运维（Operation）

运维包括激活、监控、性能报告（例如，KPI 监视）、资源容量规划、修改和网络切片实例的去激活。在运维阶段中的服务供给涉及网络切片实例的激活、修改和去激活。

4. 退网（Termination）

退网阶段的网络切片实例配置包括：如果需要，取消非共享组件，并从共享组件中移除网络切片实例的特定配置。在退网阶段之后，网络切片实例终止并且不再存在。

为了进行切片的管理，5G 引入了几个网络功能：CSMF（通信服务管理功能）、NSMF（网络切片管理功能）、NSSMF（网络切片子网络管理功能），CSMF 接收用户的通信服务需求，并将之转化为对网络切片的需求，向 NSMF 下发；NSMF 将对切片的需求转化为核心网、无线接入网、承载网的切片需求，并下发各子网的 NSSMF；各 NSSMF 将需求转化为对网络服务的要求，并下发给各子网的 NFVO/SDNO/EMS，并由其进行资源检查和切片创建的过程。

4.2.5.8 网络切片管理运维的关键能力

网络切片的编排、管理、运维涉及多个子网络，需要具备以下几大关键能力。

1. 按需快速设计能力

为了实现网络切片的快速设计，需要借助丰富的设计模板和可视化的设计技术，降低操作人员的技术门槛，减少设计的时间。

2. 端到端自动开通能力

拉通各子网络，快速、自动地完成资源核查和分配、参数配置、连接建立和服务提供。

3. 端到端性能监控能力

网络切片需要给用户提供可保障/确定性的通信服务能力，因此需要对关键的时延、带宽、可靠性等指标进行端到端的监测。

4. 智能分析和保障能力

网络切片需要实现运行情况和服务质量的智能分析和动态预测，当可能出现问题的时候，提前干预，基于性能监控和自动部署能力，对网络进行预测性维护，保障网络切片的 SLA 符合性。

5. 安全隔离能力

除各子网络均提供多种隔离手段外，网络切片管理也需要实现从 NFVI、应用到管理的分层安全隔离，保障网络切片的安全。

6. 丰富的用户侧能力

网络切片的主要意义在于为垂直行业提供了切片即服务（NSaaS）的能力，便于企业将切片提供的通信服务、公有云提供的云服务、MEC 提供的边缘计算服务等与企业自身的 IT 架构和应用集成起来，实现数字化转型。

第 5 章

智能网联汽车与智能网联设施车路协同

截至 2020 年年底，深圳市交通运输取得了辉煌的成就，有 8 项指标跻身全球前列，有 6 项指标全球首创，有 9 个维度跻身全国前列，有 12 项成果全国首创，深圳城市交通的全球坐标定位越发明朗。面对国际上智能网联汽车产业的竞争和中国智能网联汽车的发展进程，"十四五"规划提出加速推进中国智能网联汽车与智能网联设施产业化发展战略，其产业发展的机遇和挑战已经来临。

（1）进一步达成发展战略共识，明确顶层设计。

智能网联汽车与智能网联设施是高新技术载体，在发展过程中需要多个行业达成发展共识，包括发展战略、关键技术等方面的共识，完善顶层架构设计。

（2）打造中国方案的智能网联汽车技术路线。

未来中国智能网联汽车，无论来自国际公司，还是国内企业，凡是符合中国标准、能够满足中国本地需求的，都可定义为中国方案的智能网联汽车。与传统的汽车产品不同，智能网联汽车本地化属性很强，和当地使用环境息息相关。中国的智能网联汽车应该适应中国的本地属性，满足本地的需求。中国方案的智能网联汽车主要包括 3 个方面：

① 符合中国交通基础设施标准，包括道路基础设施标准、地图数据标准、车联网 V2X 通信标准、道路交通法规等；

② 符合中国联网运营标准，包括中国要求的智能网联汽车准入、联网运营监管、信息安全等标准要求；

③ 符合中国新体系架构汽车产品标准，包括智能终端、通信系统、云平台、网关、驾驶辅助系统、自动驾驶系统等标准。

（3）构建智能网联汽车自主技术创新体系。

只有高度重视和掌握智能网联汽车核心技术，加强关键零部件技术研发，才能解决核心技术短缺的问题。

（4）构建适应中国方案的智能网联汽车产业链。

中国方案的智能网联汽车是技术变革产品，不仅产品构型新，开发体系、产业链生态体系同样会发生变化。所以，针对这样一个未来新技术变革的产品，需要构建适应这种变革的中国方案的产业链，加快产业链布局，打造产业链聚集区。

（5）推进智能网联设施建设，完善智能网联通信环境。

中国的交通基础设施已经取得了长足进步，下一步发展需要智能基础设施建设，需要完善智能网联的通信环境，包括路面信息化的升级与智能设施建设的并行同步，以及相关大数据的管理、服务、运营平台。

（6）保障智能网联汽车运行安全和国家信息安全。

加快制定汽车信息安全相关标准和规范，推动中国汽车信息安全保障体系的构建；加强对端、边、云各环节的信息安全监管，建设国家智能网联汽车运行的基础大数据运维及监管中心；优先解决智能网联汽车运行安全、用户数据安全、跨境数据安全，以及车联网应用数据安全问题。

（7）统筹推进智能网联汽车测试、示范和产业推广。

在国家的支持下，中国已经有多个智能网联汽车测试示范基地，但是测试评价方法不尽相同，整体测试场景库设计、建设、共享、服务是重点问题，要做到统筹推进，建立统一的测试评价标准体系，为测试评价由小规模、封闭区域向全路网、开放道路环境过渡提供依据。

（8）构建智能网联汽车与智能交通深度融合的生态。

将智能网联汽车移动出行与社会服务要素融合，为中国智能网联汽车产业发展建立生态，为智能时代积蓄战略资源，能够从真正意义上实现智能网联汽车与智能交通、智慧城市的深度融合，从而达到智能网联汽车共享和谐、绿色环保、互联高效、智能安全的目标。

中国智能网联汽车要走出一条全新的发展路线——聪明的车+智慧的路与强大的网相结合。站在智能网联汽车与智能网联设施协同发展的关键节点上，为了充分发挥两者在新交通模式关键技术与产业生态环境构建中的引导作用，加快推进以新一代信息技术、人工智能技术等为代表的现代科技与传统交通规划、建设、管理、控制的深度融合，建立跨学科、跨行业、跨领域、跨部门的适应中国智能网联汽车与智能网联设施关键技术与产业发展的技术路线，应重点关注智能网联汽车与智能网联设施车路协同。

智能网联汽车 V2X 与智能网联设施 I2X

5.1 智能网联汽车与智能网联设施设计

中国智能网联汽车技术路线的核心体系是聪明的车+智慧的路，对于 L3 级及以上级别的高级自动驾驶汽车，由于自动驾驶系统承担车辆的行驶环境感知、驾驶决策和综合控制等全过程任务，面临更多来源信息的高速实时处理分析和控制执行指令生成，单靠车辆自身的智能化技术发展已不能满足自动驾驶功能的可靠实现需要。因此，L3 级及以上级别自动驾驶系统的产业化技术路线，将推行"聪明的车+智慧的路"紧密融合，最终打造"车路协同自动驾驶"的落地场景和实施方案。通过发展智能网联汽车平台、智能网联设施平台、智能车路协同管控平台及全域车联网环境等关键技术，构建端、边、云智能网联的技术体系，依托多源信息交互融合、智能分布计算降低单车的环境感知、综合决策、控制执行装备成本和数据计算负荷能力，打造车、路、云、网、图互联与协同的高等级自动驾驶系统。

（1）聪明的车：大力提升自动驾驶汽车的核心关键技术高费效比、高精度车载传感器、高性能车载计算平台、智能驾驶算法等能力。

（2）智慧的路：大力发展智能网联基础设施数字化转型建设，构建新基建下的交通基础设施互联 V2X、I2X 等信息交互、计算融合、智慧出行的新交通生态模式。

（3）智能车路协同：大力构建端、边、云智能网联技术体系，依托多源信息感知、交互融合、多基协同、智能分布计算降低单车感知的车身成本和数据计算负担，打造人、车、路、环境一体化互联，智能车路协同的高等级自动驾驶管控系统。

5.1.1 智能汽车与网联设施一体化融合

无线通信技术经过一段时间的发展，证明仅靠单独智能网联汽车的车视角是不够的，这促进了车与车（V2V）、车与人（V2P）、车与路（V2I）、车与云（V2C）之间的互联互通。通过采集车辆、道路、环境等信息，实现车辆和交通基础设施之间智能车路协同、车辆与道路交互通信控制的自动驾驶等新兴技术的应用。这是信息通信行业与汽车制造、交通运输等传统行业的跨界融合发展之典范，是全球创新热点与未来发展制高点之一，对于中国交通强国建设、智能驾驶汽车创新发展战略、新基建推进供给侧结构性改革、培育数字经济发展新动力具有重要意义。

当前，全世界智能网联汽车 V2X 无线通信技术主要存在两大阵营——美国 IEEE 主导的以短距离无线局域网 WiFi 为基础的 IEEE802.11p 技术和 3GPP 主导的以公众移动通信技术为基础的 C-V2X 技术，这也包含面向辅助驾驶的 LTE-V2X 和面向自动驾驶的 5G-V2X。为了推动中国深度参与的 C-V2X 技术的快速发展，中国开展了智能网联汽车 C-V2X 城市级 28 个场景应用。

智能网联汽车 C-V2X 城市级规模应用，是通过推动智慧交通基础设施构建、联网、信息开放、共享分析挖掘基于智能网联设施 I2X 信息开放的应用，在实现提高车辆自动驾驶主体等交通参与者对道路交通网络的预判和通行能力的价值的同时，也丰富、提高交通监管部门对城市交通的管理与控制能力。智能网联汽车与智能网联设施一体化融合总体支撑以下 4 个方面的需求：

（1）降低道路交通事故发生率，减少人员伤亡及财产损失；

（2）提高通行效率，降低整个社会的交通运输成本和出行成本；

（3）提升车辆与道路交通基础设施的充分联网与信息交换，减少交通监管部门的人力成本，提高管理能力和水平；

（4）通过建立智能车路协同管控可视化推演平台，为个性化的出行内容服务和信息服务构建更为广阔的应用空间。

5.1.1.1　智能网联汽车与智能网联设施一体化架构

智能网联汽车与智能网联设施城市级应用系统总体架构主要包括应用层、平台层、通信网络层、道路交通基础设施层、外场终端设备层 5 层。

1. 应用层

应用层包括交通运输局与公安交通警察局（交通管理局）的交通管理与控制两个部分，交通运输局业务涵盖道路交通管理应用，交通运输局交通管理私有云（道路交通规划、建设、管理，交通运行监测，交通模型体系，交通虚实仿真，交通影响评价）；公安交通警察局（交通管理局）业务涵盖道路交通控制应用，公安交管私有云（交通状态研判、重点车辆管控）。应用层的 SaaS 内容主要包括车联网先导服务公有云、智能网联汽车应用、智慧出行、高精度地图、信息公共服务平台等。

2. 平台层

平台层同样包括交通运输局与公安交通警察局（交通管理局）两个部分的支撑环境，交通运输局的平台包括交通运输业务系统与综合交通运行指挥中心平台；公安交通警察局（交通管理局）业务系统与智能交通的监控指挥平台。平台层的 PaaS 内容主要包括数据交换网关、V2X 基础设施平台、多元出行服务、交通系统运行服务与监管等。平台层的 IaaS 内容主要包括计算、存储、网络、端边云管理平台等。

3. 通信网络层

通信网络层主要包括交通运输局政府内网与公安交通警察局（交通管理局）专网，主

智能网联汽车 V2X 与智能网联设施 I2X

要包括核心网、城域光网络、城市 4G/5G 核心专网、V2X 实时消息网关、LTE 网络等。

4. 道路交通基础设施层

道路交通基础设施层包括城市高/快速路、主干路、次干路、支路、隧道、桥梁、停车设施、交叉口信号控制系统、道路交通标志标线标牌、视频监控、激光雷达、毫米波雷达、电子车牌识别系统等。

5. 外场终端设备层

外场终端设备层包括高精度定位增强站、路侧气象感知站、ETC、专用短程通信技术设备、移动边缘计算设备、交通广播等。

5.1.1.2 道路交通网络基础设施交互

城市道路交通网络基础设施主要包括路侧单元、交通信号控制机、智能路侧感知系统（各类摄像机、激光雷达、毫米波雷达等）、动态交通标志/标线/标牌、电子车牌射频识别读写器、车位检测器、高精度定位地基增强站、路侧气象感知站等相关设备设施。下面主要介绍前 3 种设施。

1. 路侧单元

路侧单元是部署在道路交通网络路侧的通信网关，是连接路侧类设备、传感器及车辆，开展 C-V2X 智能网联汽车业务不可缺少的核心单元。它汇聚道路智能感知设备、智能交通基础设施及周边车辆的信息，通过有线或无线的方式上传至城市交通信息中心平台，并可将周边交通信息下发至相关车辆。具体地讲，路侧单元是将交通信号控制机输出的红绿灯相位与配时信息、车道拥堵排队与平均车速信息、临时交通事件信息（交通管制、交通事故、道路运维、路面遗撒/积水/冻结施工等），以及动态交通标志、标线、标牌信息等数据，以无线或有线的通信方式上传至城市交通信息中心基础能力管控平台，同时以 LTE-V2X PC5 接口向周边车辆广播；此时，激光雷达、毫米波雷达、高清摄像机等所采集的道路交通实时数据经路侧单元传送至边缘计算云，由边缘计算云上的路侧感知单元进行实时计算后，转化为基本安全消息（BSM），再通过路侧单元的 LTE-V2X PC5 接口向周边车辆广播发布。

路侧单元需要得到 LTE-V2X Uu 和 PC5 两种通信技术并发支持，且 PC5 端口需要支持 mode4 功能，工作频率满足智能网联汽车直接通信使用 5905～5925MHz 频段管理的要求，支持 10MHz 与 20MHz 带宽可调；支持多种 LTE 频段，包括 LTE FDD B3&B8 频段、LTE TDD B39&B41 频段；支持北斗、GPS 的双星 GNSS 定位与授时；支持《合作式智能运输系统专用短程通信》系列国际标准，并支持将交通信号控制机输出的信息转化为标准的 V2X 协议消息。

2. 交通信号控制机

部署于道路交叉口的交通信号机是道路交通信号控制系统在路侧信号控制的末端节点，也是城市道路交通管控信息输出的节点，可以输出的信息主要包括：实时道路交叉口通行信号与相位配时信息、信号控制策略信息、路口交通状态信息、可变车道控制信息、线路绿波速度信息、实时交管信息等多种 V2I 功能所需的信息。因此，交管系统交通信息的实时开放，是实现 C-V2X 城市交通协同管控的核心基础。

为了从路侧直接获取道路交通控制信号信息，需要对交通信号控制机进行升级改造，主要包括新增与路侧单元的通信能力、V2I 信息汇聚与数据交互能力等。交通信号控制机数据经路侧单元开放，配合城市交通信息中心平台及车载单元终端，可以实现交通信号灯提醒、绿波通行、特种车辆优先通信控制等多种 V2I 业务的交互通信控制功能。

3. 智能路侧感知系统

在 C-V2X 智能网联设施业务发展初期，带有 C-V2X 通信能力的智能网联汽车渗透率较低，绝大多数的存量车没有 C-V2X 通信能力。此外，受技术与产业成熟度的影响，短期内暂无针对行人、自行车、电动车等弱势交通参与者的专用 C-V2X 终端设备。因此，大量的存量车和弱势交通参与者无法通过 C-V2X 通信技术发送自身信息，并获取邻近交通参与者的信息。V2X 技术发挥其作用，需要 V2X 终端的渗透率达到 60%以上，并且需要通过路侧智能感知技术对未配备 C-V2X 终端的车辆与弱势交通参与者进行识别，并将识别后的信息发送给邻近的车辆。

5.1.1.3 智能车载终端设备互联互通

智能网联汽车终端设备主要包括：车载前装 V2X OBU、前装 V2X 智能车机、后装 V2X 智能后视镜、后装 V2X 智能行车记录仪、智能手机 App。各类前装车载终端目前皆支持 LTE-V2X 的 Uu 和 PC5 接口，以实现 V2V、V2I、V2P 的应用功能，通过 Uu 接口实现 V2N、V2N2I 的应用功能；后装车载终端和智能手机 App 则主要通过 Uu 接口接收城市交通信息中心平台下发的各类 V2X 消息，以实现 V2N2I 的应用功能。后装车载终端主要实现 V2N、V2N2I 的应用功能。

智能车载终端与智能网联汽车及城市交通信息中心平台进行消息交互主要有以下 3 种方式。

（1）认证类消息：V2X 终端在设备注册后，先向城市交通信息中心平台发送认证消息。

（2）上报类消息：主要是车辆盲区监测管理系统（BSM）。V2X 终端以一定频率上传包含车速、位置、行驶方向等信息至城市交通信息中心平台。

（3）下发类消息：主要是交通信号灯消息、地图消息、交通事件消息、路侧安全消息。城市交通信息中心平台根据 V2X 终端的位置信息，向 V2X 终端下发信号控制机消息、交通地图消息、交通事件消息、路侧安全消息，以支持各类应用场景的实现。

5.1.1.4　通信传输网络层交互

通信传输网络层包括 C-V2X 通信网络、NB-loT（窄带物联网）通信网络、边缘计算云、V2X 实时消息网关等。通信网络现阶段采用的是 LTE-V2X 技术，除引入 LTE-V2X PC5 直接通信外，其主要对 LTE 网络优化了核心网络传输路由，引入了新的二次组态相互作用 QCI 参数及上行预调度等特性，以降低 LTE-V2X Uu 接口的端到端时延，满足现阶段辅助驾驶典型业务场景中 V2N2X 端到端时延小于 100 毫秒的要求；同时，在 V2X 核心功能测试试验区域部署了 5G NR（3GPP R15）网络，以支持特定区域自动驾驶验证和路侧感知信息回传至边缘计算云，边缘计算云为这些对低时延有较高要求的应用功能提供部署环境；后续随着 5G-V2X 技术标准与产业的日益成熟，将逐步升级 5G 网络以支持 5G-V2X 技术。NB-loT 通信网络主要用于连接有低功耗需求且对时延不敏感的设备，如路侧设施中的环境监测传感、车位检测器及一些非实时变化的交通标志、标线、标牌等。此外，为了减少 V2X 消息传输至部署在互联网上的 V2X 基础平台所引起的不可控互联网传输时延，在运营商网络的核心网之后部署 V2X 实时消息网关，以实现时延敏感型的 V2X 消息的高速处理、交换、分发，并将非时延敏感型的 V2X 消息转发至 V2X 基础能力平台。

5.1.1.5　城市交通信息中心平台层交互

1. 平台总体结构

城市交通信息中心平台层主要包括部署于交通运输局混合云上的城市综合交通运行指挥中心系统、公安交通警察局（交通管理局）私有云上的公安交警业务系统、公安交警赋能平台、部署于公有云的数据交换网关、V2X 基础能力平台、多元出行服务平台、测试验证服务平台等系统。城市综合交通运行指挥中心系统负责交通运输与新交通模式的城市交通规划、建设、管理、运行体系监测，近期、中期、远期模型体系构建与支撑，在线、微观、中观、宏观交通数字孪生与虚实仿真，城市交通规划与管理分析评价。公安交警业务系统主要是将来自公安交通警察局（交通管理局）各系统的道路交通信息、车辆信息、驾驶人员信息、交警信息等各类信息进行汇聚、清洗、整合、去隐私等安全处理后，以一个"出口"向外部系统提供不同层次、不同类型、不同形式的交通信息服务，以满足交通信息的一致性、完整性、动态性的要求。同时，它也从城市交通信息中心平台等系统获取相关的数据和视频信息，以扩大公安交通警察（交通管理）部门的信息来源。

V2X 基础能力平台与数据交换网关、V2X 实时消息网关、边缘计算云上的 V2X 边缘计算节点共同构成了多级的城市交通信息中心平台,是平台层的通信网络核心,它汇聚来自车辆、路侧设备、公安交警系统及各类应用平台的 V2X 相关信息,并实现各类信息数据的高速计算与实时分发、数据的存储与分析、应用的部署与托管等功能。城市交通信息中心平台通过数据交换网关对接多元出行服务平台、互联网地图服务平台、高精度定位平台、上层应用平台,实现 V2X 数据与出行服务、定位地图导航等应用的深度结合。

多元出行服务平台主要利用 V2X 基础能力平台所发送的各类信息,实现各类出行服务所需的交通安全与效率相关的基础功能;对接急救车辆、消防车辆、公交车辆等特种车辆运行调度平台,对急救车辆、消防车辆、公交车辆等特种车辆进行位置跟踪判别,发送特种车辆相关信息至 V2X 基础能力平台并通知附近车辆让行,以实现面向特种车辆、公交车辆等行业车辆优先通行的应用功能。

2. 城市交通信息中心平台

城市交通信息中心平台作为智能网联汽车 V2X 业务的基础能力平台,需要满足 V2X 业务超高并发、超低时延、高速移动、数据异构等需求。以深圳市为例,城市小汽车保有量超过 350 万辆,根据 3GPP 定义的辅助驾驶阶段每辆车每秒发送 10 条 V2X 消息,V2X 平台每秒需要处理千万级的数据,单条业务数据端到端处理时延要求在 20~100 毫秒。因此,需要全新的多级平台架构以应对 V2X 业务在数据接入、数据计算、数据存储、数据推送、数据安全方面带来的极大挑战。

城市交通信息中心平台主要支撑全网业务,并提供全局管理功能,包括全网业务运营管理、全局数据的分析和管理、多级计算能力调度、多级平台系统管理等,可部署在业务网络的机房中;V2X 区域交通信息中心平台提供区域管理功能,可根据业务量支撑省级、市级区域交通范围业务,包括区域业务运营管理、区域交通信息中心平台管理及从属的 V2X 边缘节点管理等,区域计算平台可部署在核心网络机房中,服务于对时延要求较高的业务场景;V2X 边缘节点主要支撑边缘范围内低时延、高吞吐 V2X 业务,可部署在接入网络机房或移动边缘计算服务器上,服务自动驾驶或辅助驾驶等高实时业务场景。

城市交通信息中心平台提供融合感知、实时计算、数据分析、能力开放等多种基础功能,统一接入系统提供多种智能网联汽车终端、路侧单元、外部系统的统一接入、鉴权、协议适配等功能,并支持分布式部署,下沉至核心网络或网络边缘,形成 V2X 实时消息网关。

平台感知系统包括异构数据汇聚和融合分析两大功能模块,异构数据汇聚功能模块提供车辆、路侧设备、传感器及政府或第三方交通信息平台的数据汇聚,并根据应用场景对处理时延、传输带宽的具体需求,支持分级、分类缓存及分析功能;融合分析模块作为数据分析基础服务平台,集成智能网联汽车基础智能算法、机器学习基础算法等,支撑融合

智能网联汽车 V2X 与智能网联设施 I2X

分析能力,并支持第三方算法部署和大规模分布式计算。

平台计算系统提供车辆终端业务实时计算转发、离线计算能力,包括数据解析、实时计算、消息转发推送、离线计算等主要功能。

平台数据系统提供高实时、大并发数据存储能力,可提供数据脱敏、数据清洗、存储组建管理等主要功能;同时,面向第三方智能网联汽车应用,如车企、地图厂商平台、智能网联汽车应用服务公司等,提供交通大数据开发能力,具体包括数据的实时查询、历史数据查询、数据订阅与推送、流量监控等功能。

平台能力系统主要是指对外开放城市交通信息中心平台的能力,主要包括 V2X 的网络能力、定位能力等。

平台应用托管系统主要面向第三方提供 V2X 应用托管部署的基础运行环境,包括应用入驻托管、租户隔离、资源调度等功能。

平台边缘计算系统主要支持在接入网络部署边缘节点,提供 V2X 边缘计算侧服务,以支持有高实时、大带宽需求的路侧感知、高级辅助驾驶、自动驾驶等业务功能。

平台多级协同系统提供 V2X 多级平台各层级间协同管理、数据交互等能力,提供数据同步、协同计算、应用分级部署等功能。

5.1.2 智能网联汽车与智能网联设施评价

《2020 年自动驾驶汽车成熟度指数》旨在评估各个国家和地区对自动驾驶汽车部署的准备情况。其选取 30 个国家和地区,通过政策和立法、技术和创新、基础设施和消费者接受度 4 个方面进行排名。2020 年得分最高的国家是新加坡、荷兰和挪威,中国排在第 20 位。自动驾驶汽车正步入技术发展成熟期,各国中央和地方政府通过多种关键政策和投资决策,使其能够在社会中实现安全、有效的运用。

5.1.2.1 运用自动驾驶技术的关键因素

运用自动驾驶技术的关键因素包括安全性、隐私性、数字基础设施、对运输系统的影响和跨境旅行。各个国家和地区的实现路径有所差异,但也在相互借鉴。

1. 安全性

据世界卫生组织估算,大约有 95%的道路事故由人为失误造成,自动驾驶技术有潜力大幅减少人员伤亡。全球道路安全部长级会议提出,与会各国确保到 2030 年售出的车辆全部装配安全性能技术。然而,事实证明社会对技术造成的事故容忍度极低,各国政府必须制定相应政策,遵循以安全为中心的准则来制定发展路线,但这样做可能导致将安全标准设置过高而减慢其引入速度。

2. 隐私性

自动驾驶技术在数据隐私方面存在两难困境。一方面，道路通行能力的优化是互联车辆的巨大机遇，如果能够获知特定区域内全部车辆的位置和目的地，则智能交通管理系统就可以对其速度和路线进行设置，从而最大限度地减少行驶时间和拥堵程度。另一方面，很多国家的政治和文化无法接受个人信息共享。各国在保护道路使用者隐私方面存在较大差异。其中，欧盟遵循《通用数据保护条例》，具有严格的隐私标准；美国在加利福尼亚等多个州级政府具有相关的严格规定，但在国家联邦层面提供的统一标准较少；部分国家则是降低了对隐私的重视程度。

3. 数字基础设施

各个国家和地区在建设自动驾驶相关数字基础设施方面仍存在分歧。在特定条件下，4级智能网联汽车可能会受限于具有适当数字基础设施的区域。V2I 系统采用集中式交通管理模式，通过协调车辆的运行方式来优化所有用户的权益，从而优化该地区高速公路的使用。在道路通行不受限制的地区，如农村地区，自动驾驶汽车可以更多地依赖系统运行。而在城市间高速公路等受限地区，政府对数字基础设施进行投资，实现自动驾驶汽车与系统对接则尤为重要。

4. 对运输系统的影响

美国在自动驾驶开发方面处于领先地位，重点发展自动驾驶私家车和出租车服务。其他多数国家和地区则通过使用自动驾驶汽车来增加共享交通工具的便利性和普及性，如智利、丹麦、芬兰和挪威等国正在测试低速自动驾驶小巴，新加坡、西班牙和英国的运营商正在测试全自动驾驶公交车，从而减少对专业驾驶员的需求。

5. 跨境旅行

尽管各个国家和地区为自动驾驶汽车部署的数字基础架构有所不同，但是，为确保跨境车辆正常运行，制定智能网联汽车运行的国际标准十分必要。欧盟规定，从 2022 年开始，所有新车在高级驾驶辅助系统（ADAS）下，都必须具备自动紧急制动和保持在同一车道的协助功能。一些国家和地区已经通过立法来明确与自动驾驶汽车有关的责任，如英国的《自动和电动汽车法》。但是，由于这类车辆具有跨境自动驾驶的可能性，因此各国在相关法律法规中保持一定程度的一致性将大有裨益。

5.1.2.2 部分国家和地区的自动驾驶汽车成熟度现状

由于大多数自动驾驶汽车都是电动汽车，这意味着一个国家如果没有建立电动汽车的基础设施就很难引进自动驾驶汽车。部分国家和地区布局各有侧重，主要内容如下。

智能网联汽车 V2X 与智能网联设施 I2X

1. 新加坡的政策法规最为完善

新加坡将自动驾驶汽车纳入陆路交通总体规划,到 2040 年,新加坡将打造"45 分钟城市"的愿景,让高峰时段 90%的"走、骑、搭"路程能在 45 分钟内完成。一方面,新加坡完善智能网联汽车相关标准,发布全球首个为自动驾驶提供全面标准的法规草案《技术参考 68》(TR68),以及人工智能(AI)治理框架模型。另一方面,新加坡扩大智能网联汽车测试区域,目前测试区域已占城市总里程的十分之一。同时,新加坡大力推广自动驾驶巴士,2019 年 3 月,新加坡南洋理工大学与沃尔沃合作推出了 12 米长的自动驾驶电动巴士。在基础设施指标方面,新加坡承诺到 2030 年将电动汽车充电点的数量增至 28000 个,到 2040 年逐步淘汰内燃发动机汽车。到 2023 年,开始逐步针对纯电动汽车征收每年 500 美元的使用税和基于距离的使用税。新加坡的市场规模较小,决定了其难以吸引汽车制造业,但其主要优势是消费者接受度处于全球领先地位。

2. 荷兰的相关基础设施领先

荷兰在政策法规指标及政府资助的测试点方面排名领先。在基础设施方面,荷兰人均拥有电动汽车充电桩达到 3 个/千人。荷兰的道路质量仅次于新加坡,而良好的道路状况是引入自动驾驶汽车的先决条件。在数字基础设施方面,荷兰于 2019 年将交通信号灯等智能道路设备的使用范围扩展到 60 个新地区,但其尚未大规模实施不同频率的 5G 网络。由于超过了欧盟对氮污染的限制,荷兰政府在 2020 年 3 月降低了车辆限速,促使人们改用电力车辆以减少污染和碳排放,在一定程度上增加了自动驾驶汽车的普及率。荷兰在推进自动驾驶技术中遇到诸多挑战:一是在进行卡车列队行驶测试时,无法使车辆始终保持连接;二是政府尚未签发自动驾驶测试执照。今后,荷兰如果想从自动驾驶解决方案中受益,可以考虑在封闭区域使用车辆或使用专用道路,但是在人口密度较高的地区仍很难引入。

3. 挪威对自动驾驶的接受度高

由于挪威对内燃汽车和燃料征收重税,并对电动汽车给予补贴,2019 年挪威的纯电动或插电式混合动力车的销售量(占比为 56%)远远领先于荷兰(占比为 15%)。在基础设施方面,挪威在电动汽车充电桩人均拥有量上仅次于荷兰,为 2.4 个/千人。此外,挪威还拥有出色的宽带和 4G 覆盖范围,在最新技术的可用性方面仅次于芬兰。挪威拥有出色的地图绘制能力,但还需要分析道路实时数据,以涵盖交通和事故情况。2019 年,挪威将智能网联汽车从测试转为实际应用,奥斯陆的 3 条公交路线已实现自动驾驶。同时,挪威正在极端天气中进行自动驾驶汽车测试,并在自动驾驶船只方面处于领先地位。

4. 美国的技术和创新排名领先

美国在技术和创新指标方面仅次于以色列，有 420 家自动驾驶公司的总部位于美国，占总数的 44%。同时，美国也是行业合作伙伴关系指标方面评分最高的 5 个国家之一，美国的技术公司和成熟的汽车制造商继续主导全球自动驾驶技术的发展。福特于 2017 年对初创公司 Argo AI 进行了 10 亿美元的投资；苹果于 2019 年 6 月收购了位于硅谷的初创公司 Drive.ai；通用汽车于 2020 年 1 月推出专为乘车共享而设计的自动驾驶汽车 Origin。然而，美国在基础设施方面的表现相对较差，侧重于将自动驾驶应用于私家车和出租车。美国主要是由州政府和市政府承担引入自动驾驶汽车的工作，虽然这样有利于技术灵活使用并因地制宜，但是却可能导致标准化程度降低。

5. 芬兰政府为自动驾驶做好准备

一方面，芬兰政府在制定自动驾驶法规方面排名最靠前。芬兰开放道路网络进行测试，并颁布新《道路交通安全法》。芬兰正促使欧盟修改法规，如将自动驾驶汽车纳入"驾驶员"范畴。另一方面，芬兰侧重于发展自动驾驶小巴。此外，芬兰得益于拥有众多经验丰富的工程师，以及成熟的公私合营生态系统，其在数字技能和乘车服务方法方面处于世界领先地位。但芬兰的智能网联汽车市场规模较小，缺少大型的汽车制造商引领发展。

6. 瑞典着重发展自动驾驶物流

瑞典的技术指标和消费者接受度排名位居前列。瑞典是自动驾驶技术的早期采用者，其扩大了自动驾驶汽车在公共道路上的测试范围，并将限速提高到 80 千米/时，同时允许驾驶员松开方向盘，包括卡车制造商斯堪尼亚、沃尔沃在内的瑞典公司都在持续进行试验。瑞典的自动驾驶主要应用于物流场景。2019 年 5 月，由瑞典自动驾驶初创公司 Einride 制造的吊舱在德国物流集团投入使用，并完成首次城市间的运输。毕马威预计，5G 将推动自动驾驶在瑞典的广泛使用，瑞典政府需要加快制定法规的步伐，推进公共交通试点，促进技术提供商、原始设备制造商和政府部门通力合作，形成生态系统。

7. 韩国将自动驾驶纳入国家战略

由于在基础设施方面采取了多项措施，包括改善 4G 网络覆盖率及宽带连接速度，韩国的自动驾驶汽车成熟度排名涨幅最大。随着测试地点和乘车服务的增加，消费者接受度大幅提升。韩国的大型公司如现代集团在自动驾驶市场处于有利地位，同时，随着韩国政府计划将国内供应比例从 50%提高到 80%，生产零件的小企业也将很快获得财政支持。在 2019 年 10 月举行的"未来汽车工业国家愿景"发布会上，韩国将智能网联汽车纳入国家战略，明确了立法程序、投资和基础设施的具体时间表。同时，韩国还提出促进电动汽车和氢能汽车的发展，实现 2030 年道路交通死亡人数减少 75%。一是在基础设施方面，韩国

智能网联汽车 V2X 与智能网联设施 I2X

政府计划在 2024 年前在主要道路上引入辅助基础设施、建立车辆与系统间的无线通信、实现三维映射、建立综合交通控制系统。二是在立法程序方面，在 2024 年前制定相关法律并设立机构，2030 年完成道路的测绘工作。三是在投资方面，实现到 2025 年，售出的新车中有 9%为 L3 级或 L4 级自动驾驶汽车，到 2030 年增至 54%，其中 12%处于 L4 级水平。为实施该战略，韩国政府建立了未来汽车工业联盟，以帮助汽车和零部件制造商与技术公司及其他公司进行合作。

8. 阿联酋持续关注智能技术开发

2020 年，阿联酋在自动驾驶汽车领域的总体排名上升一位，在基础设施和消费者接受度指标上均排名第四，在多项单独指数方面的表现较为强劲。该国在技术基础架构的变更成熟度、移动数据速度和个人准备方面都处于领先水平。根据世界经济论坛的调查，阿联酋在政府对变革和未来方向的适应能力，以及消费者对 ICT 的采用方面排名第二，其在法律体系面对挑战性的效率方面排名第三。根据 2016 年制定的战略，到 2030 年，阿联酋将使 25%的交通运输实现自动化。

9. 英国为自动驾驶发展提供良好的生态系统

英国在自动驾驶领域较早地开展了工作，进行了大量的测试，但在电信基础设施的质量，以及各组织之间的协作方面仍存在挑战。在政策法规指标方面，英国保持第二位。一方面，英国政府以 2018 年《自动和电动车法》为基础，探讨了公共服务车辆的自动驾驶监管。另一方面，为支持《未来交通法规审查》，英国政府启动了灵活巴士服务，以及电动踏板车等微型移动车辆服务。此外，英国政府对该行业做出重大投资，斥资近 2.5 亿美元建立了 6 个自动驾驶测试设施，统称为"TestBed UK"。到 2030 年，英国将投入数量巨大的互联智能网联汽车到道路应用。网络安全是英国的主要竞争优势，2019 年 8 月，英国发起自动驾驶汽车竞赛，并向 7 个与网络安全相关的项目提供了 150 万美元的奖励。同时，英国的科技公司、大学和研究机构为自动驾驶功能提升做出了重大贡献。苏格兰在光子学、基于光的车辆传感器技术方面具有特殊优势。

10. 丹麦在技术接受度和测试方面具备优势

丹麦在自动驾驶测试技术方面具备优势，是世界上使用数字技术最多的国家之一，丹麦的消费者热衷于采用新的技术和运输方式。在测试方面，丹麦也走在前列，丹麦允许在国内全部公共道路上进行自动驾驶测试。但提交申请之前，需要获得第三方安全评估员的批准。2020 年 3 月，丹麦的第一个自动驾驶巴士 Smart Bus 开始运营，连接哥本哈根火车站、停车场和当地设施的新哥本哈根地区环线也获得批准。尽管丹麦鼓励企业与政府之间进行合作，但其自动驾驶行业仍然缺乏参与者，另外车辆辅助系统被征以高额税收也阻碍了其发展。

11. 日本拥有的相关专利数量最多

日本在技术创新指标方面上升至第三位，并且拥有相关的专利数量最多。在政策法规方面，日本于 2019 年 5 月颁布了两项立法。日本修订后的《道路运输车辆法》于 2020 年 4 月生效，其中包括对智能网联汽车的法律认可、检查制度和许可证制度；经修订的《道路交通法》对自动驾驶设备进行了定义，并允许自动驾驶使用者操作手机或汽车导航系统，但是也要求他们在出现问题时能够立即接管手动操作。在自动驾驶测试方面，东京都警察局于 2019 年 9 月发布了自动驾驶测试新规，包括将车辆限速为 12 英里/时、满足网络安全标准及安装记录设备要求。日本在引入自动驾驶汽车方面具有优势，包括良好的驾驶礼节和道路维护标准。强大的汽车制造业也为其助力，本田在 2020 年推出了支持 L3 级自动驾驶的车型，技术公司则专门研究激光雷达、图像识别和动态映射等相关领域。但是，日本 5G 的推出有所推迟，对道路网络中包括大量的隧道、多层高速公路和狭窄的城市街道覆盖有影响，这使自动驾驶汽车难以导航。

12. 加拿大在行业合作方面表现出色

加拿大在人工智能、远程信息处理和激光雷达方面拥有出色的人才资源，处于世界领先水平。另外，该国的汽车零部件制造行业发展成熟，城市和农村测试条件良好，政府对交通政策和法规更新力度强。加拿大在行业合作方面位居第一，与美国共享大湖区汽车制造业产业集群（底特律和安大略省的温莎市），各组织通过安大略省自动驾驶汽车创新网络进行协作。魁北克省则专注于智能网联汽车的研究和使用。加拿大还举办了多项与自动驾驶相关的活动，在加拿大基础设施智能城市挑战赛中，获奖者中有三分之一的应用专门针对互联和自动驾驶汽车。

13. 德国的创新能力国际领先

在技术和创新领域、行业合作伙伴关系、相关专利和公司投资，以及创新能力指标方面，德国均表现出色。德国汽车制造商在国际工作中表现出的创新能力证明了其实力。2019 年 1 月，戴姆勒卡车公司推出北美第一款包含自动化协助功能的卡车，其将在自动驾驶卡车领域投入 5.7 亿美元，并在 10 年内实现"高度自动驾驶"的目标。2019 年 2 月，宝马和戴姆勒在适用于高速公路和城市地区的自动驾驶技术方面进行合作。但是德国在其他指标方面的表现差强人意，缺少国家层面的统一战略和市政当局的协调部署。在政策法规方面，由联邦政府召集的跨部门国家未来交通平台，于 2019 年 12 月发布了有关实现自动驾驶所需行动的建议，涉及许可、数据交换及立法和消费者接受度等内容。在自动驾驶测试方面，公共交通提供商将测试从封闭区域转移到了公共道路，其中包括柏林、汉堡和莱比锡运营商及德国国家铁路公司。

智能网联汽车 V2X 与智能网联设施 I2X

14. 澳大利亚改革法规以适应自动驾驶发展需求

在自动驾驶法规方面,澳大利亚排名最靠前,澳大利亚国家运输委员会对相关法规不断进行更新。在应用方面,新南威尔士州交通运输局于 2019 年 1 月发布了未来 10 年的自动驾驶公交车采用计划,澳大利亚的矿业公司已经在封闭地点使用自动驾驶设备,力拓(Rio Tinto)在西澳大利亚州的两个铁矿场已使用完全遥控的卡车。在基础设施方面,澳大利亚政府根据国家宽带网络计划不断改善宽带服务,因此在宽带质量方面处于领先水平。在监管环境方面,澳大利亚具有优势。澳大利亚政府在基础设施项目和政策的制定过程中都将自动驾驶纳入考虑范畴,并在全国范围内进行了一系列试验。

15. 以色列的企业实力在业内领先

以色列因其在自动驾驶领域的企业实力而在技术指标方面处于领先地位,有 84 家专注于自动驾驶领域的公司将总部设在以色列,在数量上仅次于美国。以色列在创新方面具备优势,但在政策、立法和基础设施方面均落后于其他国家,较低的 4G 网络覆盖率和鼓励购置燃油车的税收政策都阻碍了其自动驾驶汽车行业的发展。

16. 新西兰注重在全国范围内建立统一监管

新西兰的主要优势是为自动驾驶技术提供了支持性的法规环境。新西兰政府正在推动建立相关法规,内容涵盖自动驾驶测试及上路使用。在基础设施方面,鉴于主要城市以外的道路使用率很低,新西兰并未广泛部署自动驾驶路侧基础设施,因此其在道路质量和 4G 覆盖范围方面表现不佳。由于该国道路的安全基础设施和道路标记不一致,因此自动驾驶汽车需要获取更精确的基于卫星的定位信息。新西兰和澳大利亚政府正继续针对南部定位增强网络进行联合试验,该网络将于 2023 年投入运营。新西兰在开发自动驾驶汽车方面并无优势,其汽车研究、开发和制造工业缺乏,来自私人资本或政府的创新资金也有限。

17. 奥地利逐步开放自动驾驶实际应用

奥地利在发展自动驾驶汽车方面具有许多优势,包括拥有诸多从事该领域研究的企业和科学人才。从 2019 年 3 月开始,奥地利政府允许私人汽车、公共汽车和卡车使用自动驾驶功能,即当车辆固定行驶在高速公路的一个车道上时,驾驶员可以将手从方向盘上移开,在变道、下高速或其他需要时重新控制车辆。私人汽车和小型卡车的使用者也可以在车外使用自助停车系统。同时,奥地利政府还增加了技术创新资金的财政预算,在技术基础设施变更就绪指数方面奥地利排名第二。此外,奥地利正在开发自动驾驶无人机技术,其飞行出租车可能在 2025 年之前投入使用。

18. 法国注重完善立法和国家政策

法国拥有全面的自动驾驶汽车法律框架，且制定了长期政策，以鼓励国家或地方政府与私人行为者之间的合作项目。法国议会通过了两项法律以帮助实现这一目标。一个涉及实验性智能网联汽车的事故责任认定，从操纵方向盘的人转移到了授权进行实验的机构；另一个允许政府修改其他法规以便使用自动计时服务。此外，法国政府为自动驾驶系统开发了验证方法，并为相关研究提供了赞助。法国汽车制造商雷诺与日本企业日产，同 Waymo 达成独家联盟协议，在法国和日本成立合资公司。Waymo 和雷诺正考虑开发一个自动运输系统，将巴黎戴高乐机场与首都中心以西的办公大楼连接起来。由于法国缺乏自己的大型技术公司，所以雷诺和 Waymo 之间的合作伙伴关系至关重要。

19. 中国在国家级政策和新标准方面发展迅速

2019 年 9 月，交通运输部发布了数字运输战略，内容涵盖自动驾驶汽车、能源改善及车辆环境表现改善。同时，我国陆续发布了有关自动驾驶汽车的新标准，包括国际通用的自动驾驶分级标准。在自动驾驶测试方面，我国简化了在公共道路上进行自动驾驶汽车测试的过程，使测试可以在更多城市进行并受到较少限制。2020 年 3 月，自动驾驶初创公司 AutoX 在北京投放了 100 辆自动驾驶出租车，成为第一个被允许以 80 千米/时速度运行的车辆。在行业伙伴关系方面，我国处于领先水平。随着数字道路基础设施的建设，我国提前布局 5G 网络具有重要意义。我国在 5G 技术使用和实施的步伐方面均处于世界领先地位，这将为引入自动驾驶技术奠定坚实的基础。但是，我国发展自动驾驶技术也存在一些挑战，包括对高精度地图的需求，以及政策和标准的进一步制定。

北京于 2017 年 12 月成为我国第一个授权在公共道路上进行自动驾驶汽车测试的城市。2017 年 12 月，北京市交通委等 3 个部门联合发布《北京市关于加快推进自动驾驶车辆道路测试有关工作的指导意见（试行）》，指定了 33 个路段进行智能网联汽车测试。2019 年 12 月，北京开始允许对载客自动驾驶汽车进行测试，百度成为首家获得许可的公司。2020 年 5 月，小马智行成为第一个获准在开放道路上测试载客自动驾驶设备的初创公司。此外，北京要求测试人员披露行驶里程、车队规模和脱离接触情况。

5.2 智能网联汽车与智能网联设施实践

中国交通运输已经进入由交通大国向交通强国迈进的历史性发展时期，基础设施从"连线成片"到"基本成网"，运输服务从"走得了"到"走得好"，交通科技从"跟跑为主"到"跟跑并跑领跑"并行。特别是深圳市交通运输已经成为国家交通运输发展的主

智能网联汽车 V2X 与智能网联设施 I2X

要缩影,从改革开放之初的瓶颈制约,到 20 世纪末的初步缓解,再到目前的基本适应和部分领跑,已经为城市经济社会做出了巨大贡献。纵观智能网联汽车与智能网联设施车路协同建设发展,深圳市正在全方位领跑中国智能网联汽车与智能网联设施高度集成的智能车路协同关键技术与装备行业发展。

汽车产业是国民经济的支柱产业之一,一辆车要实现真正意义上的智能化、智慧化出行,绝对不是孤立个体能够实现的,应该是和道路交通设备、设施环境相关联,这也是智能网联汽车与智能网联设施互联互通的一体化中国路线体现。在车路协同的环境下,智能网联汽车可以在不同的自动化水平上发展,让自动驾驶变成一种可落地的现实。智能网联设施的车路协同是由"路"来"告诉"车周边的情况;如何打造智慧的路,其本质就是对道路及相关基础设施进行数字化、智能化、智慧化建设与提升,以便智能网联汽车这个主体的"自动驾驶大脑"能结合这些数字化的信息进行更高效的决策和控制。对道路需要用到的信号灯、标志标线、指示牌等进行数字化,把先进的设备安装在路上,由路上的设备来进行感知;对道路本身、道路环境进行识别,对道路参与主体的位置、速度及运动方向进行识别,对道路上发生异常事件进行识别。从深圳市智能车路协同规划设计与建设实施项目的示范成果来看,通过核心操作系统将车载终端主要任务进行一体化集成是一条可行路径。借助操作系统的基础作业和软件、硬件协同能力,实现车-车、车-路、车-人、车-网、车-中心之间的互联,承担硬件数据融合等智能车路协同的特定需求。在中国深圳,智能车路协同是智能网联汽车 V2X 与智能网联设施 I2X 一体化发展的必然结果。

5.2.1 深圳市智能网联汽车道路测试规划

深圳市智能网联汽车道路测试涵盖多个场景,充分考虑人、车、路、环境等道路测试影响因素,在安全可控、适度开放的原则下尽可能地提供开放测试场景,助力智能网联汽车科研实验与行业发展。测试道路涵盖工业区、旅游区、商务区、金融区,涉及场景包括信号控制交叉口、无信号控制交叉口、十字交叉口、T 形交叉口、直线、曲线、坡度等不同道路地形条件,覆盖单行道、警示、指路等多重交通标志标识。首批开放道路总面积约 30 平方千米,道路里程合计约 124 千米,覆盖深圳市福田、南山、盐田、宝安、光明、龙华、龙岗、坪山、大鹏 9 个行政区域。具体开放道路如下。

1. 福田区

福田区可供道路测试的片区为福田保税区,具体为金葵道—市花路—瑞香道—绒花路—红花路合围区域。

2. 南山区

南山区可供道路测试的片区为西丽、大学城、赤湾、前海、深圳湾口岸和深圳湾 6 个片区，具体为创科路—打石二路—石鼓路—茶光路—创研路—打石一路合围区域、留仙大道辅道—丽水路—丽山路合围区域、赤湾六路—赤湾七路—赤湾四路—赤湾九路—赤湾二路—赤湾五路合围区域、白石路—深湾二路-白石三道—深湾四路—白石四道—深湾五路合围区域、听海路—前湾四路—临海大道—妈湾大道合围区域、工业八路—后滨海路—望海路—中心路—科苑南路合围区域。

3. 盐田区

盐田区可供道路测试的片区为梅沙片区、沙头角和海山片区，具体为环梅路—盐梅路合围区域、深盐路—海山路—海景二路—金融路—沙深路合围区域。

4. 宝安区

宝安区可供道路测试的片区为宝安机场和尖岗山片区，具体为领航三路—领航一路—领航四路—机场南路合围区域、上川路—留仙一路—留仙二路—隆昌路合围区域。

5. 光明区

光明区可供道路测试的片区为光明南片区，具体为牛山路—创投路—观光路—茶林路—光侨路—华夏路合围区域。

6. 龙华区

龙华区可供道路测试的片区为大浪片区和观湖片区，具体为大浪北路—石龙仔路—浪荣路—浪花路合围区域、观乐路—澜清二路—观盛五路—翠幽路—观盛一路—观清路—观盛二路合围区域。

7. 龙岗区

龙岗区可供道路测试的片区为南约—宝龙—同乐片区，具体为宝龙一路—南同大道—锦龙四路—清风大道合围区域。

8. 坪山区

坪山区可供道路测试的片区为聚龙片区，具体为丹梓东路—荣田路—聚青路—金辉路合围片区、翠景路—青松西路—青兰二路—兰竹东路合围区域。

9. 大鹏新区

大鹏新区可供道路测试的片区为葵涌片区、大鹏和南澳片区，具体为鹏飞路—银滩

智能网联汽车 V2X 与智能网联设施 I2X

路—滨海二路—坪西路合围区域、金岭路—金业大道—金葵东路—葵坪路合围区域。

5.2.2 深圳市中心城区智能车路协同管控

深圳市中心城区的智能车路协同管控项目，重点在于加强交通基础设施和数字化转型应用基础设施研究。中心城区是深圳市重点交通拥堵区域，主要涵盖 45 个交叉口、四纵五横道路交通网络结构，是深圳市政治、经济、金融、娱乐、商贸一体化高端商业服务区。该项目旨在加强交通信息基础设施推广应用，推进基于 5G、物联网、人工智能等技术的智慧交通新型基础设施试点应用。实现中心城区信号灯"一张网"在线平衡智慧调控，推进中心城区智慧停车建设工作，加速中心城区交通基础设施规划、设计、建造、养护、运行管理等全要素、全周期数字化转型。促进政府跨部门数据共享共用，推进建立城市综合运输一体化大数据云平台支撑环境，探索城市智能网联公交 MaaS 系统多个场景服务。

在城市层面构建无缝化旅客联运系统，着力解决中心城区不同交通方式间数据、信息、知识、服务一体化整合难等问题，形成全程出行、定制服务典范。建立五跨（跨层级、跨地域、跨系统、跨部门、跨业务）交通大数据共享机制。在中心城区智能车路协同试点区域的自由流交通拥挤收费方面，依托自由流收费等交通新技术提高道路通行效率。建立基于运行水平的中心城区动态收费调节机制，推动中心城区自由流收费等新型收费技术应用和政策体系建设。深圳市中心城区智能车路协同管控道路交通网络布局结构如图 5-1 所示。

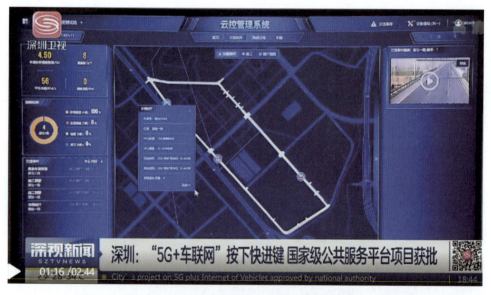

图 5-1 深圳市中心城区智能车路协同管控道路交通网络布局结构

在中心城区交通网络智能设施运行监测系统的智慧路段，结合交通设施上的设备集约化管理和区域交通网络景观等因素，集交通流检测器、视频监控/识别、智能车路协同交互信息、智能路侧设施发布交通信息、出行行人检测等功能于一体,全面感知智能路侧交通设施运行状况,形成集成化的交通在线数据采集与共享运行环境。

深圳市中心城区新一轮科技创新将推动交通基础设施、交通技术、交通服务、交通管理重大变革示范区建设。移动互联网、云计算、物联网、大数据、5G 等新一代信息技术加速向交通领域渗透,对客货运输模式产生全面、深刻的影响。其中,拥堵区域交叉口与路段动态分组、在线监测、可视建模、数字孪生、虚实仿真、可视化推演技术可以实现中心城区智能车路协同管控与治理,客货携手、自动驾驶、自由流收费、北斗高精度定位、共享单车等新交通模式创新技术已具备实验基础并逐步进入中心城区建设推广应用,使中心城区交通出行发生颠覆性改变。共享移动性、汽车电气化、自动驾驶、新型公共交通、可再生能源、新型基础设施、物联网成为本项目的主要建设实践模式。

中心城区交通网络智能设施运行监测系统的智慧交叉口功能设计,主要包括广域网雷达智能公交车路协同和 4G/5G 集群通信模块,园区级、路侧级、路中央级、交叉口信号灯一体化四级智慧灯杆建设,以及视频识别与监控等。广域网雷达的多目标车辆检测器安装在智慧信号灯杆上,通过雷达信号跟踪 128 个目标,监测车辆实时位置/速度。行人斑马线检测器是在斑马线通行绿灯时亮灯状态下,自动检测过街行人,确保行人通过斑马线的安全。深圳市中心城区智能车路协同管控项目建成应用场景如图 5-2 所示。

图 5-2 深圳市中心城区智能车路协同管控项目建成应用场景

深圳市中心城区交通网络智能设施运行监测系统的智慧路面功能设计,主要实现智慧道钉、智慧信号灯、智慧标识模板的集中监测。中心城区交通网络智能设施运行监测系统综合管理平台功能设计,主要涵盖看清现场、寻找问题、预测态势、及时处置、高效运维、多层共享、多元服务等功能。基于此,开展深圳中心城区的交通运行现状交通模型建设,

智能网联汽车 V2X 与智能网联设施 I2X

实现交通拥堵、安全、污染动态分析研判的推演。

5.2.3 深圳市福田智能网联公交协同管控

2017 年 12 月 17 日，深圳海量科技有限公司在深圳市福田保税区 2.2 千米的城市开放道路网络上，在国内首次大规模投放 6 辆智能网联公交车队运行服务，实现了智能网联公交车协同管控服务模式。公交车方向盘无须司机进行任何操作，到交叉口处与交叉口信号灯协同优先管控，公交车可以自动转弯，遇到行人或障碍物能自行刹车或避让，到站可以自动停靠。阿尔法巴智能驾驶公交系统是一个整体解决方案，以国产、自主可控的智能驾驶技术为基础，汇集人工智能、自动驾驶、车路协同、大数据云计算等众多技术于一体，配有激光雷达、毫米波雷达、摄像机、GPS 天线等设备精准感知周围环境，通过精确分析，实时、动态地对智能网联设施、道路使用者和突发状况做出反应，已实现自动驾驶下的行人、车辆检测、减速避让、紧急停车、障碍物绕行、倒车变道、自动按站停靠等精细化城市公交运行管理功能，实现了系统安全性、稳定性、可靠性均满足智能网联公交试运行的精心服务要求。

阿尔法巴智能驾驶公交系统，已经推出阿尔法巴 1.0、阿尔法巴 2.0、阿尔法巴 3.0 系列产品，具备 L3+级别的智能网联汽车运行能力，可以满足我国已发布的 17 种测试规范场景的要求，并已先后在深圳、张家界、武汉、合肥、澳门等城市落地试运行，智能网联公交车队总数达到几十辆，运行总里程超过 6.5 万千米，搭载乘客超过 3 万人以上，并实现了安全零事故。

深圳福田保税区智能网联公交协同管控公交汽车停靠场站如图 5-3 所示。

图 5-3　深圳福田保税区智能网联公交协同管控公交汽车停靠场站

深圳市海梁科技股份有限公司荣获深圳、武汉公交载人示范应用牌照后，在原有测试的基础上，进一步加强智能公交车路协同管控等新交通模式在 5G 环境下的应用，逐步向智能网联汽车 V2X 体系演进，将车、路、网及周边环境数据紧密结合，提高交通资源利用效率，面向城市提供更安全、更经济、更便利的公交出行服务，不断推动智能驾驶技术在城市开放道路网络上的应用，让智能网联公交成为社会化公交出行方式工具的首选。阿尔法巴智能驾驶公交系统产品演进过程如下：

（1）2017 年 12 月，阿尔法巴 1.0 在深圳福田保税区全球首发，系统运行效果良好，引发全球性关注，网络新闻点击量超过 3 亿次，深圳市福田保税区桃花路上智能驾驶巴士示范基地落成运营；

（2）2018 年 8 月，阿尔法巴 2.0 在深圳福田保税区投入常态化运行服务；

（3）2019 年 4 月，阿尔法巴在湖南张家界大峡谷"智慧"亮相服务；

（4）2019 年 9 月，阿尔法巴在武汉市荣获全球第一张智能网联公交载人试运营牌照，4 辆阿尔法巴 3.0 在武汉落地运营；

（5）2020 年 8 月，阿尔法巴荣获安徽首批自动驾驶测试牌照，并在合肥投入运行服务；

（6）2020 年 9 月，阿尔法巴驶入澳门，与澳门大学开展自动驾驶科研合作及运行服务；

（7）2020 年 11 月，阿尔法巴荣获银川首批自动驾驶测试牌照，在银川开展自动驾驶相关测试运行服务。

2017 年以来，深圳福田保税区智能网联公交应用示范，一直在持续运行使用中，证明了 C-V2X 端到端技术方案在城市交通中应用的可行性。实现了交通管理与控制，车辆、紧急救援系统数据的互联互通，相关系统在城市交通信息中心平台的运行服务，支撑了城市级的智能网联汽车 V2X 与智能网联设施 I2X 集成通信应用，促进了端到端统一标准的建立与验证，聚集了智能车路协同产业化生态，推进了智能网联汽车技术与产业的发展，起到了良好的试点示范作用，提升了国际影响力。深圳福田保税区智能网联公交协同管控在城市开放道路运行如图 5-4 所示。

深圳福田保税区智能网联汽车协同管控建设如下：

（1）部署了全球规模最大的 C-V2X 示范应用，建立了真正意义上的城市级 C-V2X 网络环境，打造了可复制的 C-V2X 样板工程。

（2）验证了 C-V2X 端到端关键技术，促进了相关智能网联汽车与智能网联设施的交通集成通信关键技术、产品研发及产业化应用，相关技术符合公安部交通警察局智能网联公交车路协同公交优先管控标准规范要求。

（3）加速实现自动驾驶多行业 V2X 数据互联互通，在城市交通信息中心平台环境下，实现丰富的应用场景支撑，构建交通警察局新交通模式信息开放平台、交通信息服务商平台、高精度地图厂商定位导航服务平台等信息交互通信共享服务；实现了智能网联汽车-

智能网联汽车 V2X 与智能网联设施 I2X

车载终端用户、智能网联设施路侧单元有机结合的基础数据交互服务。

图 5-4　深圳福田保税区智能网联公交协同管控在城市开放道路运行

（4）汇聚智能车路协同领域产业合作伙伴，深化了通信与垂直行业的融合发展应用，加速了跨行业深度合作、跨行业融通发展的产业生态环境的构建。

5.2.4　深圳市主干路——新洲路智能化协同管控

深圳市新洲路是城市中心区域南北向的主干路，其自开展智能车路协同管控试点应用以来，针对如何利用交通在线仿真技术，实现从实时交通监测到动态交通管控的深化服务，进行了在线仿真与交通管控应用的深度融合架构设计和关键技术研发及应用。深圳市新洲路相关交叉口的分析研判内容如图 5-5 所示。

图 5-5　深圳市新洲路相关交叉口的分析研判内容

新洲路的交通仿真分析研判是基于交通数字孪生技术进行的，采用人工智能+数字孪生技术，从理念上看，通俗易懂、生动形象；从技术上看，信息技术突飞猛进、日新月异。从交叉口单点到全路段集成，数字孪生技术发挥了不可替代的支撑作用。新洲路交通仿真系统建设实现了以下功能：

（1）整合交通管控系统的数据资源，建立实时在线仿真系统，实现道路交通运行监测与预警，并通过短时交通预测，提前知悉综合交通变化态势，实时发布预警交通信息。

（2）根据交通运行状况识别关键流向，并利用交通出行需求和出行路径数据制定针对性的管控策略，通过虚实仿真对比评估与实地运行效果评价进行控制效果反馈和深度学习，支撑实时的信号控制优化应用，实时响应随机的交通出行需求和交通事件下的非常态交通变化。

（3）形成"采集-分析-控制-评估"的业务闭环，让道路交通系统实现实时监督、自主诊断、自我优化的自适应智慧化转型升级。

（4）利用交通仿真 OD 和路径数据，筛选研究范围内交通需求量最大的几个关键流向，实现关键流向识别。

5.2.5 深圳新国际会展中心智能公交管控

深圳新国际会展中心规划总占地面积 148 公顷，展览面积 50 万平方米，项目共分两期建设，其中一期展馆用地 121 公顷，展览面积 40 万平方米。根据会展交通特征，预计会展高峰日客流总需求可达 12 万~15 万人次，高峰小时客流需求约为 4 万人次，为保障会展正常运营，必须依托大运量公共交通快速疏解高峰客流。

深圳新国际会展中心周边规划的地铁、云巴均还未建成通车，为满足会展客流需求，在市区两级政府的统一部署下，受深圳市交通运输局宝安管理局委托，我们开展了新国际会展中心"智能网联快速公交协同管控"工程设计与建设工作。

深圳新国际会展中心"智能网联快速公交协同管控"项目采用新技术、新手段、新策略，挖掘城市道路时空资源，人、车、路和谐共赢，实现会展高峰期车辆享有专用路权、公交优先、智能网联公交协同管控、全程 15 分钟双向可达、始发与终点场站两端无缝衔接的一站式高品质接驳服务体验。与传统的快速公交（BRT）技术相比，智能网联快速公交协同管控具有按需动态响应控制、空间集约高效利用、注重全交通参与者体验、投资节省、运维成本低等特点。该项目建设具有以下特点：

（1）动态调节控制，道路资源利用更高效；

（2）人-车-路智能协同管控，交通参与者更和谐；

（3）场站设计人性化，公交地铁无缝接驳。

智能网联快速公交车路协同管控大屏幕调度指挥运行状态如图 5-6 所示。

智能网联汽车 V2X 与智能网联设施 I2X

图 5-6　智能网联快速公交车路协同管控大屏幕调度指挥运行状态

智能车路协同行业内应用普遍涉及两种产品：智能车载单元和智能路侧单元。智能车载单元和智能路侧单元分别部署在车端和路侧端，如常见的 ETC 等非接触式感知设备，通过微波来接收和反馈通信数据，实现诸如车辆身份识别、电子扣费、车路协同、公交优先等基础功能。但这并不能很好地概括车路协同方案下的核心组成。智能网联快速公交车路协同主要涉及 3 个端口：车端、路侧端和云端，其中路侧端和云端因为车路协同环境下，端、边、云计算节点下沉至边缘层（路侧）的需求而经常被同时提及。再考虑到 3 个端口间信息传输渠道的重要性，对于智能网联快速公交车路协同系统平台更完善的拆解方式，行业内普遍认为应当是以下 3 个核心组成部分：智能车载系统（车端）、智能路侧系统（路侧端+云端）和通信传输平台系统。上述三者恰好构成智慧交通场景下协同感知与协同决策的闭环。

（1）智能车载系统负责车载端的海量数据实时处理和多传感器数据融合，保证车辆在各种复杂的情况下稳定、安全地行驶。

（2）智能路侧系统负责路况信息收集与边缘侧计算，完成对路况的数字化感知和就近云端算力部署。

（3）通信传输平台系统负责提供车-车、车-路间实时传输的信息管道，通过低时延、高可靠、快速接入的网络环境，保障车端与路侧端的信息实时交互。

深圳新国际会展中心"智能网联快速公交协同管控"项目应用了深圳市榕亨实业集团有限公司新近研发的"一体化智慧交通综合数据中心"平台产品。"一体化智慧交通综合数据中心"平台集合了智能网联公交汽车、智能网联设施、智能车路协同管控平台等新交通模式行业前沿的技术，集一体化智能控制机柜、车路协同路侧神经中枢、5G 交通信号控

第 5 章　智能网联汽车与智能网联设施车路协同

制等于一体，解决了智能交通行业的交叉口智能设施建设及管理无序的运行困局。深圳榕亨实业集团有限公司研发的车载系统控制界面如图 5-7 所示。

图 5-7　深圳榕亨实业集团有限公司研发的车载系统控制界面

5.2.6　深圳市智慧宝安智能车路协同管控

深圳市面向粤港澳大湾区和先行示范区"双区驱动"高质量发展战略，市政府提出将智慧交通作为城市战略全面打造湾区核心引擎和强国城市范例，打造"全息感知、可视推演、精准管控、全程服务"新一代交通运输智慧交通大脑。

宝安区是大湾区的核心地带，其工作重心是打造宝安"西部重镇、智创沃土、水岸新城"新局面，形成一批以智能制造、文化创意为代表的产业集群，拉开新一轮城区高质量发展的序幕。智慧宝安交通提升工程一期集中补足关键走廊、重点片区的前端设施短板，强化安全防控，初步建立区内交通运行智能检测和实时监管的交通大脑，快速提升交通管控能力。智慧宝安智能车路协同管控系统体系结构设计如图 5-8 所示。

1. 宝安区综合态势监测

智慧宝安智能车路协同管控系统集成地理信息系统、视频监控系统、交管部门各业务系统数据，对交通路况、警力分布、警情事件、接处警情况等要素进行综合监测，并支持点选查看具体警力、机动目标、交通事件、监控视频等详细信息，帮助管理者实时掌握交通整体运行态势。

2. 接处警监测

支持对接接处警系统数据，对接警情况、处警情况、实时交通事件等信息进行可视化

智能网联汽车 V2X 与智能网联设施 I2X

监测分析。基于地理信息系统，实现各类报警事件的态势显示、快速定位，并标示报警内容。同时，可智能化筛选查看周边监控视频和交通警力资源，方便指挥人员对报警地周边情况进行判定和分析，为警情处置提供决策支持。

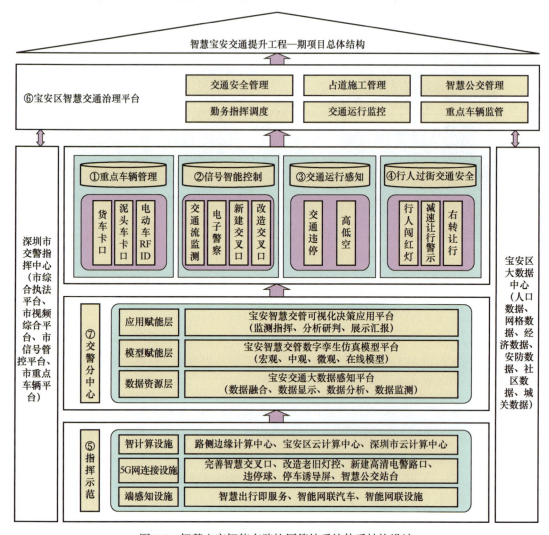

图 5-8 智慧宝安智能车路协同管控系统体系结构设计

3. 重大活动保障

针对重大活动交通保障需求，支持对保障区域内警力、车辆、联动资源的部署情况，以及车流量、人流量、路况、交通事件、监控视频等信息进行实时监测，支持保障范围可视化、保障路线可视化、保障流程可视化，有效提升重大活动保障效能。

4. 重点车辆保障

支持对救护车、消防车、工程救险车等重点车辆的运行位置、运行速度、运行路线进行实时监测，并可综合沿线交通路况、警力分布、监控视频等信息进行可视化分析研判，以便管理部门及时采取信号灯调控、分流等措施，同时可对占用应急车道、干扰特种车辆通行等违法违章情况进行监测，为重点车辆通行保障、交通执法工作提供有力支持。

5. "两客一危"车辆监测

支持集成视频监控、卡口、车辆 GPS、RFID 等系统数据，对"两客一危"车辆的实时位置、速度、流向、运行轨迹进行实时可视化监测，并可对车辆超速、偏航等异常状态进行可视化告警；支持查询具体车辆的详细信息，如车牌号、车辆类型、所属单位、运单信息（驾驶员、押运员、货物信息等），实现对"两客一危"车辆的全方位运行监控。

6. 车辆缉查布控监测

支持对布控点位、布控警力等要素的数量、位置、分布等信息进行可视化监测，并可集成卡口、电子警察、移动稽查等业务系统实时采集的数据信息，对假牌、套牌、案件嫌疑等重点监控车辆的实时位置、运行轨迹、车驾档案等信息进行监测分析，为管理部门在案事件侦破、治安防控等方面提供有力支撑。

7. 视频巡检监测

支持集成前端视频巡检系统，有效结合视频智能分析、智能定位、智能研判技术，对道路拥堵点位、隐患点位、事故点位等情况进行可视化监测，实现异常事件的实时告警、快速显示，并可智能化调取异常点位周边的监控视频，有效提升接处警效率。

8. 路况态势监测

支持接入交通路况数据，对实时交通指数、拥堵路段、交通事故、监控视频等信息进行监测，并可结合专业的模型算法，对辖区路况态势进行科学评估，为交通管理指挥提供科学的决策支持。

9. 路口信号灯监测

支持集成路口信号灯、视频监控、卡口等系统数据，对路口交通流量、流速、车辆及道路异常事件、信号灯状态等信息进行实时监测，并可结合专业的模型算法，比对历史最佳通行速度及最佳通行量，对路口交通态势进行可视化分析研判，为信号配时调优和路口交通组织优化提供科学的决策依据，有效提升交通运行效率。

10. 交通基础资源监测

支持对摄像机、卡口设备、流量检测设备、交通信号灯等交通基础资源的数量、空间位置分布、实时状态等信息进行监测和可视化管理，支持设备详细信息查询，支持对未正常工作的设备进行告警，加强管理者对设备状态的监测与感知，提升交通基础设施运维管

智能网联汽车 V2X 与智能网联设施 I2X

理效率。

11. 数据中心运行监测

支持从地理空间分布和层级结构等维度，通过拓扑图、链路图等方式，展示各关联单位数据中心的地理分布及相关单位间数据调取情况、数据实时流转情况等信息，并可对数据访问流量、存储量、数据类型、关联网络、关联部门等信息进行可视化监测分析，对异常情况进行告警，辅助用户掌控跨地域、大范围数据流转态势。

12. 违法违章案件分析

充分整合交管部门现有数据资源，提供多种可视化分析、交互手段，对海量历史违法违章案件数据进行可视化推演分析，深度挖掘案件时空分布规律，为交管部门进行原因分析、主动防范等业务应用提供支持。

13. 车驾管可视化分析

支持对接车驾管数据，对机动车、驾驶人、交通违法、交通事故、年检等车驾业务数据进行多维度可视化分析，展示城市交通画像，并可对异常数据进行告警，实现对交通信息的综合分析研判，辅助用户全面掌握车驾管业务情况，为业务决策提供有力支撑。

5.2.7 深圳市坪山新区智能车路协同管控

深圳市坪山新区推出全市首条智能网联汽车应用示范线路，采用智能网联公交 L4 级别功能系统，实现了精确识别、环境感应、自主规划路径、避让行人和障碍物等功能，采用纯电动新能源汽车，续航能力达 250 千米。深圳市坪山新区智能网联公交车路协同管控项目涉及公共交通秩序、道路和交通设施安全、司乘人员人身安全。该项目基于数字孪生（Digital Twin）技术搭建一套完整的虚拟测试平台，在数字平台上搭建虚拟测试场景，包括测试场地（道路及其周边环境地理信息）、交通标识变化和交通流（车辆、行人、障碍），模拟天气和光照变化、路面变化、测试车运行。虚拟测试车在虚拟测试环境中感知到的测试场景信息通过无线通信传输到真实的测试车，车载的自动驾驶控制器对接收到的外部信息进行处理，做出决策和控制，并调整测试车的运行状态，运行状态数据通过无线通信传输给虚拟测试车。

1. 项目概况

当前智能网联汽车已成为全球汽车产业的战略方向，中国高度重视智能网联汽车产业发展。2020 年 2 月，国家发展和改革委员会等 11 个部委联合印发《智能汽车创新发展战略》。2020 年 5 月，深圳市发展和改革委员会印发《深圳市关于支持智能网联汽车发展的若干措施》，对促进全市的智能网联汽车发展提出了新要求。作为深圳国家高新区核心园区和未来产业试验区，坪山新区深入贯彻落实国家、深圳市战略部署，积极开展《深圳市关于支持智能网联汽车发展的若干措施》编制，高标准打造智能网联汽车全球创新资源集聚区，大力推动智能网联汽车产业高质量发展。《深圳市关于支持智能网联汽车发展的若干措施》重点关注以下4个方面：

（1）深圳持续完善智能网联汽车政策体系，营造高质量创新发展环境；

（2）以坪山新区智能网联汽车交通运行测试示范平台为基础，积极谋划智能网联汽车产业链发展；

（3）深圳智能网联汽车行业进入应用推广攻坚期，急需强有力政策支持；

（4）面向新时期发展要求及行业发展需要，坪山新区将进一步强化智能网联汽车产业试点示范布局。

2. 战略目标

紧扣全球新一轮科技革命及产业变革趋势，聚焦补链强链，成体系完善智能网联汽车技术研发、道路测试、应用示范、企业发展等领域支持举措，吸引全球创新资源向坪山新区集聚，带动智能网联汽车上下游企业协同发展，打造智能网联汽车行业发展高地。

（1）着力支持技术突破，构建完整产业链；

（2）大力完善道路交通测试服务，提升行业知名度；

（3）全力做好应用示范支持，引领新模式探索；

（4）努力优化发展配套，营造高质量发展环境。

3. 推进路线

围绕"加快全球创新资源集聚，打造智能网联汽车发展高地"的核心目标，紧扣行业发展现状瓶颈及未来战略发展方向，重点结合坪山新区已有智能网联汽车产业基础及现行科技支持政策，制定契合智能网联汽车发展特征的产业促进措施。

（1）与现有各类政策衔接，参与国内外智能网联汽车竞争；

（2）围绕发展难点，集中优势，加速智能网联汽车创新攻关；

（3）开展智能网联设施新基建，探索交通数字化转型发展；

（4）坚持智能网联汽车与智能网联设施融合发展中国路线。

4. 建设内容

以智能网联汽车发展为核心，以企业为重点对象，大力支持智能网联汽车与智能网联设施、智能车路协同等领域企业创新发展，提出加快产业集聚发展、提升道路测试服务效能、构建多元场景应用示范、优化产业配套环境四大策略措施。

智能网联汽车 V2X 与智能网联设施 I2X

1）加快产业集聚发展

重点聚焦关键零部件、决策控制算法、整车制造、车联网、出行服务等智能网联汽车产业链上下游核心环节，大力支持前沿技术研发及量产工艺攻关，资助创新型产品生产线建设，鼓励辖区内上下游产业协同发展。

2）提升道路测试服务效能

依托坪山新区智能网联交通测试示范平台封闭测试区，推出测试车辆批量审核、缩短测评周期、测试费用优惠及全域道路开放等举措，大幅降低测试主体的测试费用，为多模式多场景道路测试奠定基础。

3）构建多元场景应用示范

结合深圳市智能网联汽车应用示范工作要求及行业当前发展阶段需要，着重推进道路智能化改造及多场景应用示范，并提供合理的示范运营资助。

4）优化产业配套环境

大力完善坪山新区智能网联汽车产业发展配套体系，鼓励标准制修订与行业交流，创新企业孵化及融资支持，推动全球创新资源向坪山新区集聚，促进坪山新区智能网联汽车产业高质量发展。

5. 智能驾驶公交的未来发展

在新一轮智能网联汽车等新交通模式技术浪潮的推动下，城市公交行业正悄悄地迎来一场前所未有的深刻变革。智能网联公共交通正处于关键的十字路口，大数据、人工智能、5G 等前沿技术正在颠覆传统公交的运营管理及未来出行方式。在以绿色化、智能化、网联化、共享化为特征的跨界融合浪潮中，引发了对扮演城市公共交通改革者角色的自动驾驶公交车的重新认识和关注。

1）智能网联公交

理论上自动驾驶汽车就是一个移动机器人，除了汽车的机械部分，自动驾驶汽车基本架构的核心由软件、硬件两大部分组成。软件部分架构由感知（Perception）、规划（Planning）和控制（Control）3 个部分组成。感知是指自动驾驶系统从环境中收集信息并从中提取相关知识的能力；规划是指自动驾驶汽车为了某一目标，而做出一些有目的性的决策的过程；控制是指将规划好的动作予以实现。硬件部分则由各类传感器、车联网及以融合电控单元为主的执行器构成。

基于对未来城市交通需求的预测，各家公司推出的智能网联汽车多以公交车为主，主要原因如下：

（1）公交车的载客量相对较大，可以拉低车辆采购及运营成本；

（2）公交车运营环境和时间相对稳定，车辆（储能系统和充电系统）可以进行定制化设计和生产，以进一步降低车辆的制造成本；

（3）在规划运营时，可直接移植类似公交定制化服务及车辆和系统的后勤保障（充电、停车及运维）系统。

基于这些特点，智能网联公交可以相对简化试验条件，更重要的是其运营成本比小汽车低很多，比较容易进入运营市场及大规模发展，所以自动驾驶公交车的研究热度一直较高。但是，由于自动驾驶公交车的载客量比小汽车大，对其运行的安全性的考验将比小汽车更严格。

2）智能网联公交的发展

仅就可靠性而言，技术是可以永远恒定的，而人类永远存在不确定性。研发自动驾驶汽车的初衷，就是希望通过以技术为主导的交通意识，取代人类充满不确定性的交通意识，从而提高交通整体的安全性和通行效率。就目前而言，虽然自动驾驶汽车技术还有许多瑕疵，但技术是在不断发展的，相信在不远的将来，自动驾驶汽车所产生的效益将远胜于由人类交通意识所产生的效益。

（1）"三位一体"共同努力。

进入现今的第四次工业革命年代，汽车的设计、生产已经开始与IT技术结合，特别是在汽车上使用了控制器局域网络和电控技术之后，汽车生产的主机厂与从事IT技术的各类科技公司的关系就密切起来。车辆生产已不仅仅是主机厂的问题，从电动汽车进入产业化开始，直到目前的自动驾驶汽车，已经把车辆生产的主机厂与各类科技公司捆绑在一起。在目前自动驾驶车研发的关键时期，城市基础设施（如道路、交通标志等）、数据通信环境（如5G、6G通信、网络等）、公共交通运营（如共享出行政策）等以前看似与自动驾驶汽车技术关系不大的因素，也开始成为直接影响其发展进程的因素。

（2）"技术+法规"同步发展。

只有适应法律要求的技术创新才是科学合理的创新。自动驾驶汽车想要真正实现落地，除技术层面的壁垒外，国家的法律和政府监管也是必须突破的壁垒。因为传统的交通法律体系是以人类驾驶员为主体建构的，各种责任规则及保险制度都是围绕人类驾驶员来设计的。自动驾驶技术走在了道德和法律之前，但因为涉及人类的安全，自动驾驶技术不能忽略法律规范，只有在法律层面确定了自动驾驶技术的地位和相应的法律责任，才有可能实现其后续的市场化。然而，相比于自动驾驶汽车应用技术不断取得突破，相关配套规章制度调整较为迟缓，难以在如今的第四次工业革命大潮中发挥规范指引作用，无法使新技术与公共安全的关系得到有效平衡。自动驾驶技术发展与伦理道德的进步，应该是一个互相发展、互相适应的过程，而不是技术与法律的博弈。

（3）"聪明的车"+"智慧的路"。

若要使自动驾驶汽车变得更智能，就要让其不断地学习和感知、积累数据，还必须给

智能网联汽车 V2X 与智能网联设施 I2X

自动驾驶汽车加装传感器，并输入一幅幅地图，这势必会使自动驾驶汽车的成本居高不下，因此，减少各种车载传感器的数量无疑是降低自动驾驶汽车制造成本的最佳途径。智能网联汽车 V2X 内容包括：V2V（车辆到车辆）、V2I（车辆到基础设施）、V2P（车辆到行人）和 V2N（车辆到网络）等车联网集成，将自动驾驶汽车与周边车辆和各类路侧单元、云端设施等进行直接连接。如果能够让所有车辆、道路基础设施等都在一个公共频段上将各自的位置、意图等信息广播出来，就可以让自动驾驶汽车更快速地感知周边环境信息并做出响应，因此可以说"聪明的车+智慧的路"的方式可能是自动驾驶汽车研发的最佳途径。

（4）运营创新。

当前关于公交车载客率下降问题的讨论比较活跃，虽然其原因是多方面的，但在很大程度上与共享出行的关系比较密切。试想，在一座稍远距离出行有轨道交通、近距离出行有各类共享交通工具的城市中，传统公交车的吸引力下降应该是必然的。如果有可以乘坐 8~10 人的自动驾驶汽车，担当起公交车的角色，在大运量的干、支线交通之间接驳，就可以比较完美地为出行者解决最后一千米的出行问题。另外，随着"夜间经济"的兴起，夜间对公交车的需求开始出现上升的趋势，国际间各大城市基本上都已经普遍试点通宵公交车，但这种公交方式的运营成本是非常高的，如果用自动驾驶汽车来替代通宵公交车，就可以以非常高的效率和相对低的成本，实现一部分人的个性化出行需求。自动驾驶汽车的高效、低廉、个性化服务，将为传统公交的运营创新提供最有力的支持。深圳坪山新区智能网联公交车路协同管控场站样板测试用车如图 5-9 所示。

图 5-9　深圳坪山新区智能网联公交车路协同管控场站样板测试用车

5.2.8 深圳市外环高速智能车路协同管控

1. 项目概况

深圳市外环高速公路是广东省"九纵五横两环"高速公路骨架网的一条加密线,也是深圳市"七横十三纵"干线道路网规划的重要一"横",是广东省重大项目。该项目路线全长约 93 千米,其中深圳段 76 千米,东莞段 17 千米,采用全线 6 车道高速公路建设标准。深圳段建设沿江高速至坪山丹梓大道段,分一、二期工程实施,共 60 千米,共设置特大桥、大桥 45 座(32028 米),中桥 13 座(712 米),隧道 5 座(2476 米智能网联),互联互通智慧道路设施 15 个,服务区 2 处,桥隧比为 58%。该项目起于沿江高速公路,终于盐坝高速公路,路线自西向东与深圳纵向 11 条高速公路交叉衔接,进而与珠三角高速公路形成智能联网体系。该项目也是深圳市、东莞市和惠州市等城市间加强枢纽性交通的纽带。该项目的建成将实现快速、便捷地疏导港口交通和集散物资的目的,并将沿江高速公路、广深高速公路、龙大高速公路、梅观高速公路、清平高速公路、博深广深公路、惠盐高速公路、深汕高速公路及盐坝高速公路,以及国道 G205、横坪快速路等公路交汇成网,对加强区域经济合作,实施泛珠江三角经济圈发展战略具有重要的意义。

深圳市外环高速公路所建项目区域基本为城市化路段,沿线与多条高速公路和其他道路相接,具有明显的项目区域地形地貌复杂、建设标准高、交通量大、交通组成复杂、互通区密集且出入口多、所处路网发达、交通换乘频繁等显著特点。

2. 战略目标

2018 年 2 月,交通运输部发布《关于加快推进新一代国家交通控制网和智慧公路试点的通知》,决定在北京、河北、吉林、江苏、浙江、福建、江西、河南、广东 9 个省份加快推进新一代国家交通控制网和智慧公路试点。该通知要求,北京、河北、河南、浙江重点应用三维可测实景技术、高精度地图等,实现公路设施数字化采集、管理与应用,构建公路设施资产动态管理系统;选取桥梁、隧道、边坡等,建设基础设施智能监测传感网,实现交通基础设施安全状态综合感知、分析及预警功能。北京、河北、广东重点基于高速公路路侧系统智能化升级和营运车辆路运一体化协同,利用 5G 或者拓展应用 5.8GHz 专用短程通信技术,提供极低时延宽带无线通信,探索路侧智能基站系统应用,选取有代表性的高速公路,以及北京冬奥会、雄安新区项目,开展车路信息交互、风险监测及预警、交通流监测分析等。江西、河北、广东重点建设北斗高精度基础设施,实现北斗信号在示范路段(含隧道)的全覆盖,在灾害频发路段实施长期可靠的监测与预警;探索开展基于北斗高精度定位的高速公路通行费收费应用研究,强化技术储备。构建基于北斗的高速公路应急救援一体化管理的深圳外环高速公路智慧建设试点示范系统,实现车辆人员的迅速定

智能网联汽车 V2X 与智能网联设施 I2X

位与救援力量的动态调度和区域协同。福建、河南、浙江、江西构建基于大数据的高速公路运营与服务智能化管理决策平台，应用在区域路网综合信息采集、运营调度、收费、资产运维养护、公众信息服务、应急指挥等方向。利用无人机等移动手段，提高运行监测和应急反应能力。利用新媒体、公众信息报告等渠道，实现互动式现场信息采集。开展智能养护、路政和路网事件巡查智能终端示范，融合互联网数据和行业相关数据开展路网运行监测系统建设。吉林、广东利用"互联网+"技术，探索基于车辆特征识别的不停车移动支付技术。开展基于移动互联网的服务区停车位和充电设施引导、预约等增值服务。探索开展高速公路动态充电示范，实现新能源汽车动/静态充电。开展低温条件下精准气象感知及预测，以及车路协同安全辅助服务等。江苏、浙江先行研究推进建设面向城市公共交通及复杂交通环境的安全辅助驾驶、车路协同等技术应用的封闭测试区和开放测试区，形成新一代国家交通控制网实体原型系统和应用示范基地。

广东省交通运输厅于 2019 年 8 月召开广东省智慧公路试点示范项目推进研讨会议并发文《省交通运输厅工作会议纪要》(粤交办纪要〔2019〕53 号)，会议确定了由深圳高速公路股份有限公司、东莞路桥集团有限公司作为建设单位，结合工程特点和工程实际进展情况，选取局部外环高速路段开展智慧公路试点应用。

3. 技术路线

随着《粤港澳大湾区发展规划纲要》的公布，一个国际一流的湾区和世界级城市群正逐渐显现。粤港澳大湾区总面积 5.6 万平方千米，常住总人口 6659 万人，GDP 总量超过 1.34 万亿美元，是中国开放程度最高、经济活力最强的区域之一。根据《粤港澳大湾区发展规划纲要》，深圳要发挥作为经济特区、全国性经济中心城市和国家创新型城市的引领作用，加快建成现代化国际化城市，努力成为具有世界影响力的创新创意之都。在此背景下，深圳市外环高速智能车路协调管控试点项目的建设将为大湾区高密度城市群智慧公路的建设提供先行示范作用。

受益于云计算、大数据、物联网、移动互联网、数字孪生等技术的迅速发展，高速公路信息化将迎来一次改革的浪潮，高速公路的建设、运营管理等都将重新定义，智能化管理、主动式应急处置、信息互动服务、多维度的全息感知网络、数字孪生等关键技术将支撑未来高速公路朝智慧公路的方向稳步发展。

1）智能化管理方面

通过信息化实现建设、养护的全业务在线管理。利用数据挖掘和数据统计等方法对大量的高速公路建设、养护与运营信息进行针对性的分析，挖掘数据价值，提升管理效率，提高投资效益。

2）主动式应急处理方面

根据数据分析各类交通事件的规律性特征，构建事前预报和预测模型，提前进行防控，减少交通事件造成的损失。

3）公众信息高效互动方面

通过多渠道信息发布手段，构建综合交通信息互动平台。

4）空地全息感知网络方面

通过多维度的全息感知技术，构建空地互联互通信息感知网络。

5）人工智能与数字孪生

通过基础设施数字化，建立设施数字化基础模型，结合对应的公路设施资产健康监测，对桥梁隧道、边坡、道路设施、路面异常等实现智能化识别、监测报警，减少人力投入，维护公路资产安全及运行正常。

4．建设内容

深圳市外环高速智能车路协同管控试点示范项目覆盖外环高速建设管理、养护、运营全生命周期业务，结合建筑信息模型（BIM）、北斗等新一代信息技术实现高速公路数字化，依托业务大数据实现管理的智慧决策。通过构建数据汇聚中心，实现外环高速公路规划、设计、建设、管理、养护、运维数据的一体化整合。在数据汇聚中心的支撑下，以数字化的 BIM 模型为载体，融合北斗通信技术，提高了对外环高速公路的运行监测能力，提升了道路实时服务水平，实现了高速公路重点区域、设施、重点车辆及周边运行一张图的全面呈现，同时实现了对高速公路建设过程、路网运行状态、车辆实时运行、交通事件和交通环境的动态化、一体化监测。深圳市外环高速智能车路协同管控设施双层建设内容分布如图 5-10 所示。

图 5-10　深圳市外环高速智能车路协同管控设施双层建设内容分布

深圳市外环高速智能车路协同管控试点示范项目包括深圳段及东莞段，深圳段主要内容如下。

智能网联汽车 V2X 与智能网联设施 I2X

1）智能网联感知监测

利用倾斜摄影、激光点云、BIM 建模手段，对可视范围内的外环高速深圳段（一、二期）全线基础设施，包括道路、桥梁、隧道、边坡、道路设施和相关附属设施进行数据采集与三维实景建模，并选择具有代表性的桥梁、隧道、立交互联互通、边坡赋予高精度信息属性，实现高速公路基础设施数字化的全过程应用，提高整体的效率，降低成本支出。通过基础设施的数字化，实现基础设施建设、运维业务的数字化，为下一步工作中加强对桥梁、边坡、隧道等结构安全的实时监测提供条件。

2）基于 BIM 的建设管理应用

当前外环高速已经开发了项目管理系统，需要结合智慧公路试点要求，对当前系统进行基于 BIM 等新技术的完善和升级，包括 GIS+BIM 展示及业务应用，以及项目进度管理、质量管理、计量支付、安全管理、档案管理、合约管理、试验管理等在 BIM 方面的试点应用。

3）基于 BIM 的养护管理应用

将养护管理应用推广到外环高速，并结合智慧公路试点高标准、高要求，对当前系统进行升级改造，实现外环高速养护地图、资产管理、巡查管理、日常养护、专项工程、合同管理、定期检查、计划管理、安全管理与应急处置一体化都基于 GIS+BIM 展示及应用。GIS+BIM 服务能够支撑外环高速公路通车运行后的管养业务，包括路政管理、道路养护和道路基础数据的管理，规范道路养护的作业流程，提高效率，降低养护成本，为中长期养护规划的制定提供支撑和依据，实现"巡查、养护、决策、预警"智慧化。

4）交通大数据的综合监测系统

以数据汇聚中心为基础支撑，对人、车、路从不同维度进行关联分析，实现对高速公路路网运行状态、车辆实时运行、交通事件动态化的一体化监测。同时，提供公众出行信息服务及运营管理支持，并通过深圳高速公路集团路网监测与指挥中心和广东省交通运输厅一体化数字平台实现数据交换。

5）道路分布式光纤+5G 的桥隧安全监测系统

结构健康监测是指通过对结构的物理力学性能进行无损监测，实时监控结构的整体行为，对结构的损伤位置和程度进行诊断，对结构的服役情况、可靠性、耐久性和承载能力进行智能评估，为结构的维修、养护与管理决策提供依据和指导。它可以实现对关键结构重要运行数据的实时采集、传输、计算、分析，实时掌握关键结构物整体运行的安全状态。此外，道路分布式光纤+5G 的桥隧安全监测系统可以直观显示各项监测、监控信息数据的历史变化过程及当前状态，为关键结构物监测区安全生产管理人员提供简单、明了、直观、有效的信息参考。

6）北斗信号增强系统

安装北斗信号增强系统，实现隧道内的信号连续，能够支撑隧道内的精准定位功能。

7）计算及存储基础设施建设

通过计算及存储基础设施建设，在基础的软件、硬件、运维、容灾、信息安全等方面为外环试点应用提供支撑。

参考文献

[1] 中共中央，国务院. 交通强国建设纲要[M]. 北京：人民出版社，2019.

[2] 中共中央政治局常务委员会. 加快5G网络、数据中心等新型基础设施建设[M]. 北京：人民出版社，2020.

[3] 中共中央，国务院. 粤港澳大湾区发展规划纲要[M]. 北京：人民出版社，2019.

[4] 中共中央，国务院. 关于支持深圳建设中国特色社会主义先行示范区的意见[M]. 北京：人民出版社，2019.

[5] 中华人民共和国国务院. 新一代人工智能国家发展规划[M]. 北京：人民出版社，2017.

[6] 关金平，杨东援. 离散选择高阶段Logit模型的建模与预测——以上海城市外围大型居住社区为例[J]. 计算机工程与应用，2015，51（13）：1-8.

[7] 关金平. 城市外围大型居住社区差异化社会群体出行行为特征分析——以上海市为例[D]. 上海：同济大学，2015.

[8] 关金平，朱竑. 基于FCD的出租车空驶时空特性及成因研究[J]. 中山大学学报（自然科学版），2010，49（S1）：29-36.

[9] 关金平，钟永浩，王炼军，等. 广州水上巴士低乘坐率问题调查研究与对策[J]. 中山大学学报（自然科学版），2010，49（S1）：53-59.

[10] 关金平，关志超，陈乙周，等. 新型城镇化时期交通大数据云平台体系建设实践——以深圳市为例[M]. 北京：电子工业出版社，2017.

[11] 关金平，须成忠，关志超. 一种实时发布路内停车服务指数方法及系统：CN108133613B[P]. 2020-11-24.

[12] 刘文华，李泹东，王涛，等. 基于高维特征表示的交通场景识别[J]. 智能科学与技术学报，2019，1（4）：392-399.

[13] 吴东升. 5G与车联网技术[M]. 北京：化学工业出版社，2021.

反侵权盗版声明

电子工业出版社依法对本作品享有专有出版权。任何未经权利人书面许可，复制、销售或通过信息网络传播本作品的行为；歪曲、篡改、剽窃本作品的行为，均违反《中华人民共和国著作权法》，其行为人应承担相应的民事责任和行政责任，构成犯罪的，将被依法追究刑事责任。

为了维护市场秩序，保护权利人的合法权益，我社将依法查处和打击侵权盗版的单位和个人。欢迎社会各界人士积极举报侵权盗版行为，本社将奖励举报有功人员，并保证举报人的信息不被泄露。

举报电话：（010）88254396；（010）88258888
传　　真：（010）88254397
E-mail：dbqq@phei.com.cn
通信地址：北京市万寿路173信箱
　　　　　电子工业出版社总编办公室
邮　　编：100036